VOCABULAIRE DE L'ESPAGNOL
D'AUJOURD'HUI

D0877399

LES LANGUES MODERNES

VOCABULAIRE DE L'ESPAGNOL D'AUJOURD'HUI

par

France Chabod

et

Hélène Hernandez

Dessins de Laura Gómez Carranza

Le Livre de Poche

*Nous tenons à remercier Edouard Jimenez,
professeur d'espagnol à l'École Supérieure de
Commerce de Paris, pour son aide précieuse.*

Les auteurs.

© Librairie Générale Française, 1994.

Sommaire

Avant-propos 15

Signes et abréviations.. 17

1. Pensamiento,   *Pensée, sentiments,*
   sentimientos,   *comportement....* 18
   comportamiento

   El pensamiento   *La pensée,* 18
   Voluntad y comporta-   *Volonté et comportement,*
   miento   22
   La conciencia, los hábitos *La conscience, les mœurs,*
                             24
   Las cualidades ≠ los de- *Les qualités ≠ les défauts,*
   fectos   28
   Los sentimientos   *Les sentiments,* 30

2. El cuerpo   *Le corps* 42

   El aspecto físico   *L'aspect physique,* 42
   La cabeza, los sentidos *La tête, les sens,* 44
   Tronco y miembros   *Tronc et membres,* 48
   Sexualidad, reproducción *Sexualité, reproduction,* 54

3. Salud, enfermedad,   *Santé, maladie,*
   drogadicción   *toxicomanie* 60

   El estado de salud   *L'état de santé,* 60
   La enfermedad, el morbo *La maladie,* 60
   El médico, el facultativo *Le médecin, le docteur,* 68
   El tratamiento   *Le traitement,* 70
   El hospital   *L'hôpital,* 74
   El tabaquismo, la drogadi- *Le tabagisme, la toxicoma-*
   cción   *nie,* 76
   La muerte   *La mort,* 80

4. **Alimentación, alimentos y comidas** / *Alimentation, aliments et repas* 82

La alimentación — *L'alimentation*, 82
La cocina — *La cuisine*, 84
La carne, los huevos — *La viande, les œufs*, 86
El pescado, los mariscos y los crustáceos — *Le poisson, les fruits de mer et les crustacés*, 88
Los productos lácteos, los feculentos — *Les produits laitiers, les féculents*, 90
Las verduras, las especias y los condimentos — *Les légumes verts, les épices et les condiments*, 92
El pan, la repostería — *Le pain, la pâtisserie*, 94
La bebida — *La boisson*, 96

5. **La ropa** / *Les vêtements* 100

La ropa, la vestimenta, las prendas — *Les vêtements*, 100
La ropa de señora — *Les vêtements féminins*, 102
La ropa de caballero — *Les vêtements d'homme*, 106
La canastilla, la ropita de niño — *La layette*, 108
Moda y ropa hecha — *Mode et prêt-à-porter*, 108
Hecho a la medida — *Fait sur mesure*, 110
El tejido — *Le tissu*, 112
Los accesorios — *Les accessoires*, 114
Los zapatos — *Les chaussures*, 118
La peluquería — *Le salon de coiffure*, 120
El maquillaje — *Le maquillage*, 122

6. **La vivienda** / *Le logement* 126

El domicilio, la casa — *Le domicile, la maison*, 126
La vivienda, el piso — *Le logement, l'appartement*, 130
La calefacción, la corriente, la limpieza — *Le chauffage, le courant, le ménage*, 142

7. **La ciudad y sus servicios** / *La ville et ses services* 148

La ciudad, la villa — *La ville*, 148
El ciudadano, la calle — *Le citadin, la rue*, 148

Los servicios — Les services, 152

Los bares, los restaurantes, las tiendas — Les bars, les restaurants, les boutiques, 154

8. Familia y relaciones sociales — Famille et relations sociales 158

La familia — La famille, 158

La vida común — La vie à deux, 164

Nacimiento y muerte — Naissance et mort, 170

Las relaciones sociales — Les relations sociales, 172

9. La sociedad — La société 178

Las clases sociales — Les classes sociales, 178

Minorías y marginados — Minorités et marginaux, 180

La inseguridad ciudadana — L'insécurité urbaine, 182

La manifestación — La manifestation, 184

La represión — La répression, 186

10. Delitos y justicia — Délits et justice 188

Crímenes y delitos — Crimes et délits, 188

La indagación, la investigación — L'enquête, 194

Debates y juicio — Débats et jugement, 196

Las penas — Les peines, 198

11. Fiestas y días festivos — Fêtes et jours fériés . 204

La fiesta — La fête, 204

Las fiestas nacionales — Les fêtes nationales, 204

Las fiestas familiares — Les fêtes familiales, 206

Las fiestas religiosas — Les fêtes religieuses, 206

Las fiestas populares — Les fêtes populaires, 210

12. Religión e iglesia — Religion et église 212

Creencia y religión — Croyance et religion, 212

El dogma — Le dogme, 216

El culto — Le culte, 218

El clero y las órdenes — Le clergé et les ordres, 220

13. Estado y constitución — *État et constitution* 224

Generalidades — *Généralités*, 224
El gobierno — *Le gouvernement*, 226
Las Cortes Generales — *Les Cortes, le Parlement*, 228
Partidos y elecciones — *Partis et élections*, 230
Presupuesto, impuestos y leyes — *Budget, impôts et lois*, 234

14. Ejército, armas, servicio militar — *Armée, armes, service militaire* 238

El ejército — *L'armée*, 238
El arma (las armas) — *L'arme (les armes)*, 240
El servicio militar, la mili — *Le service militaire*, 244
Conflictos — *Conflits*, 246
La paz — *La paix*, 248

15. La escuela — *L'école* 250

La escuela, el colegio — *L'école*, 250
El sistema escolar — *Le système scolaire*, 250
Los centros docentes, escolares — *Les établissements scolaires*, 250
Los responsables — *Les responsables*, 252
Las clases — *Les cours*, 254
Las tareas escolares, el trabajo escolar — *Les devoirs, le travail scolaire*, 258
Pruebas, exámenes y selección — *Contrôles, examens et sélection*, 260
El material escolar — *Le matériel scolaire*, 262

16. Estudios y universidad — *Études et université* 264

Los centros de enseñanza superior — *Les établissements d'enseignement supérieur*, 264
Los responsables — *Les responsables*, 264
Los exámenes — *Les examens*, 266

17. El mundo empresarial — *Le monde de l'entreprise* 270

Generalidades — *Généralités*, 270
El mercado laboral — *Le marché du travail*, 272
El sindicalismo — *Le syndicalisme*, 274

18. Oficios y profesiones — *Métiers et professions* 278
El trabajo — *Le travail,* 278
Los comerciantes, los trabajadores manuales — *Les commerçants, les travailleurs manuels,* 278
Los funcionarios ; las profesiones liberales — *Les fonctionnaires ; les professions libérales,* 282
El mundo de los negocios y de la política — *Le monde des affaires et de la politique,* 282

19. Economía y comercio — *Économie et commerce* 286
La economía — *L'économie,* 286
La distribución — *La distribution,* 290
Las compras — *Les achats,* 294
Publicidad y marketing — *Publicité et marketing,* 296
Dinero, banca, bolsa — *Argent, banque, bourse,* 298

20. El tráfico y la circulación — *Le trafic et la circulation* 304
Generalidades — *Généralités,* 304
El automóvil — *L'automobile,* 306
Reparaciones y accidentes — *Réparations et accidents,* 312
El tráfico urbano — *Le trafic urbain,* 312

21. Tráfico ferroviario, marítimo y fluvial — *Trafic ferroviaire, maritime et fluvial* 314
El ferrocarril — *Le chemin de fer,* 314
La estación — *La gare,* 316
Barcos y tripulación — *Bateaux et équipage,* 318
La navegación — *La navigation,* 322
El puerto — *Le port,* 322

22. Navegación aérea y astronáutica — *Navigation aérienne et astronautique* 326
El tráfico aéreo — *Le trafic aérien,* 326
La compañía aérea — *La compagnie aérienne,* 326
En el aeropuerto — *À l'aéroport,* 328
A bordo — *À bord,* 328
La astronáutica — *L'astronautique,* 330

23. Los medios
    de comunicación
    Les médias 334

  Generalidades
  La televisión
  La radio
  La prensa

  Généralités, 334
  La télévision, 334
  La radio, 340
  La presse, 342

24. Técnicas y
    tecnologías de
    comunicación

    *Techniques et
    technologies de
    communication.* 348

  Generalidades
  Correos

  El teléfono
  Alta fidelidad y vídeo
  La informática

  Généralités, 348
  Poste et télécommunications,
  348
  Le téléphone, 352
  Hi-fi et vidéo, 354
  L'informatique, 356

25. Ocio, juegos
    Loisirs, jeux 362

  Generalidades
  Los juegos de sociedad, de
  salón
  Los juegos de niños, infantiles

  Généralités, 362
  Les jeux de société, 364

  Les jeux d'enfants, 370

26. El deporte
    Le sport 374

  El deporte
  La pesca, la caza

  Le sport, 374
  La pêche, la chasse, 386

27. La corrida
    La corrida 388

  Los toros
  El torero

  La corrida, 388
  Le torero, 390

28. Vacaciones, viajes,
    turismo

    *Vacances, voyages,
    tourisme* 398

  Las vacaciones
  El viaje
  El hospedaje
  La montaña, el monte
  La playa

  Les vacances, 398
  Le voyage, 398
  L'hébergement, 400
  La montagne, 402
  La plage, 402

29. La geografía   *La géographie*........ 408

Generalidades   *Généralités,* 408
Los continentes   *Les continents,* 408
Mares y océanos   *Mers et océans,* 408
Los ríos   *Les fleuves,* 410
Las islas   *Les îles,* 410
Las montañas   *Les montagnes,* 412

30. Países, habitantes,   *Pays, habitants,*
     ciudades   *villes* 414

Europa   *L'Europe,* 414
América del Sur, Sudamérica   *L'Amérique du Sud,* 416
América central, Centro-   *L'Amérique centrale,* 418
     américa
América del Norte, Norte-   *L'Amérique du Nord,* 420
     américa
África   *L'Afrique,* 420
Asia y Oceanía   *L'Asie et l'Océanie,* 420
Ciudades   *Villes,* 422
El gentilicio   *Le nom des habitants d'une*
     ville, 422

31. Las comunidades   *Les communautés*
     autónomas   *autonomes* 426

32. Los problemas del medio   *Les problèmes*
     ambiente   *d'environnement* 430

La contaminación del me-   *La pollution de l'environne-*
     dio ambiente   *ment,* 430
La protección medioam-   *La protection de l'environ-*
     biental, la protección del   *nement,* 432
     medio ambiente

33. La agricultura   *L'agriculture* 438

El campo   *La campagne,* 438
Los cultivos   *Les cultures,* 440
La cría del ganado   *L'élevage du bétail,* 442

34. Los animales   *Les animaux* 448

El reino animal   *Le règne animal*, 448
Los animales domésticos   *Les animaux domestiques*, 448

Los animales salvajes   *Les animaux sauvages*, 452
Los pájaros   *Les oiseaux*, 454
Peces y animales marinos   *Poissons et animaux marins*, 458

Los insectos   *Les insectes*, 460
Serpientes y reptiles   *Serpents et reptiles*, 462

35. Las plantas   *Les plantes* 464

La planta ; la jardinería   *La plante ; le jardinage*, 464
Las flores   *Les fleurs*, 466
Otras plantas   *Autres plantes*, 468
Las verduras, las hortalizas   *Les légumes*, 472
Las frutas y los árboles frutales   *Les fruits et les arbres fruitiers*, 474
Los árboles   *Les arbres*, 476

36. Las artes plásticas   *Les arts plastiques* .. 480

El arte   *L'art*, 480
Pintura y dibujo   *Peinture et dessin*, 482
La escultura   *La sculpture*, 488
La arquitectura   *L'architecture*, 490

37. Música y letras   *Musique et lettres* ... 498

La música   *La musique*, 498
Las letras   *Les lettres*, 508

38. Teatro y cine   *Théâtre et cinéma* .. 518

El teatro   *Le théâtre*, 518
El cine, el cinematógrafo   *Le cinéma, le cinématographe*, 522

39. La historia   *L'histoire* 532

Generalidades   *Généralités*, 532
la Prehistoria   *la Préhistoire*, 532
La Antigüedad   *L'Antiquité*, 532
La Edad Media   *Le Moyen Âge*, 534

El apogeo y la decadencia	L'apogée et la décadence, 538
El siglo de las Luces	Le siècle des Lumières, 540
El siglo XIX	Le xixe siècle, 540
El siglo XX	Le xxe siècle, 542
Absolutismo, revolución, conflictos y guerras	Absolutisme, révolution, conflits et guerres, 542
La guerra civil española	La guerre civile espagnole, 548
La dictadura del general Franco	La dictature du général Franco, 552
El posfranquismo	Le postfranquisme, 552

40. El tiempo ...... **Le temps** **556**

La división del tiempo	La division du temps, 556
La hora	L'heure, 564
La edad	L'âge, 566

41. Números, medidas y pesos ...... **Nombres, mesures et poids** **570**

Los números	Les nombres, 570
El cálculo, las cuentas	Le calcul, 574
Medidas, unidades de medida	Mesures, unités de mesure, 576
El peso	Le poids, 578

42. Los americanismos ...... **Les américanismes** . **580**

Hispanoamérica	L'Amérique hispanique, 580
América Meridional	L'Amérique méridionale, 581
Grupos de países	Groupes de pays, 582
Méjico	Le Mexique, 585
Cuba	Cuba, 585
Venezuela	Le Venezuela, 585
Colombia	La Colombie, 585
El Perú	Le Pérou, 586
Bolivia	La Bolivie, 586
Río de la Plata	Rio de la Plata, 586

13

Argentina	*L'Argentine*, 586
Uruguay,	*L'Uruguay*, 587
Chile	*Le Chili*, 587

Bibliographie 589

Avant-propos

Cet ouvrage présente le *Vocabulaire de l'espagnol d'aujour-d'hui*, regroupé par centres d'intérêt. Il intègre le vocabulaire de base et les vocables plus spécialisés, et permet ainsi une acquisition progressive et systématique des mots espagnols.

Il comporte quelque 9 000 mots ainsi que 3 000 phrases et locutions, et s'efforce de réaliser un tour d'horizon complet du vocabulaire d'aujourd'hui.

Les 42 *centres d'intérêt* sont structurés de la façon suivante :

☐ Page de gauche, partie **A** : LES MOTS...
Les mots espagnols, avec leur genre et leur traduction.

☐ Page de droite, partie **B** : ... DANS LEUR CONTEXTE.
Les mots espagnols sont employés dans leur contexte et en situation, afin d'en faciliter l'apprentissage. Chaque phrase est suivie de sa traduction et peut constituer ainsi un excellent entraînement au thème ou à la version.

☐ En bas de la page de droite, partie **C** : EXPRESSIONS ET LOCUTIONS.
Recensement systématique des tournures idiomatiques ou proverbiales.

Ce livre témoigne des plus récentes évolutions du vocabulaire espagnol. Il comporte donc de nombreux néologismes, validés par l'usage et les ouvrages de référence (notamment la dernière édition du dictionnaire de la Real Academia) ; quant aux américanismes signalés tout au long de l'ouvrage, ils font en outre l'objet d'un chapitre spécial, le dernier, et sont traités par aire géographique ou par pays.

Ce *Vocabulaire de l'espagnol d'aujourd'hui* s'adresse à tous ceux qui veulent ou doivent apprendre, réviser et enrichir leur vocabulaire espagnol (élèves des collèges et des lycées, étudiants, stagiaires de formation permanente, etc.).

Les mots des pages de gauche marqués d'un astérisque sont employés dans des phrases et des locutions sur la page de droite.

Sigles et abréviations

≠	contraire de ; différent de
*	mot employé dans les phrases ou les locutions
am.	américanisme
fam.	familier
pop.	populaire
qqch.	quelque chose
qqn	quelqu'un
vulg.	vulgaire

1 PENSAMIENTO, SENTIMIENTOS, COMPORTAMIENTO

A LES MOTS...

El pensamiento	La pensée
pensar*, opinar*, creer	*penser*
el pensador ; pensativo(a)	*le penseur; pensif(ive)*
la reflexión ; reflexionar sobre	*la réflexion; réfléchir à*
la meditación ; meditar sobre	*la méditation; méditer sur*
preocupado(a)* ≠ despreocupado(a)	*soucieux(euse) ≠ insouciant(e)*
ensimismado(a)	*absorbé(e)*
el recuerdo ; la memoria*	*le souvenir; la mémoire*
acordarse de	*se souvenir de*
recordar*	*se rappeler*
tener presente*	*avoir toujours à l'esprit, ne pas oublier*
olvidar*, olvidarse de*	*oublier*
el olvido	*l'oubli*
desmemoriado(a)*	*qui a mauvaise mémoire*
la ocurrencia*	*l'idée subite*
ocurrírsele a uno*	*venir à l'esprit (de quelqu'un)*
□	□
la idea	*l'idée*
el parecer* ; la opinión	*l'avis; l'opinion*
el punto de vista*	*le point de vue*
la concepción, el concepto	*la conception*
la noción	*la notion*
la imaginación	*l'imagination*
la intuición	*l'intuition*
la impresión	*l'impression*
creer(se)*	*(se) croire*
concebir	*concevoir*
idear*	*imaginer, concevoir*
imaginar, imaginarse	*imaginer*
el juicio	*le jugement*
emitir un juicio sobre	*porter un jugement sur*
el prejuicio	*le préjugé*
la equivocación	*l'erreur*
equivocarse, estar equivocado(a)*	*se tromper*
la suposición	*la supposition*
suponer	*supposer*
la hipótesis, el supuesto*	*l'hypothèse*

1 PENSÉE, SENTIMENTS, COMPORTEMENT

B ... DANS LEUR CONTEXTE

No deja de pensar en su novia.
Il ne cesse de penser à sa fiancée (copine, petite amie).

Opino que el país va a salir de la crisis.
Je pense que le pays va sortir de la crise.

No parece preocupado por los resultados escolares de su hijo.
Il ne paraît pas soucieux des résultats scolaires de son fils.

Tengo presente esta fecha.
Je n'ai pas oublié cette date.

Ha olvidado nuestra dirección, se ha olvidado de nuestra dirección, se le ha olvidado nuestra dirección.
Il a oublié notre adresse.

Eres tan desmemoriado que olvidaste la carta en la mesa.
Tu as si peu de tête que tu as oublié la lettre sur la table.

Fue una buena ocurrencia de mi padre el venir a este restaurante.
Ce fut une bonne idée de mon père de venir dans ce restaurant.

Se me ocurrió visitar a un amigo al pasar por esta ciudad.
J'ai eu l'idée de rendre visite à un ami en passant dans cette ville.

A mi parecer va a llover.
À mon avis il va pleuvoir.

Su punto de vista no es nada interesante.
Son point de vue n'est pas du tout intéressant.

Se cree un genio.
Il se prend pour un génie.

El proyecto fue ideado por un periodista.
Le projet a été imaginé par un journaliste.

Estabas completamente equivocada cuando decías que lo comprendería todo.
Tu te trompais complètement quand tu disais qu'il comprendrait tout.

En el supuesto de que grite, yo me voy.
S'il s'avise de crier, je m'en vais.

C EXPRESSIONS ET LOCUTIONS

Ser corto(a) de memoria.
Avoir la mémoire courte.

Si mal no recuerdo (él) se llama Juan.
Si j'ai bonne mémoire, il s'appelle Jean.

Lo cree a pies juntillas.
Il le croit dur comme fer.

1 PENSAMIENTO, SENTIMIENTOS, COMPORTAMIENTO

A LES MOTS...

deducir	*déduire*
la duda* ; dudar	*le doute ; douter*
dudoso (a)	*douteux (euse)*
el escepticismo ; escéptico (a)	*le scepticisme ; sceptique*
estar cierto (a), seguro (a)*, convencido (a), constarle a uno*	*être sûr (e), certain (e), convaincu (e)*
la convicción ; convencer	*la conviction ; convaincre*
persuadir	*persuader*
admitir	*admettre*
seguirle a uno la corriente	*ne pas contrarier qqn*
llevar la contraria a alguien	*contredire qqn*
la prueba ; probar	*la preuve ; prouver*
estar de acuerdo, estar conforme*	*être d'accord*
coincidir en*	*être d'accord pour, sur*
acordar*	*se mettre d'accord pour*
discrepar*, disentir, estar disconforme	*être en désaccord*
la discrepancia	*la divergence*
□	□
la razón	*la raison*
la inteligencia*	*l'intelligence*
inteligente, listo (a)*	*intelligent (e)*
intelectual	*intellectuel (le)*
el buen sentido	*le bon sens*
saber*	*savoir*
comprender, entender, hacerse cargo de*	*comprendre*
comprensible	*compréhensible*
enterarse de*	*s'informer, apprendre*
conocer ≠ desconocer	*connaître ≠ ne pas connaître, ignorer*
darse cuenta de*	*se rendre compte que*
percatarse de	*s'apercevoir de*
caer, dar en la cuenta	*y être, piger*
estar al corriente*, al tanto	*être au courant*
la perspicacia ; perspicaz	*la perspicacité ; perspicace*
evidente, obvio (a)*	*évident (e)*
razonable, cuerdo (a)	*raisonnable*

1 PENSÉE, SENTIMENTS, COMPORTEMENT

B ... DANS LEUR CONTEXTE

Está segura de que se burlan de ti.	*Elle est certaine qu'ils se moquent de toi.*
Me consta que no me dijo la verdad.	*Je suis sûr qu'il ne m'a pas dit la vérité.*
Está conforme conmigo en que debe trabajar más.	*Il est d'accord avec moi sur le fait qu'il doit travailler davantage.*
Coinciden en subrayar que el niño está demasiado mimado.	*Ils sont d'accord pour souligner que l'enfant est trop gâté.*
Los ministros acordaron aplazar la reunión.	*Les ministres se sont mis d'accord pour ajourner la réunion.*
Los jóvenes de hoy discrepan de sus mayores.	*Les jeunes d'aujourd'hui sont en désaccord avec leurs aînés.*
Al grito del general Millán Astray «¡Muera la inteligencia!», Miguel de Unamuno replicó «Venceréis, pero no convenceréis».	*Au cri du général Millán Astray «À mort l'intelligence!», Miguel de Unamuno répliqua : «Vous vaincrez, mais vous ne convaincrez pas».*
Es el alumno más listo del colegio.	*C'est l'élève le plus intelligent du collège.*
No sé a quién votar.	*Je ne sais pas pour qui voter.*
Me hago cargo de tus dificultades pero no puedo ayudarte.	*Je comprends tes difficultés mais je ne peux pas t'aider.*
No se había enterado de la reapertura del teatro.	*Il n'avait pas appris la réouverture du théâtre.*
No me he dado cuenta de lo que ha pasado.	*Je ne me suis pas rendu compte de ce qui s'est passé.*
Yo no estaba al corriente de su despido.	*Je n'étais pas au courant de son licenciement.*
Es obvio que es infeliz.	*Il est évident qu'il est malheureux.*

C EXPRESSIONS ET LOCUTIONS

Sin lugar a dudas ellas me conocen.	*Sans aucun doute elles me connaissent.*
Se pasa de listo.	*Il fait le malin.*
Estar listo(a).	*Être prêt(e).*
Saber de pe a pa.	*Connaître de A à Z.*
¡Para que te enteres!	*Pour ta gouverne!*

A LES MOTS...

sensato(a)* ≠ insensato(a)	*sensé(e) ≠ insensé(e)*
absurdo(a)	*absurde*
tener ingenio	*avoir de l'esprit*
ingenioso(a)	*spirituel(le)*
divertido(a)*	*amusant(e), drôle*
la astucia	*la ruse*
astuto(a)	*rusé(e), malin(igne)*

Voluntad y comportamiento — Volonté et comportement

el comportamiento*	*le comportement*
portarse*	*se comporter*
la conducta	*la conduite*
conducirse*	*se conduire*
obrar*, actuar	*agir*
reaccionar*	*réagir*
la acción*	*l'action*
espontáneo(a)*	*spontané(e)*
estar condicionado(a)	*être conditionné(e)*
el reflejo (condicionado)	*le réflexe (conditionné)*
□	□
la voluntad*	*la volonté*
voluntario(a) ≠ involunta-rio(a)	*volontaire ≠ involontaire*
querer*	*vouloir*
el libre albedrío	*le libre arbitre*
tener carácter, genio	*avoir du caractère*
tozudo(a), testarudo(a), terco(a)*, cabezón(ona)	*têtu(e), entêté(e)*
el empeño en*	*l'entêtement, la détermination à*
pretender*	*chercher à*
intentar*, procurar, tratar de	*essayer de*
el instinto; instintivo(a)	*l'instinct; instinctif(ive)*
la impulsión	*la pulsion*
el deseo*	*le souhait, le désir*
desear*	*souhaiter*
aceptar, acceder	*accepter*
negarse a*, resistirse a[1]*	*refuser de*

---

1. Opposer une résistance à qqch., particulièrement à un ordre ou à une intimidation.

No es de personas sensatas arriesgar la vida inútilmente.

Les gens sensés ne risquent pas leur vie inutilement.

Me pareció muy divertido el espectáculo.

Le spectacle m'a semblé très amusant.

Un comportamiento caballeresco.

Un comportement chevaleresque.

La madre le dijo a su hijo que si se portaba bien le daría un caramelo.

La mère a dit à son fils que s'il se conduisait bien il aurait un bonbon.

Se condujo como una cualquiera.

Elle s'est conduite comme une femme quelconque.

Ha obrado deliberadamente.

Il a agi délibérément.

Reaccioné violentamente cuando me comunicó la noticia.

J'ai réagi violemment quand elle m'a appris la nouvelle.

Un hombre de acción.

Un homme d'action.

Contestaron de manera espontánea todas las preguntas.

Ils ont répondu de manière spontanée à toutes les questions.

Quiere imponer su voluntad a los demás.

Il veut imposer sa volonté aux autres.

Quiere salvar las apariencias.

Il veut sauver les apparences.

No podrás convencer a mi madre porque es muy terca.

Tu ne pourras pas convaincre ma mère car elle est très têtue.

Tengo empeño en escribir una novela.

Je suis déterminé à écrire un roman.

Ernesto Che Guevara pretendía extender la revolución armada a la selva de Bolivia.

Ernesto Che Guevara voulait étendre la révolution armée à la forêt vierge de Bolivie.

Intenta mantenerse serio ante su padre.

Il essaie de garder son sérieux devant son père.

Se ha cumplido mi deseo de encontrarme con este famoso actor.

Mon désir de rencontrer ce célèbre acteur s'est réalisé.

No deseo conocerlo.

Je ne souhaite pas le connaître.

Se niega a prestarle dinero.

Il refuse de lui prêter de l'argent.

Se resistieron a ser expulsados del país.

Ils ont refusé d'être expulsés du pays.

1 PENSAMIENTO, SENTIMIENTOS, COMPORTAMIENTO

A LES MOTS...

□	□
la intención*, el propósito*	l'intention
conseguir su propósito	atteindre son but
adrede, a propósito, de propósito	exprès
el proyecto, el plan	le projet, le plan
planear	projeter (qqch.)
proponerse	se proposer de
la decisión ; decidir, decidirse*	la décision ; décider, se décider
animarse*	se décider
indeciso (a)	hésitant (e)
vacilar*, titubear (en)	hésiter (à)
inquebrantable	inébranlable
□	□
la energía ; enérgico (a)	l'énergie ; énergique
activo (a) ; dinámico (a)	actif (ive) ; dynamique
emprender	entreprendre
el espíritu de iniciativa	l'esprit d'initiative
animar a alguien, dar ánimo a alguien	encourager qqn
desanimarse*	se décourager
atreverse a*	oser
el objetivo*, el objeto	l'objectif, le but
el medio*	le moyen
conseguir*	obtenir, réussir
alcanzar, lograr algo	atteindre qqch.

La conciencia*, los hábitos — La conscience, les mœurs

ser consciente*, estar consciente*	être conscient (e)
el remordimiento	le remords
el arrepentimiento ; arrepentirse*	le repentir ; se repentir
lamentar*, sentir*	regretter
echar de menos a uno*	regretter qqn
el perdón	le pardon
perdonar*	pardonner
el rencor* ; rencoroso (a), resentido (a)	la rancune ; rancunier (ère)
quejarse*	se plaindre
la queja	la plainte

Tengo el propósito de separarme de ti.	*J'ai l'intention de te quitter.*
No termino de decidirme.	*Je ne peux pas me décider.*
Si tiene dinero quizás se anime a comprar un coche nuevo.	*S'il a de l'argent il va peut-être se décider à acheter une nouvelle voiture.*
Vacilaron un minuto antes de tomar una decisión.	*Ils hésitèrent une minute avant de prendre une décision.*
Se desanima pronto si nadie le empuja a que busque trabajo.	*Il se décourage vite si personne ne le pousse à chercher du travail.*
No se atreve a invitarla a cenar.	*Il n'ose pas l'inviter à dîner.*
Su objetivo es ganarle al ajedrez.	*Son objectif est de le battre aux échecs.*
Ha conseguido un premio literario.	*Il a obtenu un prix littéraire.*
¿Eres consciente de lo que has hecho al alistarte en la Marina?	*Es-tu conscient de ce que tu as fait en t'engageant dans la Marine?*
Laura ya está consciente después de su operación de apendicitis.	*Laura est de nouveau consciente après son opération de l'appendicite.*
Se arrepiente de no haberme escrito.	*Il se repent de ne pas m'avoir écrit.*
Lamento que no te guste mi traje.	*Je regrette que mon costume ne te plaise pas.*
Siento haber vuelto a fumar.	*Je regrette d'avoir recommencé à fumer.*
Echo de menos a mis primos.	*Mes cousins me manquent.*
No le perdono su insolencia de ayer.	*Je ne lui pardonne pas son insolence d'hier.*
No le guarda ningún rencor por sus malos tratamientos.	*Il ne lui garde aucune rancune de ses mauvais traitements.*
Se queja del ruido que hacen los vecinos.	*Il se plaint du bruit que font les voisins.*

C EXPRESSIONS ET LOCUTIONS

Una segunda intención.	*Une arrière-pensée.*
El fin justifica los medios.	*La fin justifie les moyens.*
Hace su trabajo a conciencia.	*Il fait son travail consciencieusement.*
Le remuerde la conciencia.	*Il est rongé de remords.*

A LES MOTS...

reprochar*	reprocher
el reproche	le reproche
la reconciliación	la réconciliation
reconciliarse*	se réconcilier
la confianza	la confiance
confiar en*	avoir confiance en, faire confiance à
agradecido (a)*	reconnaissant (e), obligé (e)
el deber*	le devoir
comprometerse en, a*	s'engager à
la responsabilidad; responsable*	la responsabilité; responsable
responsabilizarse	assumer, prendre la responsabilité
echar la culpa a alguien*	rendre responsable qqn
□	□
las costumbres*, los hábitos	les mœurs
la moralidad ≠ la inmoralidad	la moralité ≠ l'immoralité
moral ≠ inmoral	moral (e) ≠ immoral (e)
el respeto*; respetuoso (a)	le respect; respectueux (euse)
respetar	respecter
la consideración ≠ la desconsideración	la considération ≠ le manque d'égards
los miramientos	l'égard
la cortesía*; cortés*	la politesse; poli (e)
□	□
despreciar; el desprecio*	mépriser; le mépris
vejar*	vexer
insolentarse*	être insolent (e)
la insolencia; insolente	l'insolence; insolent (e)
insultar*; el insulto	insulter; l'insulte
denostar	insulter, injurier
el altercado	l'altercation
humillar*; la humillación	humilier; l'humiliation
atropellar; el atropello	outrager; l'outrage
ofender, agraviar	offenser
la ofensa, el agravio	l'offense
desafiar*, retar a uno	défier qqn
el desafío, el reto	le défi

1 PENSÉE, SENTIMENTS, COMPORTEMENT

B ... DANS LEUR CONTEXTE

Te reprocho tu hipocresía.	*Je te reproche ton hypocrisie.*
Después de dos años de enemistad se han reconciliado.	*Après deux ans d'inimitié ils se sont réconciliés.*
Confías demasiado en su capacidad de decisión.	*Tu as trop confiance en son pouvoir de décision.*
Le estaría muy agradecida si me dejara el libro.	*Je vous serais très obligée de me laisser le livre.*
Es su deber hablarle.	*Il est de son devoir de lui parler.*
Me he comprometido a cuidar a los niños.	*Je me suis engagé à m'occuper des enfants.*
Se siente responsable del fracaso de su amigo.	*Il se sent responsable de l'échec de son ami.*
Te echan la culpa del escándalo.	*Ils te rendent responsable du scandale.*
Un atentado a (contra) las buenas costumbres.	*Un attentat aux mœurs.*
El profesor me infunde mucho respeto.	*Le professeur m'inspire beaucoup de respect.*
El jefe me ha hablado con suma cortesía.	*Le chef m'a parlé avec beaucoup de politesse.*
Con desprecio de la ley.	*Au mépris de la loi.*
Me veja muchas veces con reproches injustificados.	*Il me vexe souvent en me faisant des reproches injustifiés.*
Se insolentó con el director.	*Il a été insolent avec le directeur.*
Me ha insultado en la misma calle.	*Il m'a insulté en pleine rue.*
Le humillaba pedir limosna en la puerta de la iglesia.	*Il était humilié de demander l'aumône à la porte de l'église.*
Te desafío a ir a su casa andando.	*Je te défie d'aller chez lui à pied.*

C EXPRESSIONS ET LOCUTIONS

Lo cortés no quita lo valiente.	*On ne perd rien à être poli (la courtoisie n'exclut pas le courage).*

A LES MOTS...

Las cualidades ≠ *los defectos**	Les qualités ≠ les défauts
el mérito*	*le mérite*
merecer*	*mériter*
meritorio (a)	*méritant (e)*
sobresalir por*, distinguirse por algo	*se distinguer par qqch.*
la honradez ; honrado (a)	*l'honnêteté ; honnête*
la sinceridad	*la sincérité*
sincero (a) ≠ insincero (a)	*sincère ≠ hypocrite*
la franqueza* ; franco (a)	*la franchise ; franc (che)*
la sabiduría*	*la sagesse*
cuerdo (a)	*sage*
sabio (a)	*savant (e)*
la bondad* ; bueno (a)	*la bonté ; bon (ne)*
la dignidad ; digno (a)	*la dignité ; digne*
la delicadeza* ; delicado (a)	*la délicatesse ; délicat (e)*
la generosidad ; generoso (a)*	*la générosité ; généreux (euse)*
el tacto*	*le tact*
la modestia ; modesto (a)	*la modestie ; modeste*
la humildad ; humilde	*l'humilité ; humble*
el recato ; recatado (a)	*la réserve, la retenue ; réservé (e)*
el celo* ; celoso (a), afanoso (a)	*le zèle ; zélé (e)*
concienzudo (a)*	*consciencieux (euse)*
el orgullo* ; orgulloso (a)	*la fierté ; fier (ère)*
el valor* ; valiente*	*le courage ; courageux (euse)*
la perseverancia ; perseverante	*la persévérance ; persévérant (e)*
perseverar en algo	*persévérer dans qqch.*
□	□
la tolerancia ≠ la intolerancia	*la tolérance ≠ l'intolérance*
tolerante ≠ intolerante	*tolérant (e) ≠ intolérant (e)*
la amabilidad ; amable*	*l'amabilité, la gentillesse ; aimable, gentil (le)*
amistoso (a)	*amical (e)*
la discreción ; discreto (a)	*la discrétion ; discret (ète)*
callar algo*	*taire qqch., ne pas dire qqch.*
silenciar*, pasar por alto una cosa	*passer qqch. sous silence*

B ... DANS LEUR CONTEXTE

No le conozco ningún defecto.	*Je ne lui connais aucun défaut.*
No merece la pena llorar.	*Ce n'est pas la peine de pleurer.*
Ella sobresale por su elegancia.	*Elle se distingue par son élégance.*
Dispense mi franqueza.	*Pardonnez ma franchise.*
La sabiduría popular.	*La sagesse populaire.*
Su bondad no tiene límites.	*Sa bonté n'a pas de limite.*
Coloca al niño con delicadeza en la cama.	*Il met l'enfant au lit avec délicatesse.*
Es tan generoso que me ha regalado un reloj de pulsera.	*Il est tellement généreux qu'il m'a offert une montre-bracelet.*
Tu falta de tacto me extraña.	*Ton manque de tact me surprend.*
Al realizar la huelga de celo los controladores aéreos colapsan los aeropuertos.	*En faisant la grève du zèle les contrôleurs aériens paralysent les aéroports.*
El maestro aprecia a los alumnos concienzudos.	*Le maître apprécie les élèves consciencieux.*
El éxito de su obra le llena de orgullo.	*Le succès de son œuvre le remplit d'orgueil.*
Cobrar valor.	*Reprendre courage.*
Presumen de valientes.	*Ils se croient courageux.*
Se muestra muy amable conmigo.	*Il se montre très aimable avec moi.*
Calló la edad de su amigo.	*Elle n'a pas dit l'âge de son ami.*
El telediario silenció el suceso.	*Le journal télévisé a passé sous silence l'événement.*

C EXPRESSIONS ET LOCUTIONS

Hacer méritos.	*Faire du zèle, faire ses preuves.*
Con toda franqueza no sé nada.	*En toute franchise je ne sais rien.*
Me armé de valor para afrontar a mi jefe.	*Je me suis armé de courage pour affronter mon chef.*

1 PENSAMIENTO, SENTIMIENTOS, COMPORTAMIENTO

A LES MOTS...

□	□
la piedad, la lástima*	la pitié
la compasión*; compasivo(a)	la compassion; compatissant(e)
la caridad*; caritativo(a)*	la charité; charitable
el amor al prójimo	l'amour du prochain
el desinterés; desinteresado(a)	le désintéressement; désintéressé(e)
el altruismo; altruista	l'altruisme; altruiste
la abnegación; adicto(a)	le dévouement; dévoué(e)
□	□
el vicio; vicioso(a)	le vice; vicieux(euse)
la culpa*	la faute
el egoísmo*; egoísta	l'égoïsme; égoïste
el aprovechado	le profiteur, l'opportuniste
el engaño*	la tromperie
engañar a alguien*	tromper qqn
tramposo(a)	trompeur(euse)
la impostura	l'imposture
el impostor	l'imposteur
la mentira*	le mensonge
mentir*	mentir
mentiroso(a), embustero(a)	menteur(euse)
la avaricia; tacaño(a)	l'avarice; avare
la vanidad*; vanidoso(a)	la vanité; vaniteux(euse)
jactarse*, presumir	se vanter

Los sentimientos — Les sentiments

el sentimiento*	le sentiment
sensible, impresionable ≠ insensible, frío(a)*	sensible ≠ insensible, froid(e)
sentir*	sentir
experimentar algo	éprouver qqch.
la susceptibilidad	la susceptibilité
susceptible	susceptible
la sensibilidad	la sensibilité
sensiblero(a)	d'une sensibilité extrême
sentimental	sentimental(e)
conmover*, emocionar	toucher, émouvoir
conmovedor(a)*; lacrimoso(a), lagrimoso(a)	touchant(e); larmoyant(e)

30

1 PENSÉE, SENTIMENTS, COMPORTEMENT

B ...DANS LEUR CONTEXTE

El niño no tiene lástima de este animal indefenso.	L'enfant n'a pas pitié de cet animal sans défense.
No merece compasión porque se portó muy mal contigo.	Il ne mérite pas de compassion parce qu'il s'est très mal comporté avec toi.
El mendigo implora la caridad a la salida de la iglesia.	Le mendiant demande la charité à la sortie de l'église.
Se muestra caritativo con la gente pobre.	Il se montre charitable avec les pauvres gens.
No tengo la culpa.	Ce n'est pas ma faute.
Su egoísmo se manifiesta sobre todo con las mujeres.	Son égoïsme se manifeste surtout avec les femmes.
Nos engañó a todos diciéndonos que había terminado el trabajo.	Il nous a tous trompés en nous disant que son travail était terminé.
Una mentira descarada.	Un mensonge éhonté.
Halaga su vanidad para obtener una ayuda.	Il flatte sa vanité pour obtenir une aide.
Se jacta de seducir a todas las mujeres.	Il se vante de séduire toutes les femmes.
Este chico tiene muy buenos sentimientos.	Ce garçon a de très bons sentiments.
Al teléfono, lo encontré algo frío.	Au téléphone, je l'ai trouvé un peu froid.
Sintieron mucha pena al enterarse de lo que había ocurrido.	Ils ont eu beaucoup de peine en apprenant ce qui s'était passé.
Me conmueve su generosidad para con la gente.	Sa générosité envers les gens me touche.
Un libro conmovedor.	Un livre émouvant.

C EXPRESSIONS ET LOCUTIONS

Padecer, sufrir un engaño.	Être trompé(e).
Parece mentira que no reconozcas la casa.	C'est incroyable que tu ne reconnaisses pas la maison.
Miente más que un sacamuelas.	Il ment comme un arracheur de dents.
Te acompaño en el sentimiento.	Je partage ta douleur.

1 PENSAMIENTO, SENTIMIENTOS, COMPORTAMIENTO

A LES MOTS...

el acto pasional	*l'acte passionnel*
el crimen pasional	*le crime passionnel*
actuar bajo el dominio de la pasión	*agir sous l'emprise de la passion*
la excitación; excitar	*l'excitation; exciter*
el estado de ánimo	*l'état d'esprit, d'âme*
☐	☐
la alegría*; alegre, radiante	*la gaieté; gai(e), radieux(euse)*
festivo(a)	*gai(e), enjoué(e)*
holgarse	*se divertir, s'amuser*
contento(a)* con, de	*content(e) de*
jocoso(a)	*enjoué(e), gai(e)*
el gozo*, la alegría	*la joie*
el júbilo	*la joie débordante*
el placer, el deleite, el gusto	*le plaisir*
el alborozo	*l'allégresse*
regocijarse con*, holgarse con	*se réjouir de*
alegre	*joyeux(euse)*
reír(se)*; la risa*	*rire; le rire*
el ataque de risa	*le fou rire*
risueño(a)	*souriant(e); gai(e)*
sonreír	*sourire*
la sonrisa	*le sourire*
la broma*, la burla*, la gracia*	*la plaisanterie*
bromear, gastar bromas, gastar burlas	*plaisanter*
la guasa*, la broma	*la rigolade*
gracioso(a)*	*drôle, spirituel(le), plaisant(e)*
la felicidad ≠ la desgracia*	*le bonheur ≠ le malheur*
feliz*, afortunado(a) ≠ desgraciado(a), desdichado(a)	*heureux(euse) ≠ malheureux(euse)*
☐	☐
la tristeza*	*la tristesse*
la congoja	*le chagrin, la peine*
la aflicción; afligir	*l'affliction; affliger*
desconsolado(a)	*inconsolable*
compungido(a), afligido(a)	*affligé(e)*
apenado(a)*	*peiné(e)*
dolorido(a)	*affligé(e), brisé(e) de douleur*
la consternación	*la consternation*

Rebosaba de alegría.	Il débordait de joie.
Estos niños son la alegría de la casa.	Ces enfants font la joie de la maison.
Estar contento.	Être content.
No caber en sí de gozo.	Ne pas se sentir de joie.
Se regocijaba pensando en lo que iba a ser su vida.	Il se réjouissait en pensant à ce que serait sa vie.
A pesar de la pena, no pudo menos de reírse.	Malgré la peine, il ne put s'empêcher de rire.
Soltó una risa.	Elle éclata de rire.
Provocar la risa, a risa.	Provoquer le rire.
Se lo toma todo a guasa.	Il prend tout à la rigolade.
Ser feliz.	Être heureux.
Le consumía la tristeza.	La tristesse le minait.
Está muy apenado por la muerte de su amigo.	Il est très peiné par, de la mort de son ami.

C EXPRESSIONS ET LOCUTIONS

Te puedes dar por contento.	Tu peux t'estimer heureux.
(Se) reía a carcajadas.	Il riait aux éclats.
Se partieron de risa.	Ils étaient tordus de rire.
Troncharse de risa (fam.).	Se tordre de rire, être plié en deux.
Desternillarse de risa.	Rire à gorge déployée.
¡ Basta de bromas !	Trêve de plaisanteries !
Le gastó una broma pesada.	Il lui joua une sale blague.
Entre burlas y veras.	Mi-sérieux, mi-plaisant.
¡ Vaya gracia !	Que c'est drôle !
No me hace ninguna gracia el que te vayas sin avisar.	Je ne trouve pas drôle du tout que tu partes sans prévenir.
Echárselas de gracioso.	Faire de l'esprit.
Ser perseguido por la desgracia.	Tomber dans le malheur.

1 PENSAMIENTO, SENTIMIENTOS, COMPORTAMIENTO

A LES MOTS...

consternar*	consterner
agobiar*	accabler, abattre
el desasosiego, la inquietud, la preocupación	le souci, l'inquiétude
preocuparse por*	se soucier de qqch., s'inquiéter, être inquiet de qqch.
la preocupación	la préoccupation
la desesperación	le désespoir
desesperar de que*	désespérer
desesperarse por algo	être désespéré de qqch.
llorar*	pleurer
las lágrimas*; sollozar	les larmes; sangloter
la duda	le doute
sospechar de	suspecter, avoir des doutes
la desconfianza	la méfiance
fiarse de*, en alguien	avoir confiance en qqn, se fier à qqn

☐ ☐

la esperanza*, la ilusión	l'espoir
esperar algo	espérer qqch.
tener esperanzas de, anhelar* algo	désirer, souhaiter qqch.
el optimismo	l'optimisme
confiado(a)	confiant(e)
el optimista ≠ el pesimista	l'optimiste ≠ le pessimiste
optimista ≠ pesimista	optimiste ≠ pessimiste
la esperanza	l'espérance
esperarse algo*	s'attendre à qqch.
la ilusión*; hacer ilusión	l'illusion; faire illusion
la desilusión, el desengaño*	la désillusion
engañar a alguien	tromper qqn
la decepción*; decepcionar	la déception; décevoir

☐ ☐

el presentimiento, la corazonada*; presentir	le pressentiment; pressentir
quedarse estupefacto(a)	être saisi(e) d'étonnement, frappé(e) de stupéfaction
el asombro*, la estupefacción	l'étonnement
asombrar, dejar atónito a alguien	étonner qqn

34

Nos consternó el saber que había sufrido un accidente.	*Nous avons été consternés de savoir qu'il avait été victime d'un accident.*
Le agobia una pena profunda.	*Il est accablé par une peine profonde.*
Se preocupa muchísimo por el estado de salud de sus hijos.	*Elle s'inquiète beaucoup de l'état de santé de ses enfants.*
Desespero de que cambie un día.	*Je désespère qu'il change un jour.*
Aquí, no puede uno fiarse de nadie.	*Ici, on ne peut avoir confiance en personne.*
Anhelan con mucha ansiedad el regreso de su padre.	*Ils souhaitent très ardemment le retour de leur père.*
No nos esperábamos esta noticia.	*Nous ne nous attendions pas à cette nouvelle.*
Acaba de sufrir un desengaño amoroso.	*Il vient d'avoir un chagrin d'amour.*
Se llevaron una decepción grande.	*Ils ont connu une grande déception.*
Teníamos la corazonada de que no había muerto.	*Nous avions le pressentiment qu'il n'était pas mort.*

C EXPRESSIONS ET LOCUTIONS

Rompió a llorar, se echó a llorar delante de todos.	*Il éclate en sanglots devant tout le monde.*
El que no llora no mama.	*Qui ne demande rien n'a rien.*
Lloraba a lágrima viva.	*Elle pleurait à chaudes larmes.*
¡ Cuántas lágrimas derramadas... !	*Que de larmes versées... !*
Enjugarse las lágrimas.	*Sécher ses larmes.*
No se fía (en la tienda).	*La maison ne fait pas crédit.*
Como última esperanza.	*En désespoir de cause, en dernier recours.*
Se alimenta de esperanzas.	*Il se berce d'illusions.*
Vive de ilusiones.	*Il se nourrit d'illusions.*
Me haría tanta ilusión dar la vuelta al mundo.	*Je rêve tellement de faire le tour du monde.*
¡ No salgo de mi asombro !	*Je n'en reviens pas.*

A LES MOTS...

extrañar(se) (de)*, sorprender(se)*, asombrar(se) de (por)*, con algo	s'étonner de qqch.
estar asombrado(a), admirado(a)*, extrañado(a)	être étonné(e)
asombroso(a), sorprendente, extraño(a)*	étonnant(e), surprenant(e), étrange
sorprender a alguien	surprendre qqn
sorprendido(a), extrañado(a)	surpris(e), étonné(e)
la sorpresa*	la surprise
□	□
el amor*, el querer ≠ el desamor	l'amour ≠ l'indifférence
querer*, amar* a alguien	aimer qqn
quererse*; la pasión	s'aimer; la passion
pasional; la pasioncilla	passionnel(le); l'amourette
atento(a), amable, bueno(a)	gentil(le), aimable
afectuoso(a), cariñoso(a)	affectueux(euse)
coger afecto, cariño a alguien	prendre qqn en affection
tomar ley	prendre en affection
tener ley	avoir en affection
la ternura, el cariño	la tendresse
los celos (en amor), la envidia*	la jalousie
dar celos	rendre jaloux
estar celoso(a)*, tener celos	être jaloux(ouse)
el ataque de celos	la crise de jalousie
apegarse a alguien; el afecto*	s'attacher à qqn; l'affection
estar apegado(a) a	être attaché(e) à
el apego	l'attachement
gustar*	aimer bien qqn, qqch.
gustar*, agradar	plaire à qqn
desagradarle a uno alguien, no gustar	déplaire à qqn
encantarle a uno algo, alguien	adorer qqch., qqn
estar loco(a), chiflado(a) por	raffoler de
embelesar	ravir, charmer
el entusiasmo; entusiasta	l'enthousiasme; enthousiaste
entusiasmarse con	s'enthousiasmer pour
encantado(a)*	enchanté(e)
sentir simpatía por alguien	avoir de la sympathie pour qqn

1 PENSÉE, SENTIMENTS, COMPORTEMENT

B ...DANS LEUR CONTEXTE

No me extraña nada el que no haya avisado.	*Cela ne m'étonne pas du tout qu'il n'ait pas prévenu.*
Me sorprende su comportamiento.	*Son comportement m'étonne.*
Estos chicos no se asombran nunca por nada.	*Ces enfants ne s'étonnent jamais de rien.*
Estoy admirado de que se le dé tan bien la política.	*Je suis étonné qu'il soit si doué en politique.*
Quiso darme una sorpresa.	*Il a voulu me faire une surprise.*
Un amor correspondido.	*Un amour partagé.*
Estaba perdido de amor por esa mujer.	*Il était fou d'amour pour cette femme.*
Amores contrariados.	*Des amours contrariées.*
La quiere como a la niña de sus ojos.	*Il y tient comme à la prunelle de ses yeux.*
Amar a Dios; al prójimo; a la patria.	*Aimer Dieu; son prochain; sa patrie.*
Le tiene mucho afecto a su sobrino.	*Il a beaucoup d'affection pour son neveu.*
Me gusta este hombre, su forma de ser, sus posiciones.	*J'aime bien cet homme, sa façon d'être, ses positions.*
Le gustas.	*Tu lui plais.*

C EXPRESSIONS ET LOCUTIONS

¡Qué extraño!	*Que c'est étrange!*
Nos cogió de sorpresa la tormenta.	*La tempête nous a pris au dépourvu.*
Se quieren con locura.	*Ils s'aiment à la folie.*
Dar, provocar envidia.	*Rendre jaloux.*
Celoso como un turco.	*Jaloux comme un tigre.*
Encantado de conocerle.	*Enchanté de faire votre connaissance.*

1 PENSAMIENTO, SENTIMIENTOS, COMPORTAMIENTO

A LES MOTS...

interesarse por, tomar interés por	*porter de l'intérêt à*
la preferencia*, la predilección	*la préférence*
dar preferencia a alguien	*donner la préférence à qqn*
la admiración	*l'admiration*
admirar a alguien, algo	*admirer qqn, qqch.*
la pasión*, el apasionamiento	*la passion*
apasionado(a) (por el arte, por una persona)	*passionné(e) (d'art, pour une personne)*
la amistad*; amistoso	*l'amitié; amical*
el amigo*, la amiga	*l'ami(e)*
□	□
el odio* a	*la haine (de, contre)*
odiar a alguien, algo	*haïr qqn, qqch.*
la antipatía* a, contra	*l'antipathie pour*
la aversión*, el asco*, el hastío	*l'aversion, le dégoût*
aborrecer*, detestar	*détester*
sentir repugnancia a, hacia	*avoir de la répugnance pour*
de mala gana, a regañadientes	*à contrecœur*
la hostilidad	*l'hostilité*
el enemigo	*l'ennemi*
hostil	*hostile*
□	□
el temor a*, de*	*la crainte, la peur de*
temiendo que, con el temor de	*par (de) crainte de, de peur de*
temer*	*craindre qqn, qqch. (qui risque de se produire)*
la aprensión, el recelo	*l'appréhension*
espantoso(a), pavoroso(a), atroz	*effrayant(e), atroce*
□	□
el miedo*, el susto*, el temor	*la peur*
tener miedo a	*avoir peur de*
encogérsele a uno el ombligo	*trembler de peur*
meter, dar miedo, dar un susto*	*faire peur*
el cobarde, el cagueta *(fam.)*	*le froussard, le poltron*
el gallina ≠ lanzado(a), temerario(a), valiente*	*la poule mouillée ≠ téméraire, courageux(euse)*
superarse (a sí mismo)	*se dépasser, se surpasser*
asustadizo(a), miedoso(a), medroso(a)	*craintif(ive), peureux(euse)*
la ansiedad	*l'anxiété*
la zozobra	*l'angoisse, l'anxiété*

Tiene preferencia por el hijo mayor.	*Il a une préférence pour son fils aîné.*
Siempre se deja llevar por la pasión.	*Il se laisse toujours emporter par la passion.*
Una arrebatadora pasión.	*Une passion violente.*
Trabó una amistad entrañable con el profesor.	*Il noua une amitié très chère avec son professeur.*
Es un amigo de toda la vida.	*C'est un ami de toujours.*
Es un amigo de la casa.	*C'est un ami de la maison.*
Por odio a lo que era.	*Par haine de ce qu'il était.*
Le han cogido antipatía a la maestra.	*Ils ont de l'antipathie pour la maîtresse.*
Cobrarle aversión a alguien.	*Prendre quelqu'un en aversion.*
Lo aborrezco.	*Je le déteste.*
Aborrecer a la gente.	*Détester les gens.*
El temor a la enfermedad.	*La crainte de la maladie.*
El temor de Dios.	*La crainte de Dieu.*
Temo que aún no esté listo para salir.	*Je crains qu'il ne soit pas encore prêt pour sortir.*
Del miedo estaba que no me llegaba la camisa al cuerpo.	*J'avais si peur que je n'en menais pas large.*
El miedo amordazaba a la población.	*La peur bâillonnait la population.*
El susto nos impidió intervenir deprisa.	*La peur nous empêcha d'agir vite.*
Nos dieron mucho susto.	*Ils nous ont fait très peur.*
¡ Qué susto nos dio !	*Il nous a fait une de ces peurs !*
Le costó trabajo dar un paso adelante, pero fue valiente.	*Il lui coûta d'avancer, mais il eut du courage.*

C EXPRESSIONS ET LOCUTIONS

Consiguió granjearse mi amistad.	*Il a réussi à gagner mon amitié.*
Puso cara de pocos amigos.	*Il fit grise mine.*
Bueno es tener amigos hasta en el infierno.	*Il est bon d'avoir des amis partout.*
Es muy amigo de juergas.	*Il est très amateur de bringues.*
Da asco.	*C'est dégoûtant.*
En esta obra, actúa que da asco.	*Dans cette pièce, il joue à faire pitié.*
Aborrecer de muerte.	*Haïr à mort.*
Me lo temo.	*Je le crains, j'en ai bien peur.*
¡ Es una película de miedo !	*C'est un film du tonnerre !*

1 PENSAMIENTO, SENTIMIENTOS, COMPORTAMIENTO

A LES MOTS...

□	□
el espanto, el pavor	*la frayeur, l'épouvante, la peur*
despavorido(a) ; pavoroso(a)	*épouvanté(e) ; épouvantable, effrayant(e)*
amilanarse	*s'effrayer*
atemorizarse de, por algo	*s'effrayer de qqch.*
asustarse*	*être pris de peur, prendre peur*
espantar, asustar*, amedrentar*	*effrayer (qqn), faire peur (à qqn)*
el espantapájaros	*l'épouvantail*
horroroso(a), espantoso(a)*, pavoroso(a)	*effrayant(e), effroyable*
tremendo	*épouvantable, horrible*
el escalofrío*	*le frisson*
el espeluzno	*le frisson (d'horreur)*

1 PENSÉE, SENTIMENTS, COMPORTEMENT

B ... DANS LEUR CONTEXTE

Me asusté tanto que se me heló la sangre en las venas.

J'ai été pris d'une telle peur que mon sang s'est glacé dans mes veines.

No amedrenta a nadie.

Il ne fait peur à personne.

Nos ha ocurrido algo espantoso.

Il nous est arrivé quelque chose d'effroyable.

C EXPRESSIONS ET LOCUTIONS

Es tan fea que asusta.

Elle est laide à faire peur.

Causar escalofrío.

Faire froid dans le dos.

*El aspecto físico**	L'aspect physique
el cuerpo*	*le corps*
físico(a); corporal*	*physique; corporel(le)*
la morfología; la anatomía	*la morphologie; l'anatomie*
los órganos	*les organes*
la talla*, la estatura*	*la taille (d'une personne)*
la silueta	*la silhouette*
grande; pequeño(a); rechoncho(a)	*grand(e); petit(e); trapu(e)*
el gigante ≠ el enano	*le géant ≠ le nain*
□	*□*
la fuerza*; fuerte	*la force; fort(e)*
la debilidad; débil, flojo(a)	*la faiblesse; faible*
musculoso(a)*	*musclé(e)*
bien hecho(a)	*bien bâti(e)*
la esbeltez; esbelto(a)*	*la sveltesse; svelte*
la agilidad; ágil	*la souplesse; souple*
garboso(a) ≠ desgarbado(a)	*élégant(e), gracieux(euse) ≠ dégingandé(e)*
menudo(a)	*menu(e)*
la delgadez*; delgado(a)	*la minceur; mince*
la flacura; flaco(a)*	*la maigreur; maigre*
flacucho(a)*; delgaducho(a)	*maigrelet(te); maigrichon(ne)*
la corpulencia; corpulento(a)	*la corpulence; corpulent(e)*
la gordura; gordo(a)	*l'embonpoint; gros(se)*
regordete(ta)*	*rondouillard(e)*
rollizo(a)	*potelé(e), dodu(e)*
gordinflón(ona), gordiflón(ona)	*grassouillet(te)*
los michelines *(fam.)**	*les bourrelets, les poignées d'amour*
metido(a) en carnes*	*bien en chair*
la obesidad; obeso(a)	*l'obésité; obèse*
adelgazar* ≠ engordar*	*maigrir, mincir ≠ grossir*
aumentar de peso*	*prendre du poids*
estar a régimen (de adelgazamiento)*	*faire un régime (amaigrissant)*
conservar la línea*	*garder la ligne*
cuidar la línea	*faire attention à sa ligne*

2 LE CORPS

B ... DANS LEUR CONTEXTE

Tiene un aspecto físico ameno.	Il a un aspect physique agréable.
Un castigo corporal.	Un châtiment corporel.
Un adulto de poca talla.	Un adulte de petite taille.
Tiene 1,80 metro de estatura.	Il mesure 1,80 mètre.
Se está poniendo musculoso con el deporte.	Le sport le rend musclé.
La modelo era esbelta.	Le mannequin était svelte.
La delgadez de la deportista nos impresionaba.	La minceur de la sportive nous impressionnait.
Si no comes te quedarás flacucho.	Si tu ne manges pas, tu resteras maigrelet.
Me abrió la puerta una mujer regordeta.	Une femme rondouillarde m'ouvrit la porte.
Tengo michelines desde que no practico deporte.	J'ai des bourrelets depuis que je ne fais plus de sport.
El director es un hombre metido en carnes.	Le directeur est un homme bien en chair.
Este régimen te hará adelgazar.	Ce régime te fera maigrir.
El chocolate engorda.	Le chocolat fait grossir.
Engordar dos kilos.	Grossir de deux kilos.
Con los años voy aumentando de peso.	Avec les années, je prends du poids.
A mi padre le cuesta estar a régimen.	Mon père a du mal à faire un régime (amaigrissant).
Para conservar la línea, ya no bebe alcohol.	Pour garder la ligne, il ne boit plus d'alcool.

C EXPRESSIONS ET LOCUTIONS

Esta joven tiene buen cuerpo.	Cette jeune femme est bien faite.
Una mujer mediana de cuerpo.	Une femme de taille moyenne.
Sacar fuerzas de flaqueza.	Prendre son courage à deux mains.
Está tan flaco que da lástima.	Il est maigre à faire pitié.

La cabeza*, los sentidos*	La tête, les sens
la cabeza, la testa	*la tête*
el cuello ; la garganta*	*le cou ; la gorge*
la nuca, el cogote*	*la nuque*
bajar, mover la cabeza	*baisser, hocher la tête*
el cráneo	*le crâne*
el sistema nervioso	*le système nerveux*
el cerebro*	*le cerveau*
los sesos	*la cervelle*
el córtex	*le cortex*
la materia gris	*la matière grise*
□	□
el pelo*, los cabellos	*les cheveux*
tener el pelo moreno, castaño, rubio, rojizo	*avoir les cheveux bruns, châtains, blonds, roux*
ser moreno(a), castaño(a), rubio(a), pelirrojo(a)	*être brun(e), châtain(e), blond(e), roux(sse)*
canoso(a)*	*grisonnant(e)*
las canas*	*les cheveux blancs*
la cabellera espesa ≠ clara	*la chevelure épaisse ≠ clairsemée*
de pelo oscuro	*aux cheveux foncés*
el cuero cabelludo	*le cuir chevelu*
la calvicie, la calva	*la calvitie*
calvo(a)*	*chauve*
la barba* ; barbudo	*la barbe ; barbu*
el bigote ; bigotudo	*la moustache ; moustachu*
las patillas	*les pattes*
la sien	*la tempe*
□	□
la boca*	*la bouche*
los labios*	*les lèvres*
las mandíbulas	*les mâchoires*
los dientes* ; las muelas*	*les dents ; les molaires, les dents*
las encías	*les gencives*
la lengua*	*la langue*
el paladar	*le palais*
el gaznate	*le gosier*
la faringe	*le pharynx*

2 LE CORPS

B ... DANS LEUR CONTEXTE

Los cinco sentidos son la vista, el oído, el olfato, el tacto y el gusto.	*Les cinq sens sont la vue, l'ouïe, l'odorat, le toucher et le goût.*
¡Cuánto te ha crecido el pelo!	*Comme tes cheveux ont poussé!*
Un hombre de sienes canosas.	*Un homme aux tempes grisonnantes.*
Empiezan a salirte canas.	*Tu commences à avoir des cheveux blancs.*
El hombre gasta una barba bien poblada.	*L'homme porte une barbe très fournie.*
Tener la boca pastosa.	*Avoir la bouche pâteuse.*
La muela de juicio, la muela cordal.	*La dent de sagesse.*

C EXPRESSIONS ET LOCUTIONS

En algunos partidos políticos están cayendo cabezas.	*Des têtes sont en train de tomber dans certains partis politiques.*
Andar de cabeza.	*Ne pas savoir où donner de la tête.*
Se me hizo un nudo en la garganta.	*J'ai eu la gorge serrée.*
Estoy hasta el cogote de tus tonterías.	*J'en ai par-dessus la tête de tes bêtises.*
Un cerebro de chorlito.	*Une tête de linotte.*
Un hombre de pelo en pecho.	*Un homme qui n'a pas froid aux yeux.*
A la ocasión la pintan calva.	*Il faut saisir l'occasion par les cheveux.*
Soltó esas tonterías en las barbas de su padre.	*Il a sorti ces bêtises devant son père.*
Torcer la boca.	*Faire la moue.*
No despegó los labios en toda la noche.	*Il n'a pas ouvert la bouche de toute la soirée.*
Dar diente con diente.	*Claquer des dents.*
No se le puede decir ningún secreto : se va de la lengua.	*On ne peut lui confier aucun secret : il ne tient pas sa langue.*
La media lengua de los niños.	*Le babil des enfants.*

la campanilla, la úvula, el galillo	*la luette*
el gusto*	*le goût*
□	□
la cara*, el rostro*	*le visage*
los rasgos*, las facciones	*les traits*
el cutis ; la epidermis	*la peau du visage; l'épiderme*
las arrugas*	*les rides*
las pecas ; pecoso(a)*	*les taches de rousseur; qui a des taches de rousseur*
los lunares*	*les grains de beauté*
la tez*	*le teint*
sonrosarse, sonrojarse*, ponerse colorado(a)	*rougir*
palidecer ; pálido(a)	*pâlir; pâle*
moreno(a), bronceado(a), tostado(a)	*bronzé(e), hâlé(e)*
la frente	*le front*
las mejillas, los carrillos	*les joues*
los mofletes*	*les grosses joues*
mofletudo(a)	*joufflu(e)*
los pómulos	*les pommettes*
la barbilla	*le menton*
la papada	*le double menton*
□	□
la nariz, las narices*	*le nez*
respingona ; aguileña ; chata	*retroussé; aquilin; camus*
la ventana de la nariz	*la narine*
el olfato	*l'odorat*
oler*	*sentir*
oler bien ≠ mal	*sentir bon ≠ mauvais*
el olor	*l'odeur*
apestar*	*puer*
el mal olor, la hediondez	*la puanteur*
□	□
el ojo*	*l'œil*
el iris	*l'iris*
la pupila, la niña	*la pupille*
los párpados*; las pestañas*	*les paupières; les cils*
parpadear, pestañear	*cligner des yeux*

2 LE CORPS

¡ Qué rostro tan radiante !	*Quel visage rayonnant !*
Los rasgos suaves ≠ pronunciados, acusados.	*Les traits doux ≠ marqués.*
El anciano tiene muchas arrugas.	*Le vieil homme est très ridé.*
Es una niña pecosa muy mona.	*C'est une petite fille très mignonne, qui a des taches de rousseur.*
Tiene un lunar en la mejilla izquierda.	*Il a un grain de beauté sur la joue gauche.*
Una tez sonrosada.	*Un teint rose.*
Se sonrojó cuando le preguntó el chico si quería bailar con él.	*Elle a rougi quand le garçon lui a demandé si elle voulait danser avec lui.*
Un niño con mofletes.	*Un enfant aux grosses joues.*
Sonarse (las narices).	*Se moucher.*
Huele a café.	*Ça sent le café.*
Con los ojos entornados.	*Les yeux entrouverts.*
Cerraba los párpados por el sol.	*Elle fermait les yeux à cause du soleil.*
Se ha puesto rimel en las pestañas.	*Elle s'est mis du Rimmel sur les cils.*

C EXPRESSIONS ET LOCUTIONS

Sobre gustos no hay nada escrito.	*Tous les goûts sont dans la nature.*
¡ Qué cara !	*Quel toupet !*
Echar en cara.	*Reprocher.*
Deja de poner cara de pocos amigos.	*Arrête de faire cette tête d'enterrement.*
Se cayó de narices en la calle.	*Il s'est cassé la figure dans la rue.*
Huele a tigre.	*Ça sent le fauve.*
¡ Aquí huele que apesta !	*Ici, ça pue !*
Costar un ojo de la cara.	*Coûter les yeux de la tête.*
Mirar con el rabillo del ojo.	*Regarder du coin de l'œil.*

la ceja	le sourcil
fruncir el ceño	froncer les sourcils
las ojeras ; las bolsas*	les cernes ; les poches
la vista*	la vue
tener buena vista	avoir une bonne vue
miope ; présbita ; astigmático(a)	myope ; presbyte ; astigmate
la miopía ; la presbicia ; el astigmatismo	la myopie ; la presbytie ; l'astigmatisme
las gafas, los anteojos, las lentes	les lunettes
las lentillas, las lentes de contacto	les lentilles de contact
la mirada	le regard
el vistazo*	le coup d'œil
ver* ; mirar*	voir ; regarder
divisar	apercevoir
columbrar	distinguer
vislumbrar	entrevoir
atisbar	guetter
☐	☐
la oreja* ; el tímpano	l'oreille ; le tympan
el oído*	l'oreille, l'ouïe
oír*	entendre
escuchar* atentamente	écouter attentivement
ser duro(a) de oído	être dur(e) d'oreille
sordo(a)*	sourd(e)
retumbar	retentir, résonner
el ruido*	le bruit
el jaleo, el alboroto	le vacarme
la calma ; tranquilo(a), apacible	le calme ; calme
el silencio ; silencioso(a)	le silence ; silencieux(euse)
callar(se)*	se taire

Tronco y miembros — Tronc et membres

el tronco	le tronc
los hombros	les épaules
la espalda*	le dos
la espina dorsal ; el espinazo*	l'épine dorsale ; l'échine
el pecho*	la poitrine, le sein
las tetas (fam.)	les tétons

B ...DANS LEUR CONTEXTE

Tiene marcadas bolsas bajo los ojos.	*Il a de grosses poches sous les yeux.*
Apartar la vista.	*Détourner la vue.*
Tiene la vista cansada.	*Il a la vue fatiguée.*
Prestar oídos.	*Tendre, prêter l'oreille.*
Siempre le está hablando al oído.	*Il lui parle toujours à l'oreille.*
¡Aquí no se oye nada!	*Ici on n'entend rien!*
Siempre se escucha hablando.	*Il s'écoute toujours parler.*
Ahora, ¡a callar!	*Maintenant, on se tait!*
Les da la espalda a sus amigos.	*Il tourne le dos à ses amis.*
La madre da el pecho a su hijo.	*La mère donne le sein à son enfant.*

C EXPRESSIONS ET LOCUTIONS

Hizo la vista gorda cuando su hijo rompió el plato.	*Il a fermé les yeux quand son fils a cassé l'assiette.*
Vamos a echar un vistazo.	*Nous allons jeter un coup d'œil.*
Llevamos la tira sin vernos.	*Il y a belle lurette que nous ne nous sommes pas vus.*
El director me miró de hito en hito.	*Le directeur m'a dévisagé.*
¡Déjalo tranquilo, no le mojes la oreja!	*Laisse-le tranquille, ne lui cherche pas de poux dans la tête!*
No daban crédito a sus oídos.	*Ils n'en croyaient pas leurs oreilles.*
Le estarán zumbando los oídos de tantas críticas.	*Ses oreilles doivent bourdonner s'il entend toutes ces critiques.*
A palabras necias, oídos sordos.	*À idiot, idiot et demi.*
Las paredes oyen.	*Les murs ont des oreilles.*
Estar sordo como una tapia.	*Être sourd comme un pot.*
Mucho ruido y pocas nueces.	*Beaucoup de bruit pour rien.*
Doblar el espinazo.	*Courber l'échine.*
Se lo toma siempre muy a pecho.	*Il prend toujours les choses très à cœur.*

el perímetro torácico	le tour de poitrine
una mujer pechugona	une femme qui a beaucoup de poitrine
los pectorales	les pectoraux
el vientre, la barriga*, la tripa*	le ventre
el ombligo*	le nombril
la cintura*, el talle	la taille
la cadera	la hanche
el trasero ; el culo	le postérieur; le cul
las nalgas ; el pompis (fam.)	les fesses; le popotin
□	□
el tórax	le thorax
los pulmones*	les poumons
los bronquios*	les bronches
el corazón*	le cœur
la sangre*	le sang
los vasos sanguíneos	les vaisseaux sanguins
la vena	la veine
la arteria	l'artère
la circulación	la circulation (sanguine)
la digestión* ; digerir	la digestion; digérer
las glándulas	les glandes
la saliva	la salive
el abdomen	l'abdomen
el estómago*	l'estomac
el hígado	le foie
la vesícula biliar	la vésicule biliaire
la bilis*	la bile
el intestino* ; las vísceras	l'intestin; les viscères
el bazo ; el páncreas	la rate; le pancréas
□	□
los riñones* ; el pubis	les reins; le pubis
la vejiga	la vessie
la orina	l'urine
orinar ; el orinal	uriner; le pot de chambre
hacer pipí*, hacer pis (fam.)	faire pipi
mear ; echar una meada (fam.)	pisser; pisser un coup
hacer caca ; cagar (fam.)	faire caca; chier
el sudor ; sudar*	la sueur; transpirer

B ... DANS LEUR CONTEXTE

Cuzco significa en quechua « el ombligo del mundo ».	*Cuzco signifie en quechua « le nombril du monde».*
Tiene una cintura muy fina a pesar de los años.	*Elle a une taille très fine malgré les années.*
Si fumas tanto vas a tener los pulmones completamente negros.	*Si tu fumes autant tu vas avoir les poumons complètement noirs.*
Está enfermo de los bronquios.	*Il est malade des bronches.*
Un corte de digestión.	*Une indigestion.*
Me duele el estómago desde esta mañana.	*J'ai mal à l'estomac depuis ce matin.*
Tiene el intestino hecho polvo.	*Il a l'intestin dans un état lamentable.*
Me duelen los riñones.	*J'ai mal aux reins.*
Al niño le entraron ganas de hacer pipí.	*L'enfant a eu envie de faire pipi.*

C EXPRESSIONS ET LOCUTIONS

Llenar el ojo antes que la barriga.	*Avoir les yeux plus gros que le ventre.*
Hacer una barriga *(fam.)*.	*Mettre en cloque.*
El niño se rasca la barriga.	*L'enfant se tourne les pouces.*
Hacer de tripas corazón.	*Faire contre mauvaise fortune bon cœur.*
Ojos que no ven, corazón que no siente.	*Loin des yeux, loin du cœur.*
Echaba sangre como un cochino.	*Il saignait comme un bœuf.*
Tuvo que tragar bilis.	*Il a dû avaler des couleuvres.*
Estoy sudando como un patito.	*Je transpire à grosses gouttes.*
Sudar la gota gorda.	*Transpirer à grosses gouttes.*

la piel*	la peau
la carne*	la chair
el músculo	le muscle
el tendón	le tendon
el nervio*	le nerf
el esqueleto	le squelette
el hueso*	l'os
la médula*	la moelle
el omóplato	l'omoplate
la clavícula	la clavicule
las costillas	les côtes
las vértebras	les vertèbres
la columna vertebral	la colonne vertébrale
la médula espinal	la moelle épinière
el brazo*	le bras
el sobaco, la axila	l'aisselle
el codo*	le coude
la muñeca*	le poignet
el pulso*	le pouls
la mano*; el muñón	la main; le moignon
el tacto	le toucher
el dedo*	le doigt
el dedo pulgar, el dedo gordo	le pouce
el dedo índice	l'index
el dedo medio	le majeur
el dedo anular	l'annulaire
el meñique	l'auriculaire, le petit doigt
la uña*	l'ongle
la pierna*	la jambe
el muslo	la cuisse
la rodilla	le genou
la rótula	la rotule
la pantorrilla	le mollet
el tobillo	la cheville
el pie*	le pied
ir a patita(s)	aller à pied
el dedo del pie	l'orteil

2 LE CORPS

De carne y hueso.	*En chair et en os.*
Estoy con los nervios de punta desde que me enteré.	*Je suis sur les nerfs depuis que j'ai appris la nouvelle.*
Estás en los huesos.	*Tu n'as que la peau sur les os.*
Cruzarse de brazos.	*Rester les bras croisés.*
Me torcí la muñeca jugando al balón.	*Je me suis tordu le poignet en jouant au ballon.*
Me flojean las piernas.	*J'ai les jambes qui flageolent.*

C EXPRESSIONS ET LOCUTIONS

Este chico es de la piel del diablo.	*Ce garçon a le diable au corps.*
Me sacarán hasta la médula.	*Ils me suceront jusqu'à la moelle.*
Ir (cogidos) del brazo.	*Aller bras dessus, bras dessous.*
Han conseguido que diera su brazo a torcer.	*Ils ont réussi à le faire céder.*
Habla por los codos.	*Il a la langue bien pendue.*
Suele obrar con pulso.	*Il agit généralement avec prudence.*
A pulso.	*À la force du poignet.*
Se ha hecho sangre en la mano cortando esta madera.	*Il s'est fait une égratignure à la main en coupant ce bois.*
El colegio de los niños me coge a mano.	*L'école des enfants est sur mon chemin.*
Hacer dedo.	*Faire de l'auto-stop.*
No piensa mover un dedo.	*Il ne compte pas bouger le petit doigt.*
Los dos amigos son carne y uña.	*Les deux amis sont comme les deux doigts de la main.*
Dormir a pierna suelta.	*Dormir à poings fermés.*
Lo que me cuentas no tiene ni pies ni cabeza.	*Ce que tu me racontes n'a ni queue ni tête.*
Irsele a uno el alma a los pies.	*Être effondré.*

el talón*	le talon

Sexualidad*, reproducción — Sexualité, reproduction

el sexo*	le sexe
las partes genitales	les parties génitales
el pene	le pénis
los testículos	les testicules
el clítoris*	le clitoris
la vagina	le vagin
el útero*	l'utérus
los ovarios	les ovaires
□	□
las relaciones sexuales*	les relations sexuelles
la relación sexual	le rapport sexuel
la pareja sexual	le partenaire sexuel
heterosexual ≠ homosexual	hétérosexuel(le) ≠ homosexuel(le)
el pederasta	le pédéraste
ser del bando contrario	être de l'autre bord
la lesbiana	la lesbienne
lesbiano(a), lesbio(a)	lesbien(ne)
□	□
desear*; el deseo*	désirer; le désir
acostarse con alguien*	coucher avec quelqu'un
hacer el amor	faire la cour, l'amour (selon le contexte)
la cópula	la copulation
la erección	l'érection
la eyaculación*; eyacular	l'éjaculation; éjaculer
sentir, experimentar placer	éprouver du plaisir
gozar; el goce*	jouir; la jouissance
la impotencia	l'impuissance
□	□
la planificación familiar	la planification familiale
el control de la natalidad*, la regulación de nacimientos	le contrôle des naissances
la contracepción	la contraception

Estudiaron la sexualidad de los mamíferos en clase de biología.	*Ils ont étudié la sexualité des mammifères en cours de biologie.*
El sexo débil.	*Le sexe faible.*
En algunos países africanos, la excisión del clítoris se practica.	*Dans certains pays africains, l'excision du clitoris est pratiquée.*
El cuello del útero.	*Le col de l'utérus.*
Mantiene relaciones sexuales con dos mujeres.	*Il a des relations sexuelles avec deux femmes.*
Pedro Almodóvar tituló una de sus películas *La Ley del deseo*.	*Pedro Almodóvar a intitulé un de ses films* La Loi du désir.
Se acuesta con su jefe.	*Elle couche avec son chef.*
La eyaculación precoz.	*L'éjaculation précoce.*
El control de la natalidad es una cosa seria.	*Le contrôle des naissances est une chose sérieuse.*

C EXPRESSIONS ET LOCUTIONS

Juan está pegado a los talones de su primo.	*Jean est toujours sur les talons de son cousin.*
Cuanto más se tiene, más se desea.	*Plus on en a, plus on en veut.*
Arde en deseos de volver a verla.	*Il meurt d'envie de la revoir.*
Es nuestro mayor deseo escribir un libro.	*C'est notre vœu le plus cher d'écrire un livre.*
Los goces del alma.	*Les plaisirs de l'âme.*

el anticonceptivo*, el contraceptivo	le contraceptif
tomar la píldora*	prendre la pilule
el preservativo*, el condón	le préservatif, le condom
el sterilet, el dispositivo intrauterino (DIU)*	le stérilet
el diafragma	le diaphragme
el método Ogino	la méthode Ogino
el aborto*; abortar	l'avortement; avorter
la interrupción voluntaria del embarazo (IVE)	l'interruption volontaire de grossesse (IVG)
□	□
quedarse embarazada*, embarazarse	tomber enceinte
estar embarazada, encinta, preñada	être enceinte
el embarazo*	la grossesse
el aborto espontáneo	la fausse-couche
dar a luz*; parir	mettre au monde; accoucher
el parto*	l'accouchement
la parturienta	l'accouchée
la comadrona, la partera	la sage-femme
la cesárea	la césarienne
la maternidad	la maternité
el descanso prenatal y postnatal	le congé de maternité
el prematuro	le prématuré
el sietemesino	le prématuré de sept mois
la incubadora	la couveuse
el recién nacido	le nouveau-né
□	□
procrear; la procreación	procréer; la procréation
fecundo(a) ≠ estéril	fécond(e) ≠ stérile
la fecundación in vitro	la fécondation in vitro
los espermatozoides	les spermatozoïdes
el óvulo	l'ovule
el banco de esperma	la banque du sperme
la inseminación artificial	l'insémination artificielle

Ningún método anticonceptivo es cien por cien seguro.

La píldora RU-486 ya está a la venta en Francia y en Gran Bretaña bajo prescripción médica.

La píldora se presenta en tabletas que han de tomarse por vía oral.

En 1990, la campaña publicitaria «póntelo, pónselo» aconsejaba el uso del preservativo para prevenir embarazos no deseados.

El preservativo es el medio más eficaz para evitar el contagio del sida.

En Italia, a principios de los años noventa, sólo un dos por ciento de las mujeres se coloca el DIU.

En Estados Unidos, actualmente, los grupos antiabortistas presionan a los médicos para que no practiquen el aborto.

Se quedó embarazada a los catorce años.

Un embarazo difícil.

Dio a luz a gemelos.

El parto sin dolor.

Aucune méthode contraceptive n'est sûre à cent pour cent.

La pilule RU-486 est déjà en vente en France et en Grande-Bretagne sous prescription médicale.

La pilule se présente en plaquettes que l'on doit prendre par voie orale.

En 1990, la campagne publicitaire «mets-le, mets-le-lui» conseillait l'usage du préservatif pour prévenir les grossesses non désirées.

Le préservatif est le moyen le plus efficace pour éviter la contamination du sida.

En Italie, au début des années 90, deux pour cent seulement des femmes mettent un stérilet.

Aux États-Unis, actuellement, les adversaires de l'avortement font pression sur les médecins pour qu'ils ne pratiquent pas l'avortement.

Elle est tombée enceinte à quatorze ans.

Une grossesse difficile.

Elle a mis au monde des jumeaux.

L'accouchement sans douleur.

el bebé probeta*	*le bébé-éprouvette*
el embrión	*l'embryon*
el feto	*le fœtus*
la genética*; el genetista	*la génétique; le généticien*
las manipulaciones genéticas	*les manipulations génétiques*
la madre de alquiler, el vientre de alquiler	*la mère porteuse*

2 LE CORPS
B ... DANS LEUR CONTEXTE

El primer bebé probeta francés se llama Amandine.

La genética es una parte de la biología que le apasiona.

Le premier bébé-éprouvette français s'appelle Amandine.

La génétique est une partie de la biologie qui le passionne.

El estado de salud	L'état de santé
La salud ; sano(a)*	*la santé; sain(e)*
estar*, andar bien (≠ mal) de salud	*être en bonne santé (≠ en mauvaise santé)*
estar en gran forma	*être en pleine forme*
el cansancio ; estar cansado(a)	*la fatigue; être fatigué(e)*
debilitado(a), alicaído(a)	*affaibli(e)*
el agotamiento ; agotado(a)	*l'épuisement; épuisé(e)*
deprimirse*	*être déprimé(e)*
el estrés* ; estar estresado(a)	*le stress; être stressé(e)*
estresante*	*stressant(e)*
estar relajado(a)	*être décontracté(e)*
el dolor ; doloroso(a)	*la douleur; douloureux(euse)*
el dolor de cabeza	*le mal de tête*
dolerle a uno* ; hacer daño	*avoir mal à; faire mal*
el sufrimiento, el padecimiento	*la souffrance*
sufrir, padecer*	*souffrir de*
el malestar, la indisposición	*le malaise, l'indisposition*
el achaque	*la maladie légère, l'indisposition*
la dolencia	*le mal*
marearse*	*avoir mal au cœur, avoir le mal de mer*
estar mareado(a)	*éprouver un malaise*
los trastornos*	*les troubles*
estar pachucho(a)*, pocho(a) *(fam.)*	*être patraque*
dar un bajón*	*se détériorer (la santé)*

La enfermedad, el morbo	La maladie
la afección*	*l'affection, la maladie*
estar enfermo(a), estar malo(a)	*être malade*
enfermar, ponerse enfermo(a), caer enfermo(a), adolecer	*tomber malade*
coger, contraer una enfermedad	*attraper une maladie*
estar aquejado(a)*, afectado(a) de	*être atteint(e) de, souffrir de*
la enfermedad leve ≠ grave	*la maladie bénigne ≠ grave*
el enfermo*, el afectado	*le malade*
el enfermo grave	*le grand malade*
estar enfermo(a) de gravedad	*être gravement malade*

3 SANTÉ, MALADIE, TOXICOMANIE

B ...DANS LEUR CONTEXTE

¿Cómo está?, ¿qué tal está?, ¿qué tal?, ¿cómo le va?
Comment allez-vous?

Estar requetebién ≠ estar fatal.
Aller très bien ≠ aller très mal.

Tiene tendencias suicidas cuando se deprime.
Il a des tendances suicidaires quand il est déprimé.

Yo sufro estrés.
Je souffre de stress.

Los ciudadanos llevan una vida más estresante que los campesinos.
Les citadins mènent une vie plus stressante que les ruraux.

Me duele la barriga.
J'ai mal au ventre.

Padecía frecuentes ataques de locura.
Il souffrait de fréquentes crises de folie.

En los tiovivos me mareo.
Sur les manèges j'ai mal au cœur.

Los trastornos mentales, digestivos, de la visión.
Les troubles mentaux, digestifs, de la vision.

Se siente pachucha cuando tiene la regla.
Elle se sent patraque quand elle a ses règles.

Este invierno la salud de la tía dio un nuevo bajón.
Cet hiver la santé de la tante s'est de nouveau détériorée.

La enfermedad congénita.
La maladie congénitale.

Las enfermedades del aparato respiratorio tienen una gran incidencia en el absentismo laboral.
Les maladies de l'appareil respiratoire ont une forte incidence sur l'absentéisme au travail.

Una enfermedad de los pulmones.
Une maladie des poumons.

La inhalación de productos tóxicos ha sido la causa de las afecciones.
L'inhalation de produits toxiques a été la cause des affections.

Los males que le aquejaban eran mucho más graves de lo que se suponía.
Les maux dont il souffrait étaient beaucoup plus graves que l'on ne supposait.

El enfermo tiene que guardar cama una semana.
Le malade doit rester au lit une semaine.

C EXPRESSIONS ET LOCUTIONS

Cortar por lo sano.
Trancher dans le vif, crever l'abcès.

Me dio donde me dolía cuando me ofreció este libro.
Il a fait mouche (il est tombé juste) en m'offrant ce livre.

☐	☐
desarrollar una enfermedad	*développer une maladie*
la incubación	*l'incubation*
los síntomas	*les symptômes*
el enfermo terminal	*le malade en phase terminale*
la fiebre*, la calentura	*la fièvre*
calenturiento(a), febril	*fiévreux(euse)*
desmayarse* ; el desmayo*	*s'évanouir ; l'évanouissement*
perder el sentido*	*perdre connaissance*
volver en sí, recobrar el sentido	*revenir à soi, reprendre conscience*

☐	☐
la jaqueca*	*la migraine*
el enfriamiento	*le refroidissement*
el resfriado*, el constipado, el catarro	*le rhume*
resfriarse, constiparse, acatarrarse*	*s'enrhumer*
estar resfriado(a)	*être enrhumé(e)*
el dolor de garganta*	*le mal de gorge*
la angina (de pecho)	*l'angine (de poitrine)*
la bronquitis*	*la bronchite*
la gripe* ; estar con gripe	*la grippe ; avoir la grippe*
el asma*	*l'asthme*
la tos* ; toser	*la toux ; tousser*
estar ronco(a)	*être enroué(e)*

☐	☐
tener resaca*	*avoir la gueule de bois*
la indigestión	*l'indigestion*
la intoxicación	*l'intoxication*
la crisis hepática	*la crise de foie*
el vómito ; vomitar	*le vomissement ; vomir*
la diarrea*	*la diarrhée*
el estreñimiento	*la constipation*
estar estreñido(a)*	*être constipé(e)*

☐	☐
el calambre, el tirón	*la crampe*
las agujetas*	*les courbatures*
el reúma, el reuma	*le rhumatisme*
el chichón*, el bulto	*la bosse*
el hematoma	*l'hématome*

Está con 40 de fiebre.	Il a 40 de fièvre.
¿Le bajó la fiebre?	Sa fièvre a-t-elle baissé?
Anoche me desmayé por hipoglucemia.	Hier soir je me suis évanoui par hypoglycémie.
Sufrió un desmayo.	Il a eu un évanouissement.
Perdió el sentido en el cuarto de baño.	Il a perdu connaissance dans la salle de bains.
La jaqueca me impide trabajar.	La migraine m'empêche de travailler.
Coger un resfriado.	Attraper un rhume.
Se ha acatarrado por no llevar bufanda.	Il s'est enrhumé parce qu'il ne portait pas d'écharpe.
Siento dolor de garganta.	J'ai mal à la gorge.
Estar afectado de bronquitis crónica.	Être atteint de bronchite chronique.
No falla, salgo a gripe por año.	Ça ne rate pas, j'attrape la grippe tous les ans.
Vacunarse contra la gripe.	Se faire vacciner contre la grippe.
El asma es una enfermedad psicosomática.	L'asthme est une maladie psychosomatique.
Fumar me da tos.	Fumer me fait tousser.
Un acceso de tos le impidió hablar.	Une quinte de toux l'empêcha de parler.
Después de la juerga de ayer, tengo resaca.	Après la bringue d'hier, j'ai la gueule de bois.
La infusión de tomillo es buena para cortar la diarrea.	L'infusion de thym est bonne pour arrêter la diarrhée.
Desde ayer esta estreñido.	Depuis hier il est constipé.
Después de hacer gimnasia tengo agujetas.	Après la gymnastique j'ai des courbatures.
El niño se hizo un chichón al jugar.	L'enfant s'est fait une bosse en jouant.

los granos*; la acné*	les boutons; l'acné
la ampolla*	l'ampoule
la llaga*	la plaie
la quemadura	la brûlure
la herida*; herirse	la blessure; se blesser
herido(a) grave ≠ leve	blessé(e) grave ≠ léger
la cicatriz*; cicatrizar(se)*	la cicatrice; se cicatriser
la hinchazón; hinchar*	l'enflure; enfler, gonfler
inflamar*	enflammer
el esguince	l'entorse
cojear*	boiter
la fractura	la fracture
fracturarse, romperse una pierna*	se casser une jambe
echar sangre, sangrar*	saigner
el desangramiento	le saignement
la hemorragia	l'hémorragie
la hemofilia*; hemofílico(a)	l'hémophilie; hémophile
□	□
el microbio	le microbe
el virus*; la bacteria	le virus; la bactérie
el contagio; contagioso(a)	la contagion; contagieux (euse)
contagiarle*, pegar, transmitir una enfermedad a uno	transmettre une maladie à qqn
la epidemia*	l'épidémie
el sarampión	la rougeole
la varicela	la varicelle
la hepatitis viral	l'hépatite virale
la tuberculosis; tuberculoso(a)	la tuberculose; tuberculeux (euse)
la meningitis	la méningite
la polio, la poliomielitis	la polio(myélite)
el tétanos	le tétanos
la difteria	la diphtérie
la rabia	la rage
el cólera; la malaria*	le choléra; la malaria
la lepra; leproso(a)	la lèpre; lépreux(euse)
la peste*	la peste
la septicemia	la septicémie

64

3 SANTÉ, MALADIE, TOXICOMANIE

B ... DANS LEUR CONTEXTE

Me salen granos cuando como demasiado chocolate.	*J'ai des boutons quand je mange trop de chocolat.*
Fui a tratarme de un problema de acné.	*Je suis allé me faire soigner pour un problème d'acné.*
Estos zapatos nuevos me hacen ampollas.	*Ces chaussures neuves me donnent des ampoules.*
La llaga (se) ha cicatrizado.	*La plaie s'est cicatrisée.*
Tiene una cicatriz muy fea en la mejilla derecha.	*Il a une cicatrice très laide sur la joue droite.*
Tengo la rodilla hinchada.	*J'ai le genou enflé.*
Se me inflaman las rodillas.	*Mes genoux sont enflammés.*
Se rompió la pierna al esquiar.	*Il s'est cassé la jambe en skiant.*
Sangrar por la nariz.	*Saigner du nez.*
La hemofilia se cura por transfusión de sangre.	*L'hémophilie se soigne par transfusion sanguine.*
Se desconoce el número de portadores del virus.	*On ignore le nombre de porteurs du virus.*
Te ha contagiado tu hermano.	*Ton frère t'a transmis sa maladie.*
La epidemia se propagó a todo el país.	*L'épidémie s'est propagée dans tout le pays.*
Más de 300 millones de personas padecen malaria cada año en el mundo.	*Plus de 300 millions de personnes souffrent de malaria chaque année dans le monde.*
La peste apareció a finales del imperio romano y continuó hasta el siglo XVIII.	*La peste est apparue à la fin de l'empire romain et a existé jusqu'au XVIII* siècle.*

C EXPRESSIONS ET LOCUTIONS

Poner el dedo en la llaga.	*Mettre le doigt sur la plaie.*
Hurgar en la herida.	*Retourner le couteau dans la plaie.*
Sé de qué pie cojea porque es mi amigo.	*Je connais son point faible parce que c'est mon ami.*
Echar pestes.	*Pester.*

□

las enfermedades venéreas — *les maladies vénériennes*
las enfermedades de transmisión sexual — *les maladies sexuellement transmissibles*
las micosis — *les mycoses*
la cistitis — *la cystite*
la blenorragia — *la blennorragie*
las herpes — *l'herpès*
la sífilis — *la syphilis*
el sida* (Síndrome de Inmunodeficiencia Adquirida) — *le sida (Syndrome d'Immunodéficience Acquise)*
el sidoso — *le sidéen*
seropositivo(a)* ≠ seronegativo(a) — *séropositif(ive) ≠ séronégatif (ive)*
el VIH — *le HIV*
ser portador(a) del virus — *être porteur(euse) du virus*

□

la diabetes; el enfermo diabético — *le diabète; le diabétique*
el enfermo insulinodependiente — *le malade insulino-dépendant*
las enfermedades cardiovasculares — *les maladies cardiovasculaires*
la arteriosclerosis — *l'artériosclérose*
el ataque cardiaco — *la crise cardiaque*
el infarto* — *l'infarctus*
el cáncer*; el tumor* — *le cancer; la tumeur*

□

la enfermedad mental — *la maladie mentale*
la neurosis — *la névrose*
la psicosis — *la psychose*
el autismo — *l'autisme*

□

la invalidez — *l'invalidité*
el disminuido (psíquico, físico) — *le handicapé (psychique, physique)*
el minusválido* (físico, motor) — *le handicapé (physique, moteur)*
tuerto(a)*; jorobado(a) — *borgne; bossu(e)*
el invidente — *le non-voyant*
ser ciego(a)*; la ceguera — *être aveugle; la cécité*
ser mudo(a)*; la mudez — *être muet(te); la mutité*
ser sordo(a)*; la sordera* — *être sourd(e); la surdité*
la silla de ruedas — *le fauteuil roulant*
la muleta — *la béquille*
el bastón* — *la canne*

El sida se declara entre los seropositivos.	*Le sida se déclare chez les séropositifs.*
En 1993 España es uno de los países europeos con mayor número de enfermos de sida.	*En 1993 l'Espagne est l'un des pays européens où il y a le plus de malades du sida.*
Un infarto le arrebató la vida.	*Un infarctus l'a emporté.*
El cáncer generalizado acabó con su vida.	*Le cancer généralisé a mis fin à ses jours.*
El tabaco y el alcohol son factores desencadenantes del cáncer de laringe.	*Le tabac et l'alcool sont des facteurs qui déclenchent le cancer du larynx.*
La mamografía es efectiva para detectar un tumor maligno en el pecho de las mujeres.	*La mammographie est efficace pour détecter une tumeur maligne du sein chez les femmes.*
La ONCE (Organización Nacional de Ciegos Españoles) ha creado puestos de trabajo para minusválidos.	*La ONCE (organisation nationale des aveugles espagnols) a créé des emplois pour handicapés.*
Quedarse ciego(a).	*Devenir aveugle.*
Existe un alfabeto dactilológico para sordomudos.	*Il existe un alphabet dactylologique pour sourds-muets.*
La sordera aisla completamente.	*La surdité isole complètement.*
El bastón de ciego.	*La canne blanche.*

C EXPRESSIONS ET LOCUTIONS

Una factura de infarto.	*Une facture ahurissante.*
No hay peor ciego (o sordo) que el que no quiere ver (o oír).	*Il n'est pire aveugle (ou sourd) que celui qui ne veut pas voir (ou entendre).*
En tierra de ciegos, el tuerto es rey.	*Au royaume des aveugles, les borgnes sont rois.*
Dar palos de ciegos.	*Aller (agir) à l'aveuglette.*
Hacerse el sordo.	*Faire la sourde oreille.*

El médico*, el facultativo	Le médecin, le docteur
el doctor*, la doctora	*le docteur*
el médico de familia, el médico de cabecera*	*le médecin de famille, le médecin traitant*
el médico de medicina general*	*le généraliste*
el especialista*	*le spécialiste*
el pediatra*	*le pédiatre*
el ginecólogo*	*le gynécologue*
el dermatólogo*	*le dermatologue*
el cardiólogo*	*le cardiologue*
el otorrinolaringólogo	*l'oto-rhino-laryngologiste*
el neurólogo	*le neurologue*
el psicólogo	*le psychologue*
el psiquiatra	*le psychiatre*
el psicoanalista*	*le psychanalyste*
el oftalmólogo*	*l'ophtalmologue*
el kinesiterapeuta*; la kinesiterapia	*le kinésithérapeute; la kinésithérapie*
el masajista	*le masseur*
el homeópata; la homeopatía	*l'homéopathe; l'homéopathie*
el acupuntor; la acupuntura	*l'acupuncteur; l'acupuncture*
el curandero*	*le guérisseur*
□	□
pedir hora	*prendre rendez-vous*
la consulta, el consultorio	*le cabinet médical*
pasar consulta*	*recevoir dans son cabinet*
la consulta	*la consultation*
el chequeo médico	*le bilan de santé*
la revisión*	*le contrôle*
reconocer, examinar	*examiner*
el reconocimiento médico*	*l'examen médical*
auscultar*	*ausculter*
rebajar la tensión sanguínea	*faire baisser la tension sanguine*
la asistencia médica	*les soins médicaux*
hacer un diagnóstico (precoz)	*faire, établir un diagnostic (précoce)*
la receta	*l'ordonnance*
recetar*, prescribir	*ordonner, prescrire*

Ir al médico.	*Aller chez le médecin.*
El médico forense.	*Le médecin légiste.*
La médica me visita a las diez.	*La doctoresse vient m'examiner à dix heures.*
El doctor visita a domicilio los miércoles por la mañana.	*Le docteur consulte à domicile le mercredi matin.*
Llamar al médico de cabecera.	*Faire venir le médecin de famille.*
Los médicos de medicina general cobran menos que los especialistas.	*Les généralistes touchent moins d'argent que les spécialistes.*
Un famoso pediatra atiende a su niño.	*Un célèbre pédiatre s'occupe de son enfant.*
Fue a ver al ginecólogo para que le recetara la píldora.	*Elle est allée voir le gynécologue pour qu'il lui prescrive la pilule.*
El dermatólogo me asiste.	*Le dermatologue me soigne.*
El cardiólogo descubrió que yo tenía un soplo en el corazón.	*Le cardiologue a découvert que j'avais un souffle au cœur.*
El psicoanalista la escuchó atentamente pero no dijo nada.	*Le psychanalyste l'a écoutée attentivement mais n'a rien dit.*
El oftalmólogo le recomienda que lleve lentes de contacto.	*L'ophtalmologue lui recommande de porter des lentilles de contact.*
El kinesiterapeuta le da masaje en la espalda.	*Le kinésithérapeute lui masse le dos.*
Confiar en el curandero.	*Faire confiance au guérisseur.*
El médico pasa consulta de 7 a 8.	*Le médecin reçoit dans son cabinet de 7 heures à 8 heures.*
Muchas mujeres efectúan una revisión ginecológica anual.	*De nombreuses femmes effectuent un contrôle gynécologique annuel.*
Durante el reconocimiento médico el doctor me ausculta, me toma el pulso y la tensión.	*Durant la visite médicale le docteur m'ausculte, prend mon pouls et ma tension.*
El médico me recetó un antibiótico.	*Le médecin m'a prescrit un antibiotique.*

tratar*	*traiter*
curar a, asistir a	*soigner (qqn)*
el secreto médico*	*le secret médical*
el certificado médico	*le certificat médical*
la baja* de (o por) enfermedad	*le congé de maladie*
□	□
el médico de la Seguridad Social, el médico del seguro	*le médecin conventionné*
el médico privado	*le médecin non conventionné*
los honorarios libres	*les honoraires libres*
la Seguridad Social*	*la Sécurité sociale*
la cobertura de la Seguridad Social	*la prise en charge par la Sécurité sociale*
el seguro de enfermedad*	*l'assurance maladie*
el seguro médico	*l'assurance médicale*
la mutualidad	*la mutuelle*
quedar cubierto(a) (por la Seguridad Social)	*être remboursé(e) (par la Sécurité sociale)*
□	□
el dentista*	*le dentiste*
las curas dentales*	*les soins dentaires*
el dolor de muelas	*le mal de dents, la rage de dents*
picado(a)*, cariado(a)	*carié(e), gâté(e)*
la caries*	*la carie*
la fresa ; fresar	*la fraise ; fraiser*
el empaste ; empastar	*le plombage ; plomber*
la prótesis dental	*la prothèse dentaire*
la dentadura postiza	*le dentier*
la corona	*la couronne*
el puente	*le bridge*

*El tratamiento** | ## Le traitement

la prevención ; la terapia	*la prévention ; la thérapie*
prevenir*, precaver	*prévenir (une maladie)*
la vacuna	*le vaccin*
vacunar* ; la vacunación	*vacciner ; la vaccination*
la dieta*	*la diète*
el régimen*	*le régime*
□	□

Tratar a un enfermo con cortisona.

Soigner un malade à la cortisone.

Los facultativos deben respetar el secreto médico.

Les médecins doivent respecter le secret médical.

El médico le ha dado la baja por enfermedad.

Le médecin l'a arrêté.

Estoy dado de baja.

Je suis en congé de maladie.

En España hay un descuento en la compra de medicamentos para los trabajadores que cotizan a la Seguridad Social.

En Espagne il y a une réduction du prix des médicaments pour les travailleurs qui cotisent à la Sécurité sociale.

El dentista pidió al muchacho que abriera la boca.

Le dentiste a demandé au garçon d'ouvrir la bouche.

Las curas dentales me cuestan muy caras.

Les soins dentaires me coûtent très cher.

Tengo una muela picada.

J'ai une molaire cariée.

Para prevenir las caries tienes que cepillarte los dientes con frecuencia.

Pour éviter les caries tu dois te brosser les dents fréquemment.

Seguir un tratamiento.

Suivre un traitement.

El tratamiento no ha surtido efecto.

Le traitement n'a pas fait effet.

Vacunaron a la niña contra la gripe.

La fillette a été vaccinée contre la grippe.

Ponerse a dieta.

Se mettre à la diète.

El médico me somete a un régimen drástico.

Le médecin me soumet à un régime draconien.

C EXPRESSIONS ET LOCUTIONS

Incluido en el petitorio del seguro de enfermedad.

Remboursé par la Sécurité sociale.

Más vale prevenir que curar.

Mieux vaut prévenir que guérir.

el botiquín	*l'armoire à pharmacie*
la farmacia*	*la pharmacie*
el farmacéutico*	*le pharmacien*
tomarse la temperatura	*prendre sa température*
el medicamento, la medicina*, el fármaco	*le médicament*
el remedio*	*le remède*
tragar, ingerir	*avaler*
la tableta	*le comprimé*
la pastilla*, el sello	*le cachet*
la píldora* (anticonceptiva o contraceptiva)	*la pilule (contraceptive)*
el jarabe*	*le sirop*
las gotas	*les gouttes*
el antigripal	*le vaccin antigrippe*
el sedante	*le calmant*
el supositorio	*le suppositoire*
la pomada	*la pommade*
la venda*; vendar	*la bande; bander*
la tirita*	*le pansement (adhésif)*
el esparadrapo	*le sparadrap*
la escayola*	*le plâtre*
poner una inyección*	*faire une piqûre*
la jeringa, la jeringuilla	*la seringue*
el suero	*le sérum*
☐	☐
el laboratorio de análisis	*le laboratoire d'analyses*
la toma de sangre; el análisis*	*la prise de sang; l'analyse*
la prueba*	*le test*
el análisis de sangre, de orina*	*l'analyse de sang, d'urine*
el donante de sangre	*le donneur de sang*
dar sangre	*donner du sang*
☐	☐
el efecto segundario*	*l'effet secondaire*
empeorar, agravarse	*empirer, s'aggraver (l'état de santé)*
la agravación	*l'aggravation*
mejorarse	*aller mieux*
la mejoría	*l'amélioration*

B ... DANS LEUR CONTEXTE

La farmacia de guardia está abierta.	*La pharmacie de garde est ouverte.*
El farmacéutico me recomendó que no bebiera alcohol.	*Le pharmacien m'a recommandé de ne pas boire d'alcool.*
Una medicina contraproducente.	*Un médicament contre-indiqué.*
Comprar pastillas para la ronquera.	*Acheter des cachets pour l'enrouement.*
Tomar la píldora.	*Prendre la pilule.*
Me va bien este jarabe.	*Ce sirop me fait du bien.*
Poner una tirita en la herida.	*Mettre un pansement sur la blessure.*
Tener la pierna escayolada.	*Avoir la jambe dans le plâtre.*
Tuvo que ponerse la inyección del tétanos.	*Il a dû se faire faire la piqûre antitétanique.*
Tengo que hacerme unos análisis.	*Je dois me faire faire des analyses.*
Fue al hospital para hacerse la prueba del sida.	*Il est allé à l'hôpital pour subir le test du sida.*
El análisis de orina reveló que ella tenía una cistitis.	*L'analyse d'urine a révélé qu'elle avait une cystite.*
Todavía se desconocen los efectos segundarios de esta nueva medicina.	*On ne connaît pas encore les effets secondaires de ce nouveau médicament.*

C EXPRESSIONS ET LOCUTIONS

Es peor el remedio que la enfermedad.	*Le remède est pis que le mal.*
Un remedio casero.	*Un remède de bonne femme.*
Tragarse la píldora.	*Avaler la pilule.*
Este jarabe ha sido mano de santo.	*Ce sirop a été un remède miracle.*
Tener una venda en los ojos.	*Avoir un bandeau sur les yeux.*

la convalecencia*; convaleciente	*la convalescence; convalescent(e)*
recuperarse*, reponerse, ponerse bien	*se rétablir, se remettre*
reponer fuerzas*	*reprendre des forces*
sanar, curarse*	*guérir*
estar curado(a); la curación*	*être guéri(e); la guérison*

El hospital * — L'hôpital

el hospital clínico, universitario	*le C.H.U.*
hospitalizar*	*hospitaliser*
el ambulatorio	*l'hôpital de jour, le dispensaire*
la clínica*, el sanatorio	*la clinique*
la casa de salud	*la maison de santé*
el manicomio*	*l'asile d'aliénés*
la ambulancia	*l'ambulance*
el camillero; la camilla	*le brancardier; le brancard*
□	□
el cirujano*; la cirugía	*le chirurgien; la chirurgie*
el enfermero, el practicante	*l'infirmier*
la radiografía*	*la radio(graphie)*
la electrocardiografía	*l'électrocardiographie*
el electrocardiograma	*l'électrocardiogramme*
la ecografía	*l'échographie*
el quirófano	*le bloc opératoire*
la anestesia general ≠ local	*l'anesthésie générale ≠ locale*
la operación* (quirúrgica)	*l'opération (chirurgicale)*
operar, intervenir* a alguien	*opérer qqn*
operarse*	*se faire opérer*
la amputación	*l'amputation*
la sala de reanimación	*la salle de réanimation*
la transfusión de sangre*	*la transfusion sanguine*
el grupo sanguíneo	*le groupe sanguin*
estar con suero, estar a base de suero	*être sous perfusion*
la radioterapia	*la radiothérapie*
la quimioterapia	*la chimiothérapie*
el departamento de urgencias (de un hospital)	*le service des urgences (d'un hôpital)*

Su convalecencia duró más de tres meses.	Sa convalescence a duré plus de trois mois.
Se recuperó al cabo de dos semanas.	Il s'est rétabli au bout de deux semaines.
Está reponiendo fuerzas en una casa de salud.	Il reprend des forces dans une maison de santé.
Los avances en la investigación han conseguido que cada año cientos de personas afectadas por cáncer se curen.	Les progrès de la recherche ont permis que chaque année des centaines de personnes atteintes de cancer guérissent.
La curación se produjo después de varias semanas de tratamiento.	La guérison s'est produite après plusieurs semaines de traitement.
Ingresar en el hospital.	Entrer, être admis(e) à l'hôpital.
Fue hospitalizado para que se le realizara un trasplante de pulmón.	Il a été hospitalisé pour subir une greffe du poumon.
Le internaron en la clínica.	On l'a interné dans la clinique.
Un paciente se escapó del manicomio.	Un patient s'est échappé de l'asile d'aliénés.
El cirujano está de guardia.	Le chirurgien est de garde.
La radiografía no reveló nada grave.	La radiographie n'a rien révélé de grave.
Sufrir una operación benigna.	Subir une opération bénigne.
Fue intervenido por un famoso cirujano.	Il a été opéré par un célèbre chirurgien.
Operarse de la nariz para tenerla bonita cuesta muy caro.	Se faire opérer pour avoir un beau nez coûte très cher.
Se operó de las amígdalas.	Il s'est fait opérer des amygdales.
En Francia la transfusión de sangre contaminada mató a cientos de personas.	En France, la transfusion de sang contaminé a tué des centaines de personnes.

la U.V.I. (la Unidad de Vigilancia Intensiva)	le service des soins intensifs
el encarnizamiento terapéutico □	l'acharnement thérapeutique □
la donación de órganos	le don d'organes
donar órganos*	faire don, donner des organes
el injerto, el trasplante*, el transplante* (de órgano)	la greffe (d'organe)
trasplantar*, transplantar	greffer
la reacción de rechazo	la réaction de rejet

El tabaquismo, la drogadicción

Le tabagisme, la toxicomanie

fumar*	fumer
el cigarrillo* (negro, rubio)	la cigarette (brune, blonde)
el paquete de cigarrillos	le paquet de cigarettes
el cartón (de cigarrillos)	la cartouche (de cigarettes)
la boquilla	le porte-cigarettes
el puro*	le cigare
fumar en pipa ; la pipa	fumer la pipe ; la pipe
el tabaco*	le tabac
la cerilla*, el fósforo	l'allumette
el mechero, el encendedor	le briquet
el cenicero*	le cendrier
el fumador	le fumeur
el fumador pasivo	le fumeur passif
liar un pitillo*	rouler une cigarette
el estanco* □	le bureau de tabac □
la drogadicción, la toxicomanía	la toxicomanie
el estupefaciente	le stupéfiant
la droga* blanda, suave	la drogue douce
la droga dura, adictiva	la drogue dure
drogarse, fliparse	se droguer, se camer
el drogadicto, el adicto*, el drogodependiente	le toxicomane
el drogata	le camé
el consumo de drogas	la consommation de drogues
la adicción*, la drogodependencia	la dépendance

La negativa a donar los órganos de los fallecidos es mayor en el Sur de España que en el Norte.

On refuse davantage de donner les organes des morts dans le sud de l'Espagne que dans le nord.

El enfermo ha rechazado el trasplante de hígado.

Le malade a rejeté la greffe du foie.

La someterán a un transplante pulmonar.

Elle subira une greffe du poumon.

El equipo de cirujanos trasplantó el hígado de un babuino a un hombre de 62 años.

L'équipe de chirurgiens a greffé le foie d'un babouin à un homme de 62 ans.

Fumar perjudica seriamente la salud.

Fumer nuit gravement à la santé.

No fumo pero el humo ajeno me intoxica.

Je ne fume pas mais je suis intoxiqué par la fumée des autres.

La cajetilla de cigarrillos, la caja de cerillas.

Le paquet de cigarettes, la boîte d'allumettes.

Enciende un puro tras otro.

Il allume cigare sur cigare.

Dejar de fumar, dejar el tabaco.

S'arrêter de fumer.

Se han adoptado duras leyes antitabaco.

De sévères lois antitabac ont été adoptées.

Apagar la colilla de un cigarrillo en un cenicero.

Écraser le mégot d'une cigarette dans un cendrier.

Cuando sus padres no están en casa, a Pablo le gusta liar un pitillo.

Quand ses parents ne sont pas à la maison, Pablo aime se rouler une cigarette.

Fui al estanco para comprar dos paquetes de cigarrillos.

Je suis allé au bureau de tabac pour acheter deux paquets de cigarettes.

Está a favor de la legalización de la droga.

Il est en faveur de la légalisation de la drogue.

Crece el número de adictos.

Le nombre de toxicomanes augmente.

Tener adicción a las drogas duras.

Être dépendant des drogues dures.

A LES MOTS...

ser adicto(a) a*	être dépendant(e) de, se droguer à
doparse*; el dopaje*	se doper; le dopage
la cura de desintoxicación	la cure de désintoxication
□	□
el tráfico* de drogas	le trafic de drogues
traficar con drogas, con hachís	faire du trafic de drogues, de haschisch
el narcotráfico*	le trafic de drogues
el narcotraficante, el narco	le trafiquant de drogues
la red	le réseau
el dinero negro* ≠ limpio	l'argent sale ≠ propre
blanquear*, lavar* dinero	blanchir de l'argent
el blanqueo, el lavado de dinero, de narcodólares	le blanchiment d'argent, de narcodollars
el díler, el púcher, el mayorista de droga	le dealer
el camello*, el minorista	le revendeur, le petit dealer
las campañas preventivas y disuasorias	les campagnes de prévention et de dissuasion
la Brigada de Estupefacientes*	la brigade des stupéfiants
el estupa	l'agent de la brigade des stups
intervenir*, incautarse de*	saisir
la incautación	la saisie
la redada	le coup de filet, la rafle
el desmantelamiento de las redes del narcotráfico	le démantèlement des réseaux du trafic de drogues
□	□
el hachís, el hash	le haschisch, le hasch
el chocolate*	le shit
la marijuana	la marijuana
la hierba, la yerba	l'herbe
el kif, el kifi	le kif
la cocaína*, la coca	la cocaïne, la coke
los campesinos cocaleros	les cultivateurs de cocaïne
el LSD	le LSD
los opiáceos	les opiacés
el opio	l'opium
la morfina, la morfa	la morphine
la heroína*, el caballo (fam.)	l'héroïne

Goya era adicto al opio.	*Goya se droguait à l'opium.*
El atleta se dopó para ganar la carrera.	*L'athlète s'est dopé pour gagner la course.*
Nuevas reglas antidopaje van a entrar en vigor.	*De nouvelles règles antidopage vont entrer en vigueur.*
Cumplir una condena por tráfico de cocaína.	*Purger une peine pour trafic de cocaïne.*
La lucha contra el narcotráfico.	*La lutte contre le trafic de drogues.*
La localidad peruana de Tocache es un emporio del narcotráfico.	*La localité péruvienne de Tocache est un haut lieu (une plaque tournante) du trafic de drogues.*
Blanquear el dinero negro procedente de la droga.	*Blanchir l'argent sale provenant de la drogue.*
Estar procesado(a) por blanquear dinero.	*Être jugé(e) pour blanchiment d'argent.*
Las drogas mueven anualmente miles de millones de dólares, que se lavan a través de los bancos.	*Les drogues brassent annuellement des milliards de dollars qui sont blanchis par l'intermédiaire des banques.*
El camello intenta vender droga a la salida del colegio.	*Le petit dealer essaie de vendre de la drogue à la sortie du collège.*
La Brigada de Estupefacientes detuvo a muchos traficantes en la frontera.	*La brigade des stupéfiants a arrêté de nombreux trafiquants à la frontière.*
Se intervinieron treinta kilos de cocaína en el aeropuerto.	*On a saisi trente kilos de cocaïne à l'aéroport.*
La droga incautada fue destruida inmediatamente.	*La drogue saisie fut détruite immédiatement.*
Le ofrecieron chocolate en la misma calle.	*On lui a proposé du shit en pleine rue.*
España es el lugar de tránsito preferente para la cocaína americana y el hachís norteafricano que se consumen en Europa.	*L'Espagne est le lieu de passage privilégié de la cocaïne américaine et du haschisch nord-africain consommés en Europe.*
La cocaína y la heroína producen daños físicos y psíquicos.	*La cocaïne et l'héroïne produisent des dégâts physiques et psychiques.*

3 SALUD, ENFERMEDAD, DROGADICCIÓN

A LES MOTS...

☐

el porro*	le joint
esnifar	sniffer
la jeringuilla, la chuta	la seringue
picarse, pincharse, chutarse	se piquer, se shooter
estar enganchado(a) *(argot)*	être dépendant(e) des drogues dures
estar (quedarse) colgado(a)	être défoncé(e)
morir por sobredosis	mourir d'overdose

*La muerte** / La mort

el moribundo*	le mourant, le moribond
prolongar la vida artificialmente	prolonger la vie artificiellement
la eutanasia*	l'euthanasie
sucumbir a sus heridas	succomber à ses blessures
morir[1]*, morirse, fenecer	mourir
fallecer*	décéder
estirar la pata *(fam.)*	casser sa pipe
el muerto*, el fallecido	le mort
el difunto*, el finado	le défunt
muerto(a)*; mortal	mort(e); mortel(le)
las exequias, los funerales	les funérailles
sobrevivir	survivre

1. On emploie •morir• quand la mort est produite par un accident ou par quelque chose de violent. Dans les autres cas, on utilise indistinctement •morir• ou •morirse•.

B ... DANS LEUR CONTEXTE

Liar un porro de hachís.	*Se rouler un joint de haschisch.*
El hombre yace en su lecho de muerte.	*L'homme gît sur son lit de mort.*
El hijo llora desconsolado a la muerte de su madre.	*Le fils pleure désespéré à la mort de sa mère.*
Cumplir el deseo de un moribundo.	*Respecter le désir d'un moribond.*
La eutanasia plantea graves problemas de ética.	*L'euthanasie pose de graves problèmes d'éthique.*
Hay cada vez más personas que mueren de sida.	*Il y a de plus en plus de personnes qui meurent du sida.*
Murió de manera fulminante por una tuberculosis.	*Il est mort foudroyé par la tuberculose.*
Don Juan de Borbón falleció el I de abril de 1993.	*Don Juan de Bourbon est décédé le 1er avril 1993.*
Muchos asistieron al sepelio del difunto.	*De nombreuses personnes assistèrent à l'inhumation du défunt.*

C EXPRESSIONS ET LOCUTIONS

Me cargaron con el muerto.	*Ils m'ont laissé la sale besogne.*
No tiene dónde caerse muerto.	*Il n'a rien à se mettre sous la dent, il est sur le pavé.*
Está más que muerto.	*Il est mort et enterré.*

4 ALIMENTACIÓN, ALIMENTOS Y COMIDAS
A LES MOTS...

La alimentación	L'alimentation
¡ que aproveche !, ¡ buen provecho !	bon appétit !
comer*; beber*	manger; boire
la comida, las viandas	la nourriture
la bebida*, el trago* (fam.)	la boisson
los alimentos	les aliments
los víveres	les vivres
la subsistencia, el sustento	la subsistance
alimentarse, sustentarse	se nourrir
el hambre*; la sed*	la faim; la soif
hambriento(a); sediento(a)	affamé(e); assoiffé(e)
pasar, sentir, padecer, sufrir hambre	souffrir de la faim
ayunar	jeûner
la desnutrición	la sous-alimentation
desnutrido(a)*	sous-alimenté(e)
la ayuda alimenticia	l'aide alimentaire
el apetito; apetitoso(a)	l'appétit; appétissant(e)
el gourmet	le gourmet
tener buen paladar	être un fin gourmet
saborear, paladear	savourer, déguster
estar rico(a)*	être bon(ne)
sabroso(a)	savoureux(euse)
exquisito(a)	exquis(e)
goloso(a)	gourmand(e)
glotón(ona), comilón(ona)	glouton(ne)
tragón(ona)	goinfre, goulu(e)
la comilona	le gueuleton
darse un atracón	se gaver
la bulimia; bulímico(a)	la boulimie; boulimique
□	□
la comida	le repas
las tapas*, los pinchos	les amuse-gueules
el tapeo	la tournée des amuse-gueules
tapear	manger des amuse-gueules
el copeo	la tournée des cafés
preparar la comida	préparer le repas
el desayuno*; desayunar	le petit déjeuner; petit-déjeuner

4 ALIMENTATION, ALIMENTS ET REPAS

B ... DANS LEUR CONTEXTE

Dar de comer, de beber.	*Donner à manger, à boire.*
Beber a la salud de uno.	*Boire à la santé de quelqu'un.*
Antes de beber, dijo : «¡Salud, dinero y amor!» y «arriba, abajo, al centro y adentro!».	*Avant de boire, il dit : «à la vôtre!» et «à votre santé!».*
Darse, entregarse a la bebida.	*S'adonner à la boisson.*
Es la segunda vez que pretende abandonar el trago (*fam.*).	*C'est la deuxième fois qu'il tente d'arrêter de boire.*
Aplacar el hambre, la sed.	*Calmer la faim, étancher la soif.*
Morirse de hambre.	*Mourir de faim.*
Hay muchos niños desnutridos en África.	*Il y a beaucoup d'enfants sous-alimentés en Afrique.*
La comida del refectorio está muy rica hoy.	*La nourriture de la cantine est très bonne aujourd'hui.*
Entre las tapas más populares de Sevilla se pueden citar los caracoles, el rabo de toro y la tortilla de camarones.	*Parmi les amuse-gueules les plus populaires de Séville on peut citer les escargots, la queue de taureau et l'omelette aux crevettes.*
De desayuno, como cereales.	*Au petit déjeuner je mange des céréales.*

C EXPRESSIONS ET LOCUTIONS

¡A comer!	*À table!*
Tomar un tentempié, un refrigerio.	*Casser la croûte.*
Comer como una lima, comer como un sabañón, comer a dos carrillos.	*Manger comme quatre.*
Comer como un pajarito.	*Avoir un appétit d'oiseau.*
El comer y el rascar, todo es empezar.	*L'appétit vient en mangeant.*
Laura se come los santos.	*Laura est une grenouille de bénitier.*
Sin comerlo ni beberlo me vi acusada de robo.	*Sans y être pour rien je fus accusée de vol.*
Tener un hambre canina.	*Avoir une faim de loup.*
Pasar más hambre que un maestro de escuela.	*Mourir de faim.*
Comerse los codos de hambre.	*Bouffer des briques.*

el almuerzo ; almorzar*	le déjeuner ; déjeuner
la merienda ; merendar	le goûter ; goûter
la cena* ; cenar	le dîner, le souper ; dîner, souper
el piscolabis	la collation
el plato, el guiso	le plat
el plato fuerte	le plat de résistance
el manjar*	le mets, le plat
el entremés ; de primero	le hors-d'œuvre ; en entrée
el plato principal ; de segundo	le plat principal ; en plat principal
el postre*	le dessert

La cocina*   La cuisine

cocinar, guisar	cuisiner
el cocinero	le cuisinier
el libro de cocina	le livre de cuisine
la receta*	la recette
los ingredientes*	les ingrédients
los productos alimenticios	les denrées alimentaires
el producto natural	le produit naturel
la dietética	la diététique
alimenticio(a)*	nourrissant(e)
la grasa*	la graisse
la caloría	la calorie
ser rico ≠ pobre en calorías	être riche ≠ pauvre en calories
la vitamina	la vitamine
digestivo(a) ≠ pesado(a)	digeste ≠ lourd(e)
estar a régimen*	être au régime
el vegetariano	le végétarien
□	□
el plato preparado, el plato pre-cocinado*	le plat préparé, le plat cuisiné
los congelados, los productos congelados	les surgelés, les produits surgelés
congelar ≠ descongelar	congeler ≠ décongeler
la conserva	la conserve
la lata*	la boîte de conserve
□	□
cocer* ; la cocción	cuire, faire cuire (à l'eau) ; la cuisson

4 ALIMENTATION, ALIMENTS ET REPAS

B ...DANS LEUR CONTEXTE

Nos han convidado a almorzar.	*Ils nous ont invités à déjeuner.*
Le ha sentado mal la cena.	*Le dîner ne lui a pas réussi.*
Las ostras gallegas constituyen un delicioso manjar.	*Les huîtres de Galice constituent un plat délicieux.*
De postre voy a tomar fresón con nata.	*Comme dessert je vais prendre des fraises à la crème.*
Hacer la cocina, guisar.	*Faire la cuisine.*
Su cocina es ligera.	*Sa cuisine est légère.*
Seguir la receta fielmente.	*Suivre fidèlement la recette.*
Esta receta necesita pocos ingredientes.	*Cette recette nécessite peu d'ingrédients.*
El cocido madrileño es un plato muy alimenticio.	*Le pot-au-feu madrilène est un plat très nourrissant.*
La grasa perjudica la salud.	*La graisse est mauvaise pour la santé.*
Mientras esté a régimen no comeré pan.	*Tant que je serai au régime je ne mangerai pas de pain.*
Los platos precocinados se venden cada vez más.	*Les plats cuisinés se vendent de plus en plus.*
No veo la fecha de caducidad en esta lata.	*Je ne vois pas la date de péremption sur cette boîte de conserve.*
Cocer a fuego lento, a fuego mediano, a fuego vivo.	*Faire cuire à feu doux, à feu moyen, à feu vif.*

C EXPRESSIONS ET LOCUTIONS

Voy a ponerme como el Quico si la tía me invita a almorzar.	*Je vais me taper la cloche si la tante m'invite à déjeuner.*
Los postres caseros.	*Les desserts maison.*
En todas partes cuecen habas.	*Nous sommes tous logés à la même enseigne.*

hervir*, cocer	*bouillir, faire bouillir*
freír*	*frire, faire frire (à la poêle)*
asar*	*rôtir, faire rôtir, griller*
la barbacoa	*le barbecue*
calentar*	*chauffer, faire chauffer*
gratinar, guisar al gratén	*gratiner, faire gratiner*
recalentar	*réchauffer*
mantener caliente	*maintenir chaud*

La carne*, los huevos

La viande, les œufs

la carne* tierna, correosa, grasienta, jugosa	*la viande tendre, coriace, grasse, juteuse*
muy hecha*, en su punto, poco hecha, cruda	*bien cuite, à point, saignante, crue*
la vaca	*le bœuf*
la ternera*	*le veau*
el cerdo*	*le porc*
el cordero	*l'agneau*
el carnero	*le mouton*
el cabrito*	*le chevreau*
el asado*	*le rôti, la grillade*
el bistec*, el bisté	*le steak*
el lomo	*le filet de porc*
el filete*	*l'escalope*
la chuleta	*la côtelette, la côte*
la carne picada	*la viande hachée*
la albóndiga	*la boulette de viande (ou de poisson)*
la brocheta	*la brochette*
el pincho moruno	*la petite brochette de viande*
☐	☐
los fiambres*; la fiambrera	*la charcuterie; le panier à provisions*
la chacina	*la charcuterie typique espagnole*
los embutidos*	*la charcuterie (en boyaux)*
la salchicha*	*la saucisse*
la longaniza*	*la saucisse sèche*
el salchichón	*le saucisson*
el chorizo*	*le chorizo*

4 ALIMENTATION, ALIMENTS ET REPAS

B ... DANS LEUR CONTEXTE

Hervir el arroz en abundante agua con sal.	*Faire bouillir le riz dans beaucoup d'eau salée.*
En una sartén freír la cebolla picada hasta que esté dorada.	*Dans une poêle faire revenir l'oignon haché jusqu'à ce qu'il soit doré.*
Asar la carne en el horno.	*Faire rôtir la viande dans le four.*
Calentar el horno a 240 grados.	*Faire chauffer le four à 240 degrés.*
En España la carne de caballo se come muy poco.	*En Espagne on mange très peu de viande de cheval.*
A los españoles les gusta la carne muy hecha.	*Les Espagnols aiment la viande bien cuite.*
La carne de cerdo es muy grasa.	*La viande de porc est très grasse.*
El carnicero deshuesa una pierna de cabrito.	*Le boucher désosse une cuisse de chevreau.*
Un asado de ternera.	*Un rôti de veau.*
¿ Te apetece un buen bistec ?	*As-tu envie d'un bon steak?*
Un filete de ternera empanado.	*Une escalope de veau panée.*
El museo del jamón de Madrid propone un gran surtido de fiambres (embutidos).	*Le musée du jambon de Madrid offre un grand choix de charcuterie.*
Me gustan las salchichas de Frankfurt.	*J'aime les saucisses de Francfort.*
Este chorizo contiene mucho pimentón.	*Ce chorizo contient beaucoup de piment rouge.*

C EXPRESSIONS ET LOCUTIONS

Esta carne sabe a gloria (≠ sabe a rayos).	*Cette viande est délicieuse (≠ est infecte).*
Estar fiambre.	*Être crevé(e), mort(e).*
Un fiambre.	*Un macchabée.*
Hay más días que longanizas.	*Il y a plus de jours que de semaines (rien ne presse).*

la butifarra	*la saucisse catalane*
la morcilla	*le boudin*
el jamón [1*]	*le jambon*
el jamón serrano	*le jambon de pays*
el jamón de pata negra* (o ibérico) ≠ de pata blanca	*le jambon de qualité supérieure ≠ de qualité ordinaire*
el jamón cocido	*le jambon cuit*
el jamón de york, el chopped	*le jambon blanc (d'origine anglaise)*
el lacón	*le jambonneau*
el paté, el foie gras	*le pâté, le foie gras*
el paté de hígado	*le pâté de foie*
los chicharrones; los chicharrones finos	*les rillons; les rillettes*
el tocino	*le lard*
□	□
las aves	*la volaille*
el pollo asado*	*le poulet rôti*
el pavo*	*la dinde*
la caza	*le gibier*
□	□
el huevo*	*l'œuf*
los huevos al plato, los huevos estrellados	*les œufs sur le plat*
el huevo pasado por agua	*l'œuf à la coque*
el huevo duro	*l'œuf dur*
los huevos revueltos	*les œufs brouillés*
la tortilla (francesa ≠ española, de patata)	*l'omelette (nature ≠ aux pommes de terre)*

El pescado, los mariscos* y los crustáceos*	Le poisson, les fruits de mer et les crustacés
el pescado fresco, congelado	*le poisson frais, surgelé*
la sardina*; la caballa*, la sarda	*la sardine; le maquereau*
la merluza*	*le lieu, le colin*
el lenguado*	*la sole*
el rape	*la baudroie*

---

1. Par «jamón», employé seul, les Espagnols entendent le «jambon cru».

He comprado cuatro lonchas de jamón.	J'ai acheté quatre tranches de jambon.
Comer un muslo de pollo asado.	Manger une cuisse de poulet rôti.
Tienes que probar el pavo relleno con trufas.	Tu dois goûter la dinde farcie aux truffes.
Batir huevos.	Battre des œufs.
Separar la yema de la clara del huevo.	Séparer le jaune du blanc de l'œuf.
La hamburguesa de pescado está muy apetitosa.	Le hamburger de poisson est très appétissant.
La paella de mariscos me sienta mal.	La paella aux fruits de mer ne me réussit pas.
Estos filetes de caballa no tienen piel ni espina.	Ces filets de maquereau n'ont ni peau ni arête.
El médico me recomienda comer merluza porque es un pescado poco graso.	Le médecin me recommande de manger du lieu parce que c'est un poisson peu gras.
Estropeó el lenguado a la parrilla poniéndole demasiada sal.	Il a raté la sole grillée en mettant trop de sel.

C EXPRESSIONS ET LOCUTIONS

Estar jamón, estar jamona.	Être plantureuse (une femme).
¡Uhmm, qué rico! Esta tortilla es pata negra.	Hum, c'est délicieux! cette omelette est un vrai délice.
Esta pulsera cuesta un huevo (argot).	Ce bracelet coûte un prix fou.
El diputado arrimaba el ascua a su sardina cada vez que podía.	Le député tirait la couverture à lui dès qu'il le pouvait.

el boquerón	*l'anchois frais*
la anchoa	*l'anchois préparé et salé en boîte*
el bacalao*	*la morue*
el bacalao fresco	*le cabillaud*
el arenque (ahumado)	*le hareng (saur)*
el mero	*le mérou*
la lubina	*le bar*
la pescadilla	*le merlan*
□	□
los langostinos*	*les gambas, les grosses crevettes*
la cigala	*la langoustine*
el mejillón*	*la moule*
el berberecho	*la coque*
la vieira	*la coquille Saint-Jacques*
la navaja*	*le couteau*
el calamar*	*le calmar*
el chipirón	*le petit calmar, l'encornet*
el pulpo*	*le poulpe, la pieuvre*
la sepia	*la seiche*

Los productos lácteos, los feculentos	Les produits laitiers, les féculents
la leche*	*le lait*
la leche desnatada, semidesnatada, entera, uperizada	*le lait écrémé, demi-écrémé, entier, UHT*
la nata ; cremoso(a)	*la crème ; crémeux(euse)*
el queso*	*le fromage*
el requesón	*le fromage blanc ; le lait caillé*
el yogur (los yogures)	*le yaourt*
la mantequilla*, la margarina*	*le beurre, la margarine*
□	□
los cornflakes ; los copos de maíz	*les corn-flakes ; les flocons de maïs*
los tallarines	*les nouilles*
los macarrones ; los espagueti(s)	*les macaronis ; les spaghettis*
las pastas	*les pâtes*
el arroz	*le riz*
las patatas* (al vapor, salteadas, fritas), las papas *(am.)*	*les pommes de terre (vapeur, sautées, frites)*

Probar los langostinos a la plancha.	Goûter les gambas grillées.
Oiga, póngame una ración de mejillones en escabeche.	S'il vous plaît, donnez-moi une portion de moules à l'escabèche.
Se venden latas de navajas al natural con su jugo.	On vend des boîtes de couteaux au naturel avec leur jus.
En esta pescadería puedes comprar anillas de calamar.	Dans cette poissonnerie tu peux acheter des rondelles de calmar.
El pulpo en su tinta tiene mucho sabor.	Le poulpe dans son encre a beaucoup de goût.
La leche se corta.	Le lait tourne.
Comprar queso rallado.	Acheter du fromage râpé.
Este queso tiene una corteza muy fina.	Ce fromage a une croûte très fine.
El parmesano es un queso italiano.	Le parmesan est un fromage italien.
Untar el molde con mantequilla.	Beurrer le moule.
Para evitar que la mantequilla se ponga rancia hay que conservarla dentro del frigorífico.	Pour éviter que le beurre devienne rance il faut le conserver au réfrigérateur.
En crudo la margarina resulta muy digestiva.	Crue, la margarine est très digeste.
Ir por patatas.	Aller chercher des pommes de terre.

C EXPRESSIONS ET LOCUTIONS

Entre sus hermanos, Pablo es quien parte el bacalao.	De tous ses frères, c'est Pablo qui fait la pluie et le beau temps (mène la danse).
Tiene mala leche (fam.).	C'est un mauvais coucheur.

los cachelos	*les pommes de terre en robe des champs*
el puré (de patata)	*la purée*
la sopa* de fideos; el caldo*	*la soupe au vermicelle; le bouillon*
empanar	*paner*
el pan rallado	*la chapelure*

Las verduras, las especias y los condimentos
Les légumes verts, les épices et les condiments

la ensalada*; la ensaladilla	*la salade; la macédoine*
sazonar, condimentar	*épicer*
picante ≠ soso(a)	*épicé(e) ≠ fade*
la vinagreta; aliñar	*la vinaigrette; faire la vinaigrette*
la sal*; echar, poner sal; salar	*le sel; saler; imprégner de sel (pour conserver)*
la pimienta*	*le poivre*
salpimentar	*saupoudrer de sel et de poivre, assaisonner*
la mostaza	*la moutarde*
el aceite*; el vinagre*	*l'huile; le vinaigre*
el ajo*; la cebolla*; el chalote	*l'ail; l'oignon; l'échalote*
el ajillo	*la sauce à l'ail*
el pepinillo	*le cornichon*
el perejil*	*le persil*
las finas hierbas*	*les fines herbes*
el laurel*	*le laurier*
el tomillo	*le thym*
el romero*	*le romarin*
el azafrán*	*le safran*
el estragón*	*l'estragon*
la acedera	*l'oseille*
el perifollo	*le cerfeuil*
la cebolleta	*la ciboulette*
el hinojo	*le fenouil*
la albahaca	*le basilic*
la nuez moscada	*la noix muscade*
la alcaparra	*la câpre*
la guindilla	*le piment rouge*
el pimentón*	*le piment rouge moulu*
el comino	*le cumin*

4 ALIMENTATION, ALIMENTS ET REPAS

B ... DANS LEUR CONTEXTE

Dar un hervor al caldo, llevar a ebullición el caldo.	*Porter le bouillon à ébullition.*
Escurrir la ensalada.	*Égoutter la salade.*
Sazonar con sal y pimienta.	*Saler et poivrer.*
Una pizca de sal.	*Une pincée de sel.*
La sal gorda.	*Le gros sel.*
Aliñar los tomates con sal y aceite de oliva.	*Assaisonner les tomates avec du sel et de l'huile d'olive.*
Una cucharada sopera de vinagre.	*Une cuillerée à soupe de vinaigre.*
Una cabeza de ajo con cinco dientes.	*Une tête d'ail avec cinq gousses.*
Rehogar la cebolla picada en aceite.	*Faire revenir l'oignon haché dans de l'huile.*
Un ramillete de perejil.	*Un bouquet de persil.*
Preparar la salsa con finas hierbas.	*Préparer la sauce avec des fines herbes.*
Aromatizar la carne con una o dos hojas de romero.	*Aromatiser la viande avec une ou deux feuilles de romarin.*
El azafrán es un aliño importante de la paella.	*Le safran est un ingrédient important de la paella.*
El vinagre de estragón es ideal para ensaladas.	*Le vinaigre à l'estragon est idéal pour les salades.*
Espolvorear el plato con pimentón.	*Saupoudrer le plat de piment rouge moulu.*

C EXPRESSIONS ET LOCUTIONS

De la mano a la boca se pierde la sopa.	*Il y a loin de la coupe aux lèvres.*
Parece ser que tu hermano está también metido en el ajo.	*Il semble que ton frère est aussi dans le coup.*
Cuando está bebido suele soltar ajos y cebollas.	*Quand il est un peu ivre il en dit généralement des vertes et des pas mûres.*
Contigo pan y cebolla(s).	*Vivre d'amour et d'eau fraîche.*
Dormirse en los laureles.	*S'endormir sur ses lauriers.*

El pan*, la repostería	Le pain, la pâtisserie
la barra	*le pain, la baguette*
el pan Bimbo[1], el pan de molde o francés	*le pain de mie*
la miga*, la migaja	*la mie*
el panecillo	*le petit pain*
tierno, duro, tostado, crujiente	*frais, rassis, grillé, croustillant*
el pan de borona	*le pain de maïs*
el pedazo de pan	*le morceau de pain*
la rebanada de pan	*la tranche de pain, la tartine*
el bocadillo, el bocata *(fam.)*	*le sandwich*
el sandwich, el emparedado	*le sandwich de pain de mie*
el biscote	*la biscotte*
el perrito caliente	*le hot-dog*
la hamburguesa*	*le hamburger*
la empanada	*le friand*
□	□
los pasteles*	*les gâteaux*
los pastelillos	*les petits gâteaux*
las pastas	*les petits fours*
la galleta*	*le gâteau sec*
el bizcocho	*le biscuit*
la tarta*	*la tarte*
el buñuelo*	*le beignet*
el roscón de reyes*	*la galette des Rois*
el mazapán	*le massepain*
el alajú	*le pain d'épice*
el churro*	*le beignet espagnol, le churro*
el polvorón	*le sablé espagnol*
la masa*; amasar	*la pâte; pétrir*
la pasta quebrada ≠ hojaldrada	*la pâte brisée ≠ feuilletée*
la levadura	*la levure*
la harina*	*la farine*
el azúcar*; azucarado(a), dulce*	*le sucre; sucré(e)*
□	□
los dulces	*les sucreries*

---

1. Il s'agit d'une marque qui est devenue un nom générique.

4 ALIMENTATION, ALIMENTS ET REPAS
B ... DANS LEUR CONTEXTE

Estoy harta de comer hamburguesas.	J'en ai assez de manger des hamburgers.
Puedes partir el pastel en seis porciones.	Tu peux couper le gâteau en six (parts).
El niño se harta de galletas.	L'enfant se gave de gâteaux secs.
Se ha quemado la tarta.	La tarte est brûlée.
Estos buñuelos son facilísimos de hacer.	Ces beignets sont très faciles à faire.
Este roscón de reyes sabe bien.	Cette galette des Rois est délicieuse (a bon goût).
Los churros se comen con chocolate.	Les churros se mangent avec du chocolat chaud.
Extender la masa con el rodillo.	Étaler la pâte avec le rouleau à pâtisserie.
La harina está grumosa, la harina hace grumos.	La farine fait des grumeaux.
Un terrón de azúcar.	Un morceau de sucre.
La infusión está muy dulce.	L'infusion est très sucrée.

C EXPRESSIONS ET LOCUTIONS

A falta de pan buenas son tortas.	Faute de grives on mange des merles.
Al pan, pan y al vino, vino.	Appeler un chat un chat.
Aprobar las matemáticas es pan comido.	Réussir les mathématiques c'est du tout cuit.
Era más bueno que el pan.	Il était bon comme du bon pain.
Los dos vecinos hacen buenas migas.	Les deux voisins font bon ménage.
Se descubrió el pastel.	On a découvert le pot aux roses.
Le pillé con las manos en la masa.	Je l'ai pris la main dans le sac.
Es harina de otro costal.	C'est une autre paire de manches.
Estar metido en harina (meterse en harina).	Être plongé jusqu'au cou.

la golosina	*la friandise*
la mermelada*	*la confiture*
la carne de membrillo	*la pâte de coing*
la miel*	*le miel*
el turrón*	*le nougat espagnol*
las natillas	*la crème renversée*
el flan ; el tocino de cielo	*le flan ; le flan espagnol*
el caramelo*	*le bonbon*
el bombón*	*le bonbon au chocolat*
la peladilla	*la dragée*
el chicle*	*le chewing-gum*
el chupa-chups	*la sucette*
el regaliz	*le réglisse*
el pirulí	*le sucre d'orge, la sucette*
el alfeñique	*le sucre d'orge*
el algodón (de azúcar)	*la barbe à papa*
las palomitas	*le pop-corn*
las pipas*	*les graines de tournesol*
las pasas	*les raisins secs*
el helado*	*la glace*
el helado de cucurucho	*le cornet*
el polo	*l'esquimau*

La bebida*	La boisson
el agua*	*l'eau*
el agua del grifo*	*l'eau du robinet*
el agua sin gas ≠ el agua con gas	*l'eau plate ≠ l'eau gazeuse*
el refresco	*le rafraîchissement*
la gaseosa	*la limonade*
la limonada ; la naranjada	*la citronnade ; l'orangeade*
la horchata*	*l'orgeat de souchet (boisson typique)*
el batido	*le milk-shake*
el zumo de fruta	*le jus de fruits*
la Coca-Cola*	*le Coca-Cola*
el calimocho	*la boisson à base de vin et de Coca-Cola*
□	□
el alcohol* ; alcohólico (a)*	*l'alcool ; alcoolique, alcoolisé(e)*

4 ALIMENTATION, ALIMENTS ET REPAS

B ...DANS LEUR CONTEXTE

En Navidad se suele comer turrón en España.	À Noël on a coutume de manger du nougat en Espagne.
Chupar un caramelo.	Sucer un bonbon.
Un bombón relleno de crema.	Un chocolat fourré à la crème.
Mascar, masticar chicle.	Mâcher du chewing-gum.
En España las pipas se comen como chucherías.	En Espagne les graines de tournesol se mangent comme friandises.
Los españoles comen muchos helados.	Les Espagnols mangent beaucoup de glaces.
La bebida alcohólica.	La boisson alcoolisée.
El agua de Lanjarón es excelente.	L'eau de Lanjarón est excellente.
El agua del grifo está contaminada.	L'eau du robinet est polluée.
La Coca-Cola se vende en el mundo entero.	Le Coca-Cola se vend dans le monde entier.
No bebo mucho alcohol.	Je ne bois pas beaucoup d'alcool.
Un vino de moderada graduación alcohólica.	Un vin à faible degré d'alcool.

C EXPRESSIONS ET LOCUTIONS

La mermelada de la tía es para chuparse los dedos.	La confiture de la tante est bonne à s'en lécher les babines.
Me gusta lo que hago pero si además me pagan, miel sobre hojuelas.	J'aime ce que je fais mais si en plus on me paie, c'est d'autant mieux.
Pedro dice que esta chica es un bombón.	Pedro dit que cette fille est jolie à croquer.
Se me hace la boca agua.	J'ai l'eau à la bouche.
Como quien bebe un vaso de agua.	En un tour de main.
Tener sangre de horchata.	Avoir du sang de navet.

la sidra*	*le cidre*
la clara	*le panaché*
la cerveza* (rubia, negra)	*la bière (blonde, brune)*
la cerveza de barril	*la bière (à la) pression*
la caña	*le demi*
el vino* tinto, clarete o rosado, blanco*	*le vin rouge, rosé, blanc*
los vinos finos	*les grands crus*
el espumoso*; el champán*	*le mousseux; le champagne*
el cava	*le champagne espagnol*
la sangría	*la sangria*
el aguardiente	*l'eau-de-vie*
el ron*	*le rhum*
el cubalibre, el cubata *(fam.)*	*le rhum-Coca*
la ginebra*	*le gin*
el coñá	*le cognac*
el tintorro *(fam.)*	*la vinasse*
brindar; el brindis	*trinquer; le toast*
brindar por	*porter un toast à, boire à*
emborracharse, embriagarse	*se soûler, s'enivrer*
estar borracho(a)*, ebrio(a), embriagado(a), beodo(a)	*être soûl(e), ivre*
estar como una cuba	*être plein(e) comme une barrique*
la borrachera*, la tranca	*la cuite*
dormir la mona	*cuver son vin*
☐	☐
el café* ; el cafecito*	*le café; le petit café*
el café molido, en grano	*le café moulu, en grains*
el café solo	*le café noir*
descafeinado(a)	*décaféiné(e)*
el carajillo	*le café arrosé (généralement de cognac ou d'anis)*
el café con leche	*le café au lait*
el cortado	*le petit crème*
el chocolate*	*le chocolat*
la tisana, la infusión	*la tisane, l'infusion*
la tila	*le tilleul*
la manzanilla ; la salvia	*la camomille; la sauge*
el té*; la bolsita de té	*le thé; le sachet de thé*
tomar el té	*prendre le thé*
la menta*	*la menthe*

4 ALIMENTATION, ALIMENTS ET REPAS

B ... DANS LEUR CONTEXTE

Descorcha una botella de sidra en el salón.	*Il débouche une bouteille de cidre au salon.*
La cerveza me sienta mal.	*La bière me fait du mal.*
¿Quieres tomar un chato de vino en la barra?	*Veux-tu prendre un verre de vin au comptoir?*
Este vino añejo puede acompañar el pescado.	*Ce vin vieux peut accompagner le poisson.*
La manzanilla[1] y el fino[2] son dos vinos andaluces.	*La manzanilla et le fino sont deux vins andalous.*
Este blanco seco no pega con esta carne.	*Ce vin blanc sec ne va pas avec cette viande.*
Los alemanes han sido los mejores clientes del espumoso español.	*Les Allemands ont été les meilleurs clients du mousseux espagnol.*
Sacar el champán de la nevera.	*Sortir le champagne du frigo.*
Cuando bebo ron la cabeza me da vueltas.	*Quand je bois du rhum la tête me tourne.*
Apura el vaso de ginebra de un sorbo.	*Il vide son verre de gin d'un trait.*
La última vez que topé con él, estaba borracho.	*La dernière fois que je l'ai rencontré il était soûl.*
El día de mi cumpleaños nos cogimos una buena borrachera.	*Le jour de mon anniversaire nous avons pris une bonne cuite.*
Tomarse un café solo.	*Prendre un café noir.*
La borra del café.	*Le marc de café.*
Un cafecito nos vendría bien.	*Un petit café nous ferait du bien.*
El chocolate era la bebida predilecta de los aztecas.	*Le chocolat était la boisson préférée des Aztèques.*
Se está enfriando el té.	*Le thé est en train de refroidir.*
La menta tiene numerosos efectos beneficiosos para el organismo.	*La menthe a de nombreux effets bénéfiques pour l'organisme.*

C EXPRESSIONS ET LOCUTIONS

Ana es muy cafetera : bebe cuatro tazas de café al día.	*Anne adore le café : elle boit quatre tasses de café par jour.*

---

1. Vin blanc typique produit dans certains endroits d'Andalousie.
2. Vin sec andalou de 15 à 17°, à la couleur or paille et au goût d'amande.

La ropa*, la vestimenta*, las prendas	Les vêtements
la indumentaria*	*l'habillement, le vêtement*
el atuendo	*la toilette, la tenue*
el atavío	*l'habillement, la toilette; l'accoutrement*
el traje*, el vestido, la ropa	*le vêtement*
los pingos, los trapos	*les nippes, les fringues, les chiffons*
vestirse*	*se vêtir, s'habiller*
ataviarse con, de	*se parer de*
abrigarse*	*s'habiller chaudement*
las prendas de abrigo	*les vêtements chauds*
ir bien abrigado(a)	*être bien couvert(e)*
ponerse* ≠ quitarse* la ropa	*enfiler, mettre ≠ ôter un vêtement*
desnudarse, desvestirse	*se déshabiller*
mudarse (de ropa), cambiarse*	*se changer*
vestir*	*habiller*
estar, ir vestido(a) con	*être vêtu(e) de*
sentar* bien ≠ mal, ir bien ≠ mal, favorecer ≠ no favorecer, quedar* bien ≠ mal, caer bien ≠ mal	*être seyant ≠ n'être pas seyant, aller bien ≠ mal*
apropiado(a)*; cómodo(a)	*approprié(e); confortable*
llevar	*porter qqch., avoir sur soi*
quedar, estar ancho(a) ≠ estrecho(a)	*être large ≠ étroit(e)*
quedar, estar grande ≠ pequeño(a)	*être grand(e) ≠ petit(e)*
□	□
el corte	*la coupe*
ancho(a), grande; ceñido(a), estrecho(a)	*large, ample; collant(e), serré(e)*

5 LES VÊTEMENTS
B ... DANS LEUR CONTEXTE

El desaliño indumentario.	*La tenue négligée.*
Un traje de vestir.	*Un costume habillé.*
Hace frío, abrígate bien.	*Il fait froid, habille-toi chaudement.*
Se puso el pantalón al revés.	*Il a enfilé son pantalon à l'envers.*
¿Qué vestido me pongo?	*Quelle robe vais-je mettre?*
¿Qué me pongo?	*Comment vais-je m'habiller?*
¿Quieres quitarte el abrigo?	*Veux-tu te débarrasser de ton manteau ?*
Quitarse la ropa (de encima).	*Oter ses vêtements.*
Iba toda vestida de negro.	*Elle était toute de noir vêtue.*
El color negro viste mucho.	*Le noir fait très habillé.*
Viste muy bien.	*Elle s'habille élégamment.*
Viste con garbo.	*Il s'habille avec élégance.*
El vestido te sienta estupendamente ; no te queda bien.	*La robe te va très bien ; ne te va pas.*
Tienes que llevar el traje apropiado para la ceremonia.	*Tu dois porter le costume approprié pour la cérémonie.*

C EXPRESSIONS ET LOCUTIONS

Nadar y guardar la ropa.	*Ménager la chèvre et le chou.*
Volvió con la ropa hecha jirones.	*Il est revenu en haillons, en guenilles.*
Lavar la ropa sucia en casa.	*Laver son linge sale en famille.*
¡Cuidado! hay ropa tendida.	*Attention, il y a des oreilles indiscrètes !*
Una vestimenta ridícula.	*Un accoutrement ridicule.*
Iba vestido de paisano.	*Il était habillé en civil.*
Vestirse de tiros largos.	*Se mettre sur son trente et un.*
Cambiarse la chaqueta, dar la vuelta a la chaqueta.	*Changer son fusil d'épaule.*
Desvestir a un santo para vestir a otro.	*Déshabiller Pierre pour habiller Paul.*
Quedarse para vestir santos (imágenes).	*Rester vieille fille, coiffer sainte Catherine.*

el cuello; el cuello postizo	le col; le faux col
la solapa	le revers
la manga*	la manche
de manga corta*; larga	à manches courtes; longues
de media manga	à manches mi-longues
sin mangas*	sans manche
con pinzas; sin pinzas	à pinces; sans pinces
el pliegue*, el doblez	le pli
el escote, el descote	le décolleté
escotado(a)*	décolleté(e)
el cuello en pico	le col en V
el cuello caja	le col arrondi
el cuello vuelto	le col roulé
el cuello cisne, chimenea	le col haut, montant
el bolsillo*	la poche
distinguido(a), elegante	chic
sencillo(a)	simple
extravagante, estrafalario(a)	extravagant(e)
□	□
la cremallera	la fermeture Éclair
el botón*	le bouton
el ojal	la boutonnière
abrochar	boutonner qqch.
desabrochar, desabotonar	déboutonner qqch.
desabrocharse*, desabotonarse	se déboutonner
el forro*	la doublure
□	□
la ropa interior*	les dessous, le linge de corps
la ropa blanca	la lingerie (d'une personne); le linge de maison
el ropero*	l'armoire à linge

La ropa de señora — Les vêtements féminins

la lencería, la ropa blanca	la lingerie féminine
los paños menores*	les sous-vêtements
la braga[1]	le slip, la culotte

___

1. Le plus souvent au pluriel.

5 LES VÊTEMENTS

B ... DANS LEUR CONTEXTE

Llevaba una blusa amarilla de manga corta.	*Elle portait un chemisier jaune à manches courtes.*
Cuando hace calor es mejor ir sin mangas.	*Lorsqu'il fait chaud, il est préférable de porter des vêtements sans manche.*
Los pliegues de un vestido.	*Les plis d'une robe.*
Lleva un vestido muy escotado.	*Elle porte une robe au décolleté profond.*
Se me ha descosido el botón del abrigo.	*Le bouton de mon manteau est décousu.*
Hace calor, voy a desabrocharme la chaqueta.	*Il fait chaud, je vais déboutonner ma veste.*
Tengo el forro del abrigo descosido.	*La doublure de mon manteau est décousue.*
Se compró ropa interior bordada.	*Elle a acheté des dessous brodés.*
La ropa blanca está guardada en el ropero.	*Le linge de maison est rangé dans l'armoire à linge.*
Estar en paños menores.	*Être en petite tenue (tenue légère).*

C EXPRESSIONS ET LOCUTIONS

La habitación de los niños siempre anda manga por hombro.	*La chambre des enfants est toujours sens dessus dessous.*
Es un hombre de manga ancha.	*C'est un homme aux idées larges.*
Un corte de mangas.	*Un bras d'honneur.*
Meterse a alguien en el bolsillo.	*Mettre quelqu'un dans sa poche.*
Rascarse el bolsillo.	*Racler ses fonds de poche, de tiroir.*

103

A LES MOTS...

el sujetador, el sostén*	le soutien-gorge
el tirante	la bretelle
las medias	les bas
el leotardo	le collant
la liga*	la jarretelle
el liguero	le porte-jarretelles
la picardía	la guêpière
los calcetines bajos	les socquettes
el traje de casa	le déshabillé
el camisón	la chemise de nuit
la bata	la robe de chambre
□	□
las enaguas; la combinación	le jupon; la combinaison
la blusa*	le chemisier
el huipil *(am.)*	la chemise de femme
la falda pantalón, amazona	la jupe-culotte
la falda* (estrecha; (de) tubo; de vuelo; fruncida; acampanada; tableada, de tablas)	la jupe (étroite; fourreau; ample; froncée; cloche; plissée)
las polleras *(am.)*	la jupe
el vestido* (con la espalda al aire; acampanado; con tirantes), el traje*	la robe (dos nu; évasée; à bretelles)
el vestido, el traje de noche	la robe du soir
el pantalón, los pantalones (ajustados; bombachos)	le pantalon (moulant, collant; bouffant)
el traje sastre, de chaqueta (de lino; de ante; de gamuza)	l'ensemble, le tailleur (en lin; en daim; en peau de chamois)
el mantón (de Manila)	le châle richement brodé
la capa*; el poncho* *(am.)*	la cape; le poncho
la chaqueta	la veste, le veston
el chaquetón	la veste, la vareuse
el abrigo*	le manteau
el abrigo de piel (o pieles)	le manteau de fourrure
el impermeable, la gabardina	l'imperméable, la gabardine
el pañuelo*	le foulard
limpio(a)	propre
planchado(a) ≠ chafado(a), arrugado(a)	repassé(e) ≠ chiffonné(e), froissé(e)

5 LES VÊTEMENTS

B ... DANS LEUR CONTEXTE

Luce una bonita blusa de seda.	*Elle arbore un beau chemisier en soie.*
Esta falda te adelgaza.	*Cette jupe te mincit.*
Un vestido de entretiempo; de verano.	*Une robe de demi-saison; d'été.*
Un vestido holgado.	*Une robe ample.*
Sacar los vestidos, la ropa de verano.	*Sortir les robes, les vêtements d'été.*
Con el vestido de seda, se te transparentan las piernas.	*Avec cette robe en soie, on voit tes jambes.*
Suele llevar un traje camisero.	*Elle porte habituellement une robe chemisier.*
Un traje de diario.	*Un vêtement de tous les jours.*
Le encanta llevar un pañuelo al cuello.	*Elle adore porter un foulard autour du cou.*
Tiene pañuelos para dar y tomar.	*Elle a des foulards à revendre.*

C EXPRESSIONS ET LOCUTIONS

Ser el sostén de familia.	*Être le soutien de famille.*
Hacer buena liga con alguien.	*Faire bon ménage avec quelqu'un.*
A Víctor le gusta hasta una escoba con faldas *(fam.)*.	*Victor est un trousseur de jupons.*
Cortar un vestido a uno.	*Casser du sucre sur le dos de quelqu'un.*
Sus negocios andan de capa caída.	*Ses affaires vont mal.*
Hacer de su capa un sayo.	*Faire comme bon lui semble.*
Respecto a ese tema está a poncho *(am.)*.	*Sur ce sujet-là, il nage complètement.*
Ser de abrigo.	*Avoir un sale caractère, être un poison.*

5 LA ROPA

A LES MOTS...

La ropa de caballero	Les vêtements d'homme
la ropa interior	*les sous-vêtements*
la camiseta	*le gilet de corps*
los calzoncillos	*le slip, le caleçon*
el calcetín	*la chaussette*
la camisa*	*la chemise*
los gemelos	*les boutons de manchettes*
el polo	*le polo*
la chompa *(am.)*	*le pull; le T-shirt*
el jersey (los jerséis)	*le pull, le pull-over*
el suéter	*le chandail*
la corbata	*la cravate*
la corbata de pajarita	*le nœud papillon*
el pantalón*, los pantalones	*le pantalon*
el vaquero, los vaqueros, el pantalón vaquero	*le jean*
el mono, el peto de trabajo	*la salopette*
los tirantes*	*les bretelles*
la correa, el cinturón*	*la ceinture*
la chaqueta, la americana*	*la veste, le veston*
la chaqueta de cuero	*la veste de cuir*
la cazadora, la zamarra, la chamarra *(am.)*, la campera *(am.)*	*le blouson*
la levita	*la redingote*
la guerrera	*la tunique militaire*
el chaleco	*le gilet*
el traje*	*l'habit*
el traje*, el terno*	*le costume, le complet*
el pijama*	*le pyjama*
el quimono, el kimono	*le kimono*
□	□
la ropa de deporte*	*les vêtements de sport*
deportivo (a)*, de sport	*de sport*
el anorak	*l'anorak*

5 LES VÊTEMENTS

B ... DANS LEUR CONTEXTE

Llevaba un pantalón azul marino y una americana color almendra.	Il portait un pantalon bleu marine et une veste amande.
En traje de etiqueta.	En tenue de soirée.
Se suplica etiqueta.	La tenue de soirée est de rigueur.
Un traje de etiqueta.	Un costume de cérémonie.
Los trajes de gala.	Les habits de fête, les atours.
Los trajes de domingo.	Les habits du dimanche.
Usa pijama de seda.	Il met des pyjamas de soie.
La ropa de deporte le sienta bien.	Les vêtements de sport lui vont bien.
Le encanta entrar en las tiendas de ropa de deporte.	Il adore entrer dans les magasins de sport.
Prendas deportivas, sencillas y cómodas para las vacaciones.	Vêtements de sport, simples et confortables pour les vacances.

C EXPRESSIONS ET LOCUTIONS

Lo dejaron sin camisa.	On l'a ruiné.
Se quedó sin camisa.	Il s'est retrouvé sur la paille.
Estar en mangas de camisa.	Être en bras de chemise.
Meterse en camisa de once varas.	Se mêler des affaires d'autrui.
Ella es la que lleva los pantalones.	C'est elle qui porte la culotte.
Se levantó con los pantalones de cuadros.	Il s'est levé du pied gauche.
Estar tirante con alguien.	Être en froid avec quelqu'un.
Apretarse el cinturón.	Se serrer la ceinture.
Cortar trajes (un traje).	Médire, dire du mal de quelqu'un.
Echar ternos.	Lâcher des jurons, jurer.

el chubasquero*	le K-way, la veste coupe-vent; le ciré
el pantalón «fuseau»	le pantalon de ski
el pantalón corto	le short
la camiseta, el niki	le T-shirt
el chandal	le survêtement
el bañador, el traje de baño	le maillot de bain
el pantalón bombacho	la culotte de golf

La canastilla, la ropita de niño — La layette

el pañal*	la couche, le lange
las mantillas*	les langes
el justillo	la brassière
el babero*	le bavoir
los patucos	les chaussons
el faldón (de cristianar)	la robe de baptême

Moda y ropa hecha — Mode et prêt-à-porter

la moda*	la mode
el último grito	le dernier cri
el gran costurero, el gran modisto (a)	le grand couturier
la alta costura	la haute couture
la revista de modas	le magazine de mode
la modelo (de pasarela), la maniquí	le mannequin
el desfile, el pase de modelos	le défilé de mannequins
(estar, ir) de moda*, a la moda	(être) à la mode
llevarse*, estilarse*	se porter
pasado (a) de moda*, fuera de moda	démodé(e), passé(e) de mode
bonito(a), mono(a), precioso(a), hermoso(a), lindo(a)* (am.) ≠ feo(a)*	joli(e) ≠ laid(e)
los modelos, los modelitos	les toilettes, les tenues à la mode
□	□

5 LES VÊTEMENTS

B ... DANS LEUR CONTEXTE

No te olvides del chubasquero porque va a llover.	*N'oublie pas ton K-way car il va pleuvoir.*
Cambiarle, ponerle los pañales a un niño.	*Langer un enfant.*
Se les pone un babero a los niños para que no se manchen al comer.	*On met un bavoir aux petits enfants pour qu'ils ne se salissent pas en mangeant.*
Viste muy moderno, siempre sigue la moda.	*Elle s'habille très «branché», elle suit toujours la mode.*
Está de moda llevar trajes oscuros.	*Il est à la mode de porter des costumes sombres.*
Este verano se llevan mucho los colores chillones.	*Les couleurs criardes se portent beaucoup cet été.*
Ya no se estila.	*Cela ne se porte plus.*
Está pasado de moda este color.	*Cette couleur est passée de mode.*

C EXPRESSIONS ET LOCUTIONS

Se ha criado en buenos pañales.	*Il a reçu une éducation choisie.*
Es de humildes pañales.	*Il est d'origine humble.*
Aún no ha salido de pañales.	*Il est encore très ingénu.*
Estar en mantillas todavía.	*Être encore très novice, naïf.*
Este artista está de moda, en boga.	*Cet artiste est en vogue.*
Nos reímos de lo lindo.	*Nous avons terriblement ri.*
Hacer un feo.	*Faire un affront.*

la ropa hecha*	la confection, le prêt-à-porter
la talla*, el número, la medida	la taille
la prueba	l'essayage
probar, probarse algo	essayer qqch.
el probador*	la cabine d'essayage
el retoque	la retouche
retocar algo	retoucher qqch.
estar en almacén, en la reserva	être en stock, disponible
el remiendo*; remendar	le raccommodage; raccommoder
poner, echar una pieza, remendar*	rapiécer

Hecho a la medida

Fait sur mesure

la medida	la mesure
medir*	mesurer
el traje a la medida	le costume sur mesure
mandar hacer*	faire faire
a la medida*	sur mesure
la hechura	la façon (d'un costume)
confeccionar, hacer algo	confectionner qqch.
el traje de confección	le costume de confection
▢	▢
el sastre	le tailleur
la modista (el modisto o el sastre de señoras)	la couturière, le styliste
cortar	couper, tailler
el corte (de un traje)	la coupe
las tijeras*	la paire de ciseaux
el hilo*; hilar*	le fil; filer
la bobina, el carrete	la bobine
el dedal	le dé
la aguja*; el alfiler	l'aiguille; l'épingle
coser*; la costura	coudre; la couture
la cesta de costura	la corbeille à ouvrage, la boîte à couture
el dobladillo	l'ourlet
la vuelta	le revers

5 LES VÊTEMENTS

B ... DANS LEUR CONTEXTE

Ya sólo me visto con ropa hecha.
Je ne m'habille plus qu'en prêt-à-porter.

De este modelo nos quedan todas las tallas.
Nous avons ce modèle dans toutes les tailles.

Si quiere probarse el vestido, a la derecha de la tienda está el probador.
Si vous voulez essayer la robe, le salon d'essayage se trouve à droite du magasin.

Hay que echar un remiendo a este pantalón.
Il faut mettre une pièce à ce pantalon.

Tengo que remendar estos calcetines para mañana.
Je dois raccommoder ces chaussettes pour demain.

Voy a mandar hacerme un traje de chaqueta.
Je vais me faire faire un tailleur.

Estrenó el vestido hecho a la medida.
Elle étrenna sa robe faite sur mesure.

Un tijeretazo.
Un coup de ciseaux.

El hilo de coser.
Le fil à coudre.

La aguja de gancho.
Le crochet.

C EXPRESSIONS ET LOCUTIONS

Es una misión de talla.
C'est une mission d'envergure.

Medir de arriba abajo.
Toiser (du regard).

Cortar el hilo del discurso.
Rompre le fil du discours.

Por el hilo se saca el ovillo.
De fil en aiguille on arrive à tout savoir.

Hilar muy fino.
Agir en finesse.

Resulta tan difícil como buscar una aguja en un pajar.
C'est aussi difficile que de chercher une aiguille dans une meule, une botte de foin.

Eso es coser y cantar.
C'est bête comme chou.

el forro	*la doublure*
hacer punto* ; el ganchillo	*tricoter ; le crochet*

El tejido *
Le tissu

la tela*, el paño*	*l'étoffe*
la lana*	*la laine*
el tejido de lana	*le tissu de laine*
de pura lana virgen	*en pure laine vierge*
el algodón*	*le coton*
la franela	*la flanelle*
el paño*	*le drap*
la lona	*la toile*
el lino	*le lin*
la felpa, la esponja	*le tissu éponge*
el terciopelo	*le velours*
la pana	*le velours côtelé*
el tergal	*le tissu synthétique, le Tergal*
la seda*	*la soie*
el raso, el satén	*le satin*
el tul	*le tulle*
la muselina	*la mousseline*
el crespón	*le crêpe, le crépon*
el cendal, el velo	*le crêpe, le voile*
el cuero	*le cuir*
el ante*	*le daim*
la piel	*la fourrure*
el astracán*	*l'astrakan*
la alpaca	*l'alpaga*
la vicuña*	*la laine de vigogne*
□	□
fuerte, sólido(a) ; delicado(a)	*résistant(e), solide ; délicat(e)*
que no se arruga	*infroissable*
chafado(a), arrugado(a)	*froissé(e), chiffonné(e)*
arrugarse ; arrugar, chafar, desplanchar algo	*se froisser ; froisser qqch.*
planchar*	*repasser*
almidonar	*empeser, amidonner*

5 LES VÊTEMENTS

B ... DANS LEUR CONTEXTE

Le gusta hacer punto.	*Elle aime tricoter.*
Hoy llevaba un vestido de algodón precioso.	*Aujourd'hui, elle portait une très belle robe en coton.*
Ayer estrenó la blusa de seda joyante.	*Hier, elle a étrenné son chemisier de soie satinée, lustrée.*
Le ha regalado un abrigo de astracán caro.	*Il lui a offert un manteau d'astrakan cher.*
Se acaba de comprar un abrigo de vicuña forrado y unos zapatos de ante.	*Elle vient de s'acheter un manteau en laine de vigogne doublé et des chaussures de daim.*
En invierno, llevo prendas de abrigo fáciles de planchar.	*En hiver, je porte des vêtements chauds faciles à repasser.*

C EXPRESSIONS ET LOCUTIONS

Sus palabras no eran más que un tejido de embustes.	*Ses paroles n'étaient qu'un tissu de mensonges.*
Poner en tela de juicio.	*Mettre en question, en doute.*
¡ Eso tiene tela !	*Il y a de quoi faire !*
Conocer el paño.	*Connaître la musique.*
Cardarle a uno la lana.	*Passer un savon à quelqu'un.*
Ir por lana y volver trasquilado.	*Tel est pris qui croyait prendre.*
Lo han criado entre algodones.	*Il a été élevé dans du coton.*
Ser el paño de lágrimas de alguien.	*Être le confident de quelqu'un.*
Desde el otro día, está hecho una seda.	*Depuis l'autre jour, il est doux comme un agneau.*
Tiene un cutis de seda.	*Elle a une peau de satin.*
Ir como la seda.	*Tourner rond.*

que necesita poco cuidado, fácil de cuidar	*facile à entretenir*
□	□
de, con listas*; listado, rayado, de rayas ; la raya, la lista	*à rayures; rayé; la rayure*
de lunares* ; el lunar	*à pois; le pois*
de cuadros*	*à carreaux, écossais*
floreado (a)	*à fleurs, fleuri (e)*
liso (a)*	*uni (e)*
estampado (a)*	*imprimé (e)*
multicolor	*multicolore*
de tonos crudos	*aux couleurs écrues*
gastado (a) ; usado (a) ; raído (a)	*usagé (e); usé (e); râpé (e)*
vistoso (a), llamativo (a)*	*voyant (e)*
chillón (ona)	*criard (e)*
jaspeado (a)	*chatoyant (e)*

Los accesorios — Les accessoires

el sombrero*	*le chapeau*
el sombrero cordobés, de alas grandes	*le chapeau de feutre à large bord*
el sombrero de tres picos, el tricornio	*le tricorne*
el sombrero hongo, el bombín	*le chapeau melon*
el sombrero jipijapa, el panamá	*le panama*
el sombrero de copa	*le haut-de-forme*
el «canotier», el sombrero de paja	*le canotier*
el sombrero de fieltro	*le feutre*
la pamela	*la capeline*
la gorra*	*la casquette*
el gorro*	*le bonnet*
la boina (vasca)	*le béret (basque)*
el bolso	*le sac à main*
el bolso de mano, la cartera	*la pochette*
la cartera*	*le portefeuille*
el monedero*	*le porte-monnaie*

Llevas una camisa de listas muy elegante.	*Tu portes une chemise à rayures très élégante.*
¡Vaya vestido de lunares bonito!	*Quelle belle robe à pois!*
No se os ocurra comprar un mantel de cuadros para la cocina.	*N'ayez pas l'idée d'acheter une nappe à carreaux pour la cuisine.*
Un estampado fino, discreto.	*Un imprimé discret.*
Lucía un traje de colores llamativos.	*Elle exhibait un tailleur aux couleurs voyantes.*
Calarse el sombrero.	*Enfoncer son chapeau.*
Quitarse el sombrero.	*Ôter son chapeau, se découvrir.*
Ponerse el sombrero.	*Mettre son chapeau.*
Los niños llevan gorros en invierno.	*Les enfants portent des bonnets en hiver.*
No tengo nada de dinero en el monedero.	*Je n'ai pas un sou dans mon porte-monnaie.*

C EXPRESSIONS ET LOCUTIONS

Una verdad lisa y llana.	*Une vérité sans détours.*
Como no trabaja, come de gorra, o sea que vive de gorra.	*Comme il ne travaille pas, il mange à l'œil, donc il vit en parasite.*
Poner el gorro.	*Tenir la chandelle.*
Tienen en cartera un asunto importante.	*Ils ont en projet une affaire importante.*

el guante*	le gant
la manopla	la moufle
forrado (a)	fourré(e), doublé(e)
el paraguas*	le parapluie
el paraguas plegable	le parapluie pliant
el abanico*	l'éventail
el pañuelo*	le mouchoir
el pañuelo de papel	le Kleenex
la bufanda (a cuadros)	l'écharpe (écossaise); le cache-nez
el pasamontañas	le passe-montagne
□	□
el adorno, el ornamento	l'ornement
las joyas, las alhajas*	les bijoux
la bisutería	la bijouterie de fantaisie, les bijoux à la mode
precioso (a), valioso (a)	précieux (euse)
de bisutería*	en toc, en simili, qui a l'aspect toc
discreto (a), fino (a)	discret (ète)
llamativo (a), vistoso (a)	extravagant (e), tape-à-l'œil
el estuche	l'écrin
el broche*	la broche
el alfiler* (de corbata)	l'épingle (de cravate)
la chapa; el pin's, el pin	le badge; le pin's
la cadena*	la chaîne
el collar*	le collier
la gargantilla	le ras-du-cou
la pulsera	le bracelet
el brazalete	le bracelet (à l'avant-bras)
el reloj de pulsera	la montre-bracelet
el anillo*, la sortija	la bague
el anillo, la sortija de pedida*	la bague de fiançailles
los pendientes, los aretes, los zarcillos	les boucles d'oreilles

5 LES VÊTEMENTS

B ... DANS LEUR CONTEXTE

Tengo que comprarme un paraguas porque se me ha perdido el otro.	*Je dois acheter un parapluie parce que j'ai perdu l'autre.*
Préstame tu abanico porque voy a los toros.	*Prête-moi ton éventail pour aller à la corrida.*
Estoy resfriado y necesito un pañuelo.	*Je suis enrhumé et j'ai besoin d'un mouchoir.*
Las alhajas de la corona.	*Les joyaux de la couronne.*
Una joya de bisutería.	*Un bijou en simili.*
Un collar de coral.	*Un collier de corail.*
Luce un anillo de pedida de plata.	*Elle arbore une bague de fiançailles en argent.*

C EXPRESSIONS ET LOCUTIONS

Salgamos antes de que nos echen el guante (*fam.*).	*Sortons avant qu'on nous mette le grappin dessus.*
Acabaron por echarle el guante (*fam.*).	*Ils ont fini par lui mettre le grappin dessus.*
Echar, arrojar el guante a alguien.	*Lancer un défi.*
Tratar con guante blanco, de seda.	*Prendre des gants (avec).*
De guante blanco.	*Parfaitement correct.*
Ponerse más suave que un guante.	*Filer doux.*
Esta persona es una alhaja.	*Cette personne est une perle.*
El broche final, de oro.	*(C'est) le bouquet.*
En este autobús no cabe un alfiler.	*Ce bus est plein à craquer.*
Romper las cadenas.	*Briser ses chaînes.*
Nos viene como anillo al dedo.	*Ça tombe à pic.*

☐

la piedra preciosa, la piedra fina	*la pierre précieuse*
el diamante*, el brillante	*le diamant*
la perla*	*la perle*
el rubí	*le rubis*
la esmeralda	*l'émeraude*
la amatista	*l'améthyste*
el oro*; de oro*	*l'or; en or*
la plata*; de plata	*l'argent; en argent*
incrustar con oro	*incruster d'or*
engastar una piedra en	*sertir, monter une pierre sur*
el engaste, el engastado	*la monture, la sertissure*

☐

el joyero	*le bijoutier, le joaillier*
el platero	*l'orfèvre, le bijoutier*
el orífice	*l'artiste qui travaille l'or*
el joyero	*le coffret à bijoux*
la joyería	*la bijouterie, la joaillerie*

Los zapatos — Les chaussures

El zapato*, el calzado (l'industrie, la chaussure, en général)	*la chaussure*
el número*, la medida	*la pointure*
el zapato de tacón	*la chaussure à talons*
la chancleta	*la savate*
la alpargata (de esparto)	*l'espadrille (en sparte)*
la zapatilla*	*la pantoufle, le chausson*
la chinela	*la mule*
las babuchas marroquíes	*les babouches marocaines*
la bota*	*la botte*
la botina, la bota	*la bottine, le bottillon*
el borceguí	*le brodequin*
el tacón*	*le talon*
la suela*	*la semelle*
la plantilla	*la semelle intérieure*
forrado(a)	*fourré(e)*
cómodo(a)*, confortable	*confortable*

B ... DANS LEUR CONTEXTE

Un aderezo de diamantes.	*Une parure de diamants.*
Un diamante tallado, labrado.	*Un diamant taillé.*
Ensartar perlas.	*Enfiler des perles.*
Oro de ley.	*De l'or à 24 carats.*
Un reloj de oro de ley.	*Une montre en or ou véritable.*
Limpiar la plata.	*Nettoyer l'argenterie.*
Un par de zapatos.	*Une paire de chaussures.*
Lleva zapatos de charol.	*Elle porte des souliers vernis.*
Nos habíamos hecho lustrar los zapatos.	*Nous avions fait cirer nos chaussures.*
¿Qué número gasta?	*Quelle pointure faites-vous?*
Las zapatillas para andar por casa.	*Les pantoufles.*
Botas forradas.	*Des bottes fourrées.*
Zapatos de tacón alto; bajo.	*Des chaussures à talons aiguilles, hauts; plats.*
Echar, poner medias suelas.	*Faire ressemeler des chaussures.*
Son zapatos muy cómodos.	*Ce sont des chaussures très confortables.*

C EXPRESSIONS ET LOCUTIONS

Tu consejo me viene de perlas.	*Ton conseil tombe à point.*
Apalear oro.	*Être cousu d'or, rouler sur l'or.*
Guardar como oro en paño.	*Garder précieusement.*
Limpio como la plata.	*Propre comme un sou neuf.*
Encontrar o hallar la horma de su zapato.	*Trouver chaussure à son pied.*
Estar como niño con zapatos nuevos.	*Être heureux comme un roi.*
Saber alguien dónde le aprieta el zapato.	*Savoir où le bât blesse.*
El Gato con botas.	*Le chat botté.*
Ponerse las botas *(fam.)*.	*Faire son beurre.*
El taconeo.	*Les claquettes.*
Un pícaro de siete suelas.	*Un fieffé coquin.*
No llegarle una persona a otra a la suela del zapato.	*Ne pas arriver à la cheville de quelqu'un.*

(con el tacón) gastado	*éculé, usé*
apretar*; doler*	*serrer; faire mal*

La peluquería
Le salon de coiffure

el peluquero (a)	*le coiffeur, la coiffeuse*
el barbero	*le barbier, le coiffeur*
la peluquería* de señoras, para caballeros	*le salon de coiffure dames, hommes*
□	□
lavarle la cabeza*, el pelo a alguien	*faire un shampooing à qqn*
el champú y suavizante	*le shampooing et après-shampooing*
secar el pelo	*sécher les cheveux*
el secador de pelo	*le sèche-cheveux*
cortarle* el pelo a alguien	*couper les cheveux à qqn*
el corte de pelo	*la coupe de cheveux*
el corte a la navaja	*la coupe au rasoir*
la laca	*la laque*
el gel, la espuma	*le gel*
□	□
el pelo*, los cabellos	*les cheveux*
retocar el peinado	*donner un coup de peigne*
peinar* a alguien	*coiffer qqn*
cardar	*crêper*
desenredar, desenmarañar	*démêler*
las greñas	*la tignasse*
el peine*	*le peigne*
el cepillo	*la brosse*
la peineta	*le peigne de mantille*
la diadema	*le serre-tête*
el pasador	*la barrette*
la horquilla	*l'épingle à cheveux*
la crencha	*le bandeau*
el tupé	*le toupet*
el peinado	*la coiffure*
el corte a cepillo*	*la coupe en brosse*

5 LES VÊTEMENTS

B ... DANS LEUR CONTEXTE

Me aprietan estos zapatos y me hacen ampollas.	*Ces chaussures me serrent et me font des ampoules.*
Me duele el zapato.	*Cette chaussure me fait mal.*
Tengo que ir a la peluquería.	*Je dois aller chez le coiffeur.*
Tengo que lavarme la cabeza.	*Je dois me laver les cheveux.*
La peluquera me cortó el pelo a cepillo.	*La coiffeuse m'a taillé les cheveux en brosse.*
Te ha peinado bien el peluquero.	*Le coiffeur t'a bien coiffé.*

C EXPRESSIONS ET LOCUTIONS

¡No te dejes tomar el pelo!	*Ne te laisse pas mettre en boîte, n'accepte pas qu'on se paie ta tête.*
Esto es una tomadura de pelo.	*On se paie notre tête.*
Tirar del pelo (el tirón de pelo).	*Tirer les cheveux.*
De tonto no tiene ni un pelo.	*Il est loin d'être idiot.*
No le pilló el coche por los pelos.	*Il s'en est fallu de peu qu'il ne se fasse écraser par la voiture.*
Esto me viene al pelo.	*Cela tombe à pic, bien.*
Erizar(se) los pelos, poner(se) los pelos de punta.	*Faire dresser les cheveux.*
No tener pelos en la lengua.	*Ne pas avoir la langue dans sa poche.*
Contar algo con pelos y señales.	*Raconter quelque chose avec beaucoup de détails.*
Peinar canas.	*Ne plus être tout jeune.*
Pasarse el peine.	*Se donner un coup de peigne.*

llevar melena*	*porter les cheveux longs, dénoués*
el moño*	*le chignon*
la trenza*	*la natte, la tresse*
la coleta* ; la cola de caballo	*la couette ; la queue de cheval*
el flequillo	*la frange*
la raya	*la raie*
el mechón, la mecha	*la mèche*
la mata de pelo	*la touffe de cheveux ; la chevelure d'une femme*
el rizo, el bucle, el tirabuzón* ; rizado	*la boucle ; bouclé*
la ondulación ; ondulado	*l'ondulation ; ondulé*
rizado	*frisé*
liso ; lacio*	*lisse ; raide*
crespo ; entrecano	*crépu ; gris*
corto* ≠ largo	*court ≠ long*
el moldeado	*la permanente*
el marcado	*la mise en plis, le brushing*
marcar el pelo	*faire une mise en plis, faire un brushing*
teñir*	*teindre*
el tinte*	*la coloration*
las mechas	*les mèches*
la peluca	*la perruque*
□	□
la maquinilla ; afeitarse*	*le rasoir ; se raser*
la máquina de afeitar	*le rasoir électrique*
la brocha de afeitar	*le blaireau*
la navaja barbera, de afeitar	*le rasoir (de barbier)*

El maquillaje — Le maquillage

el instituto de belleza*	*le salon de beauté*
la limpieza de cutis	*les soins du visage*
la manicura*	*la manucure*
maquillarse, pintarse*	*se maquiller, se farder*
el desmaquillador (de ojos)	*le démaquillant*

Cuando era joven llevaba melena.	Lorsqu'elle était jeune, elle portait les cheveux longs, dénoués.
Las niñas suelen llevar trenzas.	Les fillettes ont habituellement des tresses.
La reconocerás porque es una niña pelirroja que lleva tirabuzones.	Tu la reconnaîtras car c'est une petite fille rousse aux cheveux bouclés.
Los cabellos le caían lacios hasta los hombros.	Ses cheveux raides lui arrivaient à l'épaule.
Llevar el pelo corto.	Avoir les cheveux courts.
Tenía ganas de teñirse de rubia.	Elle avait envie de se teindre en blonde.
Es tarde, no me da tiempo de hacerme un tinte.	Il est tard, je n'ai pas le temps de me faire une coloration.
Acaba de abrirse un instituto de belleza en mi calle.	Un salon de beauté vient de s'ouvrir dans ma rue.
Voy a hacerme la manicura.	Je vais me faire faire les ongles.
Va siempre muy pintada.	Elle est toujours très maquillée.

C EXPRESSIONS ET LOCUTIONS

Andar a la greña, agarrarse del moño.	Se crêper le chignon.
Ponerse moños.	Se donner des airs, s'envoyer des fleurs.
Cortarse la coleta.	Prendre sa retraite.
Afeitar un huevo.	Être dur à la détente.

quitar(se) la pintura, el maquillaje del rostro, demaquillar(se), desmaquillar(se)	(se) démaquiller
los potingues de la cara* (fam.)	l'attirail de pots de crème
el neceser de aseo (de viaje)	le nécessaire de toilette
depilar; depilarse*	épiler; s'épiler
□	□
la crema depilatoria	la crème dépilatoire, le dépilatoire
la cera*	la cire
la crema* (de día; de noche*)	la crème (de jour; de nuit)
el maquillaje	le fond de teint
la mascarilla	le masque
el rimel	le mascara
el colorete, el maquillaje	le rouge, le fard
el lápiz de ojos	le crayon (pour les yeux)
extender algo	étaler qqch.
los polvos (de arroz)	la poudre (de riz)
la polvera*	le poudrier
empolvarse	se poudrer
la barra de labios, el pintalabios, el carmín de los labios*	le rouge à lèvres
el esmalte, la laca de uñas*	le vernis à ongles
el quitaesmalte	le dissolvant
el desodorante	le déodorant
el gel*	le gel douche
los cosméticos, los productos de belleza*	les cosmétiques, les produits de beauté
la perfumería*	la parfumerie
la colonia*	l'eau de toilette
el perfume	le parfum
el perfumador	le vaporisateur
perfumarse*	se parfumer

5 LES VÊTEMENTS
B ... DANS LEUR CONTEXTE

Siempre llega con todos los po-
tingues de la cara cuando se
le invita a pasar un fin de semana.

*Elle arrive toujours avec tout
l'attirail de pots de crème
quand on l'invite à passer
un week-end.*

Depilarse las piernas.

S'épiler les jambes.

Crema que se aplica en ligerí-
sima capa.

*Crème à appliquer, à étaler en
touches légères.*

Esta crema reparadora para epi-
dermis fina retrasa los
efectos del envejecimiento.

*Cette crème réparatrice pour
épiderme sensible retarde les
effets du vieillissement.*

Esta crema nutritiva nutre, sua-
viza la piel y atenúa las
arrugas e imperfecciones.

*Cette crème riche nourrit, adou-
cit l'épiderme et atténue rides
et imperfections.*

Crema de noche para todo tipo
de cutis.

*Crème de nuit pour tout type de
peau.*

Lleva en el bolso una polvera
de oro.

*Elle a dans son sac un poudrier
en or.*

Siempre lleva el carmín de los
labios en el bolso.

*Elle a toujours son rouge à
lèvres dans son sac.*

Pintarse las uñas.

Se mettre du vernis à ongles.

El gel revitalizante.

Le gel revitalisant.

Derrocha mucho dinero en
productos de belleza.

*Elle gaspille beaucoup d'argent
en produits de beauté.*

Una perfumería de lujo.

Une parfumerie de luxe.

Una colonia refrescante.

*Une eau de Cologne rafraîchis-
sante.*

Se perfuma a cada momento.

*Elle se parfume à chaque ins-
tant.*

C EXPRESSIONS ET LOCUTIONS

Me da la impresión de que hoy
estás pálido como la cera.

*J'ai l'impression qu'aujour-
d'hui tu as un teint de papier
mâché.*

Amarillo como la cera.

*Jaune comme un citron,
comme un coing.*

125

El domicilio, la casa	*Le domicile, la maison*
la vivienda	*l'habitat*
la casa*	*la maison*
el número del piso, de la casa, del edificio	*le numéro de la maison, de l'immeuble*
la vivienda*, el alojamiento	*le logement*
vivir en*, habitar una casa	*habiter une maison*
alojarse en una casa particular	*loger chez l'habitant*
habitado ≠ deshabitado	*habité ≠ inhabité*
ocupado, habitado ≠ libre, desocupado	*occupé ≠ libre, non occupé*
el piso*, el apartamento, el departamento *(am.)*	*l'appartement*
el estudio	*le studio*
el piso en copropiedad	*l'appartement en copropriété*
el piso de alquiler	*l'appartement en location*
el piso de lujo	*l'appartement de standing*
el pisazo* *(fam.)*	*l'appartement superbe*
□	□
el alquiler*	*le loyer*
los gastos de comunidad	*les charges*
alquilar*	*louer, prendre en location; donner en location*
el inquilino*, el arrendatario	*le locataire*
el dueño del piso	*le propriétaire, le logeur*
el subarrendatario	*le sous-locataire*
el contrato, el arrendamiento	*le bail (de location)*
rescindir, anular el contrato	*résilier le bail*
caducar (el contrato) ≠ renovarlo	*arriver à terme (le bail) ≠ le renouveler*
la fianza*	*la caution*
buscar piso	*être à la recherche d'un appartement*
instalarse	*emménager*
irse de, marcharse de	*quitter, partir*
la mudanza	*le déménagement*

6 LE LOGEMENT

B ... DANS LEUR CONTEXTE

Ir a casa, volver a casa.	*Rentrer chez soi.*
Salir de casa.	*Sortir.*
Siempre está fuera de casa, no pisa en casa, no para en casa.	*Il est toujours dehors.*
Es una señora casa.	*C'est une superbe maison.*
Arreglar una casa.	*Aménager une maison.*
Poner casa.	*S'installer, emménager, monter une maison.*
Una casa muy soleada pero ruidosa.	*Une maison ensoleillée mais bruyante.*
La crisis de la vivienda.	*La crise du logement.*
Los precios de las viviendas están por las nubes.	*Les prix immobiliers sont montés en flèche.*
Vivimos a nuestras anchas.	*Nous habitons une grande maison.*
Vive en un pueblecito de casas encaladas.	*Il habite un petit village aux maisons blanchies à la chaux.*
Vivieron en las afueras de Madrid porque salía más barato.	*Ils ont habité dans les environs de Madrid car cela revenait moins cher.*
Se comparte piso.	*Appartement à partager.*
Se alquila piso amueblado.	*Appartement meublé à louer.*
Vive en un pisazo.	*Il habite un superbe appartement.*
Los alquileres andan por las nubes.	*Les loyers s'envolent.*
Se alquila piso céntrico de tres dormitorios.	*F4 à louer, en centre ville.*
Es el nuevo inquilino.	*C'est le nouveau locataire.*
Pedir dos meses de fianza.	*Demander deux mois de caution.*

C EXPRESSIONS ET LOCUTIONS

La Casa Blanca.	*La Maison-Blanche.*
La casa de empeño.	*Le mont-de-piété.*
Tener casa abierta, propia.	*Avoir pignon sur rue.*
Entró como Pedro por su casa.	*Il entra comme dans un moulin.*

6 LA VIVIENDA
A LES MOTS...

mudarse, cambiarse* de casa	*déménager*
ocupar una casa	*squatter une maison*
el ocupa (ocupa una casa sin consentimiento del dueño)	*le squatter*
poseer, tener piso	*posséder un appartement*
el propietario*, el dueño	*le propriétaire*
la propiedad, los bienes, las posesiones	*la propriété, les biens*
el picadero	*le pied-à-terre, la garçonnière*
□	□
la cámara de la propiedad urbana[1]	*le registre de la propriété*
la comunidad de propietarios	*l'assemblée des copropriétaires de l'immeuble*
el (la) portero(a)*, el conserje	*le (la) gardien(ne) de l'immeuble*
el edificio*, el bloque	*le bâtiment, l'immeuble*
el building, el edificio grande	*le building, le grand immeuble*
el rascacielos	*le gratte-ciel*
la torre*	*la tour d'habitation*
la manzana*, la cuadra *(am.)*	*le pâté de maisons*
la construcción (antigua ≠ reciente)	*la construction (ancienne ≠ récente)*
las viviendas de renta limitada	*les H.L.M.*
□	□
el piso*, la planta	*l'étage*
de varios pisos*	*à plusieurs étages*
el ático*	*le dernier étage*
el bajo*, la planta baja	*le rez-de-chaussée*
el sótano	*le sous-sol, la cave*
el ascensor, el elevador *(am.)*	*l'ascenseur*
el pasillo*	*le couloir*
la escalera*	*l'escalier*
los peldaños	*les marches*
el descansillo, el rellano	*le palier*
el hueco de la escalera	*la cage d'escalier*
la urbanización	*le lotissement*

---

1. Organisme public établissant la propriété des biens immobiliers.

6 LE LOGEMENT
B ...DANS LEUR CONTEXTE

Se han cambiado de casa.	*Ils ont déménagé.*
No consigo hablar con el propietario.	*Je n'arrive pas à joindre le propriétaire.*
No sé dónde estará el portero : no lo encuentro en la portería.	*Je ne sais pas où se trouve le gardien : il n'est pas dans sa loge.*
Vivimos en el edificio de la derecha.	*Nous habitons l'immeuble de droite.*
Vivimos en el segundo piso.	*Nous habitons au 2ᵉ étage.*
¿A qué piso va?	*À quel étage allez-vous?*
Vivo en un edificio de varios pisos.	*J'habite un immeuble à plusieurs étages.*
Vive en un ático.	*Il habite le dernier étage de l'immeuble (souvent avec terrasse).*
No me gustan los bajos.	*Je n'aime pas les appartements au rez-de-chaussée.*
Se oyen pisadas por el pasillo.	*On entend des pas dans le couloir.*
Una escalera de caracol.	*Un escalier en colimaçon.*

C EXPRESSIONS ET LOCUTIONS

La torre de Babel.	*La tour de Babel.*
La torre Eiffel.	*La tour Eiffel.*
Dar una vuelta a la manzana.	*Faire le tour du pâté de maisons.*
Los barrios bajos.	*Les quartiers populaires.*
Subir la escalera.	*Monter l'escalier.*
Es gente de escalera abajo.	*Ce sont des gens de bas étage.*

la casa entera	*la maison individuelle, particulière*
los chalés adosados	*les maisons accolées (dans un lotissement)*
la segunda residencia	*la résidence secondaire*
la casa (casita) de campo, el chalet, el chalé*	*la maison de campagne*
□	□
el mercado inmobiliario*	*le marché immobilier*
la guía inmobiliaria	*le guide de l'immobilier*
el agente inmobiliario	*l'agent immobilier*
especular	*spéculer*
la especulación inmobiliaria, del suelo	*la spéculation immobilière*
el terreno*	*le terrain*
el solar	*le terrain à bâtir*
construir, edificar, levantar un edificio	*construire, bâtir*
la industria de la construcción	*l'industrie du bâtiment*
la construcción	*la construction*
el promotor*	*le promoteur*
el arquitecto	*l'architecte*
el aparejador	*l'aide-architecte*
el presupuesto*	*le devis*
la financiación, el costeo	*le financement*
financiar, costear	*financer*
llaves en mano	*clés en mains*
el piso piloto*	*l'appartement témoin*
la entrada*	*le premier versement*
la letra* (del piso)	*la traite*
la escritura* (del piso)	*l'acte notarié*

La vivienda, el piso

Le logement, l'appartement

acondicionar un piso*, un apartamento, un departamento *(am.)*	*aménager un appartement*

Se están construyendo un chalé en la Sierra.	*Ils se font construire une maison de campagne dans la Sierra.*
La guía inmobiliaria es muy útil si quieres comprar una casa.	*Le guide de l'immobilier est très utile si tu veux acheter une maison.*
Ya compraron el terreno.	*Ils ont déjà acheté le terrain.*
No parece ser un promotor muy honesto.	*Il ne semble pas être un promoteur très honnête.*
Tenemos que pedir el presupuesto.	*Nous devons demander le devis.*
Fuimos a visitar el piso piloto.	*Nous sommes allés visiter l'appartement témoin.*
500 000 pesetas de entrada y el resto en cómodos plazos durante diez años.	*Un premier versement de 500 000 pesetas, le reste en traites faciles à payer, sur dix ans.*
No consiguen pagar la letra del piso.	*Ils n'arrivent pas à payer la traite de l'appartement.*
Pronto recibiremos la escritura del piso.	*Nous recevrons bientôt l'acte notarié de l'appartement.*
Quieren acondicionar el piso este verano.	*Ils veulent aménager leur appartement cet été.*

C EXPRESSIONS ET LOCUTIONS

Sobre el terreno.	*Sur place, sur les lieux.*
Meterse en el terreno de alguien.	*Marcher sur les plates-bandes de qqn.*
Sabe perfectamente el terreno que pisa.	*Il sait parfaitement à qui il a affaire.*
Estás cediendo terreno.	*Tu perds du terrain.*
Está midiendo, tanteando, reconociendo el terreno.	*Il sonde, il tâte le terrain.*
Hacer un presupuesto aproximado.	*Établir un devis approximatif.*

un piso de tres dormitorios	un appartement de quatre pièces, un F4
la puerta*	la porte d'entrée (maison)
la puerta trasera*	la porte de derrière
el portal*, el zaguán	le hall d'entrée
el buzón*	la boîte aux lettres
la placa, la chapa	la plaque
el timbre; llamar* a la puerta, tocar al timbre*	la sonnette; sonner
el llamador	le heurtoir
el telefonillo, el portero automático*	l'interphone
el código	le code
el umbral*	le seuil, le pas (de la porte)
el gozne	le gond
la cerradura*	la serrure
la cerradura de seguridad	la serrure de sûreté
la cadena de seguridad, el retenedor	la chaîne de sécurité
la mirilla	le judas
blindar	blinder
el blindaje; la puerta blindada	le blindage; la porte blindée
la llave*	la clé
el manojo de llaves	le trousseau de clés
el ojo de la cerradura*	le trou de la serrure
echar la llave, cerrar con llave	fermer à clé
el cerrojo, el pestillo; correr, echar, descorrer el cerrojo	le verrou; verrouiller
el pasador de seguridad	le verrou de sûreté
el picaporte	le loquet
el tirador, la empuñadura	la poignée de la porte
el felpudo, la esterilla	le paillasson
la entrada*	l'entrée, le vestibule
el paragüero	le porte-parapluie
☐	☐
el salón*, el cuarto de estar	le salon, la salle de séjour
el comedor*	la salle à manger
el mobiliario	l'ameublement

B ... DANS LEUR CONTEXTE

Hay que entrar por la puerta trasera.	*Il faut entrer par la porte de derrière.*
Un portal de mármol.	*Un hall d'entrée en marbre.*
Te dejo la llave del buzón encima de la mesa.	*Je te laisse la clé de la boîte aux lettres sur la table.*
Llaman (a la puerta).	*On frappe, on sonne.*
No toquen al timbre, el niño está durmiendo.	*Ne pas sonner, bébé dort.*
No se le oía por el portero automático.	*On ne t'entendait pas à l'interphone.*
Me lo encontré en el umbral.	*Je l'ai trouvé sur le pas de la porte.*
Una cerradura antirrobo.	*Une serrure antivol.*
Mirar por el ojo de la cerradura.	*Regarder par le trou de la serrure.*
Han colgado en la entrada unos cuadros de su amigo pintor.	*Ils ont accroché des tableaux de leur ami peintre dans l'entrée.*
Es un salón de ensueño.	*C'est un salon de rêve.*
Un comedor amplio.	*Une grande salle à manger.*

C EXPRESSIONS ET LOCUTIONS

En este conflicto se están cerrando todas las puertas.	*Dans ce conflit, aucune solution ne semble envisageable.*
Coger la puerta.	*Prendre la porte.*
Poner a alguien en la calle.	*Mettre quelqu'un à la porte.*
A puerta cerrada.	*À huis clos.*
Le dieron con la puerta en las narices.	*Ils lui ont fermé la porte au nez.*
Lo guarda todo con siete llaves.	*Il enferme tout à double tour.*
Una llave maestra.	*Un passe-partout.*
Guardan todos sus tesoros bajo llave.	*Ils cachent tous leurs trésors sous clé.*

el mueble*	le meuble
los muebles, el mobiliario	les meubles, le mobilier
el asiento*	le siège
el sillón, la butaca	le fauteuil
el sofá*	le canapé
el tresillo	le salon (deux fauteuils et un canapé)
la mesa velador, el velador	le guéridon
la mesa*; la silla	la table; la chaise
la mecedora	la chaise à bascule
la alfombra	le tapis
la alfombra de cama	la descente de lit
la moqueta	la moquette
el parqué, el parquet*, la tarima	le parquet
la librería	la bibliothèque
la estantería, el estante	l'étagère
la luz	l'éclairage
dar la luz, alumbrar	éclairer
la llave de la luz	l'interrupteur
la lámpara	la lampe
la lámpara de pie	le lampadaire
la araña (lámpara colgante)	le lustre
la lámpara colgante, el colgante	la suspension, le lustre
la ventana*; los cristales, los vidrios (am.)	la fenêtre; les vitres
el tragaluz	l'œil-de-bœuf, la lucarne
la cortina*	le rideau
el dormitorio*, la habitación*, la alcoba, la recámara (am.)	la chambre à coucher
el biombo	le paravent
la cama*	le lit
el lecho*	la couche
las camas separadas; las camas literas	les lits jumeaux; les lits superposés
la cama de matrimonio	le lit à deux places
el camastro	le grabat
el tocador, la coqueta	la coiffeuse

6 LE LOGEMENT

B ... DANS LEUR CONTEXTE

Un mueble destartalado.	*Un meuble démantibulé.*
Un asiento giratorio.	*Un siège pivotant.*
Es un sofá cama.	*C'est un canapé-lit.*
Sentarse, ponerse a la mesa.	*Se mettre à table.*
¡A la mesa!	*A table!*
Un parquet encerado.	*Un parquet ciré.*
No dejes que se asomen los niños a la ventana.	*Ne laisse pas les enfants se pencher à la fenêtre.*
El alféizar de la ventana.	*Le rebord de la fenêtre.*
El dormitorio del niño comunica con el de los padres.	*La chambre de l'enfant communique avec celle des parents.*
Correr la cortina.	*Tirer le rideau.*
Una habitación que da a la calle.	*Une chambre qui donne sur la rue.*
Todas las habitaciones tienen vistas hacia el patio.	*Toutes les chambres donnent sur la cour.*
Un juego de cama.	*Une parure de lit.*

C EXPRESSIONS ET LOCUTIONS

Es una persona de asiento.	*C'est une personne de bon sens.*
Tomar asiento.	*Prendre place.*
Tú siempre vienes a mesa puesta.	*Tu as l'habitude de mettre les pieds sous la table.*
Echar, tirar la casa por la ventana.	*Jeter l'argent par les fenêtres.*
Caer en cama.	*Tomber malade.*
Me voy a echar en la cama un poco.	*Je vais m'allonger un peu sur le lit.*
Estar en cama, guardar cama, hacer cama.	*Garder le lit, être alité.*
Estar en un lecho de rosas.	*Être sur un lit de roses.*
En el lecho de muerte.	*Sur son lit de mort.*

el colchón*	le matelas
la manta*, la frazada (am.); el chamarro (am.)	la couverture; la couverture grossière
la colcha*	le dessus-de-lit
las sábanas*	les draps
la almohada*	l'oreiller
el almohadón	l'oreiller, le coussin
el colchón de plumas	la couette
el armario	l'armoire
el armario empotrado	le placard, l'armoire encastrée
el guardarropa, el ropero	la penderie
la cómoda*	la commode
el baúl	la malle
irse a la cama*	aller au lit, aller se coucher
meterse en la cama	se mettre au lit
acostarse; tumbarse, echarse	se coucher; s'allonger
la mesilla (de noche)	la table de nuit
☐	☐
el cuarto de baño*	la salle de bains
el cuarto de aseo	le cabinet de toilette
el baño, la bañera	le bain, la baignoire
los azulejos*	les carreaux de faïence émaillée
darse un baño, bañarse	prendre un bain
la ducha*	la douche
ducharse*, tomar una ducha	se doucher, prendre une douche
el lavabo	le lavabo
el grifo*	le robinet
el bidé	le bidet
los servicios, el water	les toilettes, les W.-C.
el water, el excusado, el retrete	les cabinets
☐	☐
el jabón; jabonar(se), enjabonar	le savon; (se) savonner
el espejo, la luna	la glace, le miroir
el armario de luna	l'armoire à glace

B ... DANS LEUR CONTEXTE

No me gustan los colchones de muelles.	*Je n'aime pas les matelas à ressorts.*
Es una colcha bordada.	*C'est un dessus-de-lit brodé.*
Están secándose las sábanas al sol.	*Les draps sèchent au soleil.*
Guarda una cantidad de jerséis en la cómoda.	*Il range énormément de pulls dans sa commode.*
Es tarde, me voy a la cama.	*Il est tard, je vais me coucher.*
Le gustan los cuartos de baños de azulejos azules.	*Il aime les salles de bains aux carreaux de faïence émaillée bleus.*
Me ducho por la mañana.	*Je prends une douche le matin.*
El grifo de agua fría, de agua caliente	*Le robinet d'eau froide, d'eau chaude.*

C EXPRESSIONS ET LOCUTIONS

Dormir en un colchón de plumas	*Dormir dans un lit de plumes.*
Liarse la manta a la cabeza.	*Y aller carrément.*
Un día se lió la manta a la cabeza.	*Un jour, il prit ses cliques et ses claques.*
Tirar de la manta.	*Découvrir le pot aux roses.*
Se te han pegado las sábanas hoy.	*Aujourd'hui, tu as fait la grasse matinée.*
Hay que consultar con la almohada.	*La nuit porte conseil.*
Fue una ducha (un jarrón) de agua fría.	*Cela me fit l'effet d'une douche froide.*

el peine ; peinarse ; repeinarse — *le peigne; se peigner; se recoiffer*

el cepillo ; cepillarse (el pelo) — *la brosse; se brosser*

el secador* (de pelo) — *le sèche-cheveux*

el cepillo de dientes — *la brosse à dents*

el dentífrico, la crema dental — *le dentifrice*

lavarse los dientes* — *se laver les dents*

la jabonera — *la boîte à savon*

el toallero — *le porte-serviettes*

la toalla* (de baño) — *la serviette (de toilette)*

la manopla* — *le gant de toilette*

el albornoz* — *le peignoir*

☐ — ☐

la cocina* ; cocinar* — *la cuisine; cuisiner*

los electrodomésticos* — *l'électroménager*

los (aparatos) electrodomésticos — *les appareils électroménagers*

la lavadora*, la máquina de lavar — *la machine à laver*

la secadora — *le sèche-linge*

el lavavajillas, el lavaplatos* — *le lave-vaisselle*

la cocina, la placa — *la cuisinière*

la campana — *la hotte*

la cocina eléctrica — *la cuisinière électrique*

el horno* — *le four*

el microondas — *le four à micro-ondes*

la nevera*, el frigorífico, la refrigeradora *(am.)* — *le réfrigérateur, le frigo*

el congelador* — *le congélateur*

☐ — ☐

poner la mesa* ≠ quitar la mesa — *mettre ≠ débarrasser la table*

el mantel — *la nappe*

la mantelería — *le service, le linge de table*

los cubiertos* — *les couverts*

Este secador (de pelo) es muy práctico.	Ce sèche-cheveux est très pratique.
Tenéis que lavaros los dientes por la mañana y por la noche.	Vous devez vous laver les dents le matin et le soir.
Se limpió las manos con una toalla de felpa.	Il s'essuya les mains avec une serviette-éponge.
¿No usas manopla?	Tu n'utilises pas de gant de toilette?
Un albornoz de felpa muy dulce.	Un peignoir en tissu éponge très doux.
Una cocina equipada.	Une cuisine équipée.
Las baldosas blancas y negras de la cocina.	Les dalles blanches et noires de la cuisine.
Cocina de maravilla, es muy buena cocinera.	C'est un véritable cordon-bleu.
Una tienda de electrodomésticos.	Un magasin d'appareils électroménagers.
Hay que poner la lavadora.	Il faut mettre en marche la machine à laver.
Lo convenció de que le comprara un lavaplatos para la casa de campo.	Elle l'a convaincu d'acheter un lave-vaisselle pour la maison de campagne.
No puedo hacer bollos porque no funciona el horno.	Je ne peux pas faire de gâteaux car le four ne marche pas.
Esta nevera también tiene congelador.	Ce réfrigérateur a aussi un congélateur.
Vete poniendo la mesa antes de que lleguen los invitados.	Commence à mettre la table avant l'arrivée de nos invités.
El juego de cubiertos.	Le service de couverts.

C EXPRESSIONS ET LOCUTIONS

Me parece que no está el horno para bollos.	Il me semble que ce n'est pas vraiment le moment.
Cubierto turístico.	Menu touristique.
Es hora de poner los cubiertos.	Il est l'heure de mettre le couvert.

la cubertería	les couverts, le service de couverts
el tenedor	la fourchette
el cuchillo*	le couteau
la cuchara*	la cuiller
la cucharilla	la petite cuiller
el cucharón	la louche
el plato* (llano, hondo, sopero)	l'assiette (plate, creuse, à soupe)
la servilleta*	la serviette (de table)
el servilletero	le rond de serviette
la fuente*	le plat
la bandeja*	le plateau
la ensaladera	le saladier
la sopera	la soupière
el frutero	le fruitier
el vaso*	le verre
la copa*	la coupe, le verre à pied
la botella*; el abrebotellas	la bouteille; l'ouvre-bouteilles
el corcho; el sacacorchos	le bouchon; le tire-bouchon
el abrelatas	l'ouvre-boîtes
la taza; el tazón (de desayuno)	la tasse; le bol
el platillo	la soucoupe
la tetera	la théière
el aparador	le buffet
la vajilla, la loza	la vaisselle
el servicio de porcelana*	le service en porcelaine
la cristalería	le service de verres
los cacharros de la cocina	les ustensiles de cuisine
la batería de cocina	la batterie de cuisine
la cafetera (eléctrica)*	la cafetière (électrique)
el juego de café	le service à café
el cazo, la cacerola (de metal), la cazuela (de barro)	la casserole
los pucheros*	les marmites
la tapadera	le couvercle
el colador	la passoire (pour le thé, la tisane...)

B ... DANS LEUR CONTEXTE

Afilar un cuchillo.	*Aiguiser un couteau.*
La cuchara de café; sopera; de palo.	*La cuiller à café; à soupe; en bois.*
Fregar los platos.	*Faire la vaisselle.*
Límpiate la boca con la servilleta.	*Essuie-toi la bouche avec la serviette.*
Una fuente de horno.	*Un plat allant au four.*
Puso en la mesa la bandeja para los cubiletes de hielo.	*Elle posa sur la table le bac à glace.*
Acabo de romper un vaso.	*Je viens de casser un verre.*
El casco de la botella está pagado.	*La bouteille est consignée.*
Sueña con comprarse un servicio de porcelana.	*Elle rêve d'acheter un service en porcelaine.*
La cafetera eléctrica ya no funciona.	*La cafetière électrique ne marche plus.*

C EXPRESSIONS ET LOCUTIONS

En casa del herrero cuchillo de palo.	*Les cordonniers sont toujours les plus mal chaussés.*
Pagar los platos rotos.	*Payer les pots cassés.*
Parece que no ha roto un plato en su vida.	*On lui donnerait le bon Dieu sans confession.*
Poner, traer en bandeja.	*Apporter sur un plateau.*
Te invito a una copa.	*Je t'offre un verre.*
Apurar la copa del dolor.	*Boire le calice jusqu'à la lie.*
Calentar, hacer cocer el puchero.	*Faire bouillir la marmite.*
Hacer pucheros.	*Faire la moue.*
Aquí, ¡hay que ganarse el puchero!	*Ici, il faut gagner sa croûte!*
Huele a puchero de enfermo.	*Ça sent le roussi.*

el escurridor	*la passoire; l'égouttoir*
la espumadera	*l'écumoire*
el chino, el pasapuré	*le presse-purée*
la olla exprés, a presión	*la Cocotte-minute*
el molde*	*le moule (à gâteaux)*
la batidora	*le mixeur*
el tostador de pan	*le grille-pain*
la freidora	*la friteuse*
la sartén*	*la poêle*
la basura*	*les ordures, les déchets*
el cubo de la basura	*la poubelle*
el colector, el contenedor	*le vide-ordures*
□	□
el cuarto trastero	*le débarras*
la bodega	*la cave (pour le vin)*
el desván	*le grenier*
la buhardilla	*la mansarde, l'appartement mansardé*
la azotea, la terraza	*la terrasse*
el techo*; el tejado*	*le plafond; le toit, la toiture*
la chimenea*	*la cheminée*
el hogar*	*le foyer*
□	□
el tabique*; la pared	*la cloison; le mur*
el patio*	*la cour, le patio*
el jardín	*le jardin*
el huerto	*le potager*
el garaje, la cochera	*le garage*
aparcar*	*stationner, garer*
la plaza de garaje	*la place de parking*
el cobertizo, el galpón (am.)	*le hangar*

La calefacción, la corriente, la limpieza — Le chauffage, le courant, le ménage

la calefacción*; calentar*	*le chauffage; chauffer*
los gastos de calefacción	*les frais de chauffage*

6 LE LOGEMENT

B ... DANS LEUR CONTEXTE

No te quemes con la sartén.	Ne te brûle pas avec la poêle.
Tirar la basura.	Jeter les ordures, la poubelle.
Los basureros no pasan a recoger la basura los sábados.	Les éboueurs ne ramassent pas les ordures ménagères le samedi.
Te prohibo que subas al tejado solo.	Je t'interdis de monter sur le toit tout seul.
Encienden la chimenea cuando hace frío.	Ils allument la cheminée quand il fait froid.
El rescoldo del hogar.	Les braises du foyer.
Un tabique sordo.	Une double cloison.
Un patio con flores.	Une cour fleurie.
Aparcar en batería.	Se garer, se ranger en épi.
No encuentro dónde aparcar.	Je ne trouve pas où me garer.
Hay buena calefacción en este piso.	Cet appartement est bien chauffé.
Calefación y agua caliente centrales	Chauffage central et eau chaude.
La calefacción individual.	Le chauffage individuel.

C EXPRESSIONS ET LOCUTIONS

De molde.	À propos, à pic.
Letras de molde.	Des caractères d'imprimerie.
Tener la sartén por el mango.	Tenir le bon bout, avoir tous les atouts dans son jeu.
Esta ciudad es una sartén.	Cette ville est une fournaise.
Viven bajo el mismo techo.	Ils habitent sous le même toit.
Empezar la casa por el tejado.	Mettre la charrue avant les bœufs.
Deja de calentarme la cabeza (los cascos) con tus problemas.	Arrête de me rebattre les oreilles avec tes problèmes.

la calefacción eléctrica	le chauffage électrique
la calefacción por fuel	le chauffage au mazout
la calefacción de gas*	le chauffage au gaz
caliente ; frío*	chaud ; froid
caldear (la casa)	chauffer
el radiador	le radiateur
el gas natural ; el fuel, el mazut	le gaz naturel ; le mazout
la estufa*	le poêle
el aire acondicionado	la climatisation
acondicionado*, con aire acondicionado*, climatizado	climatisé
la corriente*	le courant
la bombilla*	l'ampoule
el consumo de electricidad	la consommation électrique
el recibo de la luz*	la facture d'électricité
el apagón*, el corte	la panne de courant
□	□
la limpieza	le ménage
las labores, las faenas, las tareas de la casa	les travaux ménagers
el ama de casa	la ménagère
una mujer muy de su casa	une très bonne ménagère
el polvo ; polvoriento	la poussière ; poussiéreux
quitar, limpiar el polvo	épousseter
el trapo	le chiffon
el plumero	le plumeau
el aspirador, la aspiradora	l'aspirateur
pasar la aspiradora	passer l'aspirateur
la suciedad ; sucio (a)*	la saleté ; sale
la limpieza* ; limpio (a)*	la propreté ; propre
limpiar	nettoyer
hacer la limpieza*	faire le ménage
barrer*	balayer
la escoba	le balai
la fregona	le balai-serpillière
la bayeta*	la serpillière
lavar ; la ropa	laver ; le linge

B ... DANS LEUR CONTEXTE

Tienen calefacción de gas.	*Ils se chauffent au gaz.*
Sólo queda agua fría.	*Il ne reste que de l'eau froide.*
Vive en un apartamento con aire acondicionado.	*Elle habite un appartement climatisé.*
La corriente alterna.	*Le courant alternatif.*
La corriente continua.	*Le courant continu.*
Acaba de fundirse la bombilla.	*La lampe vient de griller.*
He perdido el casquillo de la bombilla.	*J'ai perdu la douille de l'ampoule électrique.*
Me tienen que mandar el recibo de luz.	*On doit m'envoyer la facture d'électricité.*
Hubo un apagón en todo el edificio.	*Il y a eu une panne de courant dans tout l'immeuble.*
Hay mucha ropa sucia, hay que hacer una colada.	*Il y a beaucoup de linge sale, il faut faire une lessive.*
Hacer la limpieza cada mañana.	*Faire le ménage tous les matins.*

C EXPRESSIONS ET LOCUTIONS

Este cuarto es una verdadera estufa.	*Cette pièce est une véritable étuve.*
Seguir la corriente de un río.	*Suivre le cours d'un fleuve.*
Lavar la ropa sucia en casa.	*Laver son linge sale en famille.*
La limpieza de corazón.	*La droiture, la loyauté.*
Gana dos millones en limpio.	*Il gagne deux millions net.*
Tiene la casa limpia como una patena, como los chorros del oro.	*Sa maison est propre comme un sou neuf.*
Siempre está barriendo para dentro.	*Il tire toujours la couverture à soi.*
Pasar la bayeta.	*Passer la serpillière.*

6 LA VIVIENDA
A LES MOTS...

hacer la colada	*faire la lessive*
planchar; la plancha*	*repasser; le fer à repasser*
la mesa de la plancha, la tabla de planchar*	*la table à repasser*
tender la ropa*	*étendre, tendre le linge*
el tendedero	*l'étendoir, le séchoir*
recoger la casa	*ranger l'appartement*
□	□
el lavavajillas	*le produit vaisselle*
el detergente	*la lessive*
la lejía	*l'eau de Javel*

6 LE LOGEMENT

B ... DANS LEUR CONTEXTE

Tender la ropa en la terraza. *Étendre le linge sur le balcon.*

C EXPRESSIONS ET LOCUTIONS

Tirarse una plancha, un plan- *Faire une gaffe.*
chazo.

La ciudad*, la villa[1]*	**La ville**
el municipio	*la commune*
la gran ciudad, la urbe	*la grande ville*
la megalópolis	*la mégapole*
la capital*	*la capitale; la grande ville, la ville importante*
la ciudad satélite	*la ville satellite*
la ciudad hermanada; el hermanamiento	*la ville jumelée; le jumelage*
la ciudad dormitorio*	*la ville-dortoir*
las chabolas	*le bidonville*
el casco urbano	*l'enceinte d'une ville*
el casco viejo, antiguo*, histórico	*la vieille ville, le centre historique*
el centro, el centro de la ciudad*	*le centre, le centre ville*
la nueva ciudad	*la ville nouvelle*
la manzana*, la cuadra *(am.)*	*le pâté de maisons*
el barrio*	*le quartier*
el barrio residencial, la zona residencial	*le quartier résidentiel*
el barrio conflictivo	*le quartier difficile*
el distrito*	*l'arrondissement*
el arrabal, el suburbio	*le faubourg*
las afueras*	*la banlieue*
el extrarradio	*la proche banlieue*
los alrededores	*les environs*
el cinturón	*la ceinture*
la periferia	*la périphérie*
la urbe, el área	*l'agglomération urbaine*
el urbanismo; urbano(a)*	*l'urbanisme; urbain(e)*
el núcleo urbano, el centro urbano, el casco urbano	*le centre urbain*

El ciudadano, la calle	**Le citadin, la rue**
el vecindario*	*les habitants (d'une maison, d'une ville), le voisinage*

1. « Villa » ne s'emploie que pour désigner quelques villes précises, et ce, pour des raisons historiques.

Desde lo alto de la alcazaba se puede divisar la ciudad de Málaga.
Du sommet de la forteresse arabe on peut apercevoir la ville de Málaga.

Soy natural de la ciudad de Salamanca.
Je suis originaire de la ville de Salamanque.

Alicante es una ciudad bien comunicada.
Alicante est une ville bien desservie.

Las armas de la villa de Madrid son el oso y el madroño.
Les armes de la ville de Madrid sont l'ours et l'arbousier.

La capital (de provincia).
Le chef-lieu de département.

Móstoles es una ciudad dormitorio del sur de Madrid.
Móstoles est une ville-dortoir du sud de Madrid.

Le gusta andar sin rumbo fijo por el casco antiguo.
Il aime marcher sans but précis dans la vieille ville.

La congestión de vehículos en el centro de la ciudad sigue siendo un problema sin resolver.
Les embouteillages dans le centre ville posent toujours un problème.

Dan la vuelta a la manzana.
Ils font le tour du pâté de maisons.

El taller de este pintor de éxito se sitúa en el Barrio latino de París.
L'atelier de ce peintre à succès est situé au Quartier latin à Paris.

Los barrios bajos.
Les bas-fonds.

Vive en el barrio neoyorquino de Harlem.
Il vit dans le quartier new-yorkais de Harlem.

Se está reconstruyendo en Lisboa el céntrico barrio del Chiado, destruido tras el incendio.
A Lisbonne on reconstruit le quartier central du Chiado, détruit par un incendie.

París consta de veinte distritos.
Paris est divisé en vingt arrondissements.

Vivir en las afueras de París.
Habiter en banlieue parisienne.

Las casetas de los libreros forman parte del paisaje urbano de París.
Les stands des bouquinistes font partie du paysage urbain de Paris.

Cada vez son más los que quieren escapar del tumulto urbano.
De plus en plus de gens veulent échapper au tumulte urbain.

Mantiene buenas relaciones con el vecindario.
Elle a de bonnes relations avec son voisinage.

el vecino; los vecinos de una calle	le voisin; les riverains d'une rue
el peatón; el transeúnte	le piéton; le passant
el ciudadano de a pie	l'homme de la rue
el paseante; pasearse	le promeneur; se promener
la calle*	la rue
callejear	flâner dans la rue
callejero (a)*	de la rue
la calle mayor	la grand-rue
la calle peatonal*	la rue piétonne
la calle comercial	la rue commerçante
la calle de dirección única	la rue à sens unique
la bocacalle*	l'entrée d'une rue, la rue
la callejuela*, el callejón, la calleja	la ruelle
el callejón sin salida*	l'impasse, le cul-de-sac
la esquina*; el chaflán	l'angle, le coin d'une rue; le pan coupé
la avenida	l'avenue
el paseo	la promenade
la carrera	le cours
la alameda [1]	la promenade bordée d'arbres
la rambla	l'avenue piétonne conduisant à la mer (en Catalogne)
la ronda	le boulevard de ceinture
la plaza*	la place
la plaza mayor	la grand-place
el camino	le chemin
la vía	la voie
la acera*	le trottoir
la calzada*	la chaussée
la carretera*; la comarcal	la route; la (route) départementale
el carril bici	la piste cyclable
el cruce*	le carrefour
la glorieta*	le rond-point
la circunvalación*	le périphérique extérieur
□	□
la farola	le réverbère

---

1. À l'origine, la « alameda » était une promenade plantée de peupliers (álamos).

B ... DANS LEUR CONTEXTE

Cruzar la calle.
Traverser la rue.

En la parte antigua de Melilla las calles son estrechas, irregulares y empinadas.
Dans le vieux Melilla les rues sont étroites, irrégulières et raides.

Tienes que seguir calle abajo (≠ seguir calle arriba).
Tu dois descendre la rue (≠ remonter la rue).

Un vendedor callejero.
Un vendeur de la rue.

Esta calle peatonal sale a la plaza.
Cette rue piétonne débouche sur la place.

Acaban de alquitranar (o asfaltar) la callejuela.
La ruelle vient d'être goudronnée.

Doblar la esquina.
Tourner au coin de la rue.

En la plaza de España de Madrid se alzan dos rascacielos.
Sur la place d'Espagne, à Madrid, s'élèvent deux gratte-ciel.

Hay conductores que no respetan los pasos de cebra o suben sus coches en las aceras.
Il y a des conducteurs qui ne respectent pas les passages cloutés ou empiètent sur les trottoirs.

La calzada está resbaladiza.
La chaussée est glissante.

Están haciendo obras de ensanchamiento de la carretera.
Ils font des travaux d'élargissement de la route.

En el cruce torcieron a la derecha.
Au carrefour ils ont tourné à droite.

Al llegar a la glorieta tienes que tirar a la izquierda.
En arrivant au rond-point tu dois prendre à gauche.

Hasta que terminen la circunvalación, no queda más remedio que atravesar la ciudad.
Tant que le périphérique n'est pas terminé, il n'y a pas d'autre solution que de traverser la ville.

C EXPRESSIONS ET LOCUTIONS

Está al cabo de la calle.
Il en a vu d'autres.

Juan trae a su esposa por la calle de la amargura.
Jean en fait voir de toutes les couleurs à son épouse.

Coger la calle.
Prendre la porte (sortir).

Estoy en un callejón sin salida.
Je suis dans une impasse.

¡ Te esperamos en la esquina !
Nous t'attendons au tournant !

Es de la acera de enfrente.
Il est de l'autre bord (homosexuel).

las zonas verdes	*les espaces verts*
el parque público*; el parque	*le jardin public; le parc*
el césped*	*la pelouse, le gazon*
el arriate	*le parterre*
el macizo	*le massif*
la fuente*; el surtidor	*la fontaine; le jet d'eau*
el depósito de agua	*le château d'eau*
el alcantarillado	*les égouts*
el solar*, el descampado	*le terrain vague*
la valla publicitaria; el cartel*	*le panneau publicitaire; l'affiche*

Los servicios

Les services

el medio de transporte, el modo de transporte	*le moyen de transport*
los transportes colectivos*	*les transports en commun*
los transportes públicos	*les transports publics*
el metro*	*le métro*
la estación de metro	*la station de métro*
las escaleras mecánicas*	*l'escalator*
el autobús*; el coche de línea	*l'autobus; l'autocar, le car*
el tranvía*	*le tramway*
☐	☐
la oficina de correos*	*le bureau de poste*
la biblioteca municipal*	*la bibliothèque municipale*
la ciudad universitaria	*la cité universitaire*
el campus (universitario)	*le campus (universitaire)*
el campo de deportes	*le terrain de sport*
el estadio	*le stade*
la cámara de comercio	*la chambre de commerce*
el mercado*	*le marché*
el Rastro	*le marché aux puces (à Madrid)*
el matadero	*l'abattoir*
la guardería infantil*	*la crèche*
la agencia de colocación	*l'agence pour l'emploi*
Caminos, Canales y Puertos	*les Ponts et Chaussées*
la recogida de la basura	*l'enlèvement des ordures*
el sereno	*le veilleur de nuit*
el cementerio, el camposanto	*le cimetière*
☐	☐

B ... DANS LEUR CONTEXTE

Esta pareja suele correr por el parque público todos los domingos por la mañana.

Ce couple a l'habitude de courir dans le jardin public tous les dimanches matin.

El agua brota de la fuente.

L'eau jaillit de la fontaine.

Los niños están jugando en el solar.

Les enfants jouent dans le terrain vague.

A las horas punta no me gusta utilizar los transportes colectivos.

Aux heures de pointe, je n'aime pas utiliser les transports en commun.

Mucha gente se cuela en el metro.

Beaucoup de gens resquillent dans le métro.

La boca de metro.

La bouche de métro.

Las escaleras mecánicas no funcionaban y tuve que subir andando.

L'escalator ne fonctionnait pas et j'ai dû monter à pied.

Saca un billete de autobús para Gerona.

Il prend un billet d'autobus pour Gérone.

¿ Dónde está la parada terminal del tranvía ?

Où se trouve le terminus du tramway ?

Trabajar en Correos.

Travailler à la Poste.

Pedí prestado un libro en la biblioteca municipal.

J'ai emprunté un livre à la bibliothèque municipale.

Voy al mercado los domingos.

Je vais au marché le dimanche.

Demasiadas guarderías infantiles no pueden acoger a bastantes niños pequeños.

Trop de crèches ne peuvent accueillir suffisamment d'enfants.

C EXPRESSIONS ET LOCUTIONS

Prohibido pisar el césped.

Défense de marcher sur la pelouse.

Prohibido fijar carteles.

Défense d'afficher.

el ayuntamiento	*l'hôtel de ville*
la alcaldía	*la mairie*
el municipio	*la municipalité*
la administración ; administrar	*l'administration ; administrer*
el concejo, el ayuntamiento	*le conseil municipal*
el concejal	*le conseiller municipal*
el alcalde* (la alcaldesa)	*le maire*
el registro civil	*le bureau d'état civil*
la oficina de la vivienda	*le service du logement*
el servicio de ayuda social	*le service d'aide sociale*
□	□
la policía* ; la poli *(fam.)*	*la police ; les flics, la police*
el policía ; el poli *(fam.)*	*le policier ; le flic*
el guardia del orden público, el guardia de seguridad	*le gardien de la paix*
la comisaría*	*le commissariat*
la benemérita, la guardia civil*	*la garde civile*
el guardia civil	*le garde civil*
el puesto de policía*	*le poste de police*
las fuerzas de orden público	*les forces de l'ordre*

Los bares, los restaurantes, las tiendas*	**Les bars, les restaurants, les boutiques**
la tasca*, el bodegón*	*le bistrot*
la bodega*	*la cave, le débit de boissons*
el café*	*le café (établissement)*
la cafetería	*le snack-bar*
la cervecería*	*la brasserie*
el chiringuito	*la buvette*
el restaurante*, el restaurant	*le restaurant*
la posada*, el mesón, la venta[1]	*l'auberge*
el posadero*, el mesonero, el ventero	*l'aubergiste*
la taberna	*la taverne*
la comida rápida	*la restauration rapide*

1. En pleine campagne.

Lleva 17 años de alcalde.

Il dirige la mairie depuis 17 ans.

El alcalde fue elegido por mayoría absoluta en la primera vuelta.

Le maire a été élu à la majorité absolue au premier tour.

El policía sorprendió al delincuente en flagrante delito.

Le policier a surpris le délinquant en flagrant délit.

Puse una denuncia en la comisaría.

J'ai porté plainte au commissariat.

La guardia civil persigue a un peligroso malhechor.

La garde civile poursuit un dangereux malfaiteur.

El puesto de policía fue saqueado por un grupo de delincuentes.

Le poste de police fut saccagé par un groupe de délinquants.

En este bar la consumición cuesta cara.

Dans ce bar la consommation coûte cher.

Era una tasca muy concurrida.

C'était un bistrot très fréquenté.

Vamos a echar un trago en este bodegón.

Nous allons boire un coup (un pot) dans ce bistrot.

En esta bodega, el vino está guardado en toneles.

Dans cette cave, le vin est conservé dans des tonneaux.

El café permanece abierto hasta altas horas de la madrugada.

Le café reste ouvert jusqu'à une heure avancée de la nuit.

Los restaurantes chinos son baratos.

Les restaurants chinois sont bon marché.

Me hospedé en una posada.

Je suis descendu dans une auberge.

El posadero nos recibió muy calurosamente.

L'aubergiste nous a reçus très chaleureusement.

C EXPRESSIONS ET LOCUTIONS

Ir de tascas.

Aller prendre un verre.

Al cliente de esta cervecería le gusta empinar el codo.

L'habitué de cette brasserie aime lever le coude.

la hamburguesería*	le fast-food
la pizzería	la pizzeria
el pub	le pub
la discoteca*, la disco (fam.)	la discothèque
☐	☐
el camarero*	le serveur
el mozo de café	le garçon de café
el cliente*, el parroquiano	le client, l'habitué
☐	☐
la carta	la carte
la cuenta*	l'addition
la propina*	le pourboire
☐	☐
las tiendas	les boutiques
la tienda de ultramarinos	l'épicerie
la panadería*	la boulangerie
la repostería, la pastelería	la pâtisserie
la carnicería	la boucherie
la charcutería	la charcuterie
la relojería ; la joyería	l'horlogerie ; la bijouterie
la bisutería	la bijouterie de fantaisie
el supermercado*, el hipermercado	le supermarché, l'hypermarché
el carrito de la compra	le Caddie
los grandes almacenes*	les grands magasins
el dependiente* (la dependienta)	le vendeur (la vendeuse)
la gasolinera*	le poste d'essence

7 LA VILLE ET SES SERVICES

B ... DANS LEUR CONTEXTE

Las hamburgueserías atraen a muchos jóvenes.	*Les fast-foods attirent beaucoup de jeunes.*
El camarero atiende a los clientes.	*Le serveur s'occupe des clients.*
Pedir la cuenta.	*Demander l'addition.*
Dejar una propina.	*Laisser un pourboire.*
Fuimos a la panadería para comprar una barra.	*Nous sommes allés à la boulangerie pour acheter un pain.*
Prefiere hacer las compras en el supermercado.	*Elle préfère faire ses courses au supermarché.*
En los grandes almacenes ha empezado la temporada de rebajas.	*Dans les grands magasins la saison des soldes a commencé.*
Un dependiente muy amable me despachó.	*Un vendeur très aimable m'a servi.*
La gasolinera está abierta toda la semana.	*Le poste d'essence est ouvert 7 jours sur 7.*

C EXPRESSIONS ET LOCUTIONS

La discoteca estaba de bote en bote.	*La discothèque était pleine à craquer.*

La familia*	La famille
(ser) el cabeza de familia	(être) le chef de famille
fundar una familia	fonder une famille
familiar*	familial(e)
la familia numerosa	la famille nombreuse
el familión (fam.)	la grande famille
la vida familiar*	la vie familiale
el pariente	le parent
la pariente	la parente
un familiar	un membre de la famille
el pariente cercano	le proche parent
los familiares*	les parents
el parentesco	la parenté
□	□
la progenie, la progenitura	la progéniture
los padres	les parents (père et mère)
el padre*	le père
la madre*	la mère
el padrazo	le papa gâteau
paterno(a)	paternel(le)
por parte del padre	du côté paternel
materno(a)	maternel(le)
por parte de la madre	du côté maternel
el hijo*; la hija	le fils; la fille
el hijo único	l'enfant unique
el niño*; el niño bonito	l'enfant; l'enfant gâté, chéri, le chouchou
el niño en la primera infancia, de corta edad, de poca edad	l'enfant en bas âge
infantil; pueril	enfantin; puéril
(una pareja) sin hijos	(un couple) sans enfant
la niñera	la bonne d'enfants
la chica (que cuida a los niños)	la fille au pair
criar a alguien	élever qqn
educar	éduquer
la educación de los niños	l'éducation des enfants
mimar, consentir	gâter

B ... DANS LEUR CONTEXTE

Sí es verdad que tiene un parecido de familia.	*C'est vrai qu'il a un air de famille.*
Hoy día, los lazos familiares son menos estrechos.	*De nos jours, les liens familiaux se desserrent.*
Lleva una vida familiar tranquila.	*Il a une vie de famille tranquille.*
Ayer fuimos a visitar a unos familiares de mi marido.	*Hier, nous sommes allés rendre visite à des parents de mon mari.*
El padre tiene que pagar (pasar) una pensión, una mensualidad.	*Le père doit verser une pension alimentaire.*
A menudo es la madre la que logra la custodia de los hijos.	*C'est souvent la mère qui obtient la garde des enfants.*
Pedir, solicitar la custodia de los hijos.	*Demander la garde des enfants.*
Tienen tres hijos muy traviesos.	*Ils ont trois enfants très espiègles.*
Es aún muy niña para viajar sola.	*Elle est encore très jeune pour voyager seule.*
Desde niño supo pintar.	*Il sait peindre depuis l'enfance.*
De niño era muy formal.	*Enfant, il était très sérieux.*
Un niño expósito, un niño inclusero.	*Un enfant trouvé.*
La inclusa, la casa de expósitos.	*L'hospice des enfants trouvés.*

C EXPRESSIONS ET LOCUTIONS

La familia política.	*La belle famille.*
La Sagrada Familia.	*La Sainte Famille.*
La familia (conjunto de servidores de una casa).	*La domesticité.*
El ocio es padre de todos los vicios.	*L'oisiveté est mère de tous les vices.*
Desde que se casó se lleva la vida padre. *(fam.)*	*Depuis son mariage, elle mène la belle vie.*
A padre ganador, hijo gastador.	*A père avare, fils prodigue.*

mimado, consentido* (un niño)	*gâté (un enfant)*
bien educado ≠ mal educado, maleducado, malcriado	*bien ≠ mal élevé*
un hijo natural	*un enfant naturel*
un hijo ilegítimo	*un enfant illégitime*
el hermano*	*le frère*
la hermana*	*la sœur*
los hermanos*	*les frères et sœurs*
hermanar*	*unir par les liens de la fraternité, jumeler*
el primogénito	*le fils aîné*
el hermano mayor*	*le frère aîné*
el segundón, el hijo menor	*le fils cadet*
el hermano menor	*le frère cadet*
fraternal, fraterno(a)	*fraternel(le)*
el gemelo*, el mellizo*	*le jumeau*
la gemela*, la melliza	*la jumelle*
los trillizos	*les triplés*
los abuelos	*les grands-parents, les aïeux*
el abuelo*	*le grand-père, l'aïeul*
la abuela*	*la grand-mère, l'aïeule*
el abuelito ; la abuelita	*le pépé, le papi; la mémé, la mamie*
el antepasado	*l'ancêtre, l'aïeul*
los mayores*	*les aînés, les ancêtres*
el bisabuelo, la bisabuela	*l'arrière-grand-père, l'arrière-grand-mère*
el bisabuelo	*le bisaïeul*
el tío bisabuelo	*l'arrière-grand-oncle*
el tatarabuelo	*le trisaïeul, l'arrière-arrière-grand-père*
el nieto	*le petit-fils*
la nieta	*la petite-fille*
los nietos*	*les petits-enfants*
el bisnieto*, biznieto	*l'arrière-petit-fils*
la descendencia, los hijos	*la descendance, les enfants*
el descendiente	*le descendant*
el árbol genealógico*	*l'arbre généalogique*
la filiación, el origen	*la filiation, l'origine*

Es un niño muy consentido.	C'est un enfant (vraiment) gâté.
La hermana se enteró de que su hermano había cogido una borrachera de padre y muy señor mío. *(fam.)*	La sœur apprit que son frère avait attrapé une cuite de première.
¿ Sabéis cuántos hermanos son ?	Savez-vous combien ils sont de frères et sœurs ?
El año pasado hermanaron a Gandía con Laval.	L'an passé, l'on a jumelé Gandía et Laval.
Le confesó a su hermano mayor que había interpuesto una demanda judicial para lograr la custodia de sus tres hijos.	Elle confia à son frère aîné qu'elle avait fait appel pour obtenir la garde de ses trois enfants.
Los gemelos monocigóticos.	Les jumeaux monozygotes (les vrais jumeaux).
Son mellizos.	Ils sont jumeaux.
Respetar a los mayores.	Respecter les aînés, les ancêtres.
Sus nietos son una monada.	Ses petits-enfants sont mignons comme tout.
Después de tantos años sin verlos apenas reconocía a sus bisnietos.	Après tant d'années sans les avoir vus, il reconnaissait à peine ses arrière-petits-fils.
Está a punto de terminar el árbol genealógico que empezó hace ya seis años.	Il est sur le point de terminer l'arbre généalogique commencé voilà déjà six ans.

C EXPRESSIONS ET LOCUTIONS

Los hermanos siameses.	Les frères siamois.
El alma gemela.	L'âme sœur.
El abuelo se calló porque pensó que de tal palo, tal astilla.	Le grand-père se tut car il pensa au proverbe : Tel père, tel fils.
No necesitar abuela.	S'envoyer des fleurs.
¡ Cuéntaselo a tu abuela !	À d'autres !

la procedencia, el origen*	*l'origine, la provenance*
descender*	*descendre*
ser oriundo de* (un lugar, cierta familia),	*être originaire de (un lieu, une famille)*
ser natural de (un país, una región)	*être originaire de (un pays, une région)*
□	□
la parentela, los parientes	*la parenté, les parents*
el grado de parentesco	*le degré de parenté*
el familiar*	*le parent*
ser un familiar, un pariente de	*être parent avec qqn*
el tío*; la tía	*l'oncle; la tante*
el sobrino	*le neveu*
el sobrino segundo	*le petit-neveu*
la sobrina	*la nièce*
el primo*; la prima	*le cousin; la cousine*
los primos carnales, los primos hermanos	*les cousins germains*
el cuñado	*le beau-frère*
la cuñada*	*la belle-sœur*
el suegro	*le beau-père*
la suegra*	*la belle-mère*
los suegros, los padres políticos	*les beaux-parents*
el yerno	*le gendre*
la nuera*	*la belle-fille, la bru*
el pariente político	*le parent par alliance*
□	□
el hijo adoptivo	*l'enfant adoptif*
adoptar*, prohijar; la adopción	*adopter; l'adoption*
los padres adoptivos*	*les parents adoptifs*
el padrastro	*le beau-père par mariage, le deuxième père*
la madrastra	*la belle-mère par mariage, la deuxième mère*
el hijastro	*le fils d'un deuxième lit, le beau-fils*
el hermanastro, el medio hermano*	*le demi-frère*
la hermanastra	*la demi-sœur*

Es una muchacha de origen modesto.

C'est une jeune fille d'origine (de famille) modeste.

Desciende de una familia bien.

Elle descend d'une bonne famille.

No es oriundo de Alicante sino de Orihuela.

Il n'est pas originaire d'Alicante mais d'Orihuela.

Tengo que ir a visitar a unos familiares míos.

Je dois aller rendre visite à des parents à moi.

Es un primo mío en tercer grado.

C'est mon cousin au troisième degré.

Acaba de enfadarse con su cuñada.

Il vient de se fâcher avec sa belle-sœur.

Tu suegra te llamó por teléfono hace un rato.

Ta belle-mère a téléphoné tout à l'heure.

La nuera y la suegra andan (se llevan) como el perro y el gato.

La belle-fille et la belle-mère s'entendent comme chien et chat.

Quieren adoptar a un niño.

Ils veulent adopter un enfant.

Son padres adoptivos estupendos.

Ce sont des parents adoptifs formidables, exemplaires.

Los dos medios hermanos.

Les deux demi-frères.

C EXPRESSIONS ET LOCUTIONS

¡Qué tío!

Quel homme formidable!

Desde luego, ¡Qué tío!

Ça alors, quel sale type!

El tío Juan murió a los sesenta años.

Le père Jean est mort à l'âge de soixante ans.

Ese chico tiene cara de primo.

Ce garçon a l'air d'une bonne poire.

Siempre hace el primo.

Il se fait toujours avoir.

La vida común	La vie à deux
el amor; querer*	*l'amour; aimer*
el flechazo	*le coup de foudre*
prendarse de*	*s'éprendre de*
enamorarse* ≠ desenamorarse	*tomber amoureux(euse) ≠ cesser d'être amoureux(euse)*
estar enamorado(a)	*être amoureux(euse)*
enamoriscarse; enamoradizo(a)*	*s'amouracher; volage*
el amorío	*l'amourette*
retozar	*folâtrer, batifoler*
□	□
soltero(a)*	*célibataire*
solterón(ona)	*vieux garçon (vieille fille)*
la soltería	*le célibat*
cortejar, rondar (a una mujer), galantear	*courtiser (une femme)*
hacer la corte	*faire la cour*
coquetear	*flirter*
el coqueteo, el plan	*le flirt*
ligar*; el ligue	*draguer; la drague*
el ligón (la ligona)	*le dragueur (la dragueuse)*
el mujeriego; el don Juan*	*le coureur de jupons; le Don Juan*
dar calabazas	*refuser un prétendant*
recibir calabazas	*être éconduit(e)*
pescar un novio	*dénicher un petit ami*
festejar*	*sortir avec qqn*
mantener relaciones amorosas	*avoir une liaison amoureuse*
el novio* (la novia*)	*le petit ami (la petite amie)*
el amado (la amada)	*le bien-aimé (la bien-aimée)*
regañar*	*se disputer*
plantar, dejar plantado(a) a alguien*	*quitter, laisser tomber, plaquer qqn*
el anuncio matrimonial	*l'annonce matrimoniale*
la agencia matrimonial*	*l'agence matrimoniale*
□	□

Me enamoré de ella el día de su cumpleaños.	*Je me suis épris d'elle le jour de son anniversaire.*
Se enamoró de su profesor.	*Elle est tombée amoureuse de son professeur.*
Es un chico muy enamoradizo.	*C'est un garçon très volage.*
Es un hombre con atractivo que liga fácilmente.	*C'est un homme qui a du charme et qui drague facilement.*
El don Juan le echa piropos.	*Le Don Juan lui lance une galanterie (dans la rue).*
Me encuentra aburrido y prefiere festejar con hombres más jóvenes.	*Elle me trouve ennuyeux et préfère sortir avec des hommes plus jeunes.*
Pescó un novio en la discoteca.	*Elle a déniché un petit ami à la discothèque.*
Ha reñido con su novio.	*Elle est fâchée avec son petit ami.*
Los novios llevan dos horas pelando la pava en el umbral.	*Les amoureux sont en grande conversation depuis deux heures sur le pas de la porte.*
Ha roto con su novia después de tres años.	*Il a rompu avec sa petite amie au bout de trois ans.*
Está diciendo requiebros a su novia.	*Il conte fleurette à sa petite amie.*
La pareja suele regañar cuando el hombre vuelve tarde a casa.	*Le couple a l'habitude de se disputer quand l'homme rentre tard à la maison.*
Dejó plantado a su novio sin justificarse.	*Elle a plaqué son petit ami sans se justifier.*
Encontró a su esposa gracias a una agencia matrimonial.	*Il a rencontré sa femme grâce à une agence matrimoniale.*

C EXPRESSIONS ET LOCUTIONS

Te quiero, mi vida; te quiero, cariño.	*Je t'aime, ma chérie.*
Celebra su despedida de soltero.	*Il enterre sa vie de garçon.*
Soltero y sin compromiso.	*Libre et célibataire.*
Esperaba ser elegida diputada, pero se quedó compuesta y sin novio.	*Elle espérait être élue députée, mais elle est restée le bec dans l'eau.*

vivir juntos*, estar arrejuntado(a)[1]	vivre en concubinage
el concubinato[2]	le concubinage
convivir*	vivre ensemble, cohabiter
prometerse	se fiancer
el novio* (la novia), el prometido (la prometida)	le fiancé (la fiancée)
los esponsales	les fiançailles
la pulsera de pedida	le bracelet de fiançailles
el noviazgo*	la période de fiançailles
□	□
la petición de mano*, la pedida	la demande en mariage
pedir la mano, pedir en matrimonio	demander en mariage
publicar las amonestaciones	publier les bans
la invitación de boda*, el parte de boda	le faire-part de mariage
la dote	la dot
las arras	les treize pièces que le marié remet à la mariée le jour du mariage
el ajuar, el equipo de novia	le trousseau
□	□
casarse*	se marier
contraer matrimonio	se marier, convoler
la boda*, el matrimonio*, el casamiento	le mariage
el enlace, la unión	l'alliance, l'union
la boda, las nupcias*	la noce
los recién casados, los novios, los contrayentes	les jeunes mariés
el traje de novia*	la robe de mariée
el ramo de azahar	le bouquet de fleurs d'oranger
el anillo de boda*	l'alliance
los padrinos de boda*	les témoins de mariage
el acta matrimonial	l'acte de mariage

1. Ce mot a une connotation péjorative.
2. Mot très peu employé, recherché et péjoratif.

Prefieren vivir juntos algún tiempo antes de casarse.	*Ils préfèrent vivre ensemble quelque temps avant de se marier.*
Convivieron durante diez años.	*Ils ont vécu ensemble pendant dix ans.*
La petición de mano tuvo lugar en casa de María.	*La demande en mariage eut lieu chez Marie.*
Acabo de recibir la invitación de boda.	*Je viens de recevoir le faire-part de mariage.*
Se casó joven, a los 20 años.	*Il s'est marié jeune, à 20 ans.*
Ir de boda.	*Aller à un mariage.*
En Qatar la mayoría de los matrimonios son de conveniencia.	*Au Qatar la plupart des mariages sont des mariages de convenance.*
Lucía un hermoso traje de novia de encaje.	*Elle portait une belle robe de mariée en dentelle.*
Los novios se colocan recíprocamente los anillos de boda.	*Les jeunes mariés se passent réciproquement les alliances.*
Los padrinos de boda eran amigos de infancia.	*Les témoins du mariage étaient des amis d'enfance.*

C EXPRESSIONS ET LOCUTIONS

Los novios están de monos.	*Les fiancés sont brouillés.*
Interrumpir el noviazgo.	*Rompre les fiançailles.*
Casarse por la iglesia ≠ por lo civil.	*Se marier à l'église ≠ à la mairie.*
Celebrar una boda por todo lo alto, a lo grande.	*Célébrer un mariage en grande pompe.*
Ser el perro de las siete bodas.	*Manger à tous les râteliers.*
El matrimonio rato.	*Le mariage blanc.*
Casarse en segundas nupcias, contraer segundas nupcias.	*Se marier en secondes noces, convoler en secondes noces.*
Los hijos de segundas nupcias.	*Les enfants du second lit.*

el viaje de novios*	le voyage de noces
la luna de miel	la lune de miel
□	□
estar casado(a)*	être marié(e)
el marido*; la mujer	le mari; la femme
el esposo (la esposa)	l'époux (l'épouse)
el (la) cónyuge, el (la) consorte	le conjoint (la conjointe)
el matrimonio*	le ménage, le couple
el matrimonio joven	le jeune ménage
el matrimonio bien (≠ mal) avenido	le couple bien (≠ mal) assorti
emparejar bien	être bien assortis
la pareja*	le couple; le compagnon (la compagne)
los lazos conyugales	les liens conjugaux
llevarse bien* ≠ mal	s'entendre bien ≠ mal
la comunidad de bienes	la communauté des biens
el hogar*	le foyer
la fidelidad	la fidélité
ser fiel ≠ infiel a su pareja	être fidèle ≠ infidèle à son partenaire
el ama de casa*	la maîtresse de maison
□	□
la riña conyugal, la pelea conyugal	la scène de ménage
regañar, reñir	se disputer
tener un amante, una amante*	avoir un amant, une maîtresse
cornudo[1]*; poner los cuernos	cocu; faire cocu(e)
reconciliarse*	se réconcilier
separarse; romper	se séparer; rompre
disolver el matrimonio	dissoudre le mariage
divorciarse*; el divorcio*	divorcer; le divorce
estar divorciado(a)	être divorcé(e)
□	□
ser viudo(a); la viudez, la viudedad*	être veuf (veuve); le veuvage

---

1. Cet adjectif ne s'applique qu'à l'homme.

168

Salieron en viaje de novios.	*Ils sont partis en voyage de noces.*
Están casados desde hace cuarenta años.	*Ils sont mariés depuis quarante ans.*
Las relaciones entre el matrimonio X van de mal en peor.	*Les rapports dans le couple X vont de mal en pis.*
Provocar celos en su pareja.	*Provoquer la jalousie de son compagnon (sa compagne).*
Después de veinte años de boda siguen llevándose muy bien.	*Après vingt ans de mariage ils s'entendent toujours très bien.*
El ama de casa le trae la bata y las zapatillas.	*La maîtresse de maison lui apporte sa robe de chambre et ses chaussons.*
Ve a su amante después del trabajo.	*Il voit sa maîtresse après le travail.*
Creo que hace cornudo a su esposo.	*Je crois qu'elle fait cocu son époux.*
Ella no piensa divorciarse.	*Elle ne pense pas divorcer.*
Solicitar el divorcio.	*Demander le divorce.*
La solicitud de divorcio.	*La demande de divorce.*
Estar en trámites de divorcio, estar tramitando el divorcio.	*Etre en instance de divorce.*
Tener una pensión de viudedad.	*Avoir une pension de veuvage.*

C EXPRESSIONS ET LOCUTIONS

El marido es el que lleva los pantalones en casa.	*C'est le mari qui porte la culotte à la maison.*
Sin casa ni hogar.	*Sans feu ni lieu.*
Tras de cornudo, apaleado.	*Cocu, battu et content.*
Se ha reconciliado con su cara mitad.	*Il s'est réconcilié avec sa chère moitié.*

Nacimiento y muerte	*Naissance et mort*
nacer*	*naître*
el nacimiento	*la naissance*
la partida de nacimiento	*l'acte de naissance*
ver la luz, venir al mundo	*venir au monde*
dar a luz	*donner naissance, mettre au monde*
el parte de nacimiento	*le faire-part de naissance*
el parto	*l'accouchement*
el bautizo	*le baptême (cérémonie)*
el bautismo	*le baptême (sacrement)*
bautizar	*baptiser*
el nombre de pila	*le nom de baptême*
el ahijado ; la ahijada	*le filleul ; la filleule*
el padrino* ; la madrina	*le parrain ; la marraine*
□	□
no llegar a viejo	*ne pas faire de vieux os*
estar en las últimas	*être à l'agonie, à l'article de la mort*
el fallecimiento, la defunción	*le décès*
el muerto*, la muerta	*le mort, la morte*
morir*, morirse* ; muerto(a)*	*mourir ; mort(e)*
irse al otro barrio *(fam.)*	*partir pour l'autre monde, passer l'arme à gauche*
la muerte*	*la mort*
fallecer	*décéder*
el difunto, el finado	*le défunt*
la esquela de defunción	*le faire-part de décès*
el viudo, la viuda*	*le veuf, la veuve*
el entierro*	*l'enterrement*
dar sepultura a alguien	*ensevelir, enterrer qqn*
sepultar, enterrar* a alguien	*enterrer qqn*
fúnebre	*funèbre*
velar	*veiller*
el velatorio	*la veillée funèbre*
las plañideras	*les pleureuses*
las pompas fúnebres	*les pompes funèbres*
la incineración	*l'incinération*
incinerar, quemar	*incinérer*
la tumba, el sepulcro	*la tombe, le tombeau*
el ataúd	*le cercueil, la bière*

B ...DANS LEUR CONTEXTE

Al nacer, ya parecía impetuoso.	*Il paraissait déjà impétueux, dès sa naissance.*
Ha nacido para músico.	*Il est né pour être musicien.*
Un recién nacido.	*Un nouveau-né.*
En los países del Tercer Mundo, la gente se muere de hambre cuando no se muere de enfermedad.	*Dans les pays du tiers-monde, les gens meurent de faim lorsqu'ils ne meurent pas de maladie.*
Está a dos dedos de la muerte.	*Il est à deux doigts de la mort.*
Una viuda desconsolada.	*Une veuve éplorée.*
El entierro de la sardina[1].	*L'enterrement de la sardine.*
Lo enterraron ayer.	*Il a été enterré hier.*

C EXPRESSIONS ET LOCUTIONS

Consiguió el trabajo porque tenía buenos padrinos.	*Il a obtenu le poste car il avait de bons appuis, des relations.*
Echarle a alguien el muerto.	*Faire porter le chapeau à qqn.*
Morir de muerte violenta.	*Mourir de mort violente.*
Morir en un accidente de coche.	*Mourir dans un accident de voiture.*
Morir de muerte natural.	*Mourir de mort naturelle.*
Morirse de viejo.	*Mourir de vieillesse.*
Parece estar medio muerto.	*Il semble être très fatigué, mort de fatigue.*
Nos tocó quedarnos en un hotel de mala muerte.	*Nous avons été contraints de rester dans un petit hôtel minable.*
Un pueblo de mala muerte.	*Un trou perdu.*
¿Quién te dio vela en este entierro? *(fam.)*	*Mêle-toi de ce qui te regarde, mêle-toi de tes affaires.*
Eres más triste que un entierro de tercera.	*Tu es triste comme un lendemain de fête.*

---

1. Cérémonie burlesque du mercredi des Cendres qui marque le début du carême.

la corona (de muerto)	*la gerbe, la couronne*
el duelo*	*le deuil*
el pésame*	*les condoléances*
desconsolado*, inconsolable	*inconsolable*
estar de luto	*être en deuil*
ponerse, vestirse de luto	*prendre le deuil*
llevar luto por	*porter le deuil de*
el huérfano*, la huérfana	*l'orphelin, l'orpheline*
sobrevivir a alguien	*survivre à qqn*
superar algo	*surmonter qqch. (une peine, une épreuve)*
☐	☐
el testamento*	*le testament*
hacer el testamento	*faire son testament*
escribir, redactar un testamento	*rédiger un testament*
un testamento ológrafo	*un testament olographe*
el (la) albacea	*l'exécuteur (l'exécutrice) testamentaire*
quebrantar el testamento	*annuler son testament*
impugnar una sucesión	*contester une succession*
la partición de bienes ; repartir	*le partage ; partager*
el heredero* ; la heredera	*l'héritier ; l'héritière*
la herencia*	*l'héritage*
los derechos de sucesión, de herencia	*les droits de succession*
heredar algo de alguien*	*hériter qqch. de qqn*
heredar de* alguien	*hériter de qqn*
desheredar	*déshériter*
la mayoría de edad ≠ la minoría	*la majorité ≠ la minorité*
mayor ≠ menor	*majeur ≠ mineur*
el notario	*le notaire*

Las relaciones sociales	**Les relations sociales**
la vida de sociedad	*la vie de société*
la sociedad*	*la société*
la sociabilidad	*la sociabilité, la convivialité*
tener el don de gentes*, ser sociable	*être sociable*

Al enterarme de la mala noticia, fui a darle el pésame.

En apprenant la mauvaise nouvelle, je suis allée lui présenter mes condoléances.

Expresó su más sentido pésame.

Elle m'exprima ses condoléances les plus sincères.

La Señora de Martínez es una viuda desconsolada.

Madame Martínez est une veuve éplorée.

Le acompaño en su sentimiento.

Toutes mes condoléances.

Se quedó huérfano muy niño.

Il est devenu orphelin lorsqu'il était très jeune.

Otorga testamento dejando sus bienes para sus sobrinos.

Il fait un testament et laisse tous ses biens à ses neveux.

El heredero, el legatario universal.

Le légataire universel.

Instituyó (por) heredero a un amigo de toda la vida.

Il a institué son ami de toujours son héritier.

Heredaron una casa de sus padres.

Ils ont hérité une maison de leurs parents.

Heredará de sus tíos.

Il va hériter de son oncle et de sa tante.

La alta, la buena sociedad.

La haute, la bonne société.

Tiene relaciones en la alta sociedad.

Elle a des relations mondaines.

Este chico tiene el don de gentes, siempre le rodea(n) un montón de amigos.

Ce garçon est très sociable, il est toujours entouré de beaucoup d'amis.

C EXPRESSIONS ET LOCUTIONS

Presidir el duelo.

Conduire, mener le deuil.

El duelo nacional.

Le deuil national.

Un testamento abierto.

Un testament authentique.

Un testamento cerrado.

Un testament mystique, secret.

Lo trae, lo tiene de herencia.

C'est de famille.

el medio, el ambiente*, el medio ambiente	*le milieu (social)*
influyente	*influent*
campechano, llano, sencillo; modesto	*simple; modeste*
tener trato con, alternar con*, verse con, relacionarse con alguien	*fréquenter qqn*
el trato, la frecuentación	*la fréquentation*
□	□
encontrarse con alguien*	*faire une rencontre, rencontrer qqn*
reunirse con alguien	*se retrouver avec qqn*
quedar con alguien*	*avoir un rendez-vous avec qqn*
encontrar, topar con*, dar con	*rencontrer qqn*
tropezar con*	*tomber sur qqn*
el encuentro*	*la rencontre*
el amigo, la amiga	*l'ami(e)*
el (la) conocido(a)	*la connaissance*
conocer a*	*faire la connaissance de qqn*
presentar alguien a otra persona	*présenter qqn à qqn*
presentarse en sociedad, vestirse de largo	*entrer, faire son entrée dans le monde*
las presentaciones	*les présentations*
la invitación*, el convite	*l'invitation*
invitar, convidar a alguien*	*inviter qqn*
confirmar	*confirmer*
rechazar, anular	*annuler (visite, participation)*
aceptar la invitación	*accepter l'invitation*
poner*, dar, buscar una disculpa*, pretextar	*prétexter*
la disculpa*, el pretexto	*le prétexte*
la fiesta*	*la fête*
el guateque, la fiesta*	*la surprise-partie, la boum*
la velada*, la fiesta de noche, la tertulia[1]	*la soirée*

1. La « tertulia » est une soirée amicale réunissant, dans un café, des amis unis par une même passion (tertulias littéraires, politiques, taurines, etc.).

B ... DANS LEUR CONTEXTE

Se mueve, se desenvuelve en un ambiente algo mundano.	*Elle évolue dans un milieu un peu mondain.*
Tú siempre alternas con gente simpática.	*Tu fréquentes toujours des gens sympathiques.*
Nos encontramos con unos amigos de Luis al ir al cine.	*Nous avons rencontré des amis de Luis en allant au cinéma.*
He quedado con Marta a las tres.	*J'ai rendez-vous avec Marthe à trois heures.*
Topé con una amiga, por casualidad, al salir del metro.	*J'ai rencontré une amie, par hasard, à la sortie du métro.*
Tropezamos con un amigo a la salida del teatro.	*Nous sommes tombés sur un ami à la sortie du théâtre.*
Al fin conocí a Roberto del que tanto me hablaba su hermana.	*J'ai enfin fait la connaissance de Robert dont sa sœur m'avait tant parlé.*
Aún no he recibido la invitación.	*Je n'ai pas encore reçu l'invitation.*
Me convidó a (con) un chocolate con churros.	*Il m'a offert un chocolat avec des beignets.*
Puso una disculpa diciendo que estaba cansado.	*Il a prétexté qu'il était fatigué.*
No andes buscando disculpas si no quieres venir.	*Ne cherche pas de prétextes si tu ne veux pas venir.*
En aquella fiesta asistía tanto gente cursi y amanerada como gente tosca y ruda.	*Assistaient à cette fête aussi bien des gens ridicules et maniérés que grossiers et frustes.*
Fue una fiesta a lo grande.	*Ce fut une boum sensationnelle.*
Una velada literaria.	*Une soirée littéraire.*

C EXPRESSIONS ET LOCUTIONS

Ser una persona que alterna.	*Fréquenter des gens de position économique et sociale élevée.*
Ir, salir al encuentro de alguien.	*Aller à la rencontre de, aller au-devant de qqn.*
No está para fiestas, está para pocas fiestas hoy.	*Aujourd'hui, il n'est pas d'humeur à rire, il n'a pas envie de plaisanter.*

ir de marcha, jaranear, ir de jarana, estar de jarana, ir(se) de juerga, estar de juerga, armar juerga	*faire la fête*
celebrar algo*	*fêter qqch.*
el invitado*, el convidado	*l'invité*
el huésped*	*l'hôte (celui qui invite et l'invité)*
la huéspeda	*l'hôtesse*
visitar a alguien, ir de visita	*rendre visite à qqn*
recibir visitas	*avoir, recevoir de la visite*
la visita	*la visite*
el hospedero(a), el anfitrión	*l'hôte(sse) (qui reçoit), l'amphitryon*
recibir, tener visitas*, tener reunión en casa	*recevoir*
la recepción, la fiesta	*la réception*
reunirse*, encontrarse	*se rencontrer, être réunis*
juntar a gente*	*réunir des gens*

8 FAMILLE ET RELATIONS SOCIALES

B ... DANS LEUR CONTEXTE

Vamos a dar una fiesta para celebrar tu cumpleaños.
Nous allons faire une fête pour ton anniversaire.

Le encanta tener visitas en verano.
Elle adore recevoir en été.

Cada año, se reúnen en Roma.
Ils se retrouvent chaque année à Rome.

Nos juntamos unos cuantos.
On s'est réuni à plusieurs.

Le gusta juntar a gente.
Elle aime réunir des gens.

C EXPRESSIONS ET LOCUTIONS

Agasajar a sus invitados.
S'empresser auprès de ses invités.

Una casa de huéspedes.
Une pension de famille.

Figurársele a uno huéspedes los dedos.
Prendre ses désirs pour des réalités.

Las clases sociales	Les classes sociales
la escala social; social*	l'échelle sociale; social(e)
la capa, el estrato (social)*	la couche sociale
las desigualdades sociales*	les inégalités sociales
la lucha de clases	la lutte des classes
la explotación; explotar*	l'exploitation; exploiter
□	□
la pobreza ≠ la riqueza	la pauvreté ≠ la richesse
pobre* ≠ rico(a)*	pauvre ≠ riche
empobrecerse ≠ enriquecerse	s'appauvrir ≠ s'enrichir
el empobrecimiento ≠ el enriquecimiento	l'appauvrissement ≠ l'enrichissement
los necesitados	les nécessiteux
humilde*	humble
la estrechez*	la gêne, l'embarras
malvivir	vivre mal
la fortuna*	la fortune
los pudientes	les riches, les puissants
adinerado(a)	riche, fortuné(e)
acomodado(a), desahogado(a)*, holgado(a)	aisé(e)
el desahogo (económico), la holgura*	l'aisance
el bienestar*	le bien-être
□	□
la clase obrera*	la classe ouvrière
el proletariado; el proletario	le prolétariat; le prolétaire
la clase media	la classe moyenne
la burguesía*	la bourgeoisie
el pequeño burgués	le petit-bourgeois
el mundo de los negocios	le monde des affaires
el ejecutivo	le cadre
los directivos, los cuadros superiores	les cadres supérieurs
el yupi (fam.)	le yuppy (Young Urban Professional)
el director general, el gerente	le P.-D.G.
el ascenso social	l'ascension sociale

No corren buenos tiempos para ciertas categorías sociales.	*Les temps sont durs pour certaines catégories sociales.*
La gente que integra este partido procede de todos los estratos sociales.	*Les gens qui adhèrent à ce parti proviennent de toutes les couches sociales.*
Las desigualdades sociales aumentan durante las crisis económicas.	*Les inégalités sociales s'accentuent pendant les crises économiques.*
Los países desarrollados explotan a los países subdesarrollados.	*Les pays développés exploitent les pays sous-développés.*
Ha salido de pobre.	*Il n'est plus pauvre.*
Es de humilde cuna.	*Il est d'humble extraction.*
A mi humilde parecer.	*À mon humble avis.*
Tras años de estrechez y penuria se abrió de pronto una era de prosperidad.	*Après des années de gêne et de pénurie, s'ouvrit soudain une ère de prospérité.*
Ha heredado una gran fortuna.	*Il a hérité d'une grande fortune.*
Llevas una vida desahogada.	*Tu mènes une vie aisée.*
Con su nuevo trabajo vive con holgura.	*Avec son nouveau travail elle vit avec aisance.*
Disfrutan de gran bienestar económico.	*Ils jouissent d'un grand bien-être économique.*
La clase obrera pasa serios apuros económicos.	*La classe ouvrière a de sérieuses difficultés économiques.*
Pertenece a la alta burguesía.	*Elle appartient à la grande bourgeoisie.*

C EXPRESSIONS ET LOCUTIONS

Los pobres de solemnidad.	*Les indigents.*
¡ Qué niño más rico !	*Quel enfant adorable !*
¡ Un momento, rico !	*Minute, papillon !*

seguir el escalafón	*gravir les échelons*
medrar	*monter socialement*
el advenedizo	*l'arriviste, le parvenu*
el trepa*, el cachorro	*le jeune loup*
el jefe*; el patrón	*le chef; le patron*
la aristocracia	*l'aristocratie*
el aristócrata; aristocrático(a)	*l'aristocrate; aristocratique*
la nobleza*; el noble	*la noblesse; le noble*
la élite; elitista	*l'élite; élitiste*
el privilegio*; privilegiado(a)	*le privilège; privilégié(e)*

Minorías y marginados

Minorités et marginaux

la marginación	*la marginalité*
marginado(a), marginal	*marginal(e)*
ser un marginado	*être un marginal*
las minorías*	*les minorités*
el gitano*, el caní	*le gitan*
el inmigrante; el trabajador inmigrante	*l'immigré; le travailleur immigré*
el inmigrante ilegal*	*l'immigré clandestin*
la inmigración	*l'immigration*
indocumentado(a)*	*sans papiers*
integrarse ≠ marginarse	*s'intégrer ≠ se marginaliser*
la integración*	*l'intégration*
la inserción	*l'insertion*
el permiso, la tarjeta de residencia*	*le permis, la carte de séjour*
el derecho de asilo	*le droit d'asile*
pedir asilo	*demander asile*
el solicitante de asilo	*le demandeur d'asile*
expulsar a alguien	*expulser qqn*
refugiarse*	*se réfugier*
el disidente; la disidencia	*le dissident; la dissidence*
el exiliado político*	*l'exilé politique*
el destierro, el exilio	*l'exil*
□	□
el racismo; racista*	*le racisme; raciste*
la xenofobia; xenófobo(a)	*la xénophobie; xénophobe*
la segregación racial	*la ségrégation raciale*

Es un trepa : quiere ascender en la empresa y no le importa pisotear a los demás.	*C'est un jeune loup : il veut grimper dans l'entreprise et peu lui importe d'écraser les autres.*
El jefe pidió al empleado que escribiera una carta.	*Le chef a demandé à l'employé d'écrire une lettre.*
Sus antepasados formaban parte de la nobleza.	*Ses ancêtres faisaient partie de la noblesse.*
Los terratenientes quieren defender sus privilegios.	*Les propriétaires terriens veulent défendre leurs privilèges.*
Las minorías hispanohablantes de EEUU.	*Les minorités hispanophones des U.S.A.*
El gitano está fabricando una cesta de mimbre.	*Le gitan est en train de fabriquer un panier en osier.*
Los inmigrantes ilegales son explotados por empresarios interesados.	*Les immigrés clandestins sont exploités par des employeurs intéressés.*
El gobierno quiere impedir que las personas indocumentadas entren en España.	*Le gouvernement veut empêcher les personnes sans papiers d'entrer en Espagne.*
La sociedad francesa se enfrenta con problemas de integración.	*La société française est confrontée à des problèmes d'intégration.*
Le costó mucho trabajo obtener una tarjeta de residencia.	*Il a eu beaucoup de difficultés à obtenir une carte de séjour.*
Se refugió en la embajada de Estados Unidos.	*Elle s'est réfugiée à l'ambassade des États-Unis.*
Huyó de Venezuela y ha conseguido que la República de Costa Rica le conceda el estatus de exiliada política.	*Elle a fui le Venezuela et a obtenu que la République du Costa Rica lui accorde le statut d'exilée politique.*
Las fachadas del edificio tienen pintadas racistas.	*Les façades de l'édifice ont des graffitis racistes.*

estar discriminado(a)*	*être victime de discrimination*
el antisemitismo; antisemita	*l'antisémitisme; antisémite*
el negro; el blanco	*le noir; le blanc*
el gueto*	*le ghetto*
□	□
la prostitución*; prostituirse*	*la prostitution; se prostituer*
la prostituta*, el prostituto	*la (le) prostitué(e)*
la ramera; la puta*	*la prostituée; la putain*
el proxeneta; el proxenetismo	*le proxénète; le proxénétisme*
el rufián, el chulo	*le souteneur, le maquereau*
los travestis*	*les travestis*
el prostíbulo*; el burdel	*la maison close; le bordel*
la casa de citas	*la maison de passe*
el hampa	*la pègre, le milieu*
el bar de alterne	*le bar à hôtesses*
la sauna	*le sauna*
□	□
las bolsas de miseria	*les poches de misère*
el vagabundo, el vago*	*le vagabond*
el mendigo; mendigar	*le mendiant; mendier*
el pedigüeño	*le quémandeur*
pedir limosna	*demander l'aumône, faire la manche*

La inseguridad ciudadana   L'insécurité urbaine

las bandas urbanas	*les bandes urbaines*
los estallidos de violencia	*les explosions de violence*
el recurso a la fuerza	*le recours à la force*
agredir a alguien*	*agresser qqn*
la pintada, el graffiti	*le graffiti, le tag*
la delincuencia; el delincuente	*le délinquance; le délinquant*
el golfo	*le voyou*
las cabezas rapadas	*les skinheads, les crânes rasés*
la reinserción	*la réinsertion*
reinsertarse en la sociedad	*se réinsérer dans la société*
los reinsertados	*les personnes réinsérées*
los reinsertables	*les personnes réinsérables*

9 LA SOCIÉTÉ
B ... DANS LEUR CONTEXTE

En muchos países las mujeres siguen discriminadas.

Dans de nombreux pays les femmes sont toujours victimes de discrimination.

Viven en un gueto y no se atreven a salir de su casa.

Ils vivent dans un ghetto et n'osent pas sortir de chez eux.

La Brigada de Menores ha desmantelado varias redes de prostitución infantil.

La Brigade des Mineurs a démantelé plusieurs réseaux de prostitution infantile.

Se prostituyó a los catorce años, cuando su padre la abandonó.

Elle s'est prostituée à quatorze ans, quand son père l'a abandonnée.

Existen discotecas donde se encuentran los travestis.

Il existe des discothèques où se retrouvent les travestis.

Este prostíbulo ha acogido a personas famosas.

Cette maison close a accueilli des personnes célèbres.

Se dan problemas de inseguridad ciudadana en las ciudades superpobladas.

On rencontre des problèmes d'insécurité urbaine dans les villes surpeuplées.

Dos hombres fueron agredidos en el metro.

Deux hommes furent agressés dans le métro.

C EXPRESSIONS ET LOCUTIONS

La prostituta hace la calle en Nueva York.

La prostituée fait le trottoir à New York.

Es un coche de puta madre. *(vulg.)*

C'est une voiture du tonnerre.

No tengo ni puta idea. *(vulg.)*

Je n'en ai pas la moindre idée.

El vago está sin blanca.

Le vagabond n'a pas un radis.

9 LA SOCIEDAD

A LES MOTS...

*La manifestación**	La manifestation
la mani	*la manif*
manifestarse*	*manifester*
el manifestante	*le manifestant*
echarse a la calle	*descendre dans la rue*
desfilar*	*défiler*
reivindicar	*revendiquer*
la reivindicación	*la revendication*
protestar* contra algo	*protester contre qqch.*
la protesta*	*la protestation*
el movimiento de protesta	*le mouvement de protestation*
la militancia	*le militantisme*
el rechazo	*le refus (de qqch.)*
el lema*	*la devise*
la consigna*	*le mot d'ordre*
la banderola	*la banderole*
distribuir octavillas	*distribuer des tracts*
participar en mítines	*participer à des meetings*
el líder* (los líderes)	*le leader (les leaders)*
liderar a	*diriger, être le chef de*
el liderazgo	*le leadership, la direction*
abanderar	*être (se faire) le porte-drapeau de*
el portavoz	*le porte-parole*
el cabecilla	*le chef de file, le meneur*
comprometerse; el compromiso	*s'engager; l'engagement*
presionar	*faire pression sur*
□	□
la sublevación; sublevarse	*le soulèvement; se soulever*
la revuelta*; rebelarse	*la révolte; se révolter*
el motín, la asonada	*l'émeute*
insurreccional; el insurrecto	*insurrectionnel(le); l'insurgé*
iniciar, desencadenar	*déclencher*
no-violento(a); la no-violencia	*non-violent(e); la non-violence*
recurrir a la violencia	*avoir recours à la violence*
el agitador	*l'agitateur*
la barricada	*la barricade*
los adoquines	*les pavés*
el cóctel molotov	*le cocktail Molotov*

La policía disolvió la manifestación callejera.

La police a dispersé la manifestation.

Como militante tercermundista, se manifestó en contra de las guerras imperialistas.

En tant que militant du tiers-monde, il a manifesté contre les guerres impérialistes.

Al alcalde lo han puesto verde por no autorizar la manifestación.

On a traîné le maire dans la boue parce qu'il n'a pas autorisé la manifestation.

Los estudiantes desfilaron desde Denfert-Rochereau hasta el bulevar Saint-Michel.

Les étudiants ont défilé de Denfert-Rochereau au boulevard Saint-Michel.

Muchos estudiantes norteamericanos acamparon delante de la Casa Blanca para protestar por la guerra del Vietnam.

De nombreux étudiants américains campèrent devant la Maison-Blanche pour protester contre la guerre du Viêtnam.

La protesta estudiantil se extendió por todo el país.

La protestation des étudiants s'est étendue à tout le pays.

El principal lema de Mayo del 68 era «Cambiar la vida».

La devise principale de Mai 68 était «Changer la vie».

En Mayo del 68 las consignas eran «Prohibido prohibir», «La imaginación al poder», «Cuanto más hago el amor más quiero hacer la revolución, cuanto más hago la revolución más quiero hacer el amor».

En Mai 68 les mots d'ordre étaient «Interdit d'interdire», «L'imagination au pouvoir», «Plus je fais l'amour plus je veux faire la révolution, plus je fais la révolution plus je veux faire l'amour».

Los hinchas del Real Madrid, los Ultrasur, entonan algunas consignas bélicas.

Les supporters du Real Madrid, les Ultrasur, lancent quelques mots d'ordre belliqueux.

Fue el líder estudiantil chino durante la Primavera de Tien An Men.

Il fut le leader des étudiants chinois durant le Printemps de Tien An Men.

La revuelta estudiantil reivindicaba dinero para mejorar el sistema educativo.

La révolte des étudiants revendiquait de l'argent pour améliorer le système éducatif.

185

*La represión**	La répression
las represalias	*les représailles*
las fuerzas de la policía*	*les forces de police*
las Fuerzas de Seguridad del Estado	*les Forces de Sécurité de l'Etat*
el poli*; la poli *(fam.)*	*le flic; la flicaille (la police)* *(fam.)*
el madero[1]; la madera	*le poulet; les poulets (la police)*
la pasma, la bofia	*la flicaille (la police)* (fam.)
la policía antidisturbios	*la police anti-émeutes*
registrar a alguien*	*fouiller qqn*
la patrulla*	*la patrouille*
la ronda	*la ronde*
el coche de la policía, el cero	*la voiture de police*
la sirena	*la sirène*
el faro giratorio	*le gyrophare*
dispersar*, disolver	*disperser*
aporrear; la porra	*matraquer; la matraque*
el gas lacrimógeno	*le gaz lacrymogène*
reprimir	*réprimer*
el coche celular*	*le panier à salade* (argot, fam.)
el abuso policial	*la bavure policière*

---

1. •Madero•, •madera•, •pasma• et •bofia• sont des mots utilisés par les seuls délinquants.

La represión policial fue feroz.   *La répression policière fut féroce.*

El barrio estaba acordonado por impresionantes fuerzas de la policía.   *Le quartier était encerclé par d'impressionnantes forces de police.*

El poli le puso una multa porque su coche estaba mal aparcado.   *Le flic lui a mis une amende parce que sa voiture était mal garée.*

Me registraron al salir del supermercado.   *On m'a fouillé à la sortie du supermarché.*

La patrulla sorprendió a los ladrones cuando atracaban el banco.   *La patrouille a surpris les voleurs au moment où ils dévalisaient la banque.*

La policía dispersó a los manifestantes.   *La police a dispersé les manifestants.*

Lo llevaron en el coche celular porque provocó un accidente muy grave.   *On l'a emmené dans le panier à salade parce qu'il a provoqué un accident très grave.*

Crímenes y delitos | Crimes et délits

Crímenes y delitos	Crimes et délits
delinquir*, cometer un delito*	*commettre un délit*
el autor del delito*	*l'auteur du délit*
las organizaciones delictivas	*les organisations délictueuses*
la comisión de delitos	*la perpétration de délits*
la fechoría*	*le forfait*
el culpable*; el cómplice*	*le coupable; le complice*
estar fuera de la ley	*être hors la loi*
el forajido	*le hors-la-loi*
reincidir*	*récidiver*
la escalada de la violencia	*l'escalade de la violence*
□	□
el ladrón*	*le voleur*
robar algo	*voler qqch.*
el robo	*le vol*
hurtar²	*dérober*
el caco*	*le filou*
el quinqui *(pop.)*	*le malfaiteur*
el atraco*	*le vol à main armée, le hold-up*
atracar	*dévaliser, voler à main armée*
el atracador	*l'auteur d'un hold-up*
el ratero, el carterista*	*le pickpocket*
el chorizo*; chorizar *(fam.)**	*le filou; piquer*
el mechero	*le voleur à l'étalage*
sustraer*; la sustracción	*subtiliser; la subtilisation*
el robo de casas	*le cambriolage*
robar casas	*cambrioler*
el ladrón de casas	*le cambrioleur*
forzar* (una puerta, etc.)	*fracturer, casser (une porte, etc.)*
el saqueo	*le pillage*
desvalijar*	*dévaliser*
el botín	*le butin*
□	□
la maquinación	*la machination*
el fraude	*la fraude*

---

1. Ce mot suppose toujours une violence sur les choses (par exemple en forçant une serrure).
2. Ce verbe ne contient aucune idée de violence.

Volvió a delinquir.	*Il a de nouveau commis un délit.*
No se descarta que el delito fuera cometido por un enfermo mental.	*Il n'est pas exclu que le délit ait été commis par un malade mental.*
La policía ha descubierto al autor del delito.	*La police a découvert l'auteur du délit.*
Hizo su primera fechoría a los dieciocho años.	*Il a commis son premier forfait à dix-huit ans.*
No deja de repetir que no es el culpable.	*Il ne cesse de répéter qu'il n'est pas coupable.*
Los cómplices del traficante se beneficiaron del tráfico ilegal.	*Les complices du trafiquant ont tiré profit du trafic illégal.*
En cuanto salió de la cárcel, reincidió.	*Dès qu'il est sorti de prison, il a récidivé.*
Cogieron al ladrón porque su amigo se chivó a la policía.	*On a attrapé le voleur parce que son ami a mouchardé auprès de la police.*
El caco arruinó a mucha gente que confiaba en él.	*Le filou a ruiné beaucoup de gens qui avaient confiance en lui.*
Fue víctima de un atraco que le dio un gran susto.	*Il a été victime d'un vol à main armée qui lui a fait très peur.*
El carterista ha extraído la cartera del bolso sigilosamente.	*Le pickpocket a sorti discrètement le portefeuille du sac.*
Ten cuidado que por aquí hay mucho chorizo.	*Fais attention car par ici il y a beaucoup de filous.*
Te pueden chorizar el bolso en este barrio.	*On peut te piquer ton sac dans ce quartier.*
Le sustrajo dinero a su madre.	*Il a subtilisé de l'argent à sa mère.*
Forzaron la cerradura del coche.	*La serrure de la voiture a été fracturée.*
Mientras estaban de vacaciones les desvalijaron la casa.	*Ils ont été cambriolés pendant qu'ils étaient en vacances.*

189

defraudar ; el defraudador	frauder ; le fraudeur
el perista, el encubridor ; el encubrimiento	le receleur ; le recel
malversar fondos*	détourner des fonds
la malversación de fondos	le détournement de fonds
corromper	corrompre
la corrupción*, la corruptela	la corruption
corrupto(a)* ≠ incorrupto(a)	corrompu(e) ≠ non corrompu(e)
el cohecho	la subornation, la corruption
sobornar	soudoyer
el soborno*	le pot-de-vin
el testaferro, el hombre de paja	l'homme de paille, le prête-nom
el escándalo*	le scandale
la estafa*, el timo	l'escroquerie
estafar*	escroquer
el estafador*, el timador	l'escroc
el enchufe*	le piston
el amiguismo*	le copinage
□	□
el falsario*	le faussaire
la falsedad	le faux
la falsificación	la falsification, la contrefaçon
falsificar*	contrefaire, falsifier
falsear	fausser
el monedero falso	le faux-monnayeur
□	□
el bandido, el bandolero	le bandit, le brigand
el pistolero	le gangster, le tueur (à gages)
el salteador	le voleur de grand chemin
el hampa	la pègre
la banda, la cuadrilla	la bande
el gang, la partida de malhechores	le gang
□	□
la criminalidad	la criminalité
el crimen*	le crime
el criminal* ; criminal	le criminel ; criminel(le)
el homicida, el asesino	le meurtrier, l'assassin
asesinar*	assassiner
el homicidio, el asesinato	le meurtre

El director malversó fondos de su empresa para comprar una casa.	Le directeur a détourné des fonds de son entreprise pour acheter une maison.
Ha sido arrestado por corrupción.	Il a été arrêté pour corruption.
Muchos políticos eran corruptos.	De nombreux hommes politiques étaient corrompus.
Algunos funcionarios han cobrado un soborno.	Quelques fonctionnaires ont touché un pot-de-vin.
Este escándalo tocó de lleno al presidente.	Le président a été frappé de plein fouet par ce scandale.
Dos famosos directivos están involucrados en la estafa.	Deux célèbres chefs d'entreprise sont impliqués dans l'escroquerie.
Estafó 1.250 millones de pesetas al Estado.	Il a escroqué l'État de 1 milliard 250 millions de pesetas.
Entre los adivinos abundan impostores y estafadores.	Parmi les voyants abondent les imposteurs et les escrocs.
No consigue trabajo porque no tiene enchufe.	Il ne trouve pas de travail car il n'a pas de piston.
Aquí el amiguismo es lo único que funciona.	Ici le copinage est la seule chose qui marche.
El falsario consiguió fabricar falsos billetes de banco.	Le faussaire a réussi à fabriquer de faux billets de banque.
Los nuevos billetes son más difíciles de falsificar.	Les nouveaux billets sont plus difficiles à falsifier.
Han aumentado los crímenes cometidos por menores.	Les crimes commis par des mineurs ont augmenté.
Un comando etarra asesinó a dos guardias civiles.	Un commando de l'ETA a assassiné deux gardes civils.

C EXPRESSIONS ET LOCUTIONS

El criminal disparó a quemarropa.	Le criminel a tiré à bout portant.

el asesinato*	l'assassinat
la premeditación	la préméditation
matar*	tuer
abatir a uno*	abattre qqn
apuñalar a alguien	poignarder qqn
herir a uno	blesser qqn
□	□
amenazar*	menacer
la amenaza*	la menace
el peligro ; peligroso (a)*	le danger ; dangereux (euse)
peligrar	être en danger
poner en peligro, hacer peligrar	mettre en danger, menacer
vengarse ; la venganza*	se venger ; la vengeance
el ajuste de cuentas	le règlement de comptes
ajustar cuentas	régler ses comptes avec qqn
□	
el hostigamiento ; el acoso sexual	le harcèlement ; le harcèlement sexuel
violar*, forzar a alguien	violer qqn
la violación ; el violador	le viol ; le violeur
el incesto	l'inceste
los malos tratamientos, los malos tratos	les mauvais traitements (d'enfants)
maltratar	maltraiter
el linchamiento ; linchar	le lynchage ; lyncher
el homicidio involuntario	l'homicide par imprudence
espiar ; el espía	espionner ; l'espion
el espionaje	l'espionnage
el fraude informático	la fraude informatique
□	□
el terrorista* ; el terrorismo	le terroriste ; le terrorisme
el atentado*	l'attentat
atentar	commettre un attentat
colocar una bomba*	poser une bombe
la colocación de una bomba	la pose, la mise en place d'une bombe
el atentado mediante la colocación de una bomba	l'attentat à la bombe
el paquete bomba*	le colis piégé

Tiene un amplio historial de asesinatos a sus espaldas.	Il a un lourd passé d'assassinats à son actif.
Mataron por la espalda a una persona inocente e indefensa.	On a tué dans le dos une personne innocente et sans défense.
Fue abatido a tiros.	Il fut abattu à coups de feu.
La mujer le amenazó con contar toda la verdad.	La femme le menaça de raconter toute la vérité.
Le acusaba de haberle dirigido amenazas de muerte.	Il l'accusait de lui avoir adressé des menaces de mort.
Un individuo altamente peligroso se esconde en los bajos fondos de la ciudad.	Un individu extrêmement dangereux se cache dans les bas-fonds de la ville.
Los cascos azules españoles cumplen una misión peligrosa.	Les casques bleus espagnols accomplissent une mission dangereuse.
Estoy planeando una venganza terrible.	Je suis en train de préparer une vengeance terrible.
Dos jóvenes fueron violadas y salvajemente torturadas.	Deux jeunes filles furent violées et sauvagement torturées.
El terrorista es responsable de una masacre que costó la vida a 23 personas.	Le terroriste est responsable d'un massacre qui a coûté la vie à 23 personnes.
La autoría del atentado fue reclamada (reivindicada) por un grupo llamado Perseguidos por Pablo Escobar (Pepes).	L'attentat a été revendiqué par un groupe appelé Persécutés par Pablo Escobar (Pepes).
El atentado ocasionó la muerte de 3 personas.	L'attentat a entraîné la mort de 3 personnes.
La víctima murió al explosionar la bomba colocada debajo de su coche.	La victime est morte quand a explosé la bombe posée sous sa voiture.
Explotó un paquete bomba en pleno centro de Bogotá.	Un colis piégé a explosé en plein centre de Bogota.

C EXPRESSIONS ET LOCUTIONS

Mató a 8 personas a sangre fría.	Il a tué 8 personnes de sang-froid.
A pesar de ser hermanas, siempre han estado a matarse.	Bien qu'elles soient sœurs, elles se sont toujours entendues comme chien et chat.

el artefacto*, el artilugio	l'engin
el coche bomba*	la voiture piégée
□	□
el secuestro*, el rapto	l'enlèvement
secuestrar*, raptar	enlever
el secuestrado*, el rehén	l'otage
el secuestrador	le kidnappeur
el raptor	le ravisseur
el secuestro de un avión	le détournement d'avion
secuestrar, desviar un avión	détourner un avion
el secuestrador de avión, el pirata del aire	le pirate de l'air
la toma de rehenes	la prise d'otages
cobrar el rescate	toucher la rançon
la carta de amenazas	la lettre de menaces
el anónimo*	la lettre anonyme
el chantaje*	le chantage
chantajear a uno	faire chanter qqn
el chantajista	le maître chanteur

La indagación, la investigación
L'enquête

el comisario	le commissaire
la policía judicial	la police judiciaire
delatar a alguien*	dénoncer qqn
la delación	la délation
querellarse	porter plainte
el atestado	le procès-verbal
□	□
investigar*	enquêter
indagar*	rechercher
las indagaciones	les recherches
sospechar*	soupçonner
las sospechas	les soupçons
el sospechoso	le suspect
sospechoso(a)	suspect(e)
la filiación	le signalement
el retrato-robot*	le portrait-robot
la prueba	la preuve

Tres artefactos hicieron explosión en un radio de menos de un kilómetro.	*Trois engins ont explosé dans un rayon de moins d'un kilomètre.*
Estallaron dos coches bomba que causaron la muerte a cuatro personas.	*Deux voitures piégées ont éclaté en entraînant la mort de quatre personnes.*
El empresario fue víctima de un secuestro.	*Le chef d'entreprise fut victime d'un enlèvement.*
El industrial vasco fue liberado por ETA tras 117 días de secuestro.	*L'industriel basque fut libéré par l'ETA après 117 jours de séquestration.*
Los niños fueron secuestrados cuando salían del colegio.	*Les enfants furent enlevés quand ils sortaient de l'école.*
La solidaridad con el secuestrado se extiende por todo el país.	*La solidarité avec la victime du rapt s'étend à tout le pays.*
El tipo de máquina de escribir puede descubrir al autor del anónimo.	*Le type de machine à écrire peut révéler l'auteur de la lettre anonyme.*
Le hizo chantaje para sacarle dinero.	*Il l'a fait chanter pour lui soutirer de l'argent.*
No quiso delatar a su compinche.	*Il n'a pas voulu dénoncer son acolyte.*
Están investigando los móviles del asesinato.	*Ils enquêtent sur les mobiles de l'assassinat.*
Se formó una comisión para indagar las verdaderas causas del incendio.	*Une commission fut créée pour rechercher les véritables causes de l'incendie.*
Sospecho de su palabra.	*Je suspecte sa parole.*
Sospechan que es culpable.	*On le soupçonne d'être coupable.*
El retrato-robot permitió descubrir al asesino.	*Le portrait-robot a permis de découvrir l'assassin.*

la coartada*	*l'alibi*
confesar*; la confesión	*avouer; l'aveu*
la pesquisa	*la perquisition*
ponerse, estar en busca de alguien	*être à la recherche de qqn*
detener, prender, arrestar a alguien	*arrêter qqn*
la detención, el prendimiento	*l'arrestation*
el arresto	*la détention préventive*
la puesta en libertad provisional	*la mise en liberté provisoire*

Debates y juicio / Débats et jugement

los debates	*les débats*
el reo*, el acusado*, el procesado	*l'accusé, l'inculpé*
acusar a alguien de algo	*accuser qqn de qqch.*
la querella*, la denuncia*	*la plainte*
el informe, la acusación	*l'acte d'accusation*
el querellante*, el demandante	*le plaignant*
el testigo*	*le témoin*
el testigo ocular, de vista	*le témoin oculaire*
el testigo de cargo, a carga ≠ de descargo, a descarga	*le témoin à charge ≠ à décharge*
el banquillo*	*le banc des accusés*
examinar (testigos)	*entendre (des témoins)*
el examen de testigos	*l'audition de témoins*
declarar	*déposer, témoigner*
atestar, atestiguar, testimoniar	*attester*
la declaración	*la déposition, le témoignage*
interrogar; el interrogatorio	*interroger ; l'interrogatoire*
□	□
el proceso*, el pleito*; el juicio*	*le procès; la procédure de jugement*
el juzgado	*le tribunal (formé d'un seul juge)*
el tribunal	*le tribunal (trois juges)*
el tribunal de apelación	*la cour d'appel*
poner pleito, ir a los tribunales, ir por justicia	*aller en justice*
testar	*tester*
citar a alguien, convocar a juicio	*citer qqn en justice*
jurídico(a)*	*juridique*

B ... DANS LEUR CONTEXTE

Presentó una coartada poco convincente.

Il a fourni un alibi peu convaincant.

Confieso que he vivido es una novela autobiográfica de Pablo Neruda.

J'avoue que j'ai vécu *est un roman autobiographique de Pablo Neruda.*

Se expusieron ayer en el juicio los numerosos cargos contra el acusado.

Hier, pendant le procès furent exposées les nombreuses charges contre l'inculpé.

El querellante pidió daños y perjuicios.

Le plaignant a réclamé des dommages et intérêts.

Tiene un pleito con su vecino.

Il est en procès avec son voisin.

Fue un juicio a puerta cerrada.

Le procès a eu lieu à huis clos.

Un conflicto jurídico los opone.

Un conflit juridique les oppose.

C EXPRESSIONS ET LOCUTIONS

Confesar la culpabilidad.	*Passer aux aveux.*
Absolvieron al reo.	*L'accusé a été acquitté.*
Presentar una querella.	*Déposer une plainte.*
Presentar una denuncia.	*Porter plainte.*
El testigo falso.	*Le faux témoin.*
Pongo por testigo al cielo.	*J'en atteste le ciel.*
Sentarse en el banquillo de los acusados.	*Être sur la sellette.*
Sentar en el banquillo a alguien.	*Faire le procès de qqn.*
Incoar un proceso.	*Mettre en accusation, intenter un procès.*
Tramitar un proceso.	*S'occuper d'un procès.*
Armar pleito.	*Intenter un procès, aller en justice.*
Ganar ≠ perder el pleito.	*Gagner ≠ perdre le procès.*
Es muy aficionado a pleitos.	*Il aime beaucoup la chicane.*

el juez*	le juge
el juez de instrucción	le juge d'instruction
defender	défendre
el defensor, el abogado defensor	le défenseur
la defensa	la défense
el fiscal del Tribunal Supremo	le procureur général
el abogado*	l'avocat
el alegato, el informe, la defensa	le plaidoyer
la abogacía	l'art de plaider, la plaidoirie
abogar por, abogar a favor de alguien	plaider pour qqn, en faveur de qqn
el jurado	le juré; le jury
□	□
la ley*	la loi
transgredir, infringir, violar la ley	enfreindre, violer la loi
ilegal	illégal(e)
la culpabilidad*	la culpabilité
culpable	coupable
en legítima defensa	en légitime défense
□	□
el fallo*	l'arrêt, la sentence, le jugement
el juicio*, el veredicto*, la sentencia	le jugement, le verdict
sentenciar*	rendre un jugement
absolver	acquitter qqn
la absolución, la libre absolución	l'acquittement
ser acusado de*	être accusé de
procesar*	inculper, accuser
justo(a) ≠ injusto(a)	juste ≠ injuste
la justicia	la justice
la apelación	l'appel

Las penas   Les peines

el sistema judicial, penitenciario	le système judiciaire, pénitentiaire
la pena*	la peine
penado(a)	condamné(e)
castigar a alguien	punir qqn
la condena*	la condamnation (le châtiment)

Nadie puede ser juez en causa propia.	*On ne peut pas être juge et partie.*
El juez tutelar de menores.	*Le juge pour enfants.*
La ley vigente.	*La loi en vigueur.*
No se ha demostrado la culpabilidad.	*La culpabilité n'a pas été prouvée.*
El fallo en primera instancia.	*Le jugement en première instance.*
Emitir un fallo.	*Prononcer une sentence.*
El veredicto absolutorio.	*Le verdict d'acquittement.*
Sentenciar, fallar.	*Prononcer un jugement.*
Lo acusaron de homicidio, de asesinato.	*Il a été accusé d'homicide, de meurtre, d'assassinat.*
Lo han procesado por violar a una joven.	*On l'a accusé d'avoir violé une jeune femme.*
La pena capital.	*La peine capitale.*
La condena condicional.	*La condamnation avec sursis.*

C EXPRESSIONS ET LOCUTIONS

Los jueces y magistrados.	*La magistrature assise, du siège.*
Hacerse el abogado de alguien.	*Se faire le défenseur, l'avocat de qqn.*
La ley sálica.	*La loi salique.*
El oro de ley.	*L'or véritable, pur.*
La ley de la jungla.	*La loi de la jungle.*
Un juicio de valor.	*Un jugement de valeur.*
Perder el juicio.	*Perdre la raison.*
El día del juicio final.	*Le jour du Jugement Dernier.*
Asentar el juicio.	*Devenir raisonnable, se poser.*
¡Qué pena!	*Quel dommage!*
¡Vaya pena que no pueda venir!	*Que c'est dommage qu'il ne puisse pas venir!*
Pasar uno la pena negra.	*Faire son purgatoire, en voir de dures.*

condenar* a alguien a algo	*condamner qqn à qqch.*
ser culpable ≠ ser inocente	*être coupable ≠ innocent(e)*
voluntario(a) ≠ involuntario(a)	*volontaire ≠ involontaire*
agravante ≠ atenuante*	*aggravant(e) ≠ atténuant(e)*
el agravante	*la circonstance aggravante*
ejecutoriar	*confirmer (un jugement)*
pronunciar la sentencia	*rendre la sentence*
☐	☐
la multa*	*l'amende*
los daños y perjuicios	*les dommages et intérêts*
la expulsión	*l'expulsion*
expulsar a alguien	*expulser qqn*
extraditar; la extradición*	*extrader; l'extradition*
la interdicción de residencia, de lugar	*l'interdiction de séjour*
☐	☐
la detención previa	*la garde à vue*
la detención, la prisión	*la détention*
el detenido*	*le détenu*
la cárcel*, la prisión	*la prison*
el calabozo	*le cachot, la geôle*
la correccional	*la maison de correction, la maison de redressement*
estar en chirona	*être en taule*
el preso	*le prisonnier*
el preso político*	*le prisonnier politique*
la cadena perpetua*	*la perpétuité*
la penitenciaría, el penal	*le pénitencier*
encarcelar a alguien, meter en la cárcel, apresar*	*incarcérer qqn*
los trabajos forzados*, forzosos	*les travaux forcés*
expiar una pena	*purger une peine*
la agravación	*l'alourdissement (d'une peine)*
☐	☐
la sentencia de muerte	*la sentence de mort*
la pena de muerte*	*la peine de mort*
ejecutar, ajusticiar a alguien	*exécuter qqn*
fusilar a alguien*	*fusiller qqn*
degollar, decapitar a alguien	*décapiter qqn*
ahorcar*, colgar a alguien	*pendre qqn*

B ... DANS LEUR CONTEXTE

Fue condenado a diez años de reclusión.	Il a été condamné à dix ans de réclusion.
Lo condenaron por homicidio involuntario.	Il a été condamné pour homicide involontaire.
Las circunstancias atenuantes.	Les circonstances atténuantes.
Me pusieron una multa el otro día.	On m'a mis une amende l'autre jour.
Se llevó a cabo la extradición de unos terroristas a su país de origen.	Des terroristes ont été extradés vers leur pays d'origine.
El detenido intentó escaparse de la cárcel.	Le détenu a essayé de s'échapper de la prison.
Está en la cárcel madrileña de Carabanchel.	Il se trouve dans la prison madrilène de Carabanchel.
El preso político hizo la huelga de hambre.	Le prisonnier politique a fait la grève de la faim.
Fue condenado a cadena perpetua y está ahora entre rejas, a la sombra.	Il a été condamné à perpétuité et il est aujourd'hui en cabane, sous les verrous, derrière les barreaux.
El pasado martes, apresaron a dos jefes del cartel de Medellín.	Deux chefs du cartel de Medellín ont été incarcérés, mardi dernier.
Fueron condenados a los trabajos forzados.	Ils ont été condamnés aux travaux forcés.
La abolición de la pena de muerte.	L'abolition de la peine de mort.
Estar ≠ no estar a favor de la pena de muerte.	Être pour ≠ contre la peine de mort.
Los fusilaron en el patio de la cárcel al amanecer.	On les fusilla dans la cour de la prison au petit matin.

C EXPRESSIONS ET LOCUTIONS

En casa del ahorcado, no hay que mentar la soga.	Il ne faut pas parler de corde dans la maison d'un pendu.

la guillotina	*la guillotine*
la silla eléctrica*	*la chaise électrique*
el verdugo*	*le bourreau*
el paredón*	*le poteau d'exécution*
☐	☐
el sobreseimiento	*le non-lieu*
el auto de sobreseimiento	*l'ordonnance de non-lieu*
el indulto*, la gracia	*la grâce*
indultar a alguien ; ser indultado*	*gracier qqn ; être gracié*
la amnistía	*l'amnistie*
amnistiar a alguien	*amnistier qqn*
la remisión, el perdón	*la remise de peine*
eximir, exentar	*exempter*
reducir	*réduire (la peine)*
poner en libertad a alguien, libertar*	*libérer qqn*
la liberación	*la libération*
la excarcelación	*l'élargissement, la remise en liberté*
☐	☐
la tentativa de evasión*, la fuga	*la tentative d'évasion*
ser prófugo	*être en fuite*
evadirse*, escaparse	*s'évader*
la celda*	*la cellule*
el motín, la sublevación	*la mutinerie*
la huelga del hambre, de hambre*	*la grève de la faim*
☐	☐
la reinserción social	*la réinsertion sociale*
reinsertar a alguien ; reinsertarse*	*réinsérer qqn (dans la société) ; se réinsérer*
la reinserción	*la réinsertion*
el registro de antecedentes penales*	*le casier judiciaire*
la reincidencia	*la récidive*
reincidente	*récidiviste*

En algunos Estados de EE. UU., se ejecuta a los condenados a muerte en la silla eléctrica.	*Dans certains États des États-Unis, on exécute les condamnés à mort à la chaise électrique.*
La petición de indulto.	*Le recours en grâce.*
El criminal fue indultado.	*Le criminel a été gracié.*
Lo libertaron al cabo de dos años de penal.	*On l'a libéré au bout de deux ans de prison.*
Fracasó la tentativa de evasión.	*La tentative d'évasion a échoué.*
No consiguieron evadirse de la prisión a pesar de los muchos cómplices.	*Ils n'ont pas réussi à s'évader de prison malgré leurs nombreux complices.*
Una celda sin ventanas.	*Une cellule sans fenêtre.*
El preso inició ayer una huelga de hambre para protestar contra su inculpación.	*Le prisonnier a entamé, hier, une grève de la faim pour protester contre son inculpation.*
Al salir de la cárcel, resulta difícil reinsertarse en una sociedad a veces hostil.	*À la sortie de prison, il est difficile de se réinsérer dans une société parfois hostile.*
Un registro de antecedentes penales virgen.	*Un casier judiciaire vierge.*

C EXPRESSIONS ET LOCUTIONS

Es un verdadero verdugo para sus hijos.	*C'est un véritable bourreau pour ses enfants.*
Llevar a alguien al paredón.	*Fusiller qqn.*

La fiesta* | La fête

festivo(a)	de fête
las festividades	les festivités
el salón de actos	la salle des fêtes
estar de fiesta	faire la fête
la ceremonia, el acto*	la cérémonie
divertirse, entretenerse en	s'amuser
la diversión	le divertissement, la distraction
dominguero(a)	qui ne sort et ne s'amuse que le dimanche
el guateque	la surprise-partie
la juerga*	la noce, la bringue
el juerguista	le noceur, le fêtard
juerguearse	faire la noce
aguar la fiesta*	troubler la fête
el aguafiestas	le trouble-fête, le rabat-joie
solemne	solennel(le)
celebrar (un acontecimiento)	fêter (un événement)
celebrarse*	avoir lieu
la costumbre	la coutume
estar acostumbrado(a), soler	avoir coutume de
la tradición*; tradicional	la tradition; traditionnel(le)

Las fiestas nacionales | Les fêtes nationales

el Día de la Hispanidad*	le jour du monde hispanique
el Día de la Constitución	le jour de la Constitution (le 6 décembre)
el Día de la Comunidad autónoma[1]	le jour de la communauté autonome
la fiesta del Trabajo	la fête du Travail
el Primero de Mayo	le 1er Mai
el Día del Libro*	la fête du Livre
el aniversario	l'anniversaire
la conmemoración	la commémoration
honrar a alguien	honorer qqn
rendir homenaje a	rendre hommage à
la bandera*	le drapeau

---

1. Il est différent selon chaque communauté autonome.

B   ... DANS LEUR CONTEXTE

A partir del siete de julio Pamplona arde en fiestas.	*À partir du 7 juillet Pampelune est en fête.*
En Sevilla se hizo una gran fiesta con motivo de la Exposición Universal 1992.	*Séville fut le lieu d'une grande fête à l'occasion de l'Exposition universelle 1992.*
Son famosas las fiestas de San Isidro de Madrid.	*À Madrid les fêtes de la Saint-Isidore sont célèbres.*
El acto se remonta al siglo XII.	*La cérémonie date du XIIᵉ siècle.*
Esta noche estamos de juerga.	*Ce soir nous faisons la bringue.*
Con su actitud incorrecta aguó la fiesta.	*Par son attitude incorrecte il a troublé la fête.*
Se celebra un desfile de antorchas por el pueblo.	*Une retraite aux flambeaux a lieu dans le village.*
Una de las tradiciones navarras es la elección del « Rey de la Faba », honor que recae en aquel niño que encuentra en el pastel una haba.	*Une des traditions de Navarre est l'élection du «Roi de la Fève», honneur qui revient à l'enfant qui trouve une fève dans le gâteau.*
El Día de la Hispanidad es el 12 de octubre.	*Le jour du monde hispanique est le 12 octobre.*
El 23 de abril se celebra el Día del Libro en homenaje a Cervantes y con la intención de animar a los españoles a leer.	*Le 23 avril a lieu la fête du Livre en hommage à Cervantes et dans le but d'inciter les Espagnols à la lecture.*
Enarbolar la bandera española, roja y gualda.	*Arborer le drapeau espagnol, rouge et jaune.*

C   EXPRESSIONS ET LOCUTIONS

No enterarse (no saber) de qué va la fiesta.	*Ne pas en avoir la moindre idée.*
No estoy para fiestas.	*Je ne suis pas d'humeur à rire.*

la jura de la bandera	*le serment au drapeau*
el monumento*	*le monument*
el memorial, el monumento conmemorativo	*le mémorial*
el desfile (militar)	*le défilé (militaire)*
el uniforme	*l'uniforme*
la condecoración*	*la décoration (honorifique)*
condecorar a alguien	*décorer qqn*
otorgar, conceder	*décerner*
el acto de imposición (de una medalla)	*la cérémonie de remise (d'une médaille)*
el discurso	*le discours*
el orador	*l'orateur*
clausurar	*clôturer, clore*

Las fiestas familiares   Les fêtes familiales

el cumpleaños*	*l'anniversaire*
felicitar*	*souhaiter*
las felicitaciones*, las felicidades	*les vœux*
el santo*	*la fête*
el Día de la Madre	*la fête des Mères*
el Día del Padre	*la fête des Pères*
el Día de los Enamorados*	*la fête des Amoureux (14 février)*
el aniversario de bodas*	*l'anniversaire de mariage*
las bodas de plata*; de oro; de diamante	*les noces d'argent; d'or; de diamant*

Las fiestas religiosas   Les fêtes religieuses

Navidad*	*Noël*
navideño (a)*	*de Noël*
la fiesta navideña	*la fête de Noël*
el árbol de Navidad*	*l'arbre de Noël*
el belén*, el nacimiento, el pesebre	*la crèche*
Papá Noel	*le Père Noël*
el día de Nochebuena	*la veille de Noël*

B ... DANS LEUR CONTEXTE

Se erigió un monumento en recuerdo de las víctimas de la guerra.	On a érigé un monument en mémoire des victimes de la guerre.
El presidente le impuso una condecoración al general.	Le président remit une décoration au général.
Mi cumpleaños es el 18 de mayo.	Mon anniversaire est le 18 mai.
Se acordó de felicitarme el día de mi cumpleaños.	Elle a pensé à me souhaiter un bon anniversaire.
Le felicité por su santo.	Je lui ai souhaité sa fête.
Las felicitaciones por Año Nuevo.	Les vœux de Nouvel An.
Hoy es mi santo, hoy es el día de mi santo.	Aujourd'hui c'est ma fête.
En el día de los enamorados regálale un perfume.	Pour la fête des amoureux offre-lui un parfum.
Celebran su décimo aniversario de bodas.	Ils fêtent leur dixième anniversaire de mariage.
Hoy cumplen las bodas de plata.	Aujourd'hui ils fêtent leurs noces d'argent.
Felicitar las Navidades.	Présenter ses vœux de Noël.
Envié muchas tarjetas de felicitación de Navidad.	J'ai envoyé de nombreuses cartes de Noël.
El mazapán es un manjar típicamente navideño.	Le massepain est un aliment de Noël typique.
En diciembre se venden muchos árboles de Navidad.	En décembre beaucoup d'arbres de Noël sont vendus.
Poner el belén me divierte mucho.	Installer la crèche m'amuse beaucoup.

C EXPRESSIONS ET LOCUTIONS

Feliz cumpleaños.	Bon anniversaire.
Felices Navidades.	Joyeux Noël.

la nochebuena	*la nuit de Noël*
el regalo*	*le cadeau*
el día de nochevieja	*la Saint-Sylvestre*
la cena de nochevieja	*le réveillon du Nouvel An*
la nochevieja	*la nuit de la Saint-Sylvestre*
el día de año nuevo*	*le jour de l'an*
el día de Reyes	*l'Épiphanie (6 janvier)*
□	□
la candelaria	*la Chandeleur (2 février)*
el Carnaval	*le Carnaval*
el Martes de Carnaval	*mardi gras*
el miércoles de ceniza	*mercredi des Cendres*
el entierro de la sardina[1]	*l'enterrement de la sardine*
disfrazarse*	*se déguiser*
el disfraz*	*le déguisement*
la cuaresma	*le carême*
ayunar*	*jeûner*
el período de ayuno	*la période de jeûne*
□	□
la Semana Santa*	*la Semaine Sainte*
el paso*	*le char*
el costalero	*le porteur (de char)*
la saeta[2]	*la saeta*
la hermandad*, la cofradía	*la confrérie*
el domingo de Ramos*	*le dimanche des Rameaux*
el jueves santo, el viernes santo, el sábado santo	*le jeudi saint, le vendredi saint, le samedi saint*
Pascua* de Resurrección	*Pâques, la fête de Pâques*
los huevos de Pascua	*les œufs de Pâques*
□	□
la Ascensión	*l'Ascension*
el Pentecostés, la Pascua del Espíritu Santo	*la Pentecôte*
el Corpus	*la Fête-Dieu*

1. Cérémonie burlesque du mercredi des Cendres, symbolisant le passage du carnaval au carême.
2. Vers religieux chantés devant un •paso• et adressés soit au Christ soit à la Vierge.

B ... DANS LEUR CONTEXTE

Felicitar por año nuevo, felicitar el día de año nuevo.	*Souhaiter la bonne année.*
Se disfrazó de torero.	*Il s'est déguisé en torero.*
En Carnaval, se pone el disfraz de pirata.	*Au carnaval, il met son déguisement de pirate.*
Suele ayunar en cuaresma.	*Il a l'habitude de jeûner pendant le carême.*
La Semana Santa empieza con el Domingo de Ramos hasta el de Resurrección y se sacan pasos en procesión.	*La Semaine Sainte s'étend du dimanche des Rameaux au jour de Pâques et des chars défilent dans les rues.*
Cinco mil cofrades acompañan los 28 pasos que desfilan por las calles de Valladolid.	*Cinq mille confrères accompagnent les 28 chars qui défilent dans les rues de Valladolid.*
En Semana Santa más de 50 hermandades recorren Sevilla en procesión.	*Pendant la Semaine Sainte plus de 50 confréries parcourent Séville en procession.*

C EXPRESSIONS ET LOCUTIONS

Esta sinfonía es un regalo para el oído.	*Cette symphonie est un régal pour l'oreille.*
Vive con gran regalo.	*Il vit dans l'aisance.*
Feliz (y próspero) año nuevo.	*Bonne (et heureuse) année.*
Ocurre de Pascuas a Ramos.	*Cela arrive de temps en temps.*
Estar como unas pascuas.	*Être gai comme un pinson.*
Hacer la pascua.	*Casser les pieds.*
Voy a pasar las Pascuas en familia.	*Je vais passer les fêtes de Noël et du jour de l'an en famille.*
Santas Pascuas.	*Un point c'est tout.*

la Asunción, el quince de agosto	*l'Assomption, le 15 août*
la fiesta de Todos los Santos	*la Toussaint (1ᵉʳ novembre)*
el Día de los difuntos	*le jour des Morts*
la Inmaculada Concepción	*l'Immaculée Conception (8 décembre)*
el Día de los Inocentes[1]	*le jour des Innocents (28 décembre)*

Las fiestas populares	**Les fêtes populaires**
endomingarse*	*s'endimancher*
la verbena[2]	*la fête, la kermesse*
las romerías*	*les fêtes patronales*
las ferias*	*les foires, les fêtes foraines*
ferial*	*de la foire*
el feriante	*le forain*
el tiovivo*, los caballitos	*le manège*
el stand, la barraca de tiro al blanco	*le stand de tir*
el cohete, el petardo*	*le pétard*
la cabalgata*	*la cavalcade, le défilé*
los gigantes* ; los cabezudos*	*les géants ; les nains à grosses têtes*
los fuegos artificiales	*le feu d'artifice*
las hogueras	*les feux de joie*
la rifa*	*la tombola, la loterie*
la papeleta	*le billet de tombola*
□	□
los moros y cristianos[3]	*les Maures et chrétiens*
las Fallas* o fiestas de San José de Valencia	*les «Fallas» ou fêtes de la Saint-Joseph à Valence*
fallero(a)	*qui concerne les «fallas»*
la feria de San Fermín, los Sanfermines	*la fête de la Saint-Firmin à Pampelune*
correr el encierro*	*participer aux lâchers de taureaux*

---

1. Équivalent du 1ᵉʳ avril en France.
2. Fête liée à celle d'un saint.
3. Danse et défilé symbolisant une bataille entre Maures et chrétiens.

Se endominga con motivo de la fiesta de su pueblo.

Il s'endimanche à l'occasion de la fête de son village.

La romería más famosa es la del Rocío.

La fête patronale la plus célèbre est celle du Rocío (Pentecôte).

La feria de abril de Sevilla se celebra dos semanas después de Semana Santa aproximadamente.

La foire d'avril de Séville a lieu deux semaines après la semaine sainte approximativement.

En la feria de Abril (de Sevilla) las casetas están cuidadosamente decoradas.

À la foire d'avril (de Séville) les pavillons sont soigneusement décorés.

En Sevilla el recinto ferial se extiende en el barrio de los Remedios.

À Séville le champ de foire (l'emplacement de la foire) s'étend dans le quartier des Remedios.

El niño se dio una vuelta en el tiovivo.

L'enfant a fait un tour de manège.

Los niños no paran de explosionar petardos.

Les enfants ne cessent de faire exploser des pétards.

El colofón del espectáculo fue la cabalgata.

Le clou du spectacle fut la cavalcade.

En la exposición universal de Sevilla, las carrozas de la Cabalgata representaban los doce meses del año.

À l'exposition universelle de Séville, les chars de la Cavalcade représentaient les douze mois de l'année.

Gigantes y cabezudos desfilan por la calle.

Des géants et des nains à grosses têtes défilent dans la rue.

No me gustan las rifas.

Je n'aime pas les tombolas.

Durante las Fallas, se queman en la calle figuras de cartón al son de tracas y cohetes.

Durant les «Fallas», on brûle dans la rue des figures en carton au son des pétards et des fusées.

Los mozos que van a correr el encierro piden a San Fermín su protección.

Les garçons qui vont participer au lâcher de taureaux demandent à saint Firmin sa protection.

Creencia y religión	Croyance et religion
la religión* ; religioso (a)*	*la religion ; religieux (euse)*
la creencia* ; la fe*	*la croyance ; la foi*
creer en Dios	*croire en Dieu*
el (la) creyente	*le (la) croyant (e)*
el fiel* ; el (la) seguidor (a)	*le fidèle ; l'adepte*
el feligrés, la feligresa	*le paroissien, la paroissienne*
la grey	*les ouailles*
el (la) beato (a)	*le (la) bigot (e)*
la piedad*	*la piété ; la pietà*
piadoso (a)*	*pieux (euse)*
la tolerancia ≠ la intolerancia	*la tolérance ≠ l'intolérance*
tolerante ≠ intolerante	*tolérant (e) ≠ intolérant (e)*
el fanatismo* ; fanático (a)	*le fanatisme ; fanatique*
el integrismo* ; integrista	*l'intégrisme ; intégriste*
el fundamentalismo* ; fundamentalista	*le fondamentalisme ; fondamentaliste*
la persecución ; perseguir	*la persécution ; persécuter*
la herejía* ; herético (a)	*l'hérésie ; hérétique*
el (la) hereje	*l'hérétique*
☐	☐
la conversión ; convertirse	*la conversion ; se convertir*
renegar de su religión	*renier sa religion*
renegado (a)	*renégat (e)*
infiel	*infidèle*
☐	☐
la superstición ; supersticioso (a)*	*la superstition ; superstitieux (euse)*
el adivino* (la adivina), el (la) vidente*	*le voyant (la voyante)*
la cartomántica	*la cartomancienne*
el ateísmo ; el (la) ateo (a)	*l'athéisme ; l'athée*
el paganismo ; el (la) pagano (a)	*le paganisme ; le (la) païen (ne)*
la laicidad ; el (la) laico (a)	*la laïcité ; le (la) laïque*
la mitología*	*la mythologie*
el dios ; la diosa*	*le dieu ; la déesse*
la divinidad, la deidad	*la divinité*
venerar	*vénérer*

La religión es el opio del pueblo. — *La religion est l'opium du peuple.*

Mi hermano acaba de entrar en religión. — *Mon frère vient d'entrer en religion.*

Muy joven se reveló su vocación religiosa. — *Très jeune sa vocation religieuse s'est révélée.*

Existe un renacimiento de las creencias religiosas. — *Il existe une renaissance des croyances religieuses.*

Una fe inquebrantable. — *Une foi inébranlable.*

Los fieles oyen misa. — *Les fidèles assistent à la messe.*

Cumple sus deberes religiosos con piedad. — *Elle accomplit ses devoirs religieux avec piété.*

La Piedad de Miguel Ángel está en San Pedro de Roma. — La Pietà *de Michel-Ange se trouve à Saint-Pierre de Rome.*

Irán sufre un acceso de fanatismo. — *L'Iran connaît une poussée de fanatisme.*

El integrismo se difunde en muchos países árabes. — *L'intégrisme se répand dans de nombreux pays arabes.*

El fundamentalismo se expande por el mundo musulmán. — *Le fondamentalisme s'étend dans le monde musulman.*

La Inquisición española luchaba contra la herejía. — *L'Inquisition espagnole luttait contre l'hérésie.*

Para la gente supersticiosa el trébol de cuatro hojas trae buena suerte. — *Pour les gens superstitieux le trèfle à quatre feuilles porte bonheur.*

El número de adivinos está aumentando en España. — *Le nombre de voyants augmente en Espagne.*

La vidente lee el porvenir en una bola de cristal. — *La voyante lit l'avenir dans une boule de cristal.*

En la mitología griega Zeus era el dios principal. — *Dans la mythologie grecque Zeus était le dieu suprême.*

Rendir culto a la diosa del amor. — *Rendre un culte à la déesse de l'amour.*

C EXPRESSIONS ET LOCUTIONS

Una mentira piadosa. — *Un pieux mensonge.*

adorar; la adoración*	adorer; l'adoration
la idolatría	l'idolâtrie
el ídolo	l'idole
el sacrificio (humano)	le sacrifice (humain)
sacrificar*	sacrifier
la ofrenda*; ofrendar	l'offrande; faire des offrandes, faire l'offrande de
encarnar	incarner
la reencarnación*	la réincarnation
☐	☐
el cristianismo	le christianisme
cristiano(a)*	chrétien(ne)
la cristiandad	la chrétienté
el islam*; islámico(a)	l'islam; islamique
musulmán (musulmana)	musulman(e)
el Corán*; la ley coránica	le Coran; la loi coranique
Alá; Mahoma	Allah; Mahomet
la mezquita*; La Meca*	la mosquée; La Mecque
el judaísmo	le judaïsme
judío(a)	juif (juive)
la sinagoga	la synagogue
el budismo*; budista	le bouddhisme; bouddhiste
la secta	la secte
adherirse a una secta	adhérer à une secte
entrar en una secta	entrer dans une secte
☐	☐
las Iglesias cristianas	les Églises chrétiennes
la Iglesia* católica	l'Église catholique
el catolicismo	le catholicisme
católico(a)*; catolicón	catholique; catho
la Iglesia protestante	l'Église protestante
el protestantismo	le protestantisme
protestante*	protestant(e)
la Reforma	la Réforme
la Iglesia de Inglaterra, la Iglesia anglicana	l'Église anglicane
el anglicanismo	l'anglicanisme
anglicano(a)*	anglican(e)
los testigos de Jehovah	les témoins de Jéhovah

La adoración de los Reyes.	L'adoration des Rois mages.
Los Aztecas sacrificaban presos de guerra a sus dioses.	Les Aztèques sacrifiaient des prisonniers de guerre à leurs dieux.
Los reyes Magos le llevaron ofrendas al niño Jesús.	Les Rois mages firent des offrandes à l'Enfant Jésus.
Los budistas creen en la reencarnación del espíritu.	Les bouddhistes croient en la réincarnation de l'esprit.
Abrazar la religión cristiana.	Embrasser la religion chrétienne.
Los cinco pilares del islam son : orar cinco veces al día, dar limosna, ayunar en el mes del Ramadán, peregrinar a La Meca al menos una vez en la vida y creer en un solo Dios.	Les cinq piliers de l'islam sont : prier cinq fois par jour, faire l'aumône, jeûner pendant le ramadan, faire un pèlerinage à La Mecque au moins une fois dans sa vie et croire en un seul Dieu.
La mezquita de Córdoba fue convertida en catedral durante el reino de Carlos Quinto.	La mosquée de Cordoue fut transformée en cathédrale sous le règne de Charles Quint.
El Corán es un libro sagrado.	Le Coran est un livre sacré.
Es un seguidor del budismo.	C'est un adepte du bouddhisme.
La separación de la Iglesia y el Estado.	La séparation de l'Église et de l'État.
Pocos jóvenes se consideran católicos practicantes.	Peu de jeunes se considèrent comme des catholiques pratiquants.
Se hizo protestante.	Il est devenu protestant.
Hay curas mujeres entre los anglicanos de Estados Unidos.	Il y a des femmes prêtres parmi les anglicans des États-Unis.

C EXPRESSIONS ET LOCUTIONS

Hablar en cristiano.	Parler clairement.
Por la calle no pasa un cristiano.	Il n'y a pas un chat dans la rue.
Me traes de la Ceca a la Meca.	Tu me fais tourner en bourrique.

□	□
el santuario	*le sanctuaire*
la parroquia	*la paroisse*

El dogma / Le dogme

el teólogo	*le théologien*
la Biblia*	*la Bible*
la Sagrada Escritura	*l'Écriture sainte*
el Antiguo; el Nuevo Testamento*	*l'Ancien; le Nouveau Testament*
el Evangelio*	*l'Évangile*
los diez mandamientos*	*les dix commandements*
Dios*	*Dieu*
el Creador, el Criador	*le Créateur*
Cristo*	*le Christ*
Jesús*, Jesucristo	*Jésus, Jésus-Christ*
antes ≠ después de Cristo	*avant ≠ après Jésus-Christ*
el Señor	*le Seigneur*
el Salvador	*le Sauveur*
el Redentor; la redención	*le Rédempteur; la rédemption*
la Virgen María*	*la Vierge Marie*
la Virgen Santísima, María Santísima	*la Sainte Vierge*
la Natividad	*la Nativité*
la Pasión*	*la Passion*
la Crucifixión; crucificar	*la Crucifixion; crucifier*
el crucifijo	*le crucifix*
la cruz	*la croix*
el ermitaño	*l'ermite*
el martirio*	*le martyre (la souffrance)*
el mártir, la mártir	*le martyr, la martyre (la personne)*
la Resurrección; resucitar	*la Resurrection; ressusciter*
el apóstol*	*l'apôtre*
el discípulo	*le disciple*
el santo* (la santa)*	*le saint (la sainte)*
el patrón, el patrono (la patrona)*	*le saint patron (la sainte patronne)*
el ángel*	*l'ange*
el ángel de la guarda, el ángel custodio	*l'ange gardien*
el diablo; el demonio	*le diable; le démon*

La Biblia empieza por el Génesis.	*La Bible commence par la Genèse.*
El Nuevo Testamento fue escrito entre 50 y 150 aproximadamente.	*Le Nouveau Testament fut écrit entre 50 et 150.*
Juan Pablo II citó un versículo del Evangelio según San Mateo.	*Jean-Paul II a cité un verset de l'évangile selon saint Matthieu.*
Me acuso de haber faltado tres veces contra el sexto mandamiento.	*Je m'accuse d'avoir manqué trois fois au sixième commandement.*
Uno de los milagros realizados por Jesús fue la resurrección de Lázaro.	*L'un des miracles réalisés par Jésus fut la résurrection de Lazare.*
En 1858 la Virgen María apareció en Lourdes ante Bernadette Soubirous.	*En 1858 la Vierge Marie apparut à Lourdes à Bernadette Soubirous.*
La Pasión según San Lucas.	*La Passion selon saint Luc.*
Padeció el martirio de la decapitación por orden del rey.	*Il a souffert le martyre de la décapitation par ordre du roi.*
Los doce apóstoles fueron elegidos por Jesucristo para predicar el Evangelio.	*Les douze apôtres furent choisis par Jésus-Christ pour prêcher l'Évangile.*
El cuadro representa a San Sebastián asaeteado.	*Le tableau représente saint Sébastien criblé de flèches.*
Santa Genoveva es la patrona de París.	*Sainte Geneviève est la patronne de Paris.*
El ángel Gabriel anuncia a María que dará a luz un hijo llamado Jesús.	*L'ange Gabriel annonce à Marie qu'elle mettra au monde un fils nommé Jésus.*

C EXPRESSIONS ET LOCUTIONS

No había ni Dios.	*Il n'y avait pas âme qui vive.*
Crían a la niña como Dios manda.	*Ils élèvent la fillette comme il faut.*
¡ Vaya con Dios ! (ir con Dios)	*Adieu !*
Dios los cría y ellos se juntan.	*Qui se ressemble s'assemble.*
Donde Cristo dio las tres voces.	*Au diable vauvert.*
El santo y seña.	*Le mot de passe.*
Este niño tiene ángel.	*Cet enfant a du charme.*

el infierno*	l'enfer
el purgatorio	le purgatoire
el cielo*	le ciel
el paraíso*, la gloria*	le paradis
el más allá	l'au-delà
□	□
la inmortalidad; inmortal	l'immortalité; immortel(le)
la eternidad; eterno(a)	l'éternité; éternel(le)
el alma*	l'âme
la salvación	le salut
el pecado*; pecar	le péché; pécher
el pecador (la pecadora)	le pécheur (la pécheresse)
absolver	absoudre

El culto / Le culte

el bautismo	le baptême
bautizar*	baptiser
la confirmación	la confirmation
la comunión*	la communion
comulgar*	communier
la confesión	la confession
confesar; confesarse	confesser; se confesser
arrepentirse de	se repentir de
expiar	expier
el devocionario	le missel
la oración	la prière
rezar* (a Dios)	prier (Dieu)
el Padrenuestro*; el avemaría*	le Notre Père; l'Ave Maria
ir a la iglesia	aller à l'église
santiguarse, persignarse	faire le signe de la croix, se signer
la misa*	la messe
ir a misa	aller à la messe
el oficio religioso	l'office religieux
el altar	l'autel
predicar*	prêcher
el sermón	le sermon
el cántico	le cantique
la bendición*	la bénédiction
bendecir*	bénir

B ... DANS LEUR CONTEXTE

Ir al infierno ≠ subir al cielo.	*Aller en enfer ≠ monter au ciel.*
Uno de los siete pecados capitales es la lujuria.	*L'un des sept péchés capitaux est la luxure.*
Santa Teresa fue bautizada en la pila bautismal de la iglesia abulense de San Juan en 1515.	*Sainte Thérèse fut portée sur les fonts baptismaux de l'église de Saint-Jean à Avila, en 1515.*
Las niñas han hecho la primera comunión.	*Les fillettes ont fait leur première communion.*
Celebrar la misa, decir misa.	*Dire la messe.*
El sacerdote bendijo la boda.	*Le prêtre a béni le mariage.*

C EXPRESSIONS ET LOCUTIONS

El infierno está empedrado de buenas intenciones.	*L'enfer est pavé de bonnes intentions.*
Se me ha ido el santo al cielo.	*Ça m'est sorti de la tête.*
Cielo mío.	*Mon amour.*
El reino de los cielos.	*Le royaume des cieux.*
El paraíso terrenal.	*Le paradis terrestre.*
¡ Que en gloria esté !	*Dieu ait son âme !*
Se dedica en cuerpo y alma a su trabajo.	*Il se dévoue corps et âme à son travail.*
No hay pecado sin remisión.	*À tout péché miséricorde.*
Hacer comulgar con ruedas de molino.	*Faire prendre des vessies pour des lanternes.*
Rezar el rosario.	*Dire son chapelet.*
En un padrenuestro, en un avemaría.	*En un clin d'œil.*
Al avemaría.	*À la nuit tombante.*
Sabe su lección como el avemaría.	*Il connaît sa leçon sur le bout des doigts.*
La misa del gallo.	*La messe de minuit.*
No saber de la misa la media.	*Ne pas savoir le premier mot.*
Predicar en el desierto.	*Prêcher dans le désert.*
Echar la bendición.	*Donner la bénédiction.*

el monaguillo*	*l'enfant de chœur*
consagrar	*consacrer*
la penitencia	*la pénitence*
hacer penitencia	*faire pénitence*
la peregrinación*	*le pèlerinage*
el peregrino*; peregrinar	*le pèlerin; faire un pèlerinage*
la procesión*	*la procession*
□	□
el incienso; el incensario*	*l'encens; l'encensoir*
el agua bendita	*l'eau bénite*
la pila de agua bendita	*le bénitier*
la reliquia*	*la relique*

El clero y las órdenes | Le clergé et les ordres

el eclesiástico	*l'ecclésiastique*
el clero secular ≠ regular	*le clergé séculier ≠ régulier*
el papa*; el papado	*le pape; la papauté*
papal*; pontifical	*papal(e); pontifical(e)*
el Beatísimo Padre; el Sumo Pontífice	*le Très Saint-Père; le souverain pontife*
el concilio	*le concile*
la excomunión	*l'excommunication*
excomulgar	*excommunier*
la Santa Sede	*le Saint-Siège*
el Vaticano	*le Vatican*
el episcopado	*l'épiscopat*
el arzobispo; el arzobispado	*l'archevêque; l'archevêché*
el obispo*; el obispado	*l'évêque; l'évêché*
el sacerdote*, el capellán	*le prêtre*
el cura, el párroco	*le curé*
el vicario	*le vicaire*
el sacristán	*le sacristain*
el prelado	*le prélat*
la casa rectoral, la casa del cura	*le presbytère*
□	□
el pastor	*le pasteur*
el rabino*	*le rabbin*
el pope	*le pope*
□	□

El monaguillo sirve al sacerdote durante los oficios.	*L'enfant de chœur sert le prêtre durant les offices.*
Durante la Edad Media Santiago de Compostela fue un centro de peregrinación muy importante.	*Au Moyen Âge Saint-Jacques-de-Compostelle fut un centre de pèlerinage très important.*
Los peregrinos han recorrido cincuenta kilómetros.	*Les pèlerins ont parcouru cinquante kilomètres.*
La imagen de San Fermín, primer obispo de Pamplona, se pasea en procesión el día de su fiesta.	*L'image de saint Firmin, premier évêque de Pampelune, est promenée en procession le jour de sa fête.*
El famoso incensario de Santiago de Compostela se llama el botafumeiro.	*Le célèbre encensoir de Saint-Jacques-de-Compostelle s'appelle le « botafumeiro ».*
En esta iglesia se conservan las reliquias de la patrona de la ciudad.	*Dans cette église sont conservées les reliques de la sainte patronne de la ville.*
Los cardenales eligen al papa.	*Les cardinaux élisent le pape.*
Durante las fiestas cristianas la bendición papal se retransmite por televisión.	*Durant les fêtes chrétiennes la bénédiction papale est retransmise à la télévision.*
El obispo celebró la misa mayor en la catedral.	*L'évêque a célébré la grand-messe dans la cathédrale.*
El sacerdote español José María Escrivá fundó el Opus Dei en 1928.	*Le prêtre espagnol José María Escrivá a fondé l'Opus Dei en 1928.*
El rabino oficia en la sinagoga.	*Le rabbin officie dans la synagogue.*

C   EXPRESSIONS ET LOCUTIONS

Repicar y estar en la procesión.	*Être à la fois au four et au moulin.*
Ser más papista que el papa.	*Être plus royaliste que le roi.*
Trabajar para el obispo.	*Travailler pour le roi de Prusse.*

las órdenes* religiosas	*les ordres religieux*
ingresar en una orden	*entrer dans les ordres*
el fraile, el monje*	*le moine*
el abad	*l'abbé (d'un monastère)*
la religiosa* ; la monja*	*la religieuse ; la nonne*
la abadesa	*l'abbesse*
la abadía	*l'abbaye*
el convento*	*le couvent*
la cartuja	*la chartreuse (couvent)*
el monasterio*	*le monastère*
la celda	*la cellule*
el misionero	*le missionnaire*
evangelizar ; hacer evangelización	*évangéliser ; faire de l'évangélisation*
□	□
el Opus Dei* ; el opusdeísta	*l'Opus Dei; le membre de l'Opus Dei*
el jesuita	*le jésuite*
el benedictino	*le bénédictin*
el cartujo	*le chartreux*
el franciscano	*le franciscain*
el dominicano	*le dominicain*
el jerónimo ; jerónimo (a)*	*le hiéronymite; hiéronymite*
el cisterciense	*le cistercien*
el carmelita descalzo	*le carme déchaussé (déchaux)*
□	□
el voto*	*le vœu*
la castidad* ; casto (a)	*la chasteté; chaste*
la tonsura	*la tonsure*
la mortificación	*la mortification*
el velo*	*le voile*
el hábito*	*l'habit religieux*
la sotana	*la soutane*
la casulla	*la chasuble*
el alba	*l'aube*
la estola	*l'étole*
el capelo (cardenalicio)	*le chapeau (de cardinal)*
el báculo	*la crosse, le bâton (d'évêque)*
la mitra	*la mitre*

Las cuatro órdenes mendicantes son los agustinos, los carmelitas, los dominicos y los franciscanos.	Les quatre ordres mendiants sont les Augustins, les Carmes, les Dominicains et les Franciscains.
El monje se entrega a la oración y a la penitencia.	Le moine s'adonne à la prière et à la pénitence.
El seductor raptó a la religiosa.	Le séducteur a enlevé la religieuse.
Se retiró en un convento a los veinte años.	Elle s'est retirée dans un couvent à vingt ans.
El monasterio del Escorial fue edificado por Felipe II.	Le monastère de l'Escorial fut édifié par Philippe II.
El Opus Dei está implantado en 87 países y controla el Banco Popular Español, la Universidad de Navarra, decenas de colegios y centros de formación, órganos de prensa, agencias de prensa, editoriales, radios y compañías cinematográficas, etc.	L'Opus Dei est implanté dans 87 pays et contrôle la Banque Populaire Espagnole, l'Université de Navarre, des dizaines d'écoles et de centres de formation, des organes de presse, des agences de presse, des maisons d'édition, des radios et des compagnies cinématographiques, etc.
En 1556 Carlos Quinto abdicó el poder en su hijo y se retiró en un monasterio jerónimo de Yuste en Extremadura.	En 1556 Charles Quint abdiqua en faveur de son fils et se retira dans un monastère hiéronymite de Yuste en Estrémadure.
Hizo voto de castidad.	Elle a fait vœu de chasteté.
Santa Teresa tomó el velo el 2 de noviembre de 1533.	Sainte Thérèse prit le voile le 2 novembre 1533.

C   EXPRESSIONS ET LOCUTIONS

Se metió monja muy joven.	Elle est entrée dans les ordres très jeune.
El hábito no hace al monje.	L'habit ne fait pas le moine.
Colgar el hábito.	Jeter le froc aux orties.

Generalidades	Généralités
el Estado*	l'État
gubernamental	gouvernemental(e)
el Estado federal	l'État fédéral
la confederación de Estados	la confédération d'États
el territorio	le territoire (national)
la ciudadanía*; la nacionalidad	la citoyenneté; la nationalité
los nacionales (de un país), los naturales	les ressortissants (d'un pays)
el ciudadano	le citoyen
el conciudadano	le concitoyen
el compatriota, el paisano* (fam.)	le compatriote
la nación	la nation
el pueblo	le peuple
la patria*	la patrie
el país natal	le pays natal
el himno nacional*	l'hymne national
la bandera*	le drapeau
el patriotismo	le patriotisme
el extranjero; extranjero	l'étranger; étranger (à un pays)
el forastero; forastero, foráneo	l'étranger; étranger (à la ville ou région dont il est question)
□	□
la Constitución*	la Constitution
la ley constitucional	la loi constitutionnelle
la violación de la Constitución	la violation de la Constitution
ser anticonstitucional	être anticonstitutionnel(le)
el rey*; el soberano*	le roi; le souverain
el príncipe*	le prince
el trono*	le trône
los Borbones	les Bourbons
□	□
el imperio	l'empire
la monarquía*	la monarchie
la monarquía constitucional	la monarchie constitutionnelle

B ... DANS LEUR CONTEXTE

El Estado francés.	*L'État français.*
La razón de Estado.	*La raison d'État.*
El derecho de ciudadanía.	*Le droit de cité.*
Me encontré con un paisano mío.	*J'ai rencontré un de mes compatriotes.*
Fuera de su país, añora más su patria chica que la madre patria.	*À l'étranger, il a plus la nostalgie de sa ville natale que de la mère patrie.*
El himno nacional de España es *La Marcha real* de J. Turina.	*L'hymne national espagnol est* La Marcha real *de J. Turina.*
La Constitución española del 6 de diciembre de 1978 es la séptima que tiene España en 166 años y se ha hecho con el consentimiento y colaboración de todas las fuerzas políticas que representan a los españoles.	*La Constitution espagnole du 6 décembre 1978 est la septième constitution de L'Espagne depuis 166 ans et elle s'est faite avec le consentement et la collaboration de toutes les forces politiques qui représentent les Espagnols.*
El soberano reinante.	*Le souverain régnant.*
Felipe de Borbón y Grecia, príncipe de Asturias, es el heredero de la corona de España.	*Philippe de Bourbon et de Grèce, prince des Asturies, est l'héritier de la couronne d'Espagne.*
Subir al trono.	*Monter sur le trône.*
Tras la aprobación por referéndum de la nueva Constitución de diciembre de 1978, España se convierte en un país democrático con una nueva monarquía parlamentaria en la que el rey reina pero no gobierna.	*Après l'approbation par référendum de la nouvelle constitution de décembre 1978, l'Espagne devient un pays démocratique avec une nouvelle monarchie parlementaire dans laquelle le roi règne mais ne gouverne pas.*

C EXPRESSIONS ET LOCUTIONS

Salir con banderas desplegadas.	*Avoir les honneurs de la guerre.*
Le dio una paliza soberana.	*Il lui donna une raclée magistrale.*

la república	*la république*
republicano (a)*	*républicain (e)*
la república popular	*la république populaire*
la democracia*	*la démocratie*
demócrata*	*démocrate*
la dictadura*; el dictador*	*la dictature; le dictateur*
el fascismo; fascista	*le fascisme; fasciste*
el totalitarismo	*le totalitarisme*
totalitario (a)	*totalitaire*

El gobierno — Le gouvernement

la política	*la politique*
el politólogo	*le politologue*
el (hombre) político*	*l'homme politique, le politicien*
político (a)*	*politique*
la cumbre	*le sommet*
la conferencia en la cumbre, de alto nivel	*la conférence au sommet*
el gobierno*	*le gouvernement*
la presidencia del gobierno	*la présidence du gouvernement*
gobernar	*gouverner*
el gobierno provisional	*le gouvernement provisoire*
el jefe de Estado	*le chef d'État*
el estadista	*l'homme d'État*
el presidente*, la presidenta	*le président, la présidente*
presidir	*présider*
el canciller	*le chancelier*
el ministro*, la ministra*	*le ministre, madame le ministre*
el consejo de ministros	*le conseil des ministres*
el ministerio*	*le ministère*
la cartera*	*le portefeuille ministériel*
el ministro de Interior	*le ministre de l'Intérieur*
el ministro de Asuntos exteriores	*le ministre des Affaires étrangères*
los Asuntos exteriores	*les Affaires étrangères*
el embajador	*l'ambassadeur*
las cartas credenciales	*les lettres de créance*
el ministro de Hacienda	*le ministre des Finances*

Las ideas republicanas habían calado muy hondo en él.

Les idées républicaines avaient laissé en lui une profonde empreinte.

Las democracias occidentales.

Les démocraties occidentales.

La socialdemocracia.

La social-démocratie.

El socialdemócrata.

Le social-démocrate.

El dictador firmó varias sentencias de muerte.

Le dictateur signa plusieurs arrêts de mort.

La personalidad de este político ha calado profundamente en la opinión pública por su entereza.

Par son intégrité, la personnalité de cet homme politique a profondément marqué l'opinion publique.

Los cargos políticos.

Les fonctions politiques.

Un dirigente político.

Un dirigeant politique.

El gobierno parlamentario.

Le gouvernement parlementaire.

El gobierno presidencialista.

Le gouvernement présidentiel.

Formar gobierno.

Former un gouvernement.

El domingo 6 de junio de 1993, el electorado confirmó por cuarta vez a Felipe González como presidente del gobierno.

Le dimanche 6 juin 1993, l'électorat a renouvelé sa confiance pour la quatrième fois à Felipe González comme président du gouvernement.

Por aplastante mayoría de votos fue elegido presidente.

Il fut élu président avec une majorité écrasante.

La Primera ministra.

(Madame) le Premier ministre.

El ministerio de la Vivienda.

Le ministère de la Construction.

El ministerio de Comunicaciones.

Le ministère des P.T.T. (en Espagne).

El ministerio de Obras públicas.

Le ministère des Travaux publics.

Un ministro sin cartera.

Un ministre sans portefeuille.

C EXPRESSIONS ET LOCUTIONS

La dictadura del proletariado.

La dictature du prolétariat.

el ministro de Economía*	*le ministre de l'Économie*
el ministro de Justicia	*le ministre de la Justice, le garde des Sceaux*
el ministro de la Guerra	*le ministre de la Défense*
el ministro de Educación y Ciencia	*le ministre de l'Éducation nationale*
el secretario de Estado	*le secrétaire d'État*
el portavoz del gobierno*	*le porte-parole du gouvernement*
el guardaespaldas	*le garde du corps*

Las Cortes Generales — Les Cortes, le Parlement

el poder*	*le pouvoir*
la separación de los poderes	*la séparation des pouvoirs*
el poder legislativo*	*le pouvoir législatif*
el poder ejecutivo	*le pouvoir exécutif*
el poder judicial	*le pouvoir judiciaire*
el parlamento	*le parlement*
la comisión parlamentaria	*la commission parlementaire*
la cámara*	*la Chambre*
el Congreso de los Diputados	*la Chambre des députés*
la Asamblea	*l'Assemblée nationale*
consultivo (a)	*consultatif (ive)*
la disolución	*la dissolution*
el diputado*	*le député*
el parlamentario, el diputado	*le parlementaire*
el grupo parlamentario*	*le groupe parlementaire*
la sesión parlamentaria	*la session parlementaire*
la legislatura	*la législature*
el voto de confianza	*la question de confiance*
la moción de censura	*la motion de censure*
la camarilla, el lobby	*le groupe de pression, le lobby*
el pleno, la sesión plenaria	*la séance plénière*
deliberar	*délibérer*
el senado	*le sénat*
el senador*	*le sénateur*

El ministro de Economía no descarta el que se devalúe la peseta y recomienda el ajuste de precios.

Le ministre de l'Économie n'écarte pas l'idée d'une dévaluation de la peseta et il recommande l'ajustement des prix.

Tomó la palabra el portavoz del gobierno para anunciar nuevas reformas.

Le porte-parole du gouvernement a pris la parole pour annoncer de nouvelles réformes.

Ayer fue cuando tuvo lugar la entrega (la transmisión) de poderes entre los dos ministros.

C'est hier qu'eut lieu la passation des pouvoirs entre les deux ministres.

Ejercen el poder legislativo del Estado las Cortes Generales formadas por dos Cámaras, el Senado y el Congreso de los Diputados.

Le pouvoir législatif de l'État est détenu par les Cortes constituées de deux Chambres, le Sénat et la Chambre des députés.

El poder legislativo de cada Comunidad Autónoma lo ejerce el Parlamento Autonómico que está formado por una sola cámara.

Le pouvoir législatif de chaque Communauté autonome est détenu par le Parlement autonome qui est formé d'une seule Chambre.

Se elige a los diputados cada cuatro años por sufragio directo.

Les députés sont élus tous les quatre ans au suffrage direct.

Los diputados españoles son 350 miembros.

Les députés espagnols sont au nombre de 350.

El grupo parlamentario de izquierda se pronunció a favor de la ley.

Le groupe parlementaire de gauche s'est prononcé en faveur de la loi.

Los senadores son elegidos por cuatro años.

Les sénateurs sont élus pour quatre ans.

C EXPRESSIONS ET LOCUTIONS

Dar poderes.

Donner procuration.

Partidos y elecciones	Partis et élections
el partido*	*le parti*
el partido bisagra	*le parti charnière*
el aparato de un partido político	*l'appareil d'un parti politique*
el presidente del partido	*le président du parti*
el líder*	*le leader*
el miembro, el componente, el adherente	*le membre, l'adhérent*
el militante ; partidista	*le militant ; partisan(e)*
el partido de masas	*le parti de masses*
el partido gubernamental, del gobierno	*le parti gouvernemental*
el partido de oposición	*le parti d'opposition*
la coalición, la alianza	*la coalition, l'alliance*
□	□
la derecha* ≠ la izquierda*	*la droite ≠ la gauche*
el centro*	*le centre*
el ala	*l'aile*
la oposición*	*l'opposition*
el extremista	*l'extrémiste*
el derechista	*le membre d'un parti de droite*
ultraderechista	*d'extrême droite*
la caverna	*les réactionnaires*
el izquierdista	*le gauchiste, le gauchisant, l'homme de gauche*
ultraizquierdista	*d'extrême gauche*
el liberal	*le libéral*
el independiente	*l'indépendant*
el democristiano	*le démocrate-chrétien*
el demócrata ; demócrata*	*le démocrate ; démocrate*
el centrista	*le centriste*
el socialista ; socialista*	*le socialiste ; socialiste*
el comunista ; comunista	*le communiste ; communiste*
el marxista* ; marxista	*le marxiste ; marxiste*
el anarquista ; anarquista	*l'anarchiste ; anarchiste*
apolítico (a)	*apolitique*

El hundimiento del partido comunista.	*L'effondrement du parti communiste.*
Entrar con mandamiento judicial en sedes de partidos políticos.	*Faire une perquisition aux sièges des partis politiques.*
La disolución de un partido político.	*La dissolution d'un parti politique.*
La financiación oculta de los partidos.	*Le financement occulte des partis.*
Ciertos partidos políticos gastan dinero a paletadas para financiar costosas campañas electorales.	*Certains partis politiques dépensent des sommes excessives pour financer des campagnes électorales coûteuses.*
El líder de la oposición.	*Le leader, le chef de file de l'opposition.*
Ser de derecha(s).	*Être de droite.*
Una persona de izquierda(s).	*Une personne de gauche.*
La coalición de Izquierda Unida.	*La coalition de la gauche unie.*
Partidos de oposición inexistentes.	*Des partis d'opposition inexistants.*
Me extraña muchísimo que haya pronunciado tales palabras porque es un demócrata de toda la vida.	*Je m'étonne beaucoup qu'il ait prononcé de tels propos car c'est un démocrate-né.*
La sede socialista.	*Le siège du parti socialiste.*
Un marxista leninista.	*Un marxiste-léniniste.*

C EXPRESSIONS ET LOCUTIONS

No hace nada a derechas.	*Il fait tout de travers.*
Un periódico de izquierdas.	*Un journal orienté à gauche.*
Aquí está en su centro.	*Ici, il est dans son élément.*

☐

los principales partidos políticos españoles
les principaux partis politiques espagnols

PP, Partido popular
Parti populaire

CDS, Centro democrático y social
Centre démocratique et social

CIU, Convergencia y Unión
Convergence et Union (nationalistes catalans de centre-droit)

EE, Euskadiko eskerra
Gauche basque nationaliste

HB, Herri Batasuna
Nationalistes basques radicaux

IU, Izquierda unida
Gauche unie

PNV, Partido nacionalista vasco
Parti nationaliste basque

PSOE, Partido socialista obrero español
Parti socialiste ouvrier espagnol

☐

las elecciones*; electoral*
les élections; électoral(e)

la votación*
l'élection, le vote, le scrutin

el sufragio*
le suffrage

el elector
l'électeur

votar* por un partido, por alguien
voter pour un parti, pour qqn

a favor de, por ≠ contra un candidato
voter pour ≠ contre un candidat

el voto*
la voix, le vote

la papeleta*
le bulletin de vote

la intención de voto
l'intention de vote

la urna*
l'urne de vote

la cabina electoral
l'isoloir

el presidente de la mesa electoral
le président du bureau de vote

la abstención; el abstencionismo
l'abstention; l'abstentionnisme

los abstencionistas
les abstentionnistes

el escrutinio*
le scrutin

el modo de escrutinio
le mode de scrutin

el escrutinio mayoritario
le scrutin majoritaire

el escrutinio proporcional
le scrutin proportionnel

el recuento de votos
le dépouillement

la circunscripción
la circonscription

el derecho de voto*
le droit de vote

Tras el anuncio de elecciones anticipadas, la prensa presentó a los candidatos.

Après l'annonce d'élections anticipées, la presse présenta les candidats.

Las elecciones fueron boicoteadas.

Les élections furent boycottées.

Se trata de una elección por sufragio universal.

Il s'agit d'une élection au suffrage universel.

Las intenciones electorales.

Les intentions de vote.

La votación, las elecciones a dos vueltas.

Le scrutin à deux tours.

La votación de desempate, adicional.

Le scrutin de ballottage.

Votación única.

Vote à un tour.

Votaciones sucesivas.

Vote à plusieurs tours.

El sufragio restringido.

Le suffrage restreint.

No sé por (a) quién votar, ¿ por los populares o por los socialistas ?

Je ne sais pas pour qui voter, pour les candidats du Parti populaire ou pour les socialistes.

Ganó por veinte votos a favor y doce en contra.

Il l'a emporté par vingt voix contre douze.

Los votos válidos.

Les suffrages valablement exprimés.

No es un voto secreto.

Ce n'est pas un vote (à bulletin) secret.

La papeleta en blanco, blanca.

Le bulletin blanc.

Ir a las urnas.

Aller, se rendre aux urnes, voter.

Efectuar el escrutinio, hacer el recuento de votos.

Dépouiller le scrutin.

En Francia, las mujeres obtuvieron el derecho de voto después de la Segunda Guerra mundial.

En France, le droit de vote a été obtenu par les femmes après la Seconde Guerre mondiale.

C EXPRESSIONS ET LOCUTIONS

El voto de confianza.

La question de confiance.

Le tocó una mala papeleta.

Il est tombé sur une drôle d'affaire.

Hay que proceder a una segunda votación.

Il y a ballottage.

la votación, el voto por correspondencia	le vote par correspondance
el voto por poder	le vote par procuration
la vuelta	le tour (des élections)
el referéndum*	le référendum
el plebiscito	le plébiscite
la mayoría*	la majorité
mayoritario	majoritaire
la minoría	la minorité
minoritario*	minoritaire
el sondeo de opinión*	le sondage (d'opinion)
el resultado	le résultat
la estimación, la previsión	l'estimation
la financiación irregular de los partidos	le financement occulte des partis
el censo	le recensement, le corps électoral

Presupuesto, impuestos y leyes

Budget, impôts et lois

Hacienda*	le ministère des Finances
el presupuesto*	le budget
el déficit presupuestario	le déficit budgétaire
los ingresos* ≠ los gastos*	les recettes ≠ les dépenses
el fisco, el tesoro público	le fisc
el erario público	le trésor public
la recaudación	la perception
el sistema de contribuciones, la fiscalidad	la fiscalité
el recaudador de contribuciones	le percepteur des contributions
el impuesto*, el tributo*	l'impôt
los impuestos directos* ≠ indirectos*	les impôts directs ≠ indirects
la tasa*	la taxe
el contribuyente	le contribuable
la declaración de impuestos, de renta, fiscal	la déclaration d'impôts, de revenus
el fraude fiscal*	la fraude fiscale

En ciertos casos, el referéndum aparece necesario.

Dans certains cas, le référendum apparaît nécessaire.

Han conseguido la mayoría por los pelos.

Ils ont obtenu la majorité de justesse.

En las últimas elecciones el partido quedó minoritario.

Aux dernières élections le parti est devenu minoritaire.

Estuve leyendo el último sondeo de opinión que anuncia un cambio rotundo de las Cortes.

J'ai lu le dernier sondage d'opinion qui annonce un changement radical du Parlement.

Hacienda recaudó 360 000 millones menos de lo presupuestado.

Le ministère des Finances a perçu 360 milliards de moins par rapport aux prévisions budgétaires.

Es un presupuesto inferior al del año pasado.

C'est un budget inférieur à celui de l'an passé.

La ley de presupuesto.

La loi de finances.

Los gastos e ingresos de la empresa.

Les entrées et sorties de l'entreprise.

Estos son los ingresos brutos del año.

Ce sont les revenus bruts de l'année.

Los gastos públicos.

Les dépenses publiques.

Los gastos de inversión.

Les dépenses d'investissement.

Declarar los impuestos.

Faire une déclaration d'impôts.

Los impuestos indirectos son más injustos que los impuestos directos.

Les impôts indirects sont plus injustes que les impôts directs.

La tasa de exportación.

La taxe d'exportation.

El gobierno está a punto de tomar medidas importantes para luchar contra el fraude fiscal.

Le gouvernement est sur le point de prendre des mesures importantes pour combattre la fraude fiscale.

C EXPRESSIONS ET LOCUTIONS

Meterse en gastos.

Se mettre en dépense, en frais.

El respeto es el tributo debido a la virtud.

Le respect est le tribut dû à la vertu.

El tributo de la gloria.

La rançon de la gloire.

el impuesto sobre la renta	*l'impôt sur les revenus*
los impuestos municipales	*les impôts locaux*
el impuesto sobre los rendimientos del trabajo personal	*la taxe professionnelle*
el IVA* (el impuesto sobre el valor añadido)	*la T.V.A. (la taxe à la valeur ajoutée)*
☐	☐
la ley*	*la loi*
ratificar, aprobar una ley	*entériner, adopter une loi*
legal	*légal(e)*
ilegal	*contraire à la loi, illégal(e)*
la legislación ; el legislador	*la législation ; le législateur*
el anteproyecto	*l'avant-projet*
el proyecto de ley*	*le projet de loi*
la propuesta de ley	*la proposition de loi*
la enmienda* ; enmendar	*l'amendement ; amender*

IVA incluido.

T.V.A. comprise.

Este proyecto de ley representa un serio riesgo para algunos derechos fundamentales.

Ce projet de loi représente une sérieuse menace pour certains droits fondamentaux.

Fueron 240 las enmiendas presentadas por los distintos grupos al proyecto de ley.

240 amendements au projet de loi furent présentés par les différents groupes.

C EXPRESSIONS ET LOCUTIONS

La costumbre tiene fuerza de ley, hace ley.

La coutume fait loi.

No tiene enmienda.

Il est incorrigible.

El ejército*	L'armée
las fuerzas armadas	*les forces armées*
los militares*	*les militaires*
militar*, castrense*	*militaire*
□	□
el grado	*le grade*
el suboficial	*le sous-officier*
el soldado*	*le soldat*
el cabo	*le caporal*
el cabo primero	*le caporal-chef*
el sargento*	*le sergent*
el sargento primero, el sargento mayor	*le sergent-chef, le sergent-major*
el ayudante; el ayudante primero	*l'adjudant; l'adjudant-chef*
el ayudante de campo	*l'aide de camp*
el mayor	*le major*
el oficial	*l'officier*
el subteniente, el alférez	*le sous-lieutenant*
el teniente*, el lugarteniente	*le lieutenant*
el capitán*	*le capitaine*
el comandante	*le commandant*
el coronel*	*le colonel*
el general*	*le général*
el almirante	*l'amiral*
el mariscal	*le maréchal*
el mando supremo	*le commandant en chef*
□	□
la tropa	*la troupe*
la unidad	*l'unité*
el pelotón*	*le peloton*
el escuadrón*	*l'escadron*
la brigada	*la brigade*
el batallón	*le bataillon*
la compañía*	*la compagnie*
el regimiento	*le régiment*
el destacamento	*le détachement*
la división (acorazada, blindada)	*la division (blindée)*
el cuerpo de ejército	*le corps d'armée*

La caída del muro de Berlín tuvo lugar sin la intervención de ningún ejército.	La chute du mur de Berlin a eu lieu sans l'intervention d'aucune armée.
El alto mando del ejército.	Le haut commandement de l'armée.
Los militares derrocaron al gobierno legal.	Les militaires renversèrent le gouvernement légal.
Tiene excepcionales dotes militares.	Il a d'exceptionnels dons militaires.
El gobierno trata de reducir los gastos militares.	Le gouvernement essaie de réduire les dépenses militaires.
Le atraía la vida castrense.	Il était attiré par la vie militaire.
Los soldados llevan a cabo la limpieza étnica en la ex-Yugoslavia.	Les soldats se livrent à la purification ethnique dans l'ex-Yougoslavie.
El soldado raso.	Le simple soldat, le soldat de seconde classe.
El soldado desconocido.	Le soldat inconnu.
El sargento cuida del orden de su compañía.	Le sergent s'occupe de l'ordre de sa compagnie.
El teniente coronel.	Le lieutenant-colonel.
Obedece sin chistar al capitán.	Il obéit sans répliquer au capitaine.
Fue ascendido a coronel.	Il a été promu colonel.
Es difícil llegar a ser general.	Il est difficile de devenir général.
El pelotón, el piquete de ejecución.	Le peloton d'exécution.
En Brasil, los escuadrones de la muerte mataron a muchos niños en la calle.	Au Brésil, les escadrons de la mort ont tué beaucoup d'enfants dans la rue.
Forma parte de la quinta compañía.	Il fait partie de la cinquième compagnie.

☐

el ejército de Tierra	*l'armée de terre*
las fuerzas de tierra	*les forces terrestres*
el cuartel*	*la caserne*
la infantería	*l'infanterie*
la artillería*	*l'artillerie*
el carro*, el vehículo blindado	*le char, le blindé*

☐

la Armada, la marina	*la flotte, la marine*
las fuerzas navales	*les forces navales*
el buque de guerra*	*le navire de guerre*
el crucero	*le croiseur*
el escolta	*l'escorteur*
el patrullero	*le patrouilleur*
el acorazado	*le cuirassier*
el destructor	*le destroyer*
el torpedero	*le torpilleur*
el contratorpedero, el cazator-pedero	*le contre-torpilleur*
la fragata	*la frégate*
el submarino nuclear	*le sous-marin nucléaire*
el portaviones, el portaaviones	*le porte-avions*

☐

el ejército del Aire	*l'armée de l'air*
las fuerzas aéreas	*les forces aériennes*
la escuadra	*l'escadre*
la escuadrilla	*l'escadrille*
el avión de combate*	*l'avion de combat*
el caza de guerra	*l'avion de chasse, le chasseur*
el cazabombardero	*le chasseur-bombardier*
el bombardero*	*le bombardier*
el helicóptero	*l'hélicoptère*
el paracaídas*; el paracaidista*	*le parachute; le parachutiste*

El arma (las armas)* ## L'arme (les armes)

las armas atómicas*, biológicas, químicas	*les armes atomiques, biologiques, chimiques*
las armas convencionales*	*les armes conventionnelles*
las armas estratégicas	*les armes stratégiques*

Los « barbudos » comenzaron la revolución con el ataque al cuartel Moncada el 26 de julio de 1953.

Les « barbus » commencèrent la révolution avec l'attaque à la caserne Moncada le 26 juillet 1953.

La artillería pesada.

L'artillerie lourde.

El buque de guerra se dirige hacia el estrecho de Magallanes.

Le navire de guerre se dirige vers le détroit de Magellan.

El avión de combate despegó a las tres de la mañana.

L'avion de combat a décollé à trois heures du matin.

Un bombardero de mediano alcance.

Un bombardier de moyenne portée.

Se abrió a tiempo el paracaídas.

Le parachute s'est ouvert à temps.

El paracaidista aterrizó en un campo de maíz.

Le parachutiste atterrit dans un champ de maïs.

Rendir el arma.

Rendre les armes.

Tomar las armas para librar a un país de la dictadura.

Prendre les armes pour libérer un pays de la dictature.

Existen nuevos tipos de armas de destrucción en masa.

Il existe de nouveaux types d'armes de destruction en masse.

Levantar el embargo de las armas.

Lever l'embargo sur les armes.

Las armas bacteriológicas.

Les armes bactériologiques.

Las armas de fuego.

Les armes à feu.

Las armas atómicas constituyen un real peligro.

Les armes atomiques constituent un réel danger.

Desde la Segunda Guerra mundial, se han producido alrededor de 150 conflictos en que se utilizaron armas convencionales.

Depuis la Seconde Guerre mondiale, environ 150 conflits où furent utilisées des armes conventionnelles se sont produits.

C EXPRESSIONS ET LOCUTIONS

Atestar (poner) toda la artillería.

Dresser ses batteries.

El carro de asalto.

Le char d'assaut.

Es una mujer de armas tomar.

C'est une femme qui n'a pas froid aux yeux.

las armas nucleares*	*les armes nucléaires*
los ensayos nucleares	*les essais nucléaires*
el armamento	*l'armement*
armarse	*s'armer*
estar armado (a)	*être armé(e)*
rearmarse	*se réarmer*
el rearme	*le réarmement*
el arsenal*	*l'arsenal*
el buzón armado	*la cache d'armes*
el negocio de las armas	*le commerce des armes*
el tráfico de armas	*le trafic d'armes*
□	□
disparar; los tiroteos, las bala- ceras *(am.)*	*tirer; les coups de feu*
la pistola	*le pistolet*
el revólver	*le revolver*
el fusil	*le fusil*
la ametralladora	*la mitrailleuse*
el lanzacohetes, el bazooka	*le bazooka*
el lanzallamas	*le lance-flammes*
el bazuca	*le lance-roquettes*
el cañón	*le canon*
la pieza de artillería	*la pièce d'artillerie*
la pólvora*	*la poudre*
las municiones	*les munitions*
el cartucho*	*la cartouche*
la bala*	*la balle*
la granada	*la grenade*
el obús; el proyectil	*l'obus; le projectile*
la bomba*	*la bombe*
la bomba atómica*	*la bombe atomique*
la bomba H	*la bombe H*
la bomba de neutrones	*la bombe à neutrons*
el arma nuclear	*l'arme nucléaire*
el hongo atómico	*le champignon atomique*
el misil*; el cohete*	*le missile; la fusée*
la ojiva, la cabeza nuclear	*l'ogive, la tête nucléaire*
el radio de acción, el alcance	*le rayon d'action, la portée*

Asusta saber que existen armas nucleares suficientes para volar cien veces el planeta.

Il est effrayant de savoir qu'il existe des armes nucléaires capables de faire exploser cent fois la planète.

Estos países son poseedores de armas nucleares.

Ces pays possèdent des armes nucléaires.

Hay que limitar la proliferación de las armas nucleares.

Il faut limiter la prolifération des armes nucléaires.

Las armas nucleares plantean el mayor peligro para la humanidad y la supervivencia de la civilización.

Les armes nucléaires constituent le plus grand danger pour l'humanité et la survie de la civilisation.

Hay que reducir el arsenal atómico de las superpotencias.

Il faut réduire l'arsenal atomique des super-puissances.

Lo mató una bala perdida.

Une balle perdue l'a tué.

La bomba arrojada sobre Hiroshima mató a ochenta mil personas en un segundo causando un total de doscientas mil víctimas.

La bombe lancée sur Hiroshima tua quatre-vingt mille personnes en une seconde avec, au total, deux cent mille victimes.

Tan sólo once países disponen en 1993 de la bomba atómica.

Seuls onze pays disposent en 1993 de la bombe atomique.

Estados Unidos lanzaron los misiles Tomahawk contra Bagdad.

Les États-Unis lancèrent les missiles Tomahawk sur Bagdad.

En 1962 se produjo la crisis de los cohetes que colocó al mundo al borde de un conflicto atómico.

En 1962 se produisit la crise des fusées qui plaça le monde au bord d'un conflit atomique.

C EXPRESSIONS ET LOCUTIONS

Las noticias que de ella nos llegan se difunden como reguero de pólvora.

Les nouvelles qui nous viennent d'elle se répandent comme une traînée de poudre.

Quemar el último cartucho.

Brûler sa dernière cartouche.

El servicio militar*, la mili*	Le service militaire
el servicio militar obligatorio	*le service militaire obligatoire*
hacer la mili*, ir a filas, estar en filas	*faire son service militaire, servir sous les drapeaux*
llamar a filas*	*appeler qqn sous les drapeaux*
entrar en quintas	*être appelé sous les drapeaux*
librarse de quintas	*être exempté du service militaire*
el servicio civil*	*le service civil*
el objetor de conciencia*	*l'objecteur de conscience*
el antimilitarista*; el antimilitarismo	*l'antimilitariste; l'antimilitarisme*
el pacifista*; el pacifismo	*le pacifiste; le pacifisme*
pacífico(a)	*pacifique*
el período de instrucción	*les classes*
el aplazamiento	*le report*
la quinta	*la classe*
el recluta, el quinto	*l'appelé, la recrue*
el guripa, el sorche	*le troufion*
el novato	*le bleu*
la licencia	*la quille*
el reservista	*le réserviste*
el permiso*	*la permission*
□	□
el ejército profesional	*l'armée de métier*
el voluntario	*le soldat de métier*
la academia militar	*l'école militaire*
el militar de carrera	*le militaire de carrière*
el alistado	*l'engagé volontaire*
alistarse*	*s'engager*
el mercenario*	*le mercenaire*
la junta de clasificación	*le conseil de révision*
el sueldo base	*la solde*
la Legión Extranjera	*la Légion étrangère*
el legionario	*le légionnaire*
□	□
la disciplina*; disciplinado(a)	*la discipline; discipliné(e)*
la obediencia; obediente*	*l'obéissance; obéissant(e)*

Hizo declaraciones en contra del servicio militar obligatorio.

Il a fait des déclarations contre le service militaire obligatoire.

En la mili lo pasó fatal.

À l'armée il en a bavé.

Está haciendo la mili lejos de su pueblo.

Il fait son service militaire loin de chez lui.

Lo llamaron a filas.

Il a été appelé sous les drapeaux.

Eligió hacer el servicio civil en vez del servicio militar.

Il a choisi de faire son service civil plutôt que son service militaire.

Decidió ser objetor de conciencia para escapar a la disciplina castrense.

Il a décidé d'être objecteur de conscience pour échapper à la discipline militaire.

Es un antimilitarista empedernido.

C'est un antimilitariste endurci.

Es un pacifista convencido.

C'est un pacifiste convaincu.

Mientras disfrutaba de un permiso cometió una fechoría.

Pendant sa permission il a commis une mauvaise action.

Se alistó en el ejército a los dieciocho años.

Il s'est engagé dans l'armée à l'âge de dix-huit ans.

Franco contrató a mercenarios africanos durante la guerra civil española.

Franco a engagé des mercenaires africains durant la guerre civile espagnole.

Cree en la disciplina.

Il croit à la discipline.

Observan la disciplina rigurosamente.

Ils observent la discipline d'une façon rigoureuse.

Le reprocha no ser lo bastante obediente.

Il lui reproche de ne pas être assez obéissant.

obedecer las órdenes	*obéir aux ordres*
la orden	*l'ordre*
ordenar, mandar	*ordonner*
el prófugo	*l'insoumis*
desertar	*déserter*
el desertor*	*le déserteur*

Conflictos   Conflits

la remilitarización	*la remilitarisation*
remilitarizar	*remilitariser*
la carrera armamentista, la carrera de armamentos*	*la course aux armements*
la crisis*	*la crise*
el conflicto*, la contienda	*le conflit*
la guerra*	*la guerre*
la guerra fría*	*la guerre froide*
belicoso(a); guerrero(a)	*belliqueux(euse); guerrier(ère)*
bélico(a)*	*de guerre*
la guerra de liberación	*la guerre de libération*
la declaración de guerra	*la déclaration de guerre*
declarar la guerra a	*déclarer la guerre à*
el golpe de Estado	*le coup d'État*
el cuartelazo, el pronunciamiento	*le putsch*
la intentona golpista*	*la tentative de coup d'État*
la guerrilla; el guerrillero	*la guérilla; le guérillero*
guerrillear	*mener une action de guérilla*
□	□
el enemigo*	*l'ennemi*
el adversario*, el contendiente	*l'adversaire*
adverso(a), contrario(a)	*adverse*
la hostilidad*; hostil	*l'hostilité; hostile*
el agresor*	*l'agresseur*
la agresión; el ataque*	*l'agression; l'attaque*
agredir	*agresser*
acometer	*attaquer*
las represalias	*les représailles*
las medidas de represalia	*les mesures de rétorsion*
la batalla*	*la bataille*
el campo de batalla	*le champ de bataille*

El desertor se escondía en la montaña.	*Le déserteur se cachait dans la montagne.*
Debemos detener la carrera de armamentos.	*Nous devons arrêter la course aux armements.*
La crisis política desencadenó la guerra.	*La crise politique a déclenché la guerre.*
El conflicto duró dos años.	*Le conflit dura deux ans.*
A raíz de la guerra árabe-israelí de 1948, unos 750 000 Palestinos perdieron casa y sustento.	*À la suite de la guerre arabo-israélienne de 1948, près de 750 000 Palestiniens perdirent domicile et subsistance.*
La guerra sucia.	*La sale guerre.*
La guerra fría pertenece a la historia pasada.	*La guerre froide appartient au passé.*
Los preparativos bélicos.	*Les préparatifs de guerre.*
Capitaneó la intentona golpista.	*Il a dirigé la tentative de coup d'État.*
Arremetió contra el enemigo.	*Il a foncé sur l'ennemi.*
Derrotaron al adversario.	*Ils ont mis en déroute l'adversaire.*
Reanudar, romper las hostilidades.	*Reprendre, ouvrir les hostilités.*
Se retiraron los agresores después del ultimátum.	*Les agresseurs se sont retirés après l'ultimatum.*
Iniciaron el ataque la noche pasada.	*Ils ont déclenché l'attaque la nuit passée.*
Quieren evitar el que se empeñe la batalla.	*Ils veulent éviter d'engager la bataille.*

C EXPRESSIONS ET LOCUTIONS

No hay enemigo pequeño.	*Il n'est si petit chat qui n'égratigne.*
Se pasó al enemigo cuando menos lo esperábamos.	*Il a passé à l'ennemi lorsqu'on s'y attendait le moins.*

la lucha; el combate*	*la lutte; le combat*
luchar*; batirse	*lutter; se battre*
el combatiente	*le combattant*
el prisionero*	*le prisonnier*
cautivar, hacer cautivo	*faire prisonnier, capturer*
morir al, en el combate	*mourir au combat*
caer bajo las balas	*tomber sous les balles*
el valor; valiente	*le courage; courageux (euse)*
el héroe*; heroico (a)*	*le héros; héroïque*
la cobardía; cobarde	*la lâcheté; lâche*
la combatividad; combativo (a)	*la combativité; combatif (ive)*
□	□
el toque de queda	*le couvre-feu*
el alto el fuego	*le cessez-le-feu*
la tregua*	*la trêve*
la victoria; vencer	*la victoire; vaincre*
la derrota*	*la défaite*
la retirada* de las tropas	*le retrait des troupes*
capitular; la capitulación	*capituler; la capitulation*
rendirse*	*se rendre*
el armisticio	*l'armistice*

La paz*   La paix

mantener la paz*	*maintenir la paix*
la coexistencia pacífica	*la coexistence pacifique*
la marcha por la paz, a favor de la paz	*la marche pour la paix*
la política de disuasión	*la politique de dissuasion*
la fuerza de disuasión, la fuerza disuasiva	*la force de dissuasion*
las alianzas*	*les alliances*
aliarse; el aliado	*s'allier; l'allié*
el pacto*; la OTAN	*le pacte; l'OTAN*
mantener la neutralidad*	*rester neutre*
la distensión	*la détente*
el desarme*; desarmarse	*le désarmement; désarmer*
la desmilitarización; desmilitarizar	*la démilitarisation; démilitariser*

Los caídos en el combate.	*Les soldats morts au combat.*
El Cid Campeador luchó contra los moros.	*Le Cid Campeador lutta contre les Maures.*
Los prisioneros, los presos de guerra.	*Les prisonniers de guerre.*
Se ha convertido en el héroe de la revolución.	*Il est devenu le héros de la révolution.*
Hizo un acto heroico salvando la vida de un centenar de personas.	*Il fit un acte héroïque en sauvant la vie d'une centaine de personnes.*
El ejército sufrió una derrota sangrienta.	*L'armée a essuyé une défaite sanglante.*
Batirse en retirada.	*Battre en retraite.*
Las operaciones de mantenimiento de la paz.	*Les opérations de maintien de la paix.*
Los cascos azules de la O.N.U. intentan mantener la paz en el mundo.	*Les casques bleus de l'O.N.U. essaient de maintenir la paix dans le monde.*
La alianza atlántica.	*L'alliance atlantique.*
El pacto de no agresión.	*Le pacte de non-agression.*
Este país optó por mantener la neutralidad.	*Ce pays a choisi de rester neutre.*
El acuerdo de desarme Salt II.	*L'accord de désarmement Salt II.*

C EXPRESSIONS ET LOCUTIONS

Sin tregua.	*Sans trêve.*
Su trabajo no le da tregua.	*Son travail ne lui laisse pas de répit.*
Me rindo.	*Je donne ma langue au chat.*
Hacer las paces con alguien.	*Faire la paix avec qqn.*

*La escuela, el colegio**	L'école
lectivo(a)*, escolar*	*scolaire*
preescolar	*préscolaire*
la guardería infantil*	*la crèche*
el jardín de (la) infancia	*le jardin d'enfants*
la nodriza* (habilitada)	*la nourrice (agréée)*
la educación ; educar*	*l'éducation ; éduquer*
la instrucción* ; instruir	*l'instruction ; instruire*
la formación	*la formation*
la cultura ; culto(a)*	*la culture ; cultivé(e)*

El sistema escolar	Le système scolaire
el sistema educativo	*le système éducatif*
la enseñanza	*l'enseignement*
la enseñanza obligatoria y gratuita	*l'enseignement obligatoire et gratuit*
la gratuidad del material escolar	*la gratuité des fournitures scolaires*
gratuito(a)	*gratuit(e)*
inscribirse	*s'inscrire*
la escolaridad obligatoria*	*la scolarité obligatoire*
estar escolarizado(a)	*être scolarisé(e)*
ir al colegio¹*	*fréquenter l'école*
el transporte escolar*	*le ramassage scolaire*
☐	☐
el alumnado, la matrícula	*l'effectif scolaire*
el alumno*	*l'élève*
el escolar	*l'écolier*
el colegial*	*l'écolier, le collégien, le lycéen*

Los centros docentes, escolares	Les établissements scolaires
la escuela de párvulos*	*l'école maternelle*
la escuela primaria, de primera enseñanza	*l'école primaire*

---

1. • Colegio • désigne en Espagne l'école ou le collège.

Van al colegio andando.

Ils vont à l'école à pied.

El año lectivo empieza en septiembre.

L'année scolaire commence en septembre.

El trabajo escolar le cansa mucho.

Le travail scolaire le fatigue beaucoup.

Lo llevan a la guardería infantil muy temprano.

Ils l'emmènent à la crèche très tôt le matin.

Guarda de su nodriza un recuerdo entrañable.

Elle garde de sa nourrice un tendre souvenir.

Este colegio educa a los niños de un modo muy severo.

Cette école éduque les enfants d'une façon très sévère.

Sabía que la instrucción era importante para salir de su condición humilde.

Il savait que l'instruction était importante pour sortir de sa condition humble.

El profesor de español es una persona muy culta.

Le professeur d'espagnol est une personne très cultivée.

La escolaridad es obligatoria en Francia hasta los dieciséis años.

La scolarité est obligatoire en France jusqu'à seize ans.

Mi hijo va al colegio de enfrente.

Mon fils fréquente l'école d'en face.

Cada año es necesario organizar el transporte escolar.

Chaque année il est nécessaire d'organiser le ramassage scolaire.

El alumno le confesó a su compañero que estaba limpio.

L'élève avoua à son camarade qu'il séchait.

Los colegiales esperan ansiosos que acabe la clase.

Les écoliers attendent avec anxiété la fin du cours.

El niño disfruta mucho en la escuela de parvulitos.

L'enfant se plaît beaucoup à la maternelle.

la escuela secundaria, de segunda enseñanza	l'école secondaire
el colegio, el cole*	le collège
el instituto*	le lycée
la enseñanza laboral	l'enseignement technique
la escuela pública*	l'école publique
la escuela privada, particular	l'école privée, libre
el colegio de pago*	l'école payante
el colegio de monjas, de frailes, de curas, religioso*	l'école religieuse
el colegio para minusválidos	l'école pour handicapés
□	□
la clase*	la classe (ensemble des élèves), le cours (matière enseignée)
el curso*	le cours, la classe (niveau)
E.G.B. (Educación general básica)	le cycle d'enseignement pour les élèves de 7 à 14 ans en Espagne
primero de E.G.B.	le cours préparatoire
segundo y tercero de E.G.B.	le cours élémentaire
cuarto y quinto de E.G.B.	le cours moyen
sexto, séptimo y octavo de E.G.B.	la sixième, la cinquième, la quatrième (en Espagne)
el B.U.P. (Bachillerato Unificado Polivalente)*	la scolarité de la troisième à la première (en Espagne)
el C.O.U. (Curso de Orientación Universitaria)*	la terminale (en Espagne)
aprobar	passer en, dans (la classe supérieure)
repetir (una clase)*	redoubler (une classe)
el repetidor	le redoublant
dejar el colegio*	quitter l'établissement

Los responsables   Les responsables

el maestro*; la maestra*	le maître; la maîtresse, l'instituteur; l'institutrice
el profesor* (la profesora)	le professeur, l'enseignant
el profe (la profe)*	le prof (la prof)
el profesor cursillista	le professeur stagiaire
el tutor	le professeur principal

15 L'ÉCOLE

B ... DANS LEUR CONTEXTE

Le han echado del cole.	*Il a été renvoyé du collège.*
Los alumnos de este instituto consiguen buenos resultados.	*Les élèves de ce lycée obtiennent de bons résultats.*
Estudió en una escuela pública.	*Il a fait ses études dans une école publique.*
No quisimos matricular a nuestra hija en un colegio de pago.	*Nous n'avons pas voulu inscrire notre fille dans une école payante.*
Está de interno en un colegio religioso.	*Il est interne dans une école privée, catholique.*
Este año, la clase de biología es muy numerosa.	*Cette année la classe de biologie est très chargée.*
El alumno acudió a clase sin lápiz.	*L'élève est arrivé en cours sans crayon.*
Este alumno no asiste nunca a clase.	*Cet élève n'assiste jamais au cours.*
Curso de octavo de E.G.B. con Pilar Manrique.	*Classe de 4ᵉ avec Pilar Manrique.*
Estoy en 2ᵈᵒ de B.U.P.	*Je suis en seconde.*
Está ansioso cuando piensa en el año de C.O.U. que le espera.	*Il est anxieux quand il pense à l'année de terminale qui l'attend.*
Vas a repetir si no estudias.	*Tu vas redoubler si tu ne travailles pas.*
Dejó el colegio donde tenía tantos amigos cuando sus padres se mudaron de casa.	*Il quitta l'école où il avait tant d'amis lorsque ses parents déménagèrent.*
Se encontraron al profe por la calle.	*Ils ont rencontré le prof dans la rue.*

C EXPRESSIONS ET LOCUTIONS

Cada maestrillo tiene su librillo.	*À chaque fou sa marotte.*
La historia es la maestra de la vida.	*L'histoire est un éternel recommencement*
Este profesor es un hueso.	*Ce professeur est une peau de vache.*

el profesorado, el cuerpo docente*	le corps enseignant
docente	enseignant(e)
la administración	l'administration
el director[1]*	le directeur (d'école)
el dire (fam.)	le dirlo
el director de colegio	le principal
el director de instituto	le proviseur
el director adjunto de colegio	le principal adjoint
el director adjunto de instituto	le proviseur adjoint
el bedel	le surveillant
el consejero de orientación pedagógica	le conseiller d'orientation
el consejo de orientación	le conseil de classe
los delegados de padres	les délégués des parents
los delegados de alumnos	les délégués des élèves
la reunión de padres y profesores*	la réunion parents-professeurs

Las clases*   Les cours

la I.N.B.A.D. (Instituto Nacional de Bachillerato a distancia)	l'intitut national d'enseignement secondaire à distance
la clase particular*	le cours particulier
el curso*	le cours (année)
el horario escolar*	l'emploi du temps
la hora de clase	l'heure de cours
impartir clases*, dar clases	donner des cours (un professeur)
enseñar* ≠ aprender	enseigner ≠ apprendre
el programa escolar	le programme scolaire
□	□
la asignatura*, la disciplina, la materia	la matière, la discipline
la asignatura optativa	la matière facultative
la asignatura obligatoria*	la matière obligatoire
dejar (el latín)	abandonner (le latin)
□	□
el inglés*; el francés*	l'anglais; le français (langues étrangères)
la literatura*	les lettres (l'espagnol), la littérature

---

1. En Espagne, les directeurs sont élus par leurs pairs.

El cuerpo docente se reunió para hablar de los programas.

Le corps enseignant s'est réuni pour parler des programmes.

El director lo llamó al orden después de la fuga.

Le directeur l'a rappelé à l'ordre après sa fugue.

La reunión de padres y profesores tendrá lugar el lunes próximo en las aulas del primer piso.

La réunion parents-professeurs aura lieu lundi prochain dans les salles de classe du premier étage.

En vísperas de reanudarse las clases está muy nervioso.

À la veille de la reprise des cours il est très nerveux.

Su madre acude a buscarle a la salida de las clases.

Sa mère vient le chercher à la sortie des cours.

Le dan clases particulares para que mejore sus resultados.

Il prend des cours particuliers pour améliorer ses résultats.

La apertura de curso.

La rentrée des classes.

El horario escolar de este año cansa mucho a mis hijos.

L'emploi du temps de cette année fatigue beaucoup mes enfants.

Imparte clases en un instituto del barrio de Salamanca, en Madrid.

Il donne des cours dans un lycée du quartier de Salamanca, à Madrid.

Tener una asignatura pendiente.

Avoir une discipline à repasser.

Me quedan pendientes dos asignaturas : el latín y la física.

Il me reste deux matières à repasser : le latin et la physique.

Las matemáticas son una asignatura obligatoria en España.

Les mathématiques sont une matière obligatoire en Espagne.

Aprobó el inglés por los pelos.

Il a réussi l'anglais de justesse.

Prefirió aprender el francés al inglés.

Il a préféré apprendre le français plutôt que l'anglais.

Las clases de literatura son muy interesantes este año.

Les cours de littérature sont très intéressants cette année.

C EXPRESSIONS ET LOCUTIONS

Se ha pirado la clase, se ha fumado la clase.

Il a séché le cours.

La letra con sangre se enseña, entra.

C'est en forgeant qu'on devient forgeron.

el latín*; el griego	*le latin; le grec*
la filosofía*	*la philosophie*
las matemáticas*	*les mathématiques, les maths*
la física; la química	*la physique; la chimie*
la biología	*la biologie*
la historia; la geografía	*l'histoire; la géographie*
la educación cívica	*l'éducation civique*
el dibujo	*le dessin*
la música	*la musique*
la gimnasia*	*l'E.P.S.*
la religión*	*la religion*
las prácticas	*les travaux pratiques*
□	□
el patio de recreo; el recreo*	*la cour de récréation; la récréation*
el tablón	*le tableau d'affichage*
el hogar socioeducativo	*le foyer, la salle de réunion*
la biblioteca*	*la bibliothèque, le C.D.I.*
la sala de profesores	*la salle des professeurs*
el laboratorio de idiomas	*le laboratoire de langues*
la sala de vídeo	*la salle vidéo*
el gimnasio*	*le gymnase*
el campo deportivo	*le terrain de sport*
□	□
el aula (las aulas)*	*la salle de classe*
el encerado*, la pizarra*, el tablero	*le tableau*
la tiza*	*la craie*
la esponja*	*l'éponge*
el tapón, el sello	*le tampon*
borrar*	*effacer (le tableau)*
el mapa*	*la carte géographique*
el escritorio, la mesa del profesor*	*le bureau du professeur*
la tarima*	*l'estrade*
el retroproyector	*le rétroprojecteur*
el proyector de diapositivas*	*le projecteur de diapositives*

Este año doy filosofía.	*Cette année, je fais de la philosophie.*
Las matemáticas puras, aplicadas.	*Les mathématiques pures, appliquées.*
En la clase de religión también se da moral.	*En cours de religion, on enseigne aussi la morale.*
A los niños les encanta el recreo.	*Les enfants adorent la récréation.*
La profesora los lleva al gimnasio cada miércoles.	*Le professeur les emmène au gymnase tous les mercredis.*
Caben treinta alumnos en el aula.	*La salle de classe peut contenir trente élèves.*
El profesor me pidió que borrara el encerado.	*Le professeur m'a demandé d'effacer le tableau.*
No le gusta salir a la pizarra.	*Il n'aime pas passer au tableau.*
Escribir con tiza.	*Écrire à la craie.*
No consigo encontrar la esponja.	*Je n'arrive pas à trouver l'éponge.*
El profesor le pedía al alumno que indicara España en el mapa.	*Le professeur demandait à l'élève de lui indiquer l'Espagne sur la carte.*
La mesa del profesor estaba llena de papeles.	*Le bureau du professeur était rempli de papiers.*
Subir a la tarima.	*Monter sur l'estrade.*
Es una lástima que no funcione el proyector de diapositivas.	*Il est dommage que le projecteur de diapositives ne fonctionne pas.*

C   EXPRESSIONS ET LOCUTIONS

Este chico sabe latín.	*Ce garçon est malin.*
Confunde la gimnasia con la magnesia.	*Il prend des vessies pour des lanternes.*
Es una biblioteca viviente.	*C'est une encyclopédie vivante.*

15 LA ESCUELA

Las tareas escolares*, el trabajo escolar	Les devoirs, le travail scolaire
pasar lista (a los alumnos)*	*faire l'appel*
transmitir el saber*	*transmettre le savoir*
explicar(se)*; la explicación	*(s')expliquer; l'explication*
la lección*	*la leçon*
☐	☐
levantar la mano*	*lever le doigt*
vivaracho(a)	*vif(vive)*
activo(a) ≠ pasivo(a)	*actif(ive) ≠ passif(ive)*
la pasividad	*la passivité*
flojo(a), indolente	*nonchalant(e)*
la flojedad, la indolencia	*la nonchalance*
vago(a)*	*fainéant(e)*
las dotes; dotado(a)	*le don, l'aptitude; doué(e)*
dársele bien algo a alguien*	*être doué(e) pour*
el empollón*; empollar*	*le bûcheur; bûcher, potasser*
estudioso(a)*	*appliqué(e)*
la aplicación	*l'application*
atento(a)* ≠ distraído(a)	*attentif(ive) ≠ inattentif(ive), distrait(e)*
indisciplinado(a)	*indiscipliné(e)*
perturbar, molestar	*perturber (le cours)*
☐	☐
apuntar algo*	*noter qqch.*
tomar apuntes*	*prendre des notes*
el ejercicio*	*l'exercice*
los deberes, las tareas (escolares)	*les devoirs, le travail à faire (à la maison)*
aprender, saber(se) de memoria*	*apprendre, savoir par cœur*
☐	☐
adquirir, conseguir (conocimientos)	*acquérir (des connaissances)*
comprender ≠ dársele mal algo	*suivre ≠ ne pas suivre (le cours)*
ser capacitado(a) para	*être compétent(e) pour*
el fracaso escolar*	*l'échec scolaire*

B ... DANS LEUR CONTEXTE

Las madres se quejaban de las tareas escolares que daban los profesores a sus hijos.	*Les mères se plaignaient du travail scolaire que les professeurs donnaient à leurs enfants.*
Ayer se olvidó de pasar lista.	*Hier, il a oublié de faire l'appel.*
Se preguntaba cómo transmitir el saber a aquellos niños.	*Il se demandait comment transmettre le savoir à ces enfants.*
Se sabe la lección de carretilla.	*Il connaît la leçon sur le bout des doigts.*
Hemos repasado la lección.	*Nous avons révisé la leçon.*
Los treinta y cinco alumnos hablaban sin ton ni son, sin levantar la mano.	*Les trente-cinq élèves parlaient à tort et à travers, sans lever le doigt.*
Se le dan bien los idiomas.	*Il est doué pour les langues.*
Los demás se burlaban de él porque no era más que un empollón.	*Les autres se moquaient de lui car il n'était qu'un bûcheur.*
Está empollando física.	*Il bûche sa physique.*
El profesor felicita a los niños estudiosos.	*Le professeur félicite les élèves appliqués.*
Es un niño muy atento en clase.	*C'est un enfant très attentif en classe.*
Suele apuntar cuanto dice el profesor.	*En général, il note tout ce que dit le professeur.*
Le resultaba difícil tomar apuntes.	*Il avait du mal à prendre des notes.*
Le resultó difícil el ejercicio de aritmética.	*L'exercice d'arithmétique lui a semblé difficile.*
Se sabe de memoria el poema de Pablo Neruda.	*Il sait par cœur le poème de Pablo Neruda.*
El fracaso escolar atañe a muchos niños en la actualidad.	*L'échec scolaire concerne beaucoup d'enfants à l'heure actuelle.*

C EXPRESSIONS ET LOCUTIONS

Se explica como un libro abierto.	*Il parle comme un livre.*
Echar lección.	*Donner une leçon à apprendre.*
El vago de turno.	*Le cancre de service.*

Pruebas, exámenes y selección

Contrôles, examens et sélection

el examen	le devoir sur table
la prueba, el control	le test, l'interrogation écrite
el test de aptitud	le test d'aptitude
la vigilancia, la revisión	la surveillance (d'un devoir)
vigilar un examen	surveiller (un devoir)
la chuleta*; el chuleteo, el chuletaje	l'antisèche; l'art de l'antisèche
engañar; el engaño	tricher; la tricherie
copiar*	copier
la laguna	la lacune
la falta*; sin falta	la faute; sans faute
el fallo*	la faute, l'erreur
□	□
corregir las pruebas*	corriger les copies
rectificar, corregir una falta	rectifier, corriger une faute
la evaluación	l'évaluation
el nivel	le niveau
la nota*	la note
poner nota a	noter, mettre une note
el boletín trimestral*	le bulletin trimestriel
sobresaliente	très bien
notable*	bien, assez bien
suficiente*	passable
insuficiente	insuffisant
la (nota) media de la clase	la moyenne de la classe
□	□
el examen*; examinarse*	l'examen; passer un examen
el examinador	l'examinateur
examinar	faire passer un examen
aprobar ≠ suspender a alguien	faire passer qqn ≠ recaler qqn
catear a alguien*, darle un cate a alguien *(fam.)**	recaler qqn; se faire étendre
aprobar* un examen	réussir un examen
ser suspendido(a) en un examen	échouer à un examen
el bachillerato*, el COU	le baccalauréat, le bac, les études secondaires

El muchacho sacó la chuleta en un momento de despiste del profesor.	*Le garçon sortit son antisèche dans un moment d'inattention du professeur.*
Los alumnos inventan nuevos trucos para copiar en los exámenes.	*Les élèves inventent de nouvelles astuces pour copier lors des examens.*
El profesor se dio cuenta de que habían cometido la misma falta.	*Le professeur s'est rendu compte qu'ils avaient commis la même faute.*
Has cometido un fallo.	*Tu as fait une faute.*
Al profesor no le dio tiempo de corregir las pruebas.	*Le professeur n'a pas eu le temps de corriger les copies.*
Este alumno saca muy buenas notas.	*Cet élève obtient de très bonnes notes.*
La familia recibió el boletín trimestral ayer.	*La famille a reçu le bulletin trimestriel hier.*
Sacó un notable en física.	*Il a obtenu la mention A.B. en physique.*
Sólo saqué suficiente.	*Je n'ai obtenu que passable.*
¿Cómo te salió el examen?	*Comment s'est passé ton examen?*
Ha pasado la noche en blanco pensando en el examen.	*Il a passé une nuit blanche à penser à l'examen.*
Se va a examinar de latín el mes que viene.	*Il va passer un examen de latin le mois prochain.*
Le han dado dos cates : en latín y en griego.	*Il s'est ramassé en latin et en grec.*
A los padres les importa que sus hijos aprueben el examen a final de curso.	*Il importe aux parents que leurs enfants réussissent l'examen de fin d'année.*
La aprobaron en matemáticas.	*Elle a réussi l'épreuve de mathématiques.*
Están haciendo (cursando) el bachillerato.	*Ils font leurs études secondaires.*

C EXPRESSIONS ET LOCUTIONS

Es un arquitecto de nota.	*C'est un architecte de marque.*
Me han cateado.	*Je me suis fait étendre.*

el bachiller*	*le bachelier*
la selectividad*	*l'examen d'entrée à l'université en Espagne (correspondant au baccalauréat)*

El material escolar* Le matériel scolaire

el diccionario ilustrado	*le dictionnaire illustré*
el atlas	*l'atlas*
el libro de texto, el manual	*le manuel scolaire*
la cartera*	*le cartable*
el cuaderno*; el borrador	*le cahier; le cahier de brouillon*
la libreta, el cuadernillo	*le carnet*
el clasificador, el archivador	*le classeur*
la carpeta	*la chemise*
la rama	*la ramette (de papier)*
el folio*, la hoja, el pliego	*la feuille*
el folio, la hoja perforado(a)	*la feuille perforée*
la cuartilla	*la feuille à carreaux*
□	□
el estuche*	*la trousse*
la regla; el doble decímetro	*la règle; le double décimètre*
el lápiz*; el sacapuntas	*le crayon; le taille-crayon*
el portaminas; el transportador	*le porte-mine; le rapporteur*
la goma*	*la gomme*
el rotulador*	*le feutre*
el bolígrafo, el boli *(fam.)**	*le stylo-bille, le «Bic»*
el tintero*; la tinta*	*l'encrier; l'encre*
el cartucho	*la cartouche d'encre, la recharge*
la pluma*	*le stylo plume*
el borrón	*le pâté, la tache d'encre*
borrar	*effacer avec du blanc*
el borrador	*l'effaceur*
el clip	*le trombone*
la cola; pegar*	*la colle; coller*
el celo	*le Scotch*
la grapadora	*l'agrafeuse*
la grapa; grapar, poner grapas	*l'agrafe; agrafer*

B ... DANS LEUR CONTEXTE

Acaba de graduarse de bachiller.	*Elle vient d'être reçue au bac.*
Al final del COU, los alumnos se presentan a la selectividad.	*À la fin de la terminale, les élèves se présentent à l'examen d'entrée à l'université.*
Compraron el material escolar en la papelería de al lado.	*Ils ont acheté le matériel scolaire dans la papeterie d'à côté.*
Iba contento con su cartera de piel recién comprada.	*Il était content avec son cartable en cuir tout juste acheté.*
Se me ha perdido el cuaderno.	*J'ai perdu mon cahier.*
Oye, ¿me prestas un folio?	*Dis donc, tu me prêtes une feuille?*
Se olvidó el estuche en casa.	*Il a oublié sa trousse chez lui.*
Tengo que sacarle punta al lápiz.	*Je dois tailler mon crayon.*
Préstame la goma para borrar una palabra.	*Prête-moi ta gomme pour gommer un mot.*
Ya no pinta el rotulador.	*Le feutre n'écrit plus.*
No sabía dónde había quedado su boli.	*Il ne savait pas où se trouvait son «Bic».*
He derramado el tintero en la alfombra blanca.	*J'ai renversé l'encrier sur le tapis blanc.*
La pluma está cargada.	*Le stylo a une cartouche.*
La profesora les mandó pegar en el cuaderno el documento que había repartido.	*Le professeur leur demanda de coller sur leur cahier le document qu'elle avait distribué.*

C EXPRESSIONS ET LOCUTIONS

La información que te estoy dando es de buena tinta.	*L'information que je te donne est de source sûre.*

Los centros de enseñanza superior	**Les établissements d'enseignement supérieur**
la enseñanza superior	*l'enseignement supérieur*
la universidad*	*l'université*
la facultad	*la faculté*
el departamento* universitario(a)*, académico(a)	*le département universitaire*
el curso* académico	*l'année universitaire*
la Complutense[1]*	*la Complutense, la plus ancienne université de Madrid*
la universidad a distancia, la UNED (Universidad Nacional de Educación a Distancia)	*l'université d'enseignement par correspondance*
la universidad laboral	*l'école d'enseignement technique en Espagne*
las escuelas universitarias*	*les écoles universitaires en Espagne*
la escuela de negocios	*l'école de commerce*
☐	☐
el paraninfo	*le grand amphithéâtre*
la biblioteca universitaria	*la bibliothèque universitaire*
el laboratorio de idiomas	*le laboratoire de langues*

Los responsables	**Les responsables**
el rector*; el rectorado	*le recteur; le rectorat*
el decano*	*le doyen*
el catedrático; el profesor*	*le professeur d'université; le professeur*
el titular*	*le maître de conférences*
el asociado	*le maître assistant*
el lector (la lectora); el lectorado	*le lecteur (la lectrice); le lectorat*
el bibliotecario	*le bibliothécaire*
☐	☐
la oposición a una cátedra	*l'agrégation*
ser profesor de enseñanza superior	*enseigner dans le supérieur*

---

1. Son siège était autrefois à Alcalá de Henares.

Está a punto de ingresar en la universidad.

Il est sur le point d'entrer à l'université.

En la universidad han distribuido octavillas llamando a la huelga.

À l'université on a distribué des tracts appelant à la grève.

El departamento de lengua española imparte muchas asignaturas diferentes : historia de la lengua española, lingüística general, lengua española, etc.

Le département de langue espagnole propose de nombreuses matières différentes : histoire de la langue espagnole, linguistique générale, langue espagnole, etc.

En Estados Unidos los estudios universitarios son caros, pero hay infinidad de becas.

Aux États-Unis les études universitaires sont chères mais il y a une infinité de bourses.

Está matriculado en primero de Historia.

Il est inscrit en première année d'Histoire.

La (universidad) Complutense cumple 700 años de historia.

La Complutense fête 700 ans d'histoire.

Existen dos tipos de escuelas universitarias : las escuelas técnicas y las escuelas técnicas superiores.

Il existe deux types d'écoles universitaires : les écoles techniques et les écoles techniques supérieures.

Entre las escuelas universitarias españolas está la escuela de magisterio.

Parmi les écoles universitaires espagnoles il existe l'École normale.

Este señor es rector de la Complutense.

Ce monsieur est recteur de la Complutense.

El decano es el que manda en cada facultad.

Le doyen est celui qui est à la tête de chaque faculté.

El profesor le dirige la tesis doctoral.

Le professeur dirige sa thèse de doctorat.

Los (profesores) titulares han conseguido obtener sus plazas por una oposición y nadie se las puede quitar.

Les maîtres de conférences ont réussi à obtenir leurs postes par concours et personne ne peut les leur enlever.

la clase magistral ≠ la clase participativa | le cours magistral ≠ le T.D.
el seminario | le séminaire
el claustro* | le conseil des professeurs (à l'université)

□ | □

las carreras* | les cursus
filosofía | la philosophie
filología* | les langues
historia | l'histoire
ciencias políticas* | les sciences politiques
sociología* | la sociologie
ética* | l'éthique
derecho* | le droit
económicas* (ciencias económicas) | les sciences économiques
empresariales* (ciencias empresariales) | la gestion des entreprises, le commerce
exactas* (ciencias exactas), matemáticas* | les mathématiques
físicas (ciencias físicas) | la physique
químicas (ciencias químicas) | la chimie
farmacia | la pharmacie
medicina ; veterinaria | la médecine ; l'école vétérinaire, véto
biológicas* (ciencias biológicas) | la biologie
psicología* | la psychologie
periodismo | le journalisme
arquitectura | l'architecture
ingeniero técnico | les études de technicien supérieur

Los exámenes* — Les examens

oral* ≠ escrito(a) | oral(e) ≠ écrit(e)
la licenciatura*, la licencia | la licence
licenciado(a)* | licencié(e)
la diplomatura | bac + 3 (infirmières, kinésithérapeutes, etc.)
la tesina | le mémoire de maîtrise
el doctorado | le doctorat

Una cuarta parte de los miembros de los claustros universitarios son alumnos.

Un quart des membres des conseils de professeurs à l'université sont des élèves.

Dentro de la carrera de filología he hecho la especialidad de hispánica.

Dans le cursus de langue j'ai choisi la spécialité philologie hispanique.

En la facultad de ciencias políticas y sociología de la universidad Complutense de Madrid se han suspendido las clases por problemas de calefacción.

Les cours de la faculté de sciences politiques et de sociologie de l'université Complutense de Madrid ont été suspendus à cause de problèmes de chauffage.

Es catedrático de ética de la universidad autónoma de Madrid.

Il est professeur d'éthique à l'université autonome de Madrid.

Son licenciados en derecho.

Ils ont la licence en droit.

Hace económicas.

Il étudie l'économie.

Conozco a una estudiante de empresariales.

Je connais une étudiante en gestion.

Estudia exactas.

Il étudie les mathématiques.

Sacó las matemáticas sin problemas.

Il a réussi les mathématiques sans problème.

En 1989 los estudiantes de biológicas se manifestaron contra la reducción de la carrera a cuatro años.

En 1989 les étudiants en biologie ont manifesté contre la réduction de leurs études à quatre années.

Cursa psicología.

Il fait des études de psychologie.

Prueba de examen.

Examen blanc.

Exámenes orales.

Des examens oraux, des épreuves orales.

En España, la licenciatura se obtiene al cabo de cinco años de estudios.

En Espagne, la licence s'obtient au bout de cinq années d'études.

Licenciado en filosofía y letras.

Licencié ès lettres.

la tesis (de doctorado)	*la thèse*
graduarse de* doctorado, doctorarse	*passer son doctorat, être reçu docteur*
doctorar*	*conférer le titre de docteur*
las oposiciones*; la cátedra*	*les concours; la chaire*
examinar	*examiner (un candidat)*
sufrir un examen, examinarse*	*passer un examen*
el tribunal (de examen)	*le jury d'examen*
el juez (de exámenes)	*l'examinateur, le membre du jury*
el examinador	*l'examinateur*
diplomado(a), titulado(a)	*diplômé(e) (d'études supérieures)*
la carrera*	*les études*
el ingeniero*	*l'ingénieur*
el ingeniero técnico	*le technicien supérieur*
□	□
los estudios superiores	*les études supérieures*
la enseñanza por correspondencia	*les cours par correspondance*
cursar*, estudiar para*	*faire des études de*
cursar estudios	*faire des études*
el estudiante*	*l'étudiant*
el estudiante asalariado	*l'étudiant salarié*
el movimiento estudiantil	*le mouvement étudiant*
la carrera	*la filière*
las optativas	*les matières optionnelles*
el examen parcial, los parciales, las evaluaciones	*le contrôle, l'examen partiel, les partiels*
el examen final	*l'examen final*
□	□
el numerus clausus	*le numerus clausus*
matricularse; la matrícula*	*s'inscrire à l'université; l'inscription*
el colegio mayor	*l'internat (réservé aux étudiants)*
la residencia de estudiantes	*la résidence universitaire*
el cuarto	*la chambre d'étudiant*
el restaurante universitario*	*le restaurant universitaire*
la beca*; el becario	*la bourse; le boursier*

B ... DANS LEUR CONTEXTE

El año pasado se graduó de licenciado en derecho.	*L'année passée, il a été reçu à la licence de droit.*
Varias universidades le doctoraron.	*Plusieurs universités lui ont conféré le titre de docteur.*
Al terminar la carrera, piensa en las oposiciones.	*À la fin de ses études, il compte passer des concours.*
Sacar unas oposiciones.	*Obtenir un concours.*
La oposición a cátedra.	*Le concours en vue d'obtenir une chaire.*
Ganó las oposiciones a la cátedra de Letras.	*Elle a obtenu la chaire de Lettres, par voie de concours.*
Se va a examinar de filología inglesa.	*Il va passer son examen d'anglais.*
Está pendiente de los exámenes de fin de carrera.	*Il est dans l'attente de l'examen de fin d'études.*
Irán de viaje de fin de carrera a Andalucía.	*Ils vont faire un voyage de fin d'études en Andalousie.*
Quiere hacer la carrera de ingeniero.	*Il veut poursuivre des études universitaires d'ingénieur.*
Cursa derecho en Salamanca.	*Il fait son droit à Salamanque.*
Estudia para periodista, estudia periodismo.	*Il fait ses études de journalisme.*
El estudiante de cuarto, de quinto de derecho.	*L'étudiant de 4e, 5e année de droit.*
Hay que ir a la universidad para sacar la matrícula.	*Il faut aller à l'université pour prendre ses inscriptions, l'inscription.*
Suelen almorzar en el restaurante universitario.	*Ils déjeunent généralement au restaurant universitaire.*
Este año, no ha podido conseguir la beca.	*Cette année, il n'a pas pu obtenir la bourse.*

C EXPRESSIONS ET LOCUTIONS

No pretendo sentar cátedra con este discurso.	*Je ne prétends pas donner une leçon.*
Con matrícula de honor.	*Avec les félicitations du jury.*

Generalidades	Généralités
la empresa*	*l'entreprise*
la empresa privada	*l'entreprise privée*
la empresa pública	*l'entreprise publique*
la empresa familiar	*l'entreprise familiale*
la sociedad*	*la société*
la sociedad matriz	*la société mère*
la filial*	*la filiale*
la sucursal*	*la succursale*
el subcontratista	*le sous-traitant*
la sociedad anónima (SA)*	*la société anonyme (SA)*
la sociedad por acciones	*la société par actions*
la sociedad personalista	*la société de personnes*
la sociedad sin ánimo de lucro*	*la société à but non lucratif*
la escritura fundacional	*l'acte constitutif de la société*
el derecho de sociedades	*le droit des sociétés*
☐	☐
la producción*	*la production*
la fabricación	*la fabrication*
la fábrica*, la planta	*l'usine*
el taller	*l'atelier*
el producto	*le produit*
el producto semiacabado	*le produit intermédiaire*
el producto acabado*, terminado	*le produit fini*
la mercancía*	*la marchandise*
la maquinaria*	*les machines*
las materias primas*	*les matières premières*
incrementar la producción	*augmenter la production*
la comercialización	*la commercialisation*
distribuir	*distribuer*
la distribución*, la venta	*la distribution, la vente*
la entrega	*la livraison*
entregarle algo a uno*	*livrer qqch. à qqn*
☐	☐
el empresario	*le chef d'entreprise*
el asalariado	*le salarié*
la junta directiva*	*le conseil de direction*
el gerente*, el director general	*le P.-D.G.*
la plantilla*	*le personnel*

Esta sociedad tiene una filial de producción en España.	*Cette société a une filiale de production en Espagne.*
Las pequeñas y medianas empresas.	*Les petites et moyennes entreprises.*
La sucursal no posee personalidad jurídica propia.	*La succursale ne possède pas de personnalité juridique propre.*
La mayor parte de las sociedades que se crean en España suelen ser anónimas.	*La plupart des sociétés créées en Espagne sont en général anonymes.*
Las sociedades sin ánimo de lucro no pagan el impuesto sobre el beneficio de las sociedades.	*Les sociétés à but non lucratif ne paient pas l'impôt sur les sociétés.*
Conviene deslocalizar la producción e implantar una fábrica en Argelia.	*Il faut délocaliser la production et installer une usine en Algérie.*
Los países ricos exportan productos acabados a los países subdesarrollados.	*Les pays riches exportent des produits finis dans les pays sous-développés.*
La modernización de la maquinaria permitirá aumentar la productividad.	*La modernisation des machines permettra d'augmenter la productivité.*
La inversión en materias primas es demasiado elevada.	*L'investissement en matières premières est trop élevé.*
Antes de aumentar la producción conviene modificar la red de distribución.	*Avant d'augmenter la production il convient de modifier le réseau de distribution.*
No deje de entregarle las mercancías cuanto antes.	*Ne manquez pas de lui livrer les marchandises le plus tôt possible.*
Acepto con tal de avisar al gerente.	*J'accepte à condition de prévenir le P.-D.G.*
La plantilla está insatisfecha y exige una respuesta rápida por parte de la junta directiva.	*Le personnel est mécontent et exige une réponse rapide de la part du conseil de direction.*

el ejecutivo, el directivo, el profesional	*le cadre*
el mando intermedio	*l'agent de maîtrise*
el obrero, el operario	*l'ouvrier*
el peón	*le manœuvre*

El mercado laboral   Le marché du travail

el trabajo* ; trabajar*	*le travail; travailler*
el oficio*, la profesión	*le métier, la profession*
el empleo, el puesto	*l'emploi, le poste*
la oferta de empleo*	*l'offre d'emploi*
la solicitud de empleo	*la demande d'emploi*
el solicitante	*le demandeur*
buscar, encontrar un empleo*	*chercher, trouver un emploi*
la candidatura	*la candidature*
presentar su candidatura	*poser sa candidature*
contratar a alguien*	*embaucher qqn*
la contratación	*l'embauche*
despedir a alguien	*licencier qqn*
el despido	*le licenciement*
el despido improcedente*	*le licenciement abusif*
dimitir	*donner sa démission*
la dimisión	*la démission*
☐	☐
el paro, el desempleo	*le chômage*
el parado, el desempleado	*le chômeur*
estar en paro, estar parado	*être au chômage*
la tasa de paro*	*le taux de chômage*
el subsidio de paro	*l'allocation de chômage*
el paro estacional	*le chômage saisonnier*
el pleno empleo*	*le plein emploi*
el subempleo	*le sous-emploi*
☐	☐
el trabajo a tiempo parcial*	*le travail à temps partiel*
el trabajo a tiempo completo	*le travail à temps complet*
el trabajo a medio tiempo	*le travail à mi-temps*
el contrato indefinido	*le contrat à durée indéterminée*
el contrato de interinidad*	*le contrat de travail intérimaire*
el interino*	*l'intérimaire*
el contrato temporal	*le contrat à durée déterminée*

Los anuncios por palabras publican pocas ofertas de empleo.	Les petites annonces publient peu d'offres d'emploi.
Lleva dos meses buscando un empleo.	Il cherche un emploi depuis deux mois.
La empresa contrató a dos interinos para que trabajaran a tiempo parcial.	L'entreprise a embauché deux intérimaires pour qu'ils travaillent à temps partiel.
En caso de despido improcedente la sociedad se verá obligada a abonarle una indemnización al interesado.	En cas de licenciement abusif la société sera obligée de verser une indemnité à l'intéressé.
La tasa de paro asciende a un 21 % de la población activa española.	Le taux de chômage atteint 21 % de la population active espagnole.
Durante el franquismo, España experimentó una situación de pleno empleo debida a la exportación de los parados potenciales.	Pendant le franquisme, l'Espagne a connu une situation de plein emploi en raison de l'exportation des chômeurs potentiels.
La ley vigente autoriza los contratos de interinidad.	La loi en vigueur autorise les contrats de travail intérimaire.

C EXPRESSIONS ET LOCUTIONS

Tomarse el trabajo de hacer algo.	Se donner la peine de faire qqch.
Darle duro al trabajo.	Travailler d'arrache-pied.
Trabajar por el obispo.	Travailler pour le roi de Prusse.
Trabajar de balde.	Travailler pour des prunes.
Trabajar de sol a sol.	Travailler du matin au soir.
Matarse trabajando.	Se tuer au travail.
No hay oficio malo.	Il n'y a point de sot métier.
No tener oficio ni beneficio.	Ne rien avoir du tout.
Tener mucho oficio, tener muchas horas de vuelo.	Avoir du métier.
Ser del oficio.	Être du métier.

El sindicalismo	Le syndicalisme
el sindicato	*le syndicat*
el sindicalista	*le syndicaliste*
el afiliado a un sindicato	*l'adhérent à un syndicat*
la sección sindical	*la section syndicale*
el delegado del personal	*le délégué du personnel*
el mandato	*le mandat*
tener derecho a	*avoir le droit de*
luchar por sus derechos	*lutter pour ses droits*
celebrar una reunión	*tenir une réunion*
la elegibilidad	*l'éligibilité*
afiliarse a un sindicato, sindicarse	*se syndiquer*
el gremio*, la corporación	*la corporation*
la organización empresarial*	*l'organisation patronale*
☐	☐
el comité de empresa	*le comité d'entreprise*
el convenio colectivo	*la convention collective*
el colegio electoral	*le collège électoral*
la negociación salarial	*la négociation salariale*
la reivindicación*	*la revendication*
reivindicar	*revendiquer*
el tiempo laboral	*le temps de travail*
la reducción de la jornada laboral	*la réduction de la durée du travail*
☐	☐
las horas extraordinarias	*les heures supplémentaires*
el sueldo, el salario	*le salaire*
la paga ; pagar*	*la paie; payer*
el jornal	*le salaire journalier*
el jornalero*	*le journalier*
la renta	*le revenu*
la hoja de paga, la nómina*	*la feuille de paie*
la paga extraordinaria*	*la double paie*
el salario bruto ; neto	*le salaire brut; net*
el anticipo	*l'avance sur salaire*
las cargas sociales	*les charges sociales*
la retención en origen*	*la retenue à la source*
la deducción	*la déduction*
la firma y el sello*	*la signature et le cachet*
el salario mínimo	*le salaire minimum*
cobrar la nómina	*toucher la paie*

La Confederación Española de Organizaciones Empresariales (CEOE) representa a la mayor parte de los empresarios españoles.	*La CEOE représente la plupart des chefs d'entreprise espagnols.*
El despido libre se convierte en la reivindicación principal de la patronal.	*La liberté de licencier devient la principale revendication du patronat.*
El jornalero andaluz trabaja de sol a sol para recoger las aceitunas.	*Le journalier andalou travaille du lever au coucher du soleil pour ramasser les olives.*
Los asalariados cobrarán dos pagas extraordinarias, una antes del verano y otra por Navidad.	*Les salariés toucheront deux doubles paies, une avant l'été et l'autre pour Noël.*
La retención en origen constituye el sistema de recaudación del impuesto sobre la renta.	*La retenue à la source constitue le système de collecte de l'impôt sur le revenu.*
La nómina tiene que llevar el sello y la firma de la empresa.	*Le bulletin de salaire doit comporter le cachet et la signature de l'entreprise.*

C EXPRESSIONS ET LOCUTIONS

El gremio de obreros.	*Le compagnonnage.*
Pagar las culpas ajenas.	*Payer pour les autres.*
¡ Dios se lo pague !	*Dieu vous le rende !*
El que la hace la paga.	*Qui casse les verres les paye.*
Pagan justos por pecadores.	*Les innocents payent pour les coupables.*
¡ Me las has de pagar !	*Je te revaudrai ça !*
Pagarse de sí mismo.	*Être imbu de soi-même.*
Pagar el pato, pagar los vidrios rotos.	*Payer les pots cassés.*

El conflicto laboral	*Le conflit du travail, le conflit social*
la huelga	*la grève*
declararse en huelga, ir a la huelga*	*se mettre en grève*
el paro, el plante	*le débrayage*
presentar una solicitud de huelga*	*déposer un préavis de grève*
desconvocar la huelga	*annuler la grève*
el huelguista	*le gréviste*
el piquete de huelga*	*le piquet de grève*
el esquirol, el rompehuelgas	*le briseur de grève*
el derecho de huelga	*le droit de grève*
la huelga por turnos	*la grève tournante*
la huelga escalonada	*la grève perlée*
la huelga salvaje*	*la grève sauvage*
la huelga indefinida	*la grève illimitée*
la huelga del celo*	*la grève du zèle*
la huelga de brazos caídos	*la grève sur le tas*
la huelga de brazos cruzados	*la grève des bras croisés*
la huelga de hambre	*la grève de la faim*
la huelga sorpresa	*la grève surprise*
□	□
el orden del día	*l'ordre du jour*
la votación*	*le vote*
los votos*	*les voix*
el voto por aclamación*	*le vote à main levée*
el voto secreto	*le vote à bulletin secret*
la papeleta* electoral	*le bulletin de vote*
la manifestación	*la manifestation*
manifestar en contra de la decisión*	*manifester contre la décision*
el cierre patronal*	*le lock-out*
la sanción	*la sanction*
sancionar a alguien*	*sanctionner qqn*
la pérdida salarial	*la perte de salaire*
□	□
la conciliación*	*la conciliation*
la mediación	*la médiation*
el mediador	*le médiateur*
mediar* en un asunto	*intervenir dans une affaire*
arbitrar un conflicto	*arbitrer un conflit*
el consenso	*le consensus*

Tras presentación de la solicitud de huelga y voto por aclamación, la plantilla se declaró en huelga.

Après avoir déposé un préavis de grève et un vote à main levée le personnel s'est mis en grève.

Los sindicatos instalaron unos piquetes de huelga delante de la fábrica.

Les syndicats ont installé des piquets de grève devant l'usine.

El patrono amenazó con sancionar a los que participarían en la huelga salvaje.

Le patron a menacé de sanctionner ceux qui participeraient à la grève sauvage.

No pudimos cruzar la frontera por culpa de la huelga del celo de los aduaneros.

Nous n'avons pas pu franchir la frontière à cause de la grève du zèle des douaniers.

La moción fue aprobada por tres votos a favor y dos en contra.

La motion a été approuvée par trois voix contre deux.

Los obreros manifiestan en contra de la decisión de cierre patronal.

Les ouvriers manifestent contre la décision de lock-out.

Presentaremos el caso ante el Tribunal de conciliación laboral.

Nous présenterons cette affaire devant le Conseil des prud'hommes.

El Defensor del Pueblo media en los conflictos entre el ciudadano y el Estado.

Le Défenseur du Peuple (médiateur) intervient dans les conflits entre le citoyen et l'État.

C EXPRESSIONS ET LOCUTIONS

Poner a votación.
Mettre aux voix.

Tener voz y voto.
Avoir voix délibérative.

No tener voz ni voto.
Ne pas avoir voix au chapitre.

Echar votos.
Jurer.

¡ Menuda papeleta !
Quelle corvée !

Te ha tocado una mala papeleta.
Tu es tombé sur une drôle d'affaire.

*El trabajo**	Le travail
trabajar*	*travailler*
el puesto de trabajo, el empleo*	*l'emploi*
el oficio*	*le métier*
la profesión*	*la profession*
el curro* *(fam.)*	*le boulot*
en activo*	*en activité, en fonction*
la población activa, la población laboral	*la population active*
el contrato laboral	*le contrat de travail*

Los comerciantes, los trabajadores manuales	Les commerçants, les travailleurs manuels
el vendedor	*le marchand*
el repartidor	*le livreur*
los artesanos	*les artisans*
el panadero	*le boulanger*
el pastelero, el repostero	*le pâtissier*
el confitero	*le confiseur*
el tendero (de ultramarinos)	*l'épicier*
el carnicero*	*le boucher*
el pescadero	*le poissonnier*
el vinatero	*le négociant en vins*
el cocinero; el pinche *(fam.)*	*le cuisinier; le cuistot*
el zapatero*	*le cordonnier*
el peletero	*le fourreur*
el joyero	*le bijoutier, le joaillier*
el relojero*	*l'horloger*
el librero	*le libraire*
el ferretero	*le quincaillier*
el decorador; el anticuario	*le décorateur; l'antiquaire*
□	□
el barrendero	*le balayeur*
el basurero	*l'éboueur*
el bombero*	*le pompier*
el taxista*; el taxi	*le chauffeur de taxi; le taxi*
el conductor de autobús*	*le conducteur d'autobus*
el tranviario	*l'employé de tramway, le traminot*

B ... DANS LEUR CONTEXTE

El centro urbano se vacía salvo en horas de trabajo.	Le centre urbain se vide en dehors des heures de travail.
El trabajo clandestino.	Le travail au noir.
Se contenta con un trabajo de media jornada (≠ de jornada entera, completa).	Il se contente d'un travail à mi-temps (≠ à plein temps).
Trabaja de maestro en un pueblo.	Il travaille comme instituteur dans un village.
Estoy buscando empleo.	Je suis à la recherche d'un emploi.
Es médica de oficio.	Elle est médecin de son métier.
Quiere elegir una profesión bien retribuida.	Elle veut choisir une profession bien rétribuée.
Es difícil conseguir curro.	Il est difficile de trouver du boulot.
Soy un funcionario en activo.	Je suis un fonctionnaire en activité.
El carnicero le sirve en seguida.	Le boucher vous sert tout de suite.
El relojero ha arreglado el despertador.	L'horloger a réparé le réveil.
Les di el aguinaldo a los bomberos.	J'ai donné les étrennes aux pompiers.
El taxista me llevó a la estación de ferrocarril.	Le chauffeur de taxi m'a emmené à la gare de chemin de fer.
Acaba de emplearse como conductor de autobús.	Il vient d'être employé comme conducteur d'autobus.

C EXPRESSIONS ET LOCUTIONS

No hay atajo sin trabajo.	On n'a rien sans peine.
No hay oficio malo.	Il n'est point de sot métier.
Quien ha oficio, ha beneficio.	Il n'est de si petit métier qui ne nourrisse son maître.
Tener mucho oficio.	Avoir du métier.
Machacando se aprende el oficio.	C'est en forgeant qu'on devient forgeron.
Zapatero a tus zapatos.	Chacun son métier, les vaches seront bien gardées.

el camionero*	*le camionneur, le routier*
el limpiabotas*	*le cireur de chaussures*
el limpiaparabrisas	*le laveur de pare-brise*
el clinero	*le vendeur de kleenex et d'autres petites marchandises*
el pinchadiscos*	*le disk-jockey*
el afilador	*le rémouleur*
☐	☐
el pescador*; el mariscador	*le pêcheur; le pêcheur de coquillages*
el guarda forestal*	*le garde forestier*
el leñador*	*le bûcheron*
☐	☐
el pintor de brocha gorda	*le peintre en bâtiment*
el ebanista*	*l'ébéniste*
el carpintero	*le menuisier*
el carpintero de armar	*le charpentier*
el techador	*le couvreur (de toits)*
el cerrajero*	*le serrurier*
el fontanero*	*le plombier*
el electricista*	*l'électricien*
el garajista	*le garagiste*
el mecánico*	*le mécanicien*
el chapista	*le tôlier*
el tornero	*le tourneur*
el constructor	*l'entrepreneur en bâtiment*
el albañil*	*le maçon*
el minero*	*le mineur*
el capataz*	*le contremaître*
el obrero*	*l'ouvrier*
el obrero cualificado	*l'ouvrier qualifié*
el obrero especializado	*l'ouvrier spécialisé*
el peón, el bracero	*le manœuvre*
☐	☐
la empleada de hogar	*la femme de ménage*
la criada*	*la bonne*
la trabajadora familiar	*l'aide ménagère*

B ... DANS LEUR CONTEXTE

El camionero se detiene al borde de la carretera.	*Le routier s'arrête au bord de la route.*
El limpiabotas se ha instalado a la salida de un café muy concurrido.	*Le cireur de chaussures s'est installé à la sortie d'un café très fréquenté.*
Han contratado a un pinchadiscos para alegrar la fiesta.	*Ils ont engagé un disk-jockey pour animer la fête.*
Los pescadores reclaman mejores sueldos.	*Les pêcheurs réclament de meilleurs salaires.*
Dimitió de su puesto de guarda forestal.	*Il a démissionné de son poste de garde forestier.*
El leñador está cortando un árbol en el bosque.	*Le bûcheron est en train de couper un arbre dans le bois.*
La labor de ebanista es sumamente interesante.	*Le travail d'ébéniste est extrêmement intéressant.*
Ejerce de cerrajero en una pequeña ciudad.	*Il exerce le métier de serrurier dans une petite ville.*
El año pasado el fontanero se estableció por su cuenta.	*L'année dernière le plombier s'est établi à son compte.*
El electricista abre la caja de herramientas.	*L'électricien ouvre la boîte à outils.*
De mayor quiere ser mecánico.	*Plus tard il veut être mécanicien.*
Trabaja ilegalmente de albañil.	*Il travaille clandestinement comme maçon.*
Los mineros se quejan de sus malas condiciones laborales.	*Les mineurs se plaignent de leurs mauvaises conditions de travail.*
El capataz no está satisfecho del trabajo.	*Le contremaître n'est pas satisfait du travail.*
El obrero no ha cobrado la paga todavía.	*L'ouvrier n'a pas encore touché sa paie.*
Han contratado a una criada.	*Ils ont engagé une bonne.*

C EXPRESSIONS ET LOCUTIONS

Es criada para todo.	*Elle est bonne à tout faire.*

Los funcionarios ; *las profesiones liberales**	**Les fonctionnaires ;** **les professions libérales**
el cartero	*le facteur*
la asistenta social	*l'assistante sociale*
el conservador de museo	*le conservateur d'un musée*
el bibliotecario*	*le bibliothécaire*
el documentalista	*le documentaliste*
□	□
el perito tasador	*le commissaire-priseur*
el notario*	*le notaire*
el pasante de notario	*le clerc de notaire*
el intérprete*	*l'interprète*
el traductor*	*le traducteur*
el veterinario*	*le vétérinaire*
el coreógrafo	*le chorégraphe*
el piloto*	*le pilote*
□	□
los científicos*	*les scientifiques*
el técnico	*le technicien*
el ingeniero*	*l'ingénieur*
el informático*	*l'informaticien*
el especialista en electrónica	*l'électronicien*
el físico	*le physicien*
el químico*	*le chimiste*
el biólogo	*le biologiste*
el investigador	*le chercheur*
el arqueólogo*	*l'archéologue*

El mundo de los negocios *y de la política*	**Le monde des affaires** **et de la politique**
el empresario*	*le chef d'entreprise, l'entrepreneur*
el jefe de personal	*le chef du personnel*
el oficinista	*l'employé de bureau*
la secretaria*	*la secrétaire*
la secretaria de dirección	*la secrétaire de direction*
el operador	*le standardiste*
la taquimeca*	*la sténodactylo*
la mecanógrafa	*la dactylo, la dactylographe*

Ejercer una profesión liberal.

Sigue un cursillo para bibliotecario.

El anciano redactó su testamento ante notario.

Intérprete es una profesión con futuro.

Laure Guille-Bataillon fue la traductora predilecta de Julio Cortázar.

El veterinario ha vacunado mi perro contra la rabia.

El piloto tuvo un accidente muy grave durante su última carrera.

Un grupo de científicos estadounidenses ha anunciado resultados alentadores en su búsqueda de una vacuna contra el sida.

Para ser ingeniero cursa seis semanas de prácticas en empresas españolas.

Ocupa un cargo de informático en esta empresa.

El químico acaba de derramar un frasco de ácido.

El arqueólogo Champollion descifró los jeroglíficos egipcios.

El empresario acaba de despedir a dos empleados.

La secretaria escribe a máquina lo que le dicta el jefe.

Diez personas pretenden la plaza de taquimeca.

Exercer une profession libérale.

Il suit un stage pour devenir bibliothécaire.

Le vieil homme a rédigé son testament devant notaire.

Interprète est un métier d'avenir.

Laure Guille-Bataillon fut la traductrice favorite de Julio Cortázar.

Le vétérinaire a vacciné mon chien contre la rage.

Le pilote a eu un accident très grave lors de sa dernière course.

Un groupe de scientifiques américains a annoncé des résultats encourageants dans leur recherche d'un vaccin contre le sida.

Pour être ingénieur il fait six semaines de stage dans des entreprises espagnoles.

Il a un poste d'informaticien dans cette entreprise.

Le chimiste vient de renverser un flacon d'acide.

L'archéologue Champollion déchiffra les hiéroglyphes égyptiens.

Le chef d'entreprise vient de renvoyer deux employés.

La secrétaire tape à la machine ce que lui dicte son chef.

Dix personnes briguent la place de sténodactylo.

el contable	*le comptable*
el viajante de comercio	*le représentant*
el apoderado	*le fondé de pouvoir*
☐	☐
el político*	*le politicien*
el estadista	*l'homme d'État*
el embajador*	*l'ambassadeur*
el guardaespaldas*	*le garde du corps*

El pintor (de cuadros)

Este político ha ocupado tres carteras ministeriales.

Ce politicien a occupé trois portefeuilles ministériels.

En octubre de 1971, cuando recibió el premio Nobel de literatura, Pablo Neruda era embajador de Chile en Francia.

En octobre 1971, quand il reçut le prix Nobel de littérature, Pablo Neruda était ambassadeur du Chili en France.

Dos guardaespaldas protegen al presidente.

Deux gardes du corps protègent le président.

El pintor de brocha gorda

La economía*	L'économie
económico(a)*	*économique*
el economista	*l'économiste*
la macroeconomía	*la macro-économie*
la microeconomía	*la micro-économie*
la administración de empresa	*la gestion*
el capital	*le capital*
el capitalista	*le capitaliste*
el capitalismo	*le capitalisme*
la coyuntura	*la conjoncture*
coyuntural*	*conjoncturel(le)*
reactivar la economía	*relancer l'économie*
la reactivación*	*la relance*
la recuperación*	*la reprise*
recuperarse	*reprendre*
el crecimiento*	*la croissance*
crecer*	*croître*
el boom económico	*le boom économique*
el incremento de la producción	*l'augmentation de la production*
el auge*	*l'essor*
el estancamiento	*la stagnation*
estancarse	*stagner*
el desarrollo*	*le développement*
desarrollarse	*se développer*
el país subdesarrollado	*le pays sous-développé*
la recesión	*la récession*
la estabilización*	*la stabilisation*
la expansión	*l'expansion*
la balanza comercial*	*la balance commerciale*
la balanza de pagos*	*la balance des paiements*
el producto nacional bruto	*le produit national brut*
el producto interior bruto	*le produit intérieur brut*
la inflación ; la deflación	*l'inflation ; la déflation*
inflacionista*	*inflationniste*
el recalentamiento	*la surchauffe*
la tasa, el tipo *(am.)* de inflación*	*le taux d'inflation*
el saldo positivo*, negativo	*le solde positif, négatif*
el plan*	*le plan*
la planificación*	*la planification*
planear, planificar	*planifier*

La recuperación de la economía se explica por factores coyunturales.

La reactivación exige medidas drásticas que hemos de tomar ahora mismo.

Este año nuestro país experimentó un crecimiento negativo.

El P.N.B. ha crecido un 7%.

Las exportaciones están en pleno auge.

El plan de estabilización de 1959 marcó un cambio de rumbo de la política económica española.

La balanza comercial arroja un saldo negativo.

La balanza de pagos resulta deficitaria.

La economía sufre un proceso inflacionista.

La tasa de inflación bajó un 2%.

El liberalismo no impide que algunos países elaboren planes de desarrollo.

El gobierno ha optado por un sistema de planificación flexible en algunos sectores.

La reprise de l'économie s'explique par des facteurs conjoncturels.

La relance exige des mesures draconiennes que nous devons prendre immédiatement.

Cette année notre pays a connu une croissance négative.

Le P.N.B. a augmenté de 7%.

Les exportations sont en plein essor.

Le plan de stabilisation de 1959 a marqué un changement d'orientation de la politique économique espagnole.

La balance commerciale présente un solde négatif.

La balance des paiements se révèle déficitaire.

L'économie subit un processus inflationniste.

Le taux d'inflation a baissé de 2%.

Le libéralisme n'empêche pas certains pays d'élaborer des plans de développement.

Le gouvernement a choisi un système de planification souple dans certains secteurs.

C EXPRESSIONS ET LOCUTIONS

Los países en vías de desarrollo.

Poner en balanza.

Sin tasa ni medida.

Les pays en voie de développement.

Mettre en balance, comparer.

Sans compter, sans bornes.

la autarquía	*l'autarcie*
autárquico(a)*	*autarcique*
la apertura*	*l'ouverture*
el libre cambio*	*le libre échange*
el libre comercio	*le libre commerce*
el liberalismo*	*le libéralisme*
la liberalización*	*la libéralisation*
la flexibilización	*l'assouplissement*
flexibilizar*	*assouplir*
los intercambios comerciales	*les échanges commerciaux*
el intercambio desigual	*l'échange inégal*
los términos del intercambio	*les termes de l'échange*
la explotación	*l'exploitation*
explotar	*exploiter*
el déficit*	*le déficit*
el superávit	*l'excédent*
el neocolonialismo*	*le néo-colonialisme*
neocolonialista	*néo-colonialiste*
el monetarismo	*le monétarisme*
la política monetarista*	*la politique monétariste*
la política de rigor*	*la politique de rigueur*
☐	☐
la oferta*	*l'offre*
la demanda*	*la demande*
pedir	*demander*
ofrecer	*offrir*
el consumo	*la consommation*
el consumidor	*le consommateur*
la asociación de consumidores*	*l'association de consommateurs*
la defensa del consumidor	*la défense du consommateur*
consumir	*consommer*
los bienes de consumo	*les biens de consommation*
el consumerismo	*le consumérisme*
la sociedad de consumo*	*la société de consommation*
☐	☐
la competencia*	*la concurrence*
competidor(a)*	*concurrent(e)*
competir con	*concurrencer*
competitivo(a)*	*compétitif(ve)*
la competitividad	*la compétitivité*

En pocos años se pasó de un sistema autárquico a una apertura total.

On est passé en peu d'années d'un système autarcique à une ouverture absolue.

Estados Unidos, Méjico y Canadá acaban de firmar un tratado de libre cambio.

Les États-Unis, le Mexique et le Canada viennent de signer un traité de libre échange.

La palabra liberalismo tiene ahora un sentido meramente económico.

Le mot libéralisme a maintenant un sens purement économique.

La liberalización de la industria ha permitido dar un impulso importante al crecimiento.

La libéralisation de l'industrie a permis de donner une forte impulsion à la croissance.

Conviene en adelante flexibilizar los trámites aduaneros.

Il convient désormais d'assouplir les formalités douanières.

Hay que recortar los déficits públicos.

Il faut réduire les déficits publics.

El neocolonialismo es una forma de explotación de los países pobres.

Le néo-colonialisme est une forme d'exploitation des pays pauvres.

La mayor parte de los gobiernos europeos eligieron una política monetarista.

La plupart des gouvernements européens ont choisi une politique monétariste.

El rigor supone a menudo una congelación de los salarios.

La rigueur suppose souvent un gel des salaires.

La ley de la oferta y de la demanda.

La loi de l'offre et de la demande.

Falta en España una asociación de consumidores verdaderamente representativa.

L'Espagne manque d'une association de consommateurs vraiment représentative.

En el año 68 los estudiantes denunciaban la sociedad de consumo.

En 68 les étudiants dénonçaient la société de consommation.

Sufrimos una competencia desleal por parte de esta empresa.

Nous subissons une concurrence déloyale de la part de cette entreprise.

Los monopolios abusan de su posición dominante en contra de posibles competidores.

Les monopoles abusent de leur position dominante à l'encontre d'éventuels concurrents.

La distribución	La distribution
el canal de distribución*	*le canal de distribution*
el mercadeo	*le merchandising*
el almacén; la tienda	*le magasin; la boutique*
las horas de apertura*	*les heures d'ouverture*
el centro comercial	*le centre commercial*
el supermercado	*le supermarché*
el hipermercado*	*l'hypermarché*
el gran almacén*	*le grand magasin*
las grandes superficies	*les grandes surfaces*
el autoservicio	*le self-service*
la cadena* sucursalista	*la chaîne à succursales*
la central de compra	*la centrale d'achat*
la venta por correo*	*la vente par correspondance*
la venta contra reembolso	*la vente contre remboursement*
la franquicia	*la franchise*
el franquiciado*; el franquiciador*	*le franchisé; le franchiseur*
la zona operacional	*la zone de chalandise*
el departamento de quesos	*le rayon fromages*
el lineal de presentación	*le linéaire de présentation*
el estante, la estantería	*le rayonnage*
la caja; el cajero, la cajera	*la caisse; le caissier, la caissière*
el código de barras	*le code-barres*
el carro; la cesta	*le chariot; le panier*
□	□
el minorista*	*le détaillant*
el comercio al por menor	*le commerce de détail*
el mayorista*	*le grossiste*
el comercio al por mayor	*le commerce de gros*
el comercio al semi por mayor	*le commerce de demi-gros*
el abastecimiento*	*l'approvisionnement*
el mercado de abastos	*le marché, les halles*
□	□
la panadería	*la boulangerie*
la pastelería	*la pâtisserie*
la carnicería*	*la boucherie*
la tienda de embutidos	*la charcuterie*

Un canal de distribución eficaz reduce el nivel de existencias, recorta gastos de transporte y asegura una entrega rápida de las mercancías.

Un canal de distribution efficace diminue le niveau des stocks, réduit les frais de transport et assure une livraison rapide des marchandises.

Durante el verano, cambian las horas de apertura de los bancos.

Les heures d'ouverture des banques changent durant l'été.

Las empresas francesas han copado el mercado español de los hipermercados.

Les entreprises françaises ont raflé le marché espagnol des hypermarchés.

En España existen dos cadenas principales de grandes almacenes : El Corte Inglés y Galerías Preciados.

En Espagne, les deux principales chaînes de grands magasins sont El Corte Inglés et Galerías Preciados.

No deja de aumentar el volumen de negocios de la venta por correo.

Le chiffre d'affaires de la vente par correspondance augmente sans arrêt.

El franquiciador se obliga a facilitarle al franquiciado una estructura de apoyo.

Le franchiseur doit fournir au franchisé une structure d'appui.

El mayorista distribuye los géneros al minorista que a su vez vende los mismos al cliente final.

Le grossiste distribue les produits au détaillant qui les vend à son tour au client final.

Cuando vayas a la carnicería, cómprame un quilo de solomillo de vaca y dos filetes de ternera.

Lorsque tu iras à la boucherie, achète-moi un kilo de filet de bœuf et deux escalopes de veau.

C EXPRESSIONS ET LOCUTIONS

El abastecimiento de aguas.
Dar abasto a todos los clientes.
No dar abasto.

L'approvisionnement en eau.
Satisfaire tous les clients
Ne pas y arriver.

la pescadería	*la poissonnerie*
la tienda de ultramarinos*	*l'épicerie*
la mantequería, la quesería	*la fromagerie*
la lechería	*la laiterie*
la frutería ; la verdulería	*le magasin de fruits ; de légumes*
la tienda de muebles	*le magasin de meubles*
la tienda de antigüedades	*le magasin d'antiquités*
la tienda de juguetes	*le magasin de jouets*
la librería*	*la librairie*
la papelería	*la papeterie*
el quiosco	*le kiosque*
la expendeduría*	*le bureau de tabac*
la ferretería	*la quincaillerie*
la cerrajería	*la serrurerie*
la tintorería	*le pressing*
la tienda de electrodomésticos	*le magasin d'appareils électroménagers*
la joyería*	*la bijouterie*
la relojería	*l'horlogerie*
la sastrería	*la boutique du tailleur*
la tienda de modas*	*la boutique de mode*
la sombrerería	*la chapellerie*
la zapatería	*la cordonnerie*
la tienda de calzado	*le magasin de chaussures*
la tienda de deportes	*le magasin de sport*
la perfumería	*la parfumerie*
la farmacia	*la pharmacie*
□	□
la mercancía	*la marchandise*
el producto ; el artículo	*le produit ; l'article*
el artículo de reclamo	*le produit en réclame*
las rebajas*, los saldos	*les soldes*
el saldista	*le soldeur*
la muestra* ; el muestrario	*l'échantillon ; l'échantillonnage*
la gama*	*la gamme*
el encargo, el pedido ; encargar	*la commande ; commander*
la entrega* ; entregar	*la livraison ; livrer*
el repartidor	*le livreur*

Las tiendas de ultramarinos se llaman así porque muchos de los géneros que ahí se vendían eran procedentes de ultramar.

Les épiceries doivent leur nom au fait que de nombreuses denrées qu'on y vendait provenaient autrefois d'outre-mer.

Es una pena que vayan desapareciendo poco a poco las pequeñas librerías y que los libros se vendan cada vez más en las grandes superficies.

Il est regrettable que les petites librairies disparaissent peu à peu et que les livres se vendent de plus en plus dans les grandes surfaces.

Oye, como estaba cerrada la expendeduría, no pude comprarte lo que me encargaste ayer : los puros y las dos cajetillas de cigarros.

Tu sais, comme le bureau de tabac était fermé, je n'ai pas pu t'acheter ce que tu m'avais commandé hier : les cigares et les deux paquets de cigarettes.

Hubo un atraco en la joyería, a pesar del sistema de seguridad, y los ladrones se llevaron un precioso collar de brillantes.

Il y a eu une agression dans la bijouterie, malgré le système de sécurité, et les voleurs ont emporté une magnifique rivière de diamants.

Rebeca se pasó toda la mañana paseando por el barrio de Salamanca y mirando los escaparates de las tiendas de moda.

Rebecca a passé toute sa matinée à se promener dans le quartier de Salamanca et à lécher les vitrines des boutiques de mode.

C EXPRESSIONS ET LOCUTIONS

Vender con rebaja.	*Vendre au rabais.*
Dar muestras de...	*Faire preuve de...*
El botón de muestra.	*L'échantillon.*
Como botón de muestra.	*À titre d'exemple.*
La feria de muestras.	*La foire-exposition.*
Para muestra basta un botón.	*Un exemple suffit.*
Por la muestra se conoce el paño.	*À l'œuvre on reconnaît l'artisan.*
Hacer gamas en el piano.	*Faire des gammes au piano.*
Una novela por entregas.	*Un roman-feuilleton.*

Las compras	Les achats
comprar*	acheter
comprar a plazos	acheter à crédit
ir a la compra*	faire ses achats
ir de compras	faire ses courses
una compra ventajosa	un achat avantageux
el comprador, la compradora	l'acheteur, l'acheteuse
la cesta de la compra	le panier de la ménagère
el (la) cliente	le client, la cliente
la clientela	la clientèle
hacerse de clientela	se créer une clientèle
el cliente potencial ; fiel	le client potentiel ; fidèle
el vendedor, el dependiente	le vendeur
atender* al cliente	s'occuper du client
vender* una mercancía	vendre une marchandise
el punto de venta	le point de vente
el catálogo*	le catalogue
el precio bajo ≠ alto*	le prix bas ≠ élevé
el precio de fábrica	le prix coûtant
la etiqueta del precio	l'étiquette du prix
etiquetar	étiqueter
la tarifa*, la lista de precios	le tarif
barato(a)*	bon marché
caro(a)*	cher, chère
un dineral*	un prix extravagant
costar*	coûter
salir caro*	coûter cher
la contención de los precios	le blocage des prix
aumentar, subir los precios	augmenter les prix
disminuir, bajar los precios	baisser les prix
el precio de atracción	le prix d'appel
el descuento* ; la rebaja	la remise ; le rabais
la bolsa de plástico	le sac en plastique
el escaparate	la vitrine
mirar los escaparates	faire du lèche-vitrines
el mostrador	le comptoir

B ... DANS LEUR CONTEXTE

Voy ahora mismo a la compra ; ¿ qué quieres que traiga para la cena ?	*Je pars tout de suite faire mon marché ; qu'est-ce que tu veux que je rapporte pour le dîner ?*
En esta tienda de zapatos te atienden muy bien.	*Dans ce magasin de chaussures, on s'occupe très bien de la clientèle.*
Le mandaremos nuestro último catálogo por correo.	*Nous vous enverrons notre dernier catalogue par la poste.*
La habitación le saldrá más barato de lo que pensaba porque ahora aplicamos la tarifa de fuera de temporada.	*La chambre vous reviendra moins cher que vous ne le pensiez car nous appliquons en ce moment le tarif hors saison.*
El traje que acabo de comprar me ha costado un dineral, un ojo de la cara.	*Le costume que je viens d'acheter m'a coûté une fortune, les yeux de la tête.*
Si puede usted pagar al contado, le concedemos un buen descuento : un 20 %.	*Si vous pouvez payer comptant, nous vous faisons une bonne remise : 20 %.*

C EXPRESSIONS ET LOCUTIONS

Comprar con pérdida.	*Acheter à perte.*
Comprar en firme.	*Acheter ferme.*
Venderse como rosquillas.	*Se vendre comme des petits pains.*
Vender cara su vida.	*Vendre chèrement sa vie.*
Vender en pública subasta.	*Vendre aux enchères.*
Fuera de precio.	*Hors de prix.*
Poner a precio.	*Mettre à prix.*
Precio tope.	*Prix plafond.*
A cualquier precio.	*À n'importe quel prix.*
Lo barato sale caro.	*Le bon marché revient toujours cher.*

Publicidad y marketing	Publicité et marketing
la publicidad* de marca ; engañosa	*la publicité de marque; mensongère*
la publicidad institucional	*la publicité institutionnelle*
la publicidad machacona	*le matraquage publicitaire*
publicitario(a)*	*publicitaire*
hacer publicidad	*faire de la publicité*
la agencia de publicidad	*l'agence de publicité*
la campaña de publicidad*	*la campagne de publicité*
el publicista	*le publicitaire*
el anunciante*	*l'annonceur*
el anuncio, el aviso	*l'annonce*
el conceptor, el diseñador	*le concepteur*
el mensaje publicitario*	*le message publicitaire*
apuntar a un blanco	*viser une cible*
el soporte	*le support*
el cartel	*l'affiche*
la valla publicitaria*	*le panneau publicitaire*
el medio de comunicación*	*le média*
la pegatina	*l'autocollant*
el folleto	*la brochure*
el prospecto publicitario	*le prospectus publicitaire*
el eslogan	*le slogan*
el comprador condicionado; racional	*l'acheteur conditionné; rationnel*
el patrocinio ; patrocinar	*le sponsoring; sponsoriser*
el patrocinador ; el mecenas	*le sponsor; le mécène*
el mecenazgo	*le mécénat*
la imagen de marca*	*l'image de marque*
promocionar	*promouvoir, faire de la promotion*
las relaciones públicas*	*les relations publiques*
el marketing, la mercadotecnia	*le marketing, la mercatique*
le plan de marketing	*le plan marketing*
el jefe de producto	*le chef de produit*
segmentar ; la segmentación	*segmenter le marché; la segmentation*
el panel* ; el blanco	*le panel; la cible*
la cuota de mercado	*la part de marché*
el segmento de mercado	*le créneau*
el lanzamiento de un producto	*le lancement d'un produit*
el posicionamiento ; posicionar	*le positionnement; positionner*
el estudio de mercado	*l'étude de marché*

La publicidad connotativa sugiere, dirigiéndose a las motivaciones inconscientes del consumidor, mientras la publicidad denotativa informa y elige la razón como interlocutor privilegiado.

Los anunciantes suelen considerar el presupuesto publicitario como confidencial.

El fracaso de nuestra campaña se debe a que el mensaje es tan confuso que nadie lo entiende.

Las vallas publicitarias estropean a menudo el paisaje en las carreteras españolas.

Conviene elegir con mucho cuidado el medio de comunicación ; por ejemplo, cuando un producto se dirige al gran público, puede anunciarse en periódicos de gran tirada o, mejor, en televisión.

Al organizar primero la rueda de prensa y después la operación « puertas abiertas », el servicio de relaciones públicas intentó dar una buena imagen de la empresa.

Un panel de consumidores es un grupo de personas que se someten a encuestas regulares, lo que permite analizar su comportamiento de cara a un producto nuevo antes de comercializarlo.

La publicité connotative suggère, en s'adressant aux motivations inconscientes du consommateur, tandis que la publicité dénotative informe et choisit la raison comme interlocuteur privilégié.

Les annonceurs tiennent en général pour confidentiel le budget publicitaire.

L'échec de notre campagne est dû au fait que le message est si vague que personne ne le comprend.

Les panneaux publicitaires abiment souvent le paysage sur les routes espagnoles.

Il faut choisir soigneusement le média ; par exemple, si un produit est destiné au grand public, il peut être annoncé dans des journaux à grand tirage ou, mieux encore, à la télévision.

En organisant d'abord la conférence de presse puis l'opération «portes ouvertes», le service des relations publiques a essayé de donner une bonne image de l'entreprise.

Un panel de consommateurs est un groupe de personnes soumises à des enquêtes régulières, ce qui permet d'analyser leur comportement vis-à-vis d'un nouveau produit avant de le commercialiser.

Dinero, banca, bolsa	Argent, banque, bourse
el dinero*, la plata *(am.)*	*l'argent*
el dinero en efectivo	*l'argent liquide*
pagar en metálico*	*payer en espèces*
el billete de banco	*le billet de banque*
la moneda	*la pièce de monnaie*
el duro*	*la pièce de cinq pesetas*
□	□
la banca	*la banque (la profession)*
el banco*	*la banque (établissement financier)*
el banquero	*le banquier*
bancario(a)	*bancaire*
la caja de ahorros*	*la caisse d'épargne*
la cooperativa de crédito	*la coopérative de crédit*
□	□
la cuenta corriente*	*le compte courant*
el cuentacorrentista	*le titulaire du compte courant*
el extracto de cuenta	*l'extrait de compte*
el descubierto*	*le découvert*
estar en números rojos	*être dans le rouge*
saldo acreedor; deudor	*solde créditeur; débiteur*
abonar en cuenta*	*créditer un compte*
cargar en cuenta	*débiter un compte*
el depósito	*le dépôt*
el retiro de fondos	*le retrait de fonds*
sacar dinero	*retirer de l'argent*
el cajero automático	*le distributeur automatique*
el cheque, el talón*	*le chèque*
el talonario	*le chéquier*
el cheque cruzado	*le chèque barré*
extender un cheque	*libeller un chèque*
la tarjeta de crédito*	*la carte de crédit*
cobrar*	*encaisser*
gastar*; ahorrar*	*dépenser; épargner*
invertir; la inversión	*investir; l'investissement*
el inversionista, el inversor	*l'investisseur*
la financiación*	*le financement*
la letra de cambio*	*la lettre de change*
el librador*; el librado	*le tireur; le tiré*

No tengo dinero suelto; ¿me prestas cinco duros?

Je n'ai pas de monnaie; tu me prêtes vingt-cinq pesetas?

Al fin y al cabo, una de las misiones de las cajas de ahorros consiste en financiar las empresas locales.

En fin de compte, l'une des missions des caisses d'épargne consiste à financer les entreprises locales.

El banco me suprimió sin previo aviso el descubierto en cuenta corriente que tenía.

La banque m'a supprimé sans préavis l'autorisation de découvert que j'avais sur mon compte courant.

Sírvase abonar diez mil pesetas en la cuenta del señor Conde.

Veuillez créditer le compte de M. Conde de la somme de dix mille pesetas.

En España, la utilización del cheque no es tan frecuente como en Francia; los Españoles suelen pagar en metálico o con tarjeta de crédito.

En Espagne, l'utilisation du chèque n'est pas aussi fréquente qu'en France; les Espagnols paient d'ordinaire en espèces ou avec une carte de crédit.

Ha cobrado una buena cantidad pero es incapaz de ahorrar; se lo gasta todo en un abrir y cerrar de ojos.

Il a touché une jolie somme mais il est incapable d'économiser; il dépense tout en un clin d'œil.

Hay que lograr el volumen de financiación suficiente para hacer frente a las exigencias de la empresa.

Il faut obtenir le volume de financement suffisant pour faire face aux exigences de l'entreprise.

El librador puede ser también el beneficiario de la letra de cambio.

Le tireur peut être aussi le bénéficiaire de la lettre de change.

C EXPRESSIONS ET LOCUTIONS

De dinero y calidad, la mitad de la mitad.

Il faut en prendre et en laisser.

Poderoso caballero es don Dinero.

L'argent peut tout.

Sacar dinero de las piedras.

Faire argent de tout.

Ganar dinero a espuertas.

Gagner des mille et des cents.

Dineros son calidad.

Argent vaut noblesse.

Tirar el dinero por la ventana.

Jeter l'argent par les fenêtres.

el vencimiento de la letra*	*l'échéance de la lettre de change*
vencer*	*arriver à échéance*
el pagaré	*le billet à ordre*
□	□
el crédito*; el débito	*le crédit; le débit*
el crédito documentario	*le crédit documentaire*
el crédito puente	*le crédit relais*
el préstamo*	*le prêt*
prestar* una cantidad	*prêter une somme*
el prestamista	*le prêteur*
cobrar un interés	*percevoir un intérêt*
devengar un interés*	*rapporter un intérêt*
el tipo de interés	*le taux d'intérêt*
la usura	*l'usure*
el usurero	*l'usurier*
el empréstito	*l'emprunt*
el prestatario	*l'emprunteur*
contraer un empréstito	*contracter un emprunt*
pedir prestado*	*emprunter*
□	□
la divisa	*la devise*
la devaluación; devaluar	*la dévaluation; dévaluer*
la revaluación; revaluar	*la réévaluation; réévaluer*
el curso legal de una moneda	*le cours légal d'une monnaie*
cambiar dinero*	*changer de l'argent*
la oficina de cambio*	*le bureau de change*
el ecu*	*l'ECU*
la libra esterlina	*la livre sterling*
el franco*	*le franc*
el marco*	*le mark*
la lira	*la lire*
el escudo	*l'escudo*
la dracma	*la drachme*
la peseta	*la peseta*
el florín	*le florin*
el dólar	*le dollar*
el yen	*le yen*
el rublo	*le rouble*
la rupia	*la roupie*

La letra de cambio tiene que pagarse a su vencimiento ; puede ser pagadera a la vista, a treinta, sesenta o noventa días vista.

La lettre de change doit être payée à échéance ; elle peut être payable à vue, à trente, soixante ou quatre-vingt-dix jours de vue.

Este efecto de comercio vence el 14 de abril.

Cet effet de commerce arrive à échéance le 14 avril.

El presidente del gobierno sigue gozando de gran crédito.

Le président du gouvernement continue à jouir d'un grand crédit.

Te presto lo que quieras con tal que me lo devuelvas lo antes posible.

Je te prête ce que tu voudras à condition que tu me le rendes le plus vite possible.

Tuve que pedir prestadas quince mil pesetas para pagar el alquiler de la casa.

J'ai été obligé d'emprunter quinze mille pesetas pour payer le loyer de l'appartement.

¿A cuánto está el cambio ?

Quel est le taux de change ?

Cambie dinero en esta oficina, no le cobrarán ninguna comisión.

Changez de l'argent dans ce bureau, on ne vous prendra aucune commission.

El ecu es la unidad monetaria de la Unión Europea.

L'ECU est l'unité monétaire de l'Union Européenne.

El marco y el franco son los dos « pesos pesados » del sistema monetario europeo.

Le mark et le franc sont les deux «poids lourds» du système monétaire européen.

C EXPRESSIONS ET LOCUTIONS

Dar, conceder crédito.
No dar crédito a sus ojos.
Un préstamo sobre prendas.
Intereses devengados.

Faire crédit.
Ne pas en croire ses yeux.
Un prêt sur gages.
Intérêts échus.

la bolsa*	*la Bourse*
bursátil	*boursier(ère)*
el bolsista*	*le boursier*
la bolsa de mercancías, la lonja	*la Bourse des marchandises*
la bolsa de comercio	*la Bourse du commerce*
la bolsa de valores	*la Bourse des valeurs*
la barandilla*, el corro	*la corbeille*
cotizar*; la cotización*	*coter; le cours, la cote*
ir a la baja ≠ al alza	*jouer à la baisse ≠ à la hausse*
alcista*; bajista*	*haussier; baissier*
la apertura; el cierre*	*l'ouverture; la clôture*
subir*; bajar*	*grimper; baisser*
el entero, el punto	*le point*
el mercado al contado	*le marché au comptant*
el mercado a plazo; continuo	*le marché à terme; continu*
el mercado secundario	*le second marché*
el especulador; especular	*le spéculateur; spéculer*
la especulación	*la spéculation*
la orden compradora ≠ vende-dora	*l'ordre d'achat ≠ de vente*

□   □

el título; el valor	*le titre; la valeur*
el valor nominal	*la valeur nominale*
el título de renta fija*; variable	*le titre à revenu fixe; variable*
el índice bursátil*	*l'indice boursier*
la acción*	*l'action*
el accionista	*l'actionnaire*
la cartera de acciones	*le portefeuille d'actions*
la obligación*	*l'obligation*
el obligacionista	*l'obligataire*
el bono, el pagaré del Tesoro	*le bon du Trésor*
el dividendo*	*le dividende*
el volumen de contratación	*le volume des transactions*
el interés vencido	*l'intérêt échu*
la opción	*l'option*
la oferta pública de adquisi-ción*	*l'offre publique d'achat (OPA)*
el agente de bolsa	*l'agent de Bourse*
el tiburón	*le raider*
el crac financiero	*le krach financier*
el delito de iniciado	*le délit d'initié*

Al final del año, la bolsa de Madrid registró un avance de un 14 %.

À la fin de l'année, la Bourse de Madrid a enregistré une progression de 14 %.

La nueva ley del mercado de valores establece una interconexión entre las bolsas de Madrid, Barcelona, Valencia y Bilbao.

La nouvelle loi du marché des valeurs établit un système d'interconnexion entre les Bourses de Madrid, Barcelone, Valence et Bilbao.

Los bolsistas temen una pérdida de interés de los inversores por el mercado de acciones.

Les boursiers redoutent une perte d'intérêt des investisseurs pour le marché des actions.

Según los rumores de la barandilla, las acciones de esta sociedad se encuentran a punto de ser admitidas a cotización oficial.

D'après les rumeurs de la corbeille, les actions de cette société sont sur le point d'être admises à la cote officielle.

El oro se cotiza hoy en torno de 420 dólares y su tendencia es alcista.

L'or est coté aujourd'hui aux environs de 420 dollars, avec une tendance à la hausse.

Los datos del cierre del ejercicio, aún provisionales, confirman esta tendencia bajista.

Les chiffres de clôture de l'exercice, encore provisoires, confirment cette tendance à la baisse.

El índice general subió un 34 % entre enero y mayo de 1992 pero bajó un 29 % en octubre.

L'indice général a grimpé de 34 % de janvier à mai 1992 mais a baissé de 29 % en octobre.

Las acciones preferentes conceden un derecho particular en caso de distribución de dividendos.

Les actions prioritaires confèrent un droit particulier en cas de distribution de dividendes.

Las obligaciones convertibles pueden intercambiarse por acciones en un momento libre o fijado cuando se emitieron.

Les obligations convertibles peuvent être échangées contre des actions à un moment libre ou fixé lors de leur émission.

Estamos ante una oferta pública de adquisición hostil.

Nous nous trouvons devant une offre publique d'achat inamicale.

Generalidades	*Généralités*
la circulación; el tráfico*	*la circulation; le trafic*
el código de la circulación	*le code de la route*
la policía de tráfico	*la police de la route*
circular*	*circuler*
rodar; marchar; avanzar	*rouler; marcher; avancer*
□	□
la vía de comunicación	*la voie de communication*
la carretera*; la red* de carreteras	*la route; le réseau routier*
la carretera nacional*	*la route nationale*
la carretera principal	*la route principale*
la carretera general	*la route à grande circulation*
la autopista*	*l'autoroute*
la autovía*	*la voie rapide*
la faja intermedia; la raya	*la bande médiane; la ligne jaune*
el empalme	*la bretelle*
el nudo de carreteras	*l'échangeur*
la calzada; el carril*; el arcén*	*la chaussée; la voie; le bas-côté*
el sentido giratorio	*le sens giratoire*
el área de descanso	*l'aire de repos*
la estación de servicio, la gasolinera	*la station-service, le poste d'essence*
el cruce; la intersección	*le carrefour; l'intersection*
la bifurcación	*la bifurcation*
la desviación*	*la déviation*
la vía de dirección única	*la voie à sens unique*
la dirección prohibida	*le sens interdit*
□	
la salida; la entrada; el peaje*	*la sortie; l'entrée; le péage*
la vía, el callejón sin salida	*le cul-de-sac, l'impasse*
la subida ≠ la bajada	*la montée ≠ la descente*
el badén; el bache*	*le cassis; le nid-de-poule*
el paso a nivel	*le passage à niveau*
el paso de peatones	*le passage pour piétons*
la curva*	*le virage*
la gravilla	*les gravillons*
el estrechamiento de carretera	*la chaussée rétrécie*
las obras*	*les travaux*
el firme deslizante	*la chaussée glissante*
resbalar, deslizarse; patinar	*glisser; déraper*

Este nuevo tramo se abrió al tráfico hace dos meses.

Ce nouveau tronçon a été ouvert au trafic il y a deux mois.

Por esta carretera se puede circular a mayor velocidad.

Sur cette route on peut circuler à plus grande vitesse.

La carretera nacional está perfecta, sin apenas tráfico, recién asfaltada.

La route nationale est en parfait état, très peu encombrée et avec une chaussée récemment refaite.

Bélgica dispone de una red de autopistas públicas en las que no se paga peaje.

La Belgique dispose d'un réseau d'autoroutes publiques et sans péage.

Este itinerario es menos peligroso ya que se pasa por debajo de la autovía.

Cet itinéraire est moins dangereux étant donné que l'on passe sous la voie rapide.

Uno está expuesto a mayor inseguridad ya que se transita por carreteras de arcenes más estrechos o inexistentes.

On est exposé à une plus grande insécurité car on emprunte des routes avec des bas-côtés rétrécis ou inexistants.

Utilice la desviación mientras no estén terminadas las obras.

Utilisez la déviation tant que les travaux ne seront pas terminés.

C EXPRESSIONS ET LOCUTIONS

La carretera de circunvalación.
Le boulevard périphérique.

Una autopista de tres carriles.
Une autoroute à trois voies.

Estamos en un callejón sin salida.
Nous sommes dans une impasse.

Los baches de la vida.
Les hauts et les bas de la vie.

Una doble curva.
Un double virage.

¡ Atención, obras !
Attention, travaux !

El automóvil	*L'automobile*
el coche*, el auto; la serie	*la voiture; la série*
el conductor*; el pasajero	*le conducteur; le passager*
el carnet, el carné de conducir	*le permis de conduire*
el coche de alquiler; alquilar	*la voiture de location; louer*
el coche deportivo	*la voiture de sport*
la limusina; la berlina	*la limousine; la berline*
el monovolumen; el todoterreno*	*le monospace; le tout-terrain*
la versión; el modelo básico*	*la version; le modèle de base*
□	
El motor*; el depósito	*le moteur; le réservoir*
el diesel; el turbodiesel	*le diesel; le turbo-diesel*
la cilindrada; el cilindro	*la cylindrée; le cylindre*
los caballos*	*les chevaux*
los centímetros cúbicos	*les centimètres cubes*
la gasolina; el combustible	*l'essence; le combustible*
super; normal; gasóleo; sin plomo; el lleno; el aceite	*super; ordinaire; gazole; sans plomb; le plein; l'huile*
el tubo de escape	*le tuyau d'échappement*
el silencioso; el vaso catalítico	*le silencieux; le pot catalytique*
la potencia*; la elasticidad	*la puissance; la souplesse*
la velocidad punta*	*la vitesse de pointe*
la aceleración*; el ralentí	*l'accélération; le ralenti*
el encendido electrónico	*l'allumage électronique*
la transmisión; la tracción	*la transmission; la traction*
el embrague	*l'embrayage*
la caja de cambios, de velocidades*	*la boîte de vitesses*
la suspensión*	*la suspension*
la amortiguación*; el amortiguador	*l'amortissement; l'amortisseur*
la dirección	*la direction*
el freno; el disco*; el ABS*; el freno de mano	*le frein; le disque; l'ABS; le frein à main*
la bobina	*la bobine*
el filtro de aire	*le filtre à air*
el carburador*	*le carburateur*
la bomba de gasolina	*la pompe à essence*
el arranque	*le démarreur*
el radiador; el ventilador	*le radiateur; le ventilateur*

El Citroën ZX ha sido elegido «Coche del Año 1992 en España».

La Citroën ZX a été élue « Voiture de l'Année 1992 en Espagne ».

El puesto de conducción es adaptable a cada conductor.

Le poste de pilotage est adaptable à chaque conducteur.

Este todoterreno tiene cuatro ruedas motrices.

Ce tout-terrain a quatre roues motrices.

El modelo básico incorpora avances en tecnología y mecánica únicos entre los vehículos de su categoría.

Le modèle de base intègre des nouveautés en technologie et en mécanique uniques parmi les véhicules de sa catégorie.

Este motor ofrece hasta 130 caballos de potencia y una velocidad punta de 205 Km/h.

Ce moteur atteint une puissance de 130 chevaux et une vitesse de pointe de 205 km/h.

La aceleración es fulgurante : de 0 a 100 Km/h en tan sólo 8,3 segundos.

L'accélération est fulgurante : de 0 à 100 km/h en seulement 8,3 secondes.

La caja de velocidades de mando mecánico ; automático.

La boîte de vitesses manuelle ; automatique.

La suspensión es hidráulica con flexibilidad y amortiguación variables.

La suspension est hydraulique, avec une souplesse et un amortissement variables.

Esta gama ofrece discos en las cuatro ruedas, ventilados en las delanteras.

Cette gamme propose des disques sur les quatre roues, des disques ventilés sur les roues avant.

El sistema antibloqueo de ruedas impide que el coche patine cuando uno está frenando.

Le système ABS empêche la voiture de déraper lorsqu'on freine.

Con esta motorización, aprovechará usted la inyección electrónica en vez del carburador.

Avec cette motorisation vous bénéficierez de l'injection électronique au lieu du carburateur.

la culata	*la culasse*
la cámara de aire	*la chambre à air*
la dinamo, la dínamo	*la dynamo*
la válvula	*la soupape*
el eje	*l'essieu*
el árbol de transmisión	*l'arbre de transmission*
el muelle de suspensión	*le ressort de suspension*
□	
la carocería*	*la carrosserie*
la aleta; el capó; la puerta*; el portón trasero	*l'aile; le capot; la portière; le hayon*
el parachoques*	*le pare-chocs*
el parabrisas	*le pare-brise*
el limpiaparabrisas	*l'essuie-glace*
el cristal; el cristal tintado*; la ventanilla	*la vitre; la vitre teintée; la glace*
el cristal trasero, la luneta*	*la lunette arrière*
el coeficiente aerodinámico*	*le coefficient de pénétration (cx)*
el neumático; la rueda; la llanta*	*le pneu; la roue; la jante*
el tapacubos, el embellecedor	*l'enjoliveur*
el bastidor	*le châssis*
la calandra	*la calandre*
el maletero*; la guantera	*le coffre; la boîte à gants*
la placa de matrícula	*la plaque d'immatriculation*
la pintura metalizada	*la peinture métallisée*
□	□
las luces	*l'éclairage*
la batería*; la bujía	*la batterie; la bougie*
las luces de posición	*les feux de position*
las luces de señalización	*les feux de signalisation*
la luz de cruce; larga	*les codes; les phares*
el faro; el faro antiniebla*	*le phare; l'antibrouillard*
el intermitente	*le clignotant*
los pilotos, las luces traseras	*les feux arrière*
□	
el confort; el equipamiento*	*le confort; l'équipement*
el acabado	*la finition*
el salpicadero, la plancha de a bordo, el tablero de a bordo*, el tablero de mandos	*le tableau de bord*
el ordenador de viaje	*l'ordinateur de route*

El tratamiento anticorrosión de las chapas de la carocería.

Le traitement anticorrosion des tôles de la carrosserie.

Las protecciones laterales de las puertas absorben los impactos.

Les protections latérales des portes absorbent les chocs.

Sólidos parachoques monobloques protegen la carocería contra los pequeños accidentes urbanos.

De solides pare-chocs monoblocs protègent la carrosserie contre les petits accidents urbains.

Los cristales tintados evitan el deslumbramiento del sol.

Les vitres teintées empêchent d'être ébloui par le soleil.

La luneta térmica.

La lunette arrière chauffante.

El coeficiente aerodinámico es excelente gracias a las líneas fluidas de la parte delantera.

Le coefficient de pénétration est excellent grâce aux lignes fluides de l'avant.

Las cuatro llantas son de aleación ligera.

Les quatre jantes sont en alliage léger.

Los asientos traseros abatibles permiten aumentar considerablemente la capacidad del maletero.

Les sièges arrière rabattables permettent d'augmenter considérablement la capacité du coffre.

La batería está muy floja ; voy a tener que cargarla otra vez.

La batterie est très faible ; je vais être obligé de la recharger.

Ve despacio, a pesar de los proyectores antiniebla.

Va doucement, malgré les phares antibrouillard.

Esta berlina dispone de un equipamiento de serie a tope.

Cette berline dispose d'un équipement de série très complet.

La plancha de a bordo es perfectamente funcional ; además, la guantera se cierra con llave.

Le tableau de bord est parfaitement fonctionnel ; de plus, la boîte à gants ferme à clé.

el cuentakilómetros	le compteur kilométrique
el cuentarrevoluciones*	le compte-tours
el pre-equipo de radio*	le prééquipement radio
el autorradio*; la antena; el altavoz	l'autoradio; l'antenne; le haut-parleur
el volante*	le volant
la columna de dirección*	la colonne de direction
el retrovisor*	le rétroviseur
el pedal de acelerador	la pédale de l'accélérateur
el pedal de freno	la pédale de frein
el pedal del embrague	la pédale d'embrayage
la palanca de cambio	le levier de changement de vitesses
el mando*	la commande
la bocina; el avisador sonoro	le klaxon; l'avertisseur sonore
el asiento*	le siège
el cinturón de seguridad*	la ceinture de sécurité
el reposacabezas; el *airbag*	l'appui-tête; l'air-bag
la dirección asistida	la direction assistée
el elevalunas eléctrico	le lève-glace électrique
el antirrobo	l'antivol
el aire acondicionado	l'air conditionné
el coche climatizado	la voiture climatisée
el guarnecido; la funda	la tapisserie; la housse
el espejo	le miroir
□	□
acelerar ≠ frenar	accélérer ≠ freiner
embragar ≠ desembragar	embrayer ≠ débrayer
calarse	caler
cambiar de velocidad	passer les vitesses
arrancar	démarrer
pisar ≠ soltar el acelerador	appuyer sur ≠ lâcher l'accélérateur
pisar el freno	appuyer sur le frein
adelantar; pasar	dépasser; doubler
hacer marcha atrás	faire marche arrière
coger, tomar una curva	prendre un virage
abrochar(se) el cinturón de seguridad	attacher la ceinture de sécurité
tocar la bocina, dar bocinazos	klaxonner
pararse	s'arrêter
aparcar, estacionar	se garer, stationner

El cuentarrevoluciones electrónico lleva un indicador de temperatura exterior que posibilita la detección de hielo en la carretera.

El pre-equipo de radio es de serie y el autorradio opcional.

El volante regulable en altura.

La columna de dirección colapsable representa un elemento de seguridad indispensable en caso de impacto frontal.

Los retrovisores exteriores son regulables desde el interior.

El cierre centralizado de las puertas, del depósito y del portón trasero se efectúa con el mando a distancia.

El asiento del conductor posee múltiples reglajes en altura e inclinación.

Los respaldos de los asientos delanteros van equipados de portaobjetos.

Los cinturones de seguridad y los anclajes son más resistentes, y capaces de sujetar al conductor y a los pasajeros en situaciones de máximo riesgo.

Le compte-tours électronique possède un indicateur de température extérieure qui permet de détecter la présence de verglas sur la route.

Le prééquipement radio est de série et l'autoradio en option.

Le volant réglable en hauteur.

La colonne de direction télescopique constitue un élément de sécurité indispensable en cas de choc frontal.

Les rétroviseurs extérieurs peuvent être réglés de l'intérieur.

On effectue le verrouillage central des portes, du réservoir et du hayon avec la télécommande.

Le siège du conducteur possède de multiples réglages en hauteur et en inclinaison.

Les dossiers des sièges avant sont équipés de vide-poches.

Les ceintures de sécurité et leurs ancrages sont plus résistants, et capables de retenir le conducteur et les passagers dans les situations les plus périlleuses.

Reparaciones y accidentes	Réparations et accidents
el garaje* ; remolcar*	*le garage ; remorquer*
la caja de herramientas	*la boîte à outils*
la grúa remolque	*la dépanneuse*
las piezas de recambio*, de repuesto	*les pièces de rechange*
cambiar el aceite ; el engrase	*faire la vidange ; le graissage*
inflar, hinchar los neumáticos	*gonfler les pneus*
desmontar ; cambiar un neumático*	*démonter ; changer un pneu*
el gato	*le cric*
la avería	*la panne*
el taller de reparación	*l'atelier de dépannage*
el pinchazo	*la crevaison*
□	
el accidente* ; la falsa maniobra	*l'accident ; la fausse manœuvre*
ser víctima de un accidente*	*être victime d'un accident*
el atestado ; la declaración*	*le constat ; la déclaration*
el perito de seguros*	*l'expert*
el examen pericial	*l'expertise*
el informe pericial	*le rapport d'expertise*
la póliza de seguros ; la prima*	*la police d'assurance ; la prime*
el seguro a todo riesgo	*l'assurance tous risques*
el seguro de daños a terceros	*l'assurance au tiers*
la indemnización ; la garantía	*l'indemnisation ; la garantie*
□	

El tráfico urbano	Le trafic urbain
el semáforo*	*le feu de signalisation*
el paso de peatones	*le passage clouté*
la zona peatonal ; el peatón	*la zone piétonne ; le piéton*
el metro ; el autobús	*le métro ; l'autobus*
la estación de metro	*la station de métro*
la parada de autobús	*l'arrêt de bus*
el taxi ; el taxista*	*le taxi ; le chauffeur de taxi*
el tranvía	*le tramway*
la bicicleta*, la bici	*le vélo*
la motocicleta ; el velomotor	*la moto ; le vélomoteur*
el camión ; el camionero	*le camion ; le chauffeur*
el camión de carga pesado	*le poids lourd*
la camioneta	*la camionnette*

Se me estropeó el coche y tuvieron que remolcarme hasta un garaje.

Ma voiture est tombée en panne et il a fallu me remorquer jusqu'à un garage.

Las piezas de recambio de los coches alemanes salen carísimo.

Les pièces de rechange des voitures allemandes coûtent très cher.

¿Puede usted ayudarme a cambiar el neumático? Se me ha pinchado la rueda.

Pouvez-vous m'aider à changer le pneu? J'ai crevé.

Tuvo un accidente muy grave, le atropelló un coche.

Il a eu un accident très grave, il a été renversé par une voiture.

Hay tanto tráfico alrededor de Madrid que los ciclistas son muy a menudo víctimas de accidentes.

Il y a tellement de circulation autour de Madrid que les cyclistes sont très souvent victimes d'accidents.

No deje de mandar la declaración en los tres días.

Ne manquez pas d'envoyer la déclaration dans les trois jours.

Este perito de seguros desconfía de todo el mundo.

Cet expert se méfie de tout le monde.

Cuantos más accidentes, más altas son las primas de seguros.

Plus on a d'accidents et plus les primes d'assurance sont élevées.

Julián no se paró cuando el semáforo se puso rojo y el policía le impuso una buena multa.

Julien ne s'est pas arrêté lorsque le feu est passé au rouge et le policier lui a collé une bonne amende.

Era un taxista muy simpático, hasta se negó a aceptarme la propina.

C'était un chauffeur de taxi très sympathique, il a même refusé mon pourboire.

Los ecologistas suelen ir en bicicleta para luchar contra la contaminación del aire.

Les écologistes vont souvent à bicyclette pour lutter contre la pollution de l'air.

A LES MOTS...

El ferrocarril	Le chemin de fer
la RENFE* (Red Nacional de Fe- rrocarriles Españoles)	*la RENFE (Réseau national des chemins de fer espagnols)*
el tráfico ferroviario	*le trafic ferroviaire*
las líneas* (de ferrocarril)	*les lignes (de chemin de fer)*
los largos recorridos	*les grandes lignes*
las líneas de cercanías	*les lignes de banlieue*
el transporte de mercancías	*le transport de marchandises*
☐	☐
el tren*	*le train*
rodar; rodante*	*rouler; roulant(e)*
el tren de cercanías	*le train de banlieue*
el tren de pasajeros	*le train de voyageurs*
el tren de mercancías	*le train de marchandises*
el expreso*	*l'express*
el tren monorrail, el monorrail	*le train monorail*
el ferrobús	*l'autorail, la micheline*
el tren de alta velocidad	*le train à grande vitesse*
el AVE* (tren de Alta Velocidad)	*le train espagnol à grande vitesse*
el tren nocturno*	*le train de nuit*
el autoexpreso	*le train auto (accompagnée)*
el motoexpreso	*le train moto (accompagnée)*
☐	☐
la locomotora*	*la locomotive*
el coche*	*le wagon, la voiture*
el vagón	*le wagon de marchandises*
el compartimiento*, el departa- mento (fumador ≠ no fuma- dor*)	*le compartiment (fumeurs ≠ non-fumeurs)*
la rejilla*	*le filet (à bagages)*
el asiento*	*la place assise*
el asiento reservado*	*la place réservée*
la ventana*, la ventanilla	*la fenêtre*
la litera	*la couchette*
el coche literas, el coche litera	*le wagon-couchette*
el coche cama	*le wagon-lit*

B ... DANS LEUR CONTEXTE

De ahora al año 2010 muchas líneas antiguas de RENFE serán acondicionadas.	*D'ici l'an 2010 de nombreuses lignes anciennes de la RENFE seront aménagées.*
Las obras para construir la línea Madrid-Sevilla han durado cuatro años y medio.	*Les travaux pour construire la ligne Madrid-Séville ont duré quatre ans et demi.*
El tren va con retraso.	*Le train a du retard.*
Consultar el horario de los trenes.	*Consulter l'horaire des trains.*
Vamos en tren a la ciudad.	*Nous allons à la ville en train.*
En la frontera entre Francia y España le cambian las ruedas al tren.	*À la frontière franco-espagnole on change les roues du train.*
El «Al Andalus Expreso» no es un tren común y corriente sino una especie de hotel de lujo rodante.	*L'«Al Andalus Expreso» n'est pas un train ordinaire mais une sorte d'hôtel de luxe roulant.*
El «Puerta del Sol» es un expreso con literas.	*Le «Puerta del Sol» est un express avec des couchettes.*
El AVE sale de la estación madrileña de Atocha.	*Le TGV espagnol part de la gare madrilène d'Atocha.*
Este tren nocturno desarrolla una velocidad de 200 kilómetros por hora.	*Ce train de nuit atteint une vitesse de 200 kilomètres à l'heure.*
La locomotora tira de cuatro coches.	*La locomotive tire quatre wagons.*
Quisiera un asiento en un compartimiento para no fumadores.	*Je voudrais une place assise dans un compartiment non-fumeurs.*
Colocó el equipaje en la rejilla.	*Il a mis ses bagages sur le filet.*
El asiento reservado ya está ocupado.	*La place réservée est déjà occupée.*
Es peligroso asomarse por la ventana en el tren.	*Il est dangereux de se pencher à la fenêtre dans le train.*

C EXPRESSIONS ET LOCUTIONS

Mejorar su tren de vida.	*Améliorer son train de vie.*
A todo tren.	*À toute vapeur.*
Esta chica está como un tren, como un camión.	*Cette «nana» est «super».*

21 TRÁFICO FERROVIARIO, MARÍTIMO Y FLUVIAL

A LES MOTS...

el coche restaurante*, el coche comedor, el vagón-restaurante	le wagon-restaurant
el coche-bar	le wagon-bar
▢	▢
el ferroviario	le cheminot
el empleado de ferrocarriles	l'employé de chemin de fer
el maquinista	le mécanicien du train
el conductor de locomotora	le conducteur de locomotive
el guardagujas	l'aiguilleur
el jefe de estación	le chef de gare
el revisor* ; revisar (los billetes)	le contrôleur ; contrôler (les billets)

La estación*   La gare

el andén* ; la vía*	le quai ; la voie
la vía férrea, la vía de ferrocarril	la voie ferrée, la voie de chemin de fer
el tramo	le tronçon
los railes*, los rieles	les rails
las traviesas	les traverses
el paso a nivel	le passage à niveau
la taquilla*	le guichet
la máquina expendedora de billetes	le distributeur de titres de transport
la oficina de información	le bureau des renseignements
el tablón de horarios	le panneau d'affichage
la sala de espera	la salle d'attente
el bar, la cafetería de la estación	le buffet de la gare
la consigna*	la consigne
la consigna automática	la consigne automatique
el carrito portaequipajes	le chariot à bagages
el mozo de estación, el maletero	le porteur
▢	▢
coger*, tomar el tren	prendre le train
el viajero*	le voyageur
comprar un billete* ≠ colarse	acheter un billet ≠ resquiller
el viaje de ida	l'aller simple
el viaje de ida y vuelta	l'aller-retour

B   ... DANS LEUR CONTEXTE

El desayuno se toma a bordo del tren en el coche restaurante.
Le petit déjeuner se prend à bord du train dans le wagon-restaurant.

El revisor le pidió su billete cuando el tren llegaba a la estación de Sevilla.
Le contrôleur lui a demandé son billet quand le train arrivait en gare de Séville.

La estación de ferrocarril, la estación de trenes
La gare de chemin de fer, la gare ferroviaire

La estación de Renfe.
La gare des chemins de fer espagnols.

El andén estaba lleno de gente que salía de vacaciones.
Le quai était plein de gens qui partaient en vacances.

Existen distintos anchos de vía en los países europeos.
Il existe différentes largeurs de voie dans les pays européens.

La adopción de un ancho de vía europeo[1] facilitará la integración de distintas redes ferroviarias.
L'adoption d'une largeur de voie européenne facilitera l'intégration des différents réseaux ferroviaires.

El TGV batió el récord mundial de velocidad sobre railes, al alcanzar 508 kilómetros por hora.
Le TGV a battu le record mondial de vitesse sur rails, en atteignant 508 kilomètres-heure.

Se despachan billetes de ferrocarril en la taquilla.
On vend des billets de chemin de fer au guichet.

Tuvimos que dejar las maletas en la consigna.
Nous avons dû laisser les valises à la consigne.

Coge el tren para Barcelona.
Il prend le train pour Barcelone.

Compruebe los datos de su billete en el momento de la compra.
Vérifiez les informations de votre billet au moment de l'achat.

C   EXPRESSIONS ET LOCUTIONS

¡ Viajeros al tren !   *En voiture !*

---

1. 1 435 millimètres face aux 1 668 qui sont en vigueur pour les lignes normales de la Péninsule.

A   LES MOTS...

la primera ≠ la segunda* (clase)	*la première ≠ la seconde (classe)*
reservar ; la reserva	*réserver ; la réservation*
el suplemento	*le supplément*
la reducción	*la réduction*
la tarifa completa ≠ reducida	*le plein tarif ≠ le tarif réduit*
la guía de ferrocarriles	*l'indicateur de chemin de fer*
◻	◻
perder el tren	*rater le train*
la salida ; salir*	*le départ ; partir*
la llegada ; llegar	*l'arrivée ; arriver*
la procedencia	*la provenance*
parar*, detenerse*	*s'arrêter*
subir*, subirse al tren, montarse en el tren	*monter dans le train*
bajar, bajarse, apearse* del tren	*descendre du train*
transbordar*, transbordarse, hacer transbordo, cambiar*	*changer*
el transbordo*	*le changement*

Barcos y tripulación   Bateaux et équipage

el barco*	*le bateau*
el barco de recreo	*le bateau de plaisance*
la barca*	*la barque*
el cascarrón de nuez*	*la coquille de noix*
la canoa	*le canoë*
la nave*	*la nef*
el bote, la lancha	*le canot*
la gabarra	*la péniche*
el barco ómnibus	*le bateau-mouche (de Paris)*
la chalana	*le chaland*
la carabela*	*la caravelle*
el velero*, el barco de vela	*le voilier, le bateau à voiles*
el velero de dos palos	*le deux-mâts*
la fragata	*la frégate*
la goleta	*la goélette*
el bote salvavidas	*le canot de sauvetage*
el carguero	*le cargo*
el buque	*le navire*
el navío	*le vaisseau*

B   ... DANS LEUR CONTEXTE

Déme un billete de segunda París-Limoges.
Donnez-moi un billet de seconde Paris-Limoges.

El tren con destino a Barcelona sale a las ocho.
Le train à destination de Barcelone part à huit heures.

El tren no para en esta estación.
Le train ne s'arrête pas dans cette gare.

El tren se detiene porque tiene una avería.
Le train s'arrête pour cause de panne.

Subió al tren a las 7 h 27 y se apeó en la estación de Chelles a las 7 h 40.
Il est monté dans le train à 7 h 27 et est descendu à la gare de Chelles à 7 h 40.

Para ir desde Sevilla a París es necesario hacer transbordo en Irún.
Pour aller de Séville à Paris il faut changer à Irun.

Cambiar de tren.
Changer de train.

Realizar tres transbordos, transbordar tres veces.
Faire trois changements, changer trois fois.

Vimos el barco que se hacía a la mar.
On vit le bateau prendre le large.

El barco tomó alta mar.
Le bateau gagna le large.

La barca de pesca.
La barque de pêche.

Una barca amarrada.
Une barque amarrée.

La Pinta, la Niña y la Santa María fueron las tres carabelas que permitieron a Cristóbal Colón cruzar el Atlántico.
La Pinta, la Niña et la Santa María furent les trois caravelles qui permirent à Christophe Colomb de traverser l'Atlantique.

El más destacado elenco de veleros.
Le plus remarquable rassemblement de voiliers.

C   EXPRESSIONS ET LOCUTIONS

En esos momentos, se mete en su cascarrón.
Dans ces moments-là, il rentre dans sa coquille.

Decidió quemar las naves.
Il a décidé de couper les ponts.

el petrolero	*le pétrolier*
el submarino	*le sous-marin*
el barco patrullero*	*le patrouilleur*
el acorazado	*le cuirassé*
el crucero	*le croiseur*
el barco de vapor	*le bateau à vapeur, le vapeur*
el yate	*le yacht*
el paquebote, el barco de pasajeros	*le paquebot*
el transatlántico	*le transatlantique*
el transbordador	*le ferry-boat*
el aerodeslizador	*l'aéroglisseur*
□	□
el timón*, la caña, la barra del timón	*le gouvernail, la barre*
el remo*; remar*	*la rame; ramer*
la veleta	*la girouette*
el casco	*la coque*
la quilla*	*la quille*
la popa*; la proa	*la poupe; la proue*
babor; estribor	*bâbord; tribord*
el ancla*; anclado	*l'ancre; à l'ancre*
la roda	*l'étrave*
el pabellón, la bandera	*le pavillon*
el empalletado	*le bastingage*
la barandilla*	*la rambarde*
la cubierta*	*le pont*
el puente	*la passerelle*
la cala*	*la cale*
el camarote*	*la cabine*
la litera	*la couchette*
□	□
el capitán*	*le capitaine*
el marino, el marinero*	*le marin*
el marinero	*le matelot*
el batelero	*le batelier*
el grumete	*le mousse*
□	□
embarcarse*, embarcar	*monter à bord, embarquer*
echar al agua*	*jeter par-dessus bord*

B ... DANS LEUR CONTEXTE

Los barcos patrulleros bordean las costas.	*Les patrouilleurs longent les côtes.*
Llevar el timón.	*Tenir la barre.*
Tuvieron que remar contra corriente.	*Ils furent obligés de ramer contre le courant.*
Echar el ancla, anclar.	*Jeter l'ancre.*
Echar, levar anclas, zarpar.	*Lever l'ancre.*
Estaba apoyada a la barandilla.	*Elle était appuyée à la rambarde.*
La cubierta de popa.	*L'arrière-pont.*
La cubierta de proa.	*L'avant-pont.*
Iba escondido en la cala.	*Il était caché dans la cale.*
Estaba en su camarote descansando.	*Il se reposait dans sa cabine.*
Es el capitán de fragata.	*C'est le capitaine de frégate.*
El marinero soñaba con volver a los mares del sur.	*Le marin rêvait de retourner dans les mers du Sud.*
Un traje de marinero.	*Un costume marin.*
Se embarcaron de pasajeros.	*Ils s'embarquèrent comme passagers.*
Echaron al agua al capitán el día de su cumpleaños.	*Ils ont jeté le capitaine par-dessus bord le jour de son anniversaire.*

C EXPRESSIONS ET LOCUTIONS

Ir a remo.	*Aller à la rame.*
Dar de quilla a un barco.	*Coucher un bateau.*
Ir viento en popa.	*Avoir le vent en poupe.*
El ancla de salvación.	*L'ancre de salut.*
Marinero de agua dulce.	*Marin d'eau douce.*

A LES MOTS...

encallar, embarrancarse	*échouer, s'échouer*
varar (un barco)	*échouer*
zozobrar	*chavirer*
irse a pique*	*couler à pic, sombrer, couler*
echar a pique, hundirse*	*couler, sombrer*
cabecear	*tanguer*
el mareo*	*le mal de mer*
marearse	*avoir le mal de mer*
no marearse*, ser muy marinero	*avoir le pied marin*
costear	*longer la côte*

La navegación — La navigation

la navegación marítima	*la navigation maritime*
la navegación fluvial	*la navigation fluviale*
el cabotaje	*le cabotage*
la marina mercante	*la marine marchande*
la flota mercante	*la flotte marchande, de commerce*

☐ ☐

el viaje por mar	*le voyage en mer*
la travesía*	*la traversée*
el crucero*	*la croisière*
el desembarco	*le débarquement*
la escala*	*l'escale*

El puerto* — Le port

las instalaciones portuarias	*les installations portuaires*
la dársena	*le bassin*
el cargador, el descargador de puerto (de muelle)	*le docker*
el muelle*	*le quai*
la rada	*la rade, la baie*
la boya	*la balise flottante, la bouée*
el fondeadero	*le mouillage*
el faro*	*le phare*
el canal	*le chenal*
el malecón*	*la jetée, le môle*
el embarcadero	*l'embarcadère*
el desembarcadero	*le débarcadère*

☐ ☐

B   ... DANS LEUR CONTEXTE

Era tal la tempestad que el barco se fue a pique.	*La tempête était telle que le bateau a coulé.*
Vieron el barco que se hundía y no pudieron hacer nada.	*Ils regardèrent le bateau couler sans rien pouvoir faire.*
Es propensa al mareo.	*Elle est encline au mal de mer.*
Yo nunca me mareo.	*J'ai le pied marin.*
Soñaban con hacer una travesía del Pacífico.	*Ils rêvaient de faire une traversée du Pacifique.*
El crucero por el Mediterráneo duró diez días.	*La croisière sur la Méditerranée dura dix jours.*
Hicieron escala en un pequeño puerto de Andalucía.	*Ils firent escale dans un petit port d'Andalousie.*
El puerto pesquero.	*Le port de pêche.*
El puerto franco, libre.	*Le port franc.*
Atracar al muelle.	*Se mettre à quai.*
El muelle donde atracó el (barco de) vapor.	*Le quai où le vapeur était amarré.*
Los navegantes se orientaban gracias al faro que apenas divisaban.	*Les navigateurs s'orientaient grâce au phare qu'ils apercevaient à peine.*
Solían pasearse por el malecón.	*Ils avaient pour habitude de se promener sur la jetée.*

C   EXPRESSIONS ET LOCUTIONS

La velocidad de crucero.	*La vitesse de croisière.*

21 TRÁFICO FERROVIARIO, MARÍTIMO Y FLUVIAL

A LES MOTS...

el astillero*	le chantier naval
la construcción naval	la construction navale
la grúa	la grue
la grada de construcción	la cale de construction
la botadura	le lancement d'un navire
los docks	les docks
el dique seco	la cale sèche, le radoub
□	□
el armador*, el naviero	l'armateur
el cargamento ; cargar	le chargement ; charger
el descargo ; descargar*	le déchargement ; décharger

324

En aquel astillero abandonado, ya no se construían ni reparaban barcos desde hacía años.

El rico armador vino a verificar, comprobar el estado del barco.

Descargaron la mercancía.

Dans ce chantier naval abandonné, on ne construisait ni ne réparait plus de bateaux depuis des années.

Le riche armateur est venu vérifier l'état du bateau.

Ils ont déchargé la marchandise.

325

*El tráfico aéreo**	Le trafic aérien
la aeronáutica*	*l'aéronautique*
el avión*	*l'avion*
el aparato*	*l'appareil, l'engin*
el avión de, a reacción	*l'avion à réaction*
el reactor	*le réacteur*
el helicóptero	*l'hélicoptère*
el ala	*l'aile*
volar ; el vuelo*	*voler; le vol*
sobrevolar*	*survoler*
despegar*	*partir, décoller*
□	□
la ventanilla*	*le hublot*
el cinturón de seguridad*	*la ceinture*
la salida de emergencia	*la sortie de secours*
el avión supersónico	*l'avion supersonique*
el « charter », el vuelo afretado	*le charter*
el avión de recorridos de larga distancia o transcontinental ; el avión de distancias medias o continental	*le long-courrier; le moyen-courrier*
el jet	*le jet*
el jumbo jet ; el Concorde	*le jumbo-jet; le Concorde*
el Airbus ; el Boeing	*l'Airbus; le Boeing*
el puente aéreo	*le pont aérien entre Madrid et Barcelone (en particulier)*

*La compañía aérea**	La compagnie aérienne
el pasajero*	*le passager*
el bautismo del aire	*le baptême de l'air*
el billete de avión, el pasaje, el boleto *(am.)*	*le billet d'avion*
reservar un billete en un avión, en un vuelo	*réserver un billet, faire une réservation sur un vol*
expedir un billete	*délivrer un billet*
las líneas regulares*	*les lignes régulières*
la clase turista	*la classe tourisme*

El tráfico aéreo está saturado en verano.	Le trafic aérien est saturé en été.
Es un aficionado a la aeronáutica desde que es niño.	C'est un passionné d'aéronautique depuis qu'il est tout petit.
Los viajes en avión me resultan más cómodos.	Je trouve les voyages en avion plus confortables, commodes.
No me mareo en avión.	Je n'ai pas le mal de l'air.
Coger, tomar el avión.	Prendre l'avion.
Subirse al avión.	Monter dans l'avion.
El zumbido de este aparato me preocupa.	Le ronflement de cet appareil est inquiétant.
Reservar un vuelo.	Réserver un vol.
Estamos sobrevolando los Andes.	Nous survolons les Andes.
Acaba de despegar el Boeing de IBERIA.	Le Boeing d'IBERIA vient de décoller.
Se pasó todo el tiempo mirando el cielo por la ventanilla.	Il a passé tout son temps à regarder le ciel à travers le hublot.
Es preciso abrocharse el cinturón de seguridad al despegar y al aterrizar.	Il faut attacher sa ceinture au moment du décollage et de l'atterrissage.
AVIANCA es la compañía aérea de Colombia.	AVIANCA est la compagnie aérienne colombienne.
Los pasajeros del vuelo quedaron muy satisfechos.	Les passagers du vol furent très satisfaits.
Siempre viaja en líneas regulares para ir a Estados Unidos.	Il voyage toujours sur des lignes régulières pour aller aux États-Unis.

C EXPRESSIONS ET LOCUTIONS

Está tomando vuelo.	Il prospère, il prend de l'importance.
El vuelo a ras de tierra.	Le vol en rase-mottes.

| la clase preferente, la primera clase | la première classe |

En el aeropuerto

À l'aéroport

el aeropuerto*	l'aéroport
el aeródromo	l'aérodrome
el (la) terminal	l'aérogare, le terminal
la pista (de despegue, de aterrizaje)	la piste (d'envol, d'atterrissage)
la torre de mandos, de control*	la tour de contrôle
el controlador de la navegación aérea*	l'aiguilleur du ciel
embarcar*(se)	(s')embarquer
el equipaje de mano*	les bagages à main
facturar* (el equipaje), chequear (am.)	enregistrer (les bagages)
pagar los cargos adicionales	payer la surcharge (taxes pour les valises)
el equipaje facturado	les bagages enregistrés
la tienda libre de impuestos*	la boutique hors taxe
la sala de embarque*	la salle d'embarquement
la puerta de embarque	la porte d'embarquement
el control de aduanas*, de pasaportes	le contrôle douanier, des passeports
la tarjeta de embarque	la carte d'embarquement
recoger el equipaje	retirer les bagages

A bordo

À bord

la tripulación*	l'équipage
el piloto*, el comandante	le pilote
el capitán de vuelo	le capitaine
el copiloto	le copilote
pilotar*	piloter
el mecánico de vuelo	le mécanicien navigant
el personal de acompañamiento	le personnel navigant
la azafata*	l'hôtesse de l'air
el auxiliar de vuelo, el azafato (fam.)	le steward

□   □

¿A qué hora tienes que estar en el aeropuerto?

À quelle heure dois-tu aller (te trouver) à l'aéroport?

La torre de control vigila el aterrizaje y el despegue de los aviones.

La tour de contrôle surveille l'atterrissage et le décollage des avions.

El controlador de la navegación aérea está hoy un poco despistado.

L'aiguilleur du ciel est aujourd'hui un peu étourdi.

Llegó la hora de embarcar.

L'heure d'embarquer est arrivée.

No llevar más que el equipaje de mano.

N'avoir que des bagages à main.

Facturar el equipaje al llegar al aeropuerto.

Enregistrer les bagages dès l'arrivée à l'aéroport.

Comprar artículos baratos en la tienda libre de impuestos.

Acheter des articles bon marché dans la boutique hors taxe.

Nos quedamos esperando media hora en la sala de embarque.

Nous sommes restés à attendre une demi-heure dans la salle d'embarquement.

No tardamos nada para el control de aduanas.

Nous n'avons pas mis de temps pour le contrôle des douanes.

Los miembros de la tripulación ya estaban dispuestos a acoger a los pasajeros al subir al avión.

Les membres de l'équipage étaient prêts à accueillir les passagers dès qu'ils grimpèrent dans l'avion.

Los pilotos están de huelga desde hace tres días, llevan tres días de huelga.

La grève des pilotes dure depuis trois jours.

Ser piloto de IBERIA.

Être pilote à IBERIA.

Su sueño más entrañable es aprender a pilotar.

Son rêve le plus cher est d'apprendre à piloter.

Los viajeros están esperando a la azafata.

Les voyageurs attendent l'hôtesse de l'air.

el vuelo	le vol
el despegue ; despegar	le décollage ; décoller
el aterrizaje*	l'atterrissage
la escala*	l'escale
aterrizar*, tomar tierra	atterrir, se poser
el pasillo aéreo	le couloir aérien
la vía aérea	la route aérienne

La astronáutica — L'astronautique

el espacio* ; el universo	l'espace ; l'univers
el cosmos	le cosmos
el vacío	le vide
la nave espacial*	le vaisseau spatial
la cosmonave	le spationef
la aeronave	l'aéronef
los vehículos espaciales	les engins spatiaux
el cohete*	la fusée
el cuerpo* (de un cohete)	l'étage (d'une fusée)
el propulsor	le propulseur
la tobera	la tuyère
el módulo	le module
la lanzadera, el transbordador* (espacial)	la navette spatiale
la estación espacial	la station orbitale
el satélite*	le satellite
la sonda (espacial)	la sonde (spatiale)
el lanzamiento	le lancement, le tir
lanzar*	lancer, tirer
la rampa, la plataforma de lanzamiento	la rampe, la plate-forme de lancement
la estación de control	le centre de contrôle
□	□
el vuelo tripulado	le vol habité, le vol avec équipage
la ingravidez ; ingrávido (a)	l'apesanteur ; sans pesanteur
poner en órbita	placer (mettre) sur orbite
el traje de vuelo*, el traje espacial	la combinaison de vol, la combinaison spatiale
la escafandra*	le scaphandre

El aterrizaje forzoso.	*L'atterrissage forcé.*
Hicimos escala en Bogotá.	*Nous avons fait escale à Bogotá.*
Antes de aterrizar el avión, se enciende la lucecilla : «Abróchense los cinturones».	*Une petite lumière s'allume avant l'atterrissage de l'avion : «Attachez vos ceintures».*
El aparato está a punto de aterrizar.	*L'appareil s'apprête à atterrir.*
Spoutnik fue el primer satélite lanzado al espacio.	*Spoutnik fut le premier satellite lancé dans l'espace.*
La nave espacial está ahora a 3500 kilómetros de altura.	*Le vaisseau spatial est maintenant à 3 500 kilomètres d'altitude.*
El cohete de ensayo estará pronto terminado.	*La fusée d'essai sera bientôt terminée.*
El cohete teledirigido dará la vuelta a la luna.	*La fusée téléguidée tournera autour de la lune.*
Un cohete de varios cuerpos.	*Une fusée à étages.*
Los tripulantes del transbordador Endeavour repararon la óptica defectuosa del telescopio Hubble.	*Les membres de l'équipage de la navette spatiale Endeavour ont réparé l'optique défectueuse du télescope Hubble.*
Los satélites espía detectan con precisión blancos militares, vehículos y hasta personas.	*Les satellites-espions détectent avec précision des cibles militaires, des véhicules et même des personnes.*
La luna es un satélite natural que gira alrededor de la tierra presentando siempre la misma cara.	*La Lune est un satellite naturel qui tourne autour de la Terre en présentant toujours la même face.*
En septiembre del 92 fue lanzado el satélite Hispasat.	*En septembre 92 fut lancé le satellite Hispasat.*
Este traje de vuelo resiste perfectamente al vacío y las bajas temperaturas.	*Cette combinaison de vol résiste parfaitement au vide et aux basses températures.*
Los cosmonautas van a ensayar (la resistencia de) las escafandras.	*Les cosmonautes vont essayer (la résistance) des scaphandres.*

C EXPRESSIONS ET LOCUTIONS

Escapar (o salir) como un cohete.	*Partir comme une flèche.*

el astronauta*	*l'astronaute, le spationaute*
el cosmonauta*	*le cosmonaute*
la órbita* (geoestacionaria)	*l'orbite (géostationnaire)*
la trayectoria	*la trajectoire*
el cosmóvago	*l'astronaute qui sort de son engin spatial*
cosmovagar	*sortir d'un engin spatial (dans l'espace)*

Los astronautas del Columbia llegaron a ver desde su nave espacial el incendio que arrasó el sur de California.	*Les astronautes du Colombia ont pu voir depuis leur vaisseau spatial l'incendie qui a dévasté le sud de la Californie.*
El primer cosmonauta que pisó la luna era americano.	*Le premier cosmonaute qui a marché sur la Lune était américain.*
La puesta en órbita fue lograda.	*La mise sur orbite a été réussie.*

Generalidades	Généralités
los mass media	*les mass media*
el panorama audiovisual	*le paysage médiatique*
la comunicación	*la communication*
los medios de comunicación* (de masa)	*les moyens de communication (de masse)*
□	
la concentración de la prensa	*la concentration de la presse*
EFE, la agencia de prensa española	*EFE, l'agence de presse espagnole*
□	
la opinión pública*	*l'opinion publique*
la libertad de expresión*	*la liberté d'expression*
la influencia; influenciar a alguien	*l'influence; influencer qqn*
ejercer influencia sobre* (en), influir sobre (en)	*exercer une influence sur*
la manipulación	*la manipulation*
manipular	*manipuler*
□	
la información	*l'information*
informar*	*informer*
las fuentes* de información	*les sources d'information*
anunciar	*annoncer*
□	
objetivo(a)	*objectif(ive)*
pragmático(a)	*pragmatique*
partidario(a)	*orienté(e), partisan(e)*
parcial, tendencioso(a)*	*partial(e), tendancieux(euse)*
imparcial, neutro(a)	*impartial(e), neutre*
□	
la encuesta, el sondeo	*l'enquête, le sondage*
el encuestador*; el encuestado	*l'enquêteur; la personne sondée*

La televisión	La télévision
la televisión*, la tele*, la TV	*la télévision, la télé*
la TVE	*la télévision publique espagnole*
la caja tonta	*la téloche*

Los numerosos medios de comunicación no siempre ofrecen las garantías de pluralismo.

Radio Televisión Española (RTV) sondeó la opinión pública sobre el culebrón del verano.

En muchos países no se respeta la libertad de expresión.

La publicidad ejerce una influencia nefasta sobre los consumidores.

En fuentes bien informadas se habla de la dimisión del diputado.

Este documental sobre la Segunda Guerra mundial me pareció tendencioso.

El encuestador le preguntó lo que opinaba sobre la nueva reforma universitaria.

Salir en televisión, asomarse por televisión.

Me gusta ver este deporte por televisión.

La misión de la televisión estatal es ofrecer un servicio público de calidad.

Se pasa el día viendo la tele.

Por la tele dan una película de Víctor Erice.

Les nombreux moyens de communication ne présentent pas toujours les garanties de pluralisme.

Radio Télévision Espagnole (RTV) a sondé l'opinion publique sur le feuilleton fleuve de l'été.

Dans de nombreux pays la liberté d'expression n'est pas respectée.

La publicité exerce une influence néfaste sur les consommateurs.

Dans les milieux bien informés on parle de la démission du député.

Ce documentaire sur la Seconde Guerre mondiale m'a paru tendancieux.

L'enquêteur lui a demandé ce qu'il pensait de la nouvelle réforme universitaire.

Passer, apparaître à la télévision.

J'aime regarder ce sport à la télévision.

La mission de la télévision d'État est d'offrir un service public de qualité.

Il passe sa journée à regarder la télé.

Un film de Victor Erice passe à la télé.

la pequeña pantalla	*le petit écran*
televisivo (a)*	*télévisuel (le)*
el televisor* en color	*le téléviseur, le poste de télévision en couleurs*
el receptor televisivo	*le récepteur de télévision*
la televisión portátil	*la télévision portable*
la televisión estatal	*la télévision d'État*
la televisión de pago	*la télévision payante*
el televidente, el telespectador	*le téléspectateur*
teleadicto (a)*	*mordu (e) de télé*
el seguidor* (de una serie televisiva)	*l'adepte, le fan (d'une série télévisée)*
ver la tele	*regarder la télé*
encender ≠ apagar la tele	*allumer ≠ éteindre la télé*
el mando a distancia	*la télécommande*
cambiar de cadena, de canal*	*changer de chaîne*
hacer zapping; el zapping	*zapper; el zapping*
la cadena*, el canal*	*la chaîne*
la cadena pública ≠ privada	*la chaîne publique ≠ privée*
▢	▢
el presentador, el locutor	*le présentateur, le speaker*
presentar, conducir (un espacio, un concurso)	*présenter (une émission, un jeu télévisé)*
el corresponsal	*le correspondant*
el moderador (de un debate televisivo)	*l'animateur (d'un débat télévisé)*
moderar* (un debate)	*animer (un débat)*
el concursante (del programa)	*le participant (à l'émission)*
concursar	*participer*
el ganador	*le gagnant*
el morbo	*la curiosité malsaine*
▢	▢
el programa*, el espacio*	*l'émission*
el telefilm*	*le téléfilm*
la serie*, el serial	*la série*
la teleserie	*la série télévisée*
la película por entregas	*le feuilleton*
la telenovela	*le feuilleton télévisé*

Un veterano actor televisivo.

Un acteur de télévision expérimenté.

Por término medio un Español pasa algo más de tres horas diarias frente al televisor.

En moyenne un Espagnol passe un peu plus de trois heures par jour devant son téléviseur.

Los Españoles son los más tele-adictos de Europa, después de los británicos.

Les Espagnols sont les plus mordus de télé en Europe, après les Britanniques.

Soy un gran seguidor de los concursos : *La Ruleta de la fortuna, Cifras y Letras* y *El Precio justo.*

Je suis un fan des jeux télévisés : La Roue de la fortune, Des chiffres et des lettres *et* Le Juste Prix.

En cuanto hay un corte publicitario, cambio de canal.

Dès qu'il y a une coupure de publicité, je change de chaîne.

Las cinco cadenas nacionales españolas son : TVE 1 (la primera), la 2 (la dos), tele 5, antena 3 y Canal + (Canal Plus).

Les cinq chaînes nationales espagnoles sont : TVE 1, la 2, tele 5, antena 3 et Canal + (Canal Plus).

Canal 9, Canal Nou (Televisió valenciana), es el canal autonómico de la comunidad valenciana.

Canal 9, Canal Nou (Televisió valenciana), est la chaîne régionale de la communauté autonome valencienne.

Euskal Telebista es el canal autonómico del País Vasco.

Euskal Telebista est la chaîne régionale du Pays basque.

Canal Sur es el canal autonómico de Andalucía.

Canal Sur est la chaîne régionale d'Andalousie.

Este conocido periodista modera el debate.

Ce journaliste connu anime le débat.

Un programa dedicado a la música de carácter cultural y divulgativo.

Une émission consacrée à la musique à caractère culturel et de vulgarisation.

Existen espacios informativos, infantiles, taurinos, deportivos, religiosos, de variedades, de entretenimiento y de humor.

Il existe des émissions d'information, pour enfants, sur la tauromachie, de sport, religieuses, de variétés, de divertissement et d'humour.

Este telefilm puede herir la sensibilidad de los espectadores.

Ce téléfilm peut heurter la sensibilité des spectateurs.

Seguir una serie.

Suivre une série.

Tele 5 emite una serie estadounidense.

Tele 5 diffuse une série américaine.

el culebrón [1]*	*le feuilleton fleuve*
el episodio, el capítulo	*l'épisode*
el cineclub	*le ciné-club*
el concurso*	*le jeu télévisé*
el videoclip* (los videoclips)	*le clip vidéo (les clips vidéo)*
el informativo (deportivo, etc.)	*l'émission (de sport, etc.)*
el magazine* (diario, dominical...)	*le magazine (quotidien, dominical...)*
el informe semanal	*l'émission hebdomadaire de reportages*
la mesa redonda	*la table ronde*
el debate*	*le débat*
el diario ; el telediario	*le journal ; le journal télévisé*
el avance informativo	*le flash d'information*
el avance de programación	*la bande-annonce*
las noticias*	*les informations*
las noticias regionales	*les informations régionales*
las noticias bursátiles	*les informations boursières*
los titulares de las noticias	*les gros titres des informations*
la información meteorológica	*l'information météorologique*
la previsión meteorológica	*la prévision météorologique*
la publicidad ; el corte publicitario	*la publicité ; la coupure de publicité*
el anuncio, el « spot »	*le spot publicitaire*
la pausa publicitaria	*la page publicitaire*
el sorteo* (de la ONCE, de la lotería...)	*le tirage au sort (de la ONCE, de la loterie...).*
□	□
la guía de televisión*, el teleprograma	*le programme télé (écrit)*
retransmitir*	*retransmettre*
la retransmisión	*la retransmission*
la transmisión en directo ≠ en diferido	*la diffusion en direct ≠ en différé*
emitir*	*diffuser*
la emisión	*l'émission*
la repetición, la reposición	*la rediffusion*
reponer	*rediffuser*

---

1. Feuilleton très long et de mauvaise qualité.

Este culebrón alcanza un elevado índice de audiencia.	*Ce feuilleton fleuve obtient un taux d'écoute élevé.*
Un concurso de 40 minutos de duración.	*Un jeu télévisé d'une durée de 40 minutes.*
El videoclip emitido por esta cadena logró un récord de audiencia.	*Le clip vidéo diffusé par cette chaîne a obtenu un record d'audience.*
Protagonizar el debate.	*Participer au débat.*
Me gustan los debates televisados en directo.	*J'aime les débats télévisés en direct.*
Este programa ofrece las noticias más relevantes de la jornada.	*Cette émission présente les informations les plus importantes de la journée.*
Carmen Sevilla presenta este espacio en el que se incluye la transmisión del sorteo de la Once.	*Carmen Sevilla présente cette émission durant laquelle se déroule le tirage au sort de la Once (Organisation nationale des aveugles espagnols).*
La guía de televisión te adelanta la programación de televisión.	*Le programme télé t'annonce le programme de la télévision.*
TVE retransmitió en directo el funeral de Don Juan de Borbón.	*La télévision espagnole a retransmis en direct les funérailles de Don Juan de Bourbon.*
Las televisiones españolas no deben emitir, por ley, más de diez minutos de publicidad por hora.	*Les télévisions espagnoles ne doivent pas diffuser, d'après la loi, plus de dix minutes de publicité par heure.*
El concierto se emite en directo.	*Le concert est diffusé en direct.*

C EXPRESSIONS ET LOCUTIONS

¡Un magazine para no perderse!	*Un magazine à ne pas rater!*

el índice de audiencia; la audiencia*	le taux d'écoute, l'audimat; l'audience
la televisión por cable*	la télévision par câble
la televisión por satélite, la televisión vía satélite	la télévision par satellite
cablear*; el cableado*	câbler; le câblage
codificado(a)	codé(e)
la carta de ajuste	la mire
el tubo de rayos catódicos	le tube cathodique
☐	☐
la imagen*	l'image
el volumen*	le volume
el color*	la couleur
el brillo*	la luminosité
el contraste*	le contraste

La radio   La radio

la radio*, el aparato de radio	le poste de radio, la radio
el radio-cassette	le radiocassette
la emisora* de radio, la cadena de radio*	la station de radio
la estación emisora	l'émetteur
el espacio radiofónico	l'émission, le programme
el receptor	le récepteur
la audición	l'audition
☐	☐
emitir*, radiar, difundir	émettre, diffuser
radiar*	retransmettre, radiodiffuser
modular	moduler
la emisión, la difusión	l'émission, la diffusion
la sintonía del programa	l'indicatif
buscar la sintonía	rechercher la station
sintonizar* una emisora	capter, recevoir une station
el botón de sintonización	le bouton de recherche de station
la recepción	la réception
la antena*	l'antenne
☐	☐
el boletín informativo	le bulletin d'informations
la obra, la novela* radiofónica	la pièce radiophonique

Este canal de televisión tiene serias dificultades económicas debidas a la escasa audiencia.	*Cette chaîne de télévision a de sérieuses difficultés économiques dues à une faible audience.*
Sólo el uno por ciento de los hogares españoles dispone de la televisión por cable.	*Seulement un pour cent des foyers espagnols dispose de la télévision par câble.*
Un sinfín de ciudades empiezan a ser cableadas.	*Un grand nombre de villes commencent à être câblées.*
Muchos municipios tienen un cableado parcial.	*De nombreuses communes ont un câblage partiel.*
La imagen es clara ≠ no es clara.	*L'image est nette≠ n'est pas nette.*
Bajar el volumen, bajar la tele ≠ subir el volumen, subir la tele.	*Baisser le son, baisser la télé ≠ monter le son, monter la télé.*
Ajustar el color, el brillo, el contraste.	*Régler la couleur, la luminosité, le contraste.*
Encender, conectar, poner ≠ apagar la radio.	*Mettre ≠ éteindre la radio.*
Disminuir, bajar ≠ aumentar, subir el volumen de la radio.	*Baisser ≠ monter le volume de la radio.*
La antigua emisora podrá volver a emitir.	*L'ancienne station pourra à nouveau émettre.*
Con motivo de la Vuelta Ciclista a España, las principales cadenas de radio realizarán un amplio despliegue informativo para cubrir esta prueba.	*En raison du Tour d'Espagne, les principales stations de radio déploieront tous les moyens d'informations pour couvrir l'événement.*
Emitió la cadena radiofónica SER un programa estupendo.	*La SER, chaîne de radio, a diffusé un excellent programme.*
Emitir música en estéreo.	*Diffuser de la musique en stéréo.*
Vamos a radiar música ligera.	*Nous allons radiodiffuser de la musique légère.*
Estará en antena todos los días de 16'30 a 17'30 horas.	*Il sera à l'antenne tous les jours de 16 h 30 à 17 h 30.*
No se pierde la novela de las cuatro de la tarde.	*Elle ne rate pas un épisode de la pièce radiophonique de 16 h.*

C EXPRESSIONS ET LOCUTIONS

Sintonizan ustedes con Radio Minuto.	*Vous êtes à l'écoute de Radio Minuto.*

□

el locutor de radio	*le présentateur, le speaker*
la locutora	*la présentatrice, la speakerine*
el (la) oyente, el (la) radioyente, el (la) radioescucha *(fam.)*	*l'auditeur(rice)*
los oyentes	*les auditeurs*
presentar el programa	*annoncer le programme*
conducir un programa	*conduire un programme*
el comentario a vuela pluma	*le commentaire au courant de la plume*

□

la onda*	*l'onde*
la longitud de onda	*la longueur d'onde*
la frecuencia modulada	*la modulation de fréquence, la F M*
la onda corta	*les ondes courtes*
la onda media	*les ondes moyennes*
la onda larga*	*les grandes ondes*
la publicidad	*la publicité*

La prensa*   La presse

el periódico*; el periodicucho	*le journal ; le canard, la feuille de chou*
los recortes de periódicos, de prensa	*les coupures de journaux, de presse*
los periódicos de la mañana	*les journaux du matin*
los periódicos de la tarde	*les journaux du soir*
el periodista	*le journaliste*
el diario	*le quotidien*
el semanario	*l'hebdomadaire*
el suplemento semanal	*le supplément hebdomadaire*
la revista*	*la revue, le magazine*
dirigir una revista*	*diriger une revue*
la revista de información	*le magazine d'information*
los semanarios de información	*les hebdomadaires d'information*
la revista ilustrada	*le magazine illustré*
la revista sensacionalista	*le journal à sensation, à scandale*
el tebeo*, el cómic, la historieta	*la B.D.*
la entrevista*	*l'interview*

Emitir en onda larga.	*Émettre sur grandes ondes.*
Se tira más de medio millón de ejemplares de este periódico.	*Ce journal est tiré à plus de 500 000 exemplaires.*
Este periódico tiene una tirada de más de un millón.	*Ce journal a un tirage qui dépasse le million.*
El periódico sacó a la luz el escándalo.	*Le journal a dévoilé le scandale.*
El famoso actor habla en exclusiva para esta revista.	*Le célèbre acteur parle en exclusivité pour cette revue.*
Octavio Paz dirige la revista *Vuelta*.	*Octavio Paz dirige la revue* Vuelta *(Retour).*
Fue una entrevista en la que la cantante se confesó.	*Ce fut une interview dans laquelle la chanteuse se dévoila.*

C   EXPRESSIONS ET LOCUTIONS

Estar en la onda.	*Être dans le vent.*
Es una persona de, con buena ≠ mala onda.	*C'est une personne sympathique ≠ antipathique.*
La prensa del corazón.	*La presse du cœur.*
La prensa amarilla.	*La presse à scandale, à sensation.*
La rueda de prensa.	*La conférence de presse.*
Poner, meter en prensa.	*Mettre sous presse.*
Ha tenido mala prensa.	*Il a eu mauvaise presse.*
Pasar revista a los acontecimientos más graves y a los problemas más candentes de la actualidad.	*Passer en revue les événements les plus graves et les problèmes les plus brûlants de l'actualité.*
Las revistas del corazón.	*Les magazines sentimentaux.*
Eso está más visto que el tebeo (TBO).	*C'est archiconnu, c'est vieux comme Hérode.*

entrevistarse (con alguien), hacer una entrevista a*	*interviewer qqn*
la exclusiva*	*l'exclusivité*
□	□
el sumario	*le sommaire*
la redacción*	*la rédaction*
el redactor, la redactora	*le rédacteur, la rédactrice*
el redactor jefe	*le rédacteur en chef*
el reportaje	*le reportage*
el reportero, el repórter	*le reporter*
el (la) noticiero(a)	*le (la) journaliste (reporter)*
el corresponsal de periódico*	*le correspondant d'un journal*
la portada (de un libro, una revista)	*la page de couverture*
la primera plana*	*la une*
las noticias*	*les informations*
noticiar	*informer de, faire savoir*
el artículo (periodístico)*	*l'article (de journal)*
el articulista*	*l'auteur d'articles*
el columnista	*le chroniqueur*
el editorial, el artículo de fondo	*l'éditorial*
la plana, la página	*la page*
los titulares	*les gros titres*
el notición *(fam.)*	*la nouvelle sensationnelle, le scoop*
la cabecera	*la manchette*
el recuadro	*l'entrefilet*
recuadrar (un artículo)	*encadrer*
las páginas económicas*	*les pages économiques*
la sección de política*	*la rubrique politique*
la sección deportiva	*la page des sports*
las noticias locales	*les informations locales*
los anuncios*, los anuncios por palabras	*les petites annonces*
el parte meteorológico*, el tiempo	*le bulletin météo*
el suceso	*le fait divers*
la sección de sucesos	*la rubrique des chiens écrasés*
la esquela (mortuaria)	*le faire-part de décès*

B ... DANS LEUR CONTEXTE

Este periodista siempre hace entrevistas a famosos del cine.	*Ce journaliste interviewe toujours les grands du cinéma.*
Dar la exclusiva a un editor.	*Donner l'exclusivité à un éditeur.*
Tener la exclusiva.	*Avoir l'exclusivité.*
La redacción está en huelga.	*La rédaction est en grève.*
Mataron al corresponsal del periódico.	*On a tué le correspondant du journal.*
Leí la noticia en primera plana del periódico.	*J'ai lu la nouvelle (qui est) à la une du journal.*
Las noticias sensacionales.	*Les nouvelles à sensation.*
Me pareció interesantísimo el artículo periodístico sobre la droga.	*L'article de journal sur la drogue m'a paru très intéressant.*
Dar a la imprenta un artículo.	*Faire imprimer un article.*
Este articulista es famoso por sus puntos de vista originales.	*Cet auteur d'articles est célèbre pour ses points de vue originaux.*
Prefiero leer las páginas económicas a la sección de política.	*Je préfère lire les pages économiques plutôt que la rubrique politique.*
Voy a poner un anuncio en el periódico y a ver si consigo vender este coche viejo.	*Je vais passer une petite annonce dans le journal pour essayer de vendre cette vieille voiture.*
No se pierde nunca el parte meteorológico.	*Il ne rate jamais le bulletin météo.*

C EXPRESSIONS ET LOCUTIONS

Estar en la primera plana de la actualidad.	*Tenir, avoir la vedette.*
Una noticia bomba.	*Une nouvelle sensationnelle.*

la página, las notas de sociedad, los ecos de sociedad	*les nouvelles mondaines, le carnet mondain*
la reseña	*le compte rendu*
la crónica	*la chronique*
las ofertas de empleo*	*les offres d'emplois*
☐	
suscribirse, subscribirse a un periódico	*s'abonner à un journal*
la suscripción, la subscripción	*l'abonnement*
el suscriptor*, el subscriptor	*l'abonné*
por triplicado	*en triple exemplaire*
☐	
la libertad de prensa*	*la liberté de la presse*
la libertad de imprenta	*la liberté d'imprimer*
la censura	*la censure*
el quiosco*	*le kiosque*

23 LES MÉDIAS

B ... DANS LEUR CONTEXTE

Ahora lo primero que hace es leerse las ofertas de empleo.
Maintenant, il lit avant tout les offres d'emplois.

Un subscriptor de un periódico.
Un abonné à un journal.

Resulta necesario defender la libertad de prensa.
Il est nécessaire de défendre la liberté de presse.

C EXPRESSIONS ET LOCUTIONS

El quiosco de música.
Le kiosque à musique.

A LES MOTS...

Generalidades	Généralités
la comunicación	*la communication*
la comunicación de masas	*la communication grand public*
comunicar con alguien*	*établir la communication avec qqn*
los medios de comunicación*	*les moyens de communication*
la técnica (de la comunicación)	*la technique*
técnico (a)*	*technique*
la tecnología*	*la technologie*
la alta tecnología*	*la haute technologie*
la tecnología de punta*, de vanguardia*	*la technologie de pointe*
la(s) telecomunicación (iones)	*le système d'information, les télécommunications*
transmitir informaciones*	*transmettre des informations*
la electrónica; electrónico (a)	*l'électronique; électronique*
la microelectrónica	*la micro-électronique*
la electrónica de consumo	*l'électronique grand public*
la ofimática	*la bureautique*
eléctrico (a)	*électrique*

Correos	Poste et télécommunications
Correos*	*La Poste*
el palacio de comunicaciones	*le bureau central des postes (à Madrid)*
correos	*le bureau de poste*
la ventanilla	*le guichet*
la estafeta móbil	*le bureau ambulant*
ir a correos*	*aller à la poste*
mandar* por correo ≠ recibir por correo*	*envoyer ≠ recevoir par la poste*
el correo*	*le courrier*
redactar el correo	*faire le courrier*
el (la) cartero (a)	*le facteur, la factrice*
la saca*	*la sacoche*
☐	☐

B ... DANS LEUR CONTEXTE

Hemos comunicado con Egipto.	*Nous avons établi la communication avec l'Égypte.*
Utilizar los medios de comunicación como la prensa, la radio y la televisión.	*Utiliser les moyens de communication comme la presse, la radio et la télévision.*
La enseñanza técnica.	*L'enseignement technique.*
La era de la tecnología.	*L'ère de la technologie.*
La investigación aeroespacial forma parte de la alta tecnología.	*La recherche aérospatiale fait partie de la haute technologie.*
La industria de punta, de vanguardia.	*L'industrie de pointe.*
Le ha transmitido informaciones secretas sobre la empresa.	*Il lui a transmis des informations secrètes sur l'entreprise.*
Tengo que ir a correos.	*Je dois aller à la poste.*
Fui a correos para recoger un paquete.	*Je suis allé à la poste pour retirer un paquet.*
Mi amiga me mandó una carta larguísima.	*Mon amie m'a envoyé une très longue lettre.*
Recibimos el periódico por correo.	*Nous recevons le journal par la poste.*
Aún no ha llegado el correo.	*Le courrier n'est pas encore arrivé.*
Abrir el correo.	*Dépouiller le courrier.*
La saca del cartero pesa mucho.	*La sacoche du facteur pèse beaucoup.*

C EXPRESSIONS ET LOCUTIONS

A vuelta de correo.	*Par retour de courrier.*
Escribir a alguien a vuelta de correo.	*Écrire à qqn par retour du courrier.*

A LES MOTS...

la lista de correos	poste restante
el código postal	le code postal
el apartado de correos	la boîte postale
el buzón*	la boîte aux lettres
□	□
la carta*	la lettre, le courrier
cartearse*	correspondre, entretenir une correspondance
mandarle una carta a alguien	envoyer une lettre à qqn
echar una carta al correo, al buzón	poster une lettre
las horas de recogida	les heures de levées
devolver	renvoyer
el sobre*, la cubierta (am.)	l'enveloppe
las señas*, la dirección	l'adresse
el destinatario; el remitente*	le destinataire; l'expéditeur
el remite	le nom et l'adresse de l'expéditeur
el sello*, la estampilla (am.)	le timbre
el matasellos	l'oblitérateur; l'oblitération
franquear; el franqueo*	affranchir; l'affranchissement
□	□
el correo aéreo	la poste aérienne
el correo urgente	le courrier express
la carta certificada*	la lettre recommandée
contra reembolso	contre remboursement
la postal, la tarjeta*	la carte postale
el paquete postal	le paquet, le colis postal
el telegrama*	le télégramme
poner un telegrama*, telegrafiar	expédier un télégramme
mandarle un telegrama a alguien*	envoyer un télégramme à qqn
□	□
el telex, el telescriptor	le télex, le téléscripteur
el telex	le télex, la lettre envoyée par télex
enviar, mandar por telex	envoyer par télex
la telecopiadora	le télécopieur
la telecopia, el (tele)fax	la télécopie, le téléfax
telecopiar, mandar por fax	télécopier, envoyer un téléfax

B ... DANS LEUR CONTEXTE

Esta mañana echó cinco postales al buzón.	*Ce matin il a posté cinq cartes postales.*
La carta de aviso.	*La lettre d'avis.*
La carta de despido.	*La lettre de licenciement.*
Se cartea con esta chica desde hace tiempo.	*Elle échange des lettres avec cette fille depuis longtemps.*
Escribió la dirección de su amigo en el sobre.	*Il a écrit l'adresse de son ami sur l'enveloppe.*
Las señas están mal puestas.	*L'adresse est incomplète.*
Devuélvase al remitente.	*Retour à l'expéditeur.*
¿ Le pusiste el sello a la carta ?	*As-tu mis un timbre sur la lettre ?*
Esta carta debe llevar un franqueo de 50 pesetas.	*Cette lettre doit être affranchie à 50 pesetas.*
Recibir una carta certificada.	*Recevoir une lettre recommandée.*
La tarjeta representaba una puesta de sol en Tahití.	*La carte postale représentait un coucher de soleil à Tahiti.*
Recibió un telegrama alarmante.	*Il a reçu un télégramme alarmant.*
Le pusimos un telegrama para anunciarle nuestra llegada.	*Nous lui avons envoyé un télégramme pour lui annoncer notre arrivée.*
Tienes que mandar un telegrama a tus padres cuanto antes.	*Tu dois envoyer un télégramme à tes parents au plus vite.*

C EXPRESSIONS ET LOCUTIONS

Tener cartas de ciudadanía.	*Avoir droit de cité.*
Franqueo concertado.	*Dispensé du timbrage.*

A   LES MOTS...

El teléfono	Le téléphone
la telefonía*	*la téléphonie*
la Telefónica, la compañía telefónica	*la compagnie des téléphones*
la centralita (de teléfono)	*le standard*
el, la telefonista (de centralita)	*le, la standardiste*
el teléfono*	*le téléphone*
telefónico(a)	*téléphonique*
la cabina* telefónica, el locutorio	*la cabine téléphonique*
el teléfono, el aparato telefónico, el auricular	*l'appareil téléphonique*
el auricular	*l'écouteur*
el contestador automático*	*le répondeur téléphonique*
la señal*	*le signal sonore*
el teléfono inalámbrico	*le téléphone sans fil*
el microteléfono, el busca	*le «Bi-bop», le téléphone de poche*
el radioteléfono	*le radiotéléphone*
descolgar*, coger el teléfono	*décrocher (le combiné)*
colgar* (el teléfono)	*raccrocher (le combiné)*
□	□
el número de teléfono*	*le numéro de téléphone*
marcar*	*composer (un numéro)*
la conferencia* telefónica, la comunicación	*la communication, la conversation téléphonique (en province ou à l'étranger)*
la llamada telefónica*, la llamada	*l'appel téléphonique, le coup de fil*
la guía de teléfonos, la guía (telefónica)	*l'annuaire (téléphonique)*
(llamar a) información	*(appeler) les renseignements*
□	□
llamar a alguien*	*appeler qqn*
llamar por teléfono*, telefonear	*téléphoner*
ponerse al aparato	*répondre au téléphone*
la línea*	*la ligne*
los pasos	*les unités*
el prefijo*	*l'indicatif*
la conferencia (telefónica) interurbana	*la communication interurbaine*

B ... DANS LEUR CONTEXTE

La telefonía sin hilos.	*La téléphonie sans fil.*
El teléfono de la cabina se traga ≠ no se traga las monedas.	*Le téléphone de la cabine avale ≠ n'avale pas les pièces.*
Al llegar a casa escuchó los mensajes del contestador automático.	*En rentrant chez lui il écouta les messages du répondeur téléphonique.*
Al oír la señal, dejen su mensaje.	*Après le signal sonore, laissez votre message.*
No descuelga nadie el teléfono.	*Personne ne décroche.*
Al descolgar, se oía un lejano : «¡ Diga...!, ¡ Dígame...!"	*En décrochant, on entendait un lointain : «Allô, allô...!*
Se ha equivocado de número.	*Il a fait un faux numéro.*
No marcó el número bien.	*Il n'a pas composé le numéro de téléphone correctement.*
Poner una conferencia a Francia.	*Téléphoner en France.*
Dar una llamada telefónica, un telefonazo *(fam.).*	*Passer un coup de fil.*
Le llamé y como no estaba dejé un recado.	*J'ai appelé et comme il n'était pas là j'ai laissé un message.*
Las líneas están sobrecargadas.	*Les lignes sont saturées.*
No te olvides marcar el prefijo para Barcelona.	*N'oublie pas de faire l'indicatif pour Barcelone.*

C EXPRESSIONS ET LOCUTIONS

Estuvo pendiente del teléfono toda la noche.	*Il a attendu les coups de fil toute la soirée.*
Siempre está colgado, pegado al teléfono.	*Il est toujours pendu au téléphone.*
Se pasa el tiempo llamando por teléfono.	*Il passe son temps au téléphone.*

libre ≠ ocupado*	*libre ≠ occupé*
la conexión*	*la liaison, la communication*
la llamada local	*la communication locale*
llamar a cobro revertido	*appeler en PCV*
el despertador telefónico, automático	*le réveil téléphonique*
las páginas amarillas*	*les pages jaunes*

Alta fidelidad y vídeo	Hi-fi et vidéo
la cadena, el equipo de alta fidelidad*	*la chaîne hi-fi*
la minicadena	*la minichaîne*
el sonido mono ≠ estéreo	*le son mono ≠ stéréo*
el tocadiscos*	*le tourne-disque*
el plato	*la platine disques*
el lector de discos compactos, el compact disc	*le lecteur de disques compacts*
el casete	*le lecteur de cassettes*
el magnetófono	*le magnétophone*
el sintonizador	*le tuner*
el amplificador	*l'amplificateur*
los bafles, las columnas	*les baffles, les enceintes*
los altavoces*	*les haut-parleurs*
el radiocasete	*la radiocassette*
el casete de bolsillo, el walkman	*le baladeur, le walkman*
los auriculares del walkman	*les écouteurs du walkman*
□	□
el disco* (microsurco)	*le disque (microsillon)*
el elepé*, el L.P.	*le 33 tours*
el single*	*le 45 tours*
el surco	*le sillon*
el disco compacto, el compact disc (los compact disc), el CD	*le disque compact, le CD*
□	□
el casete, la casete*, la cinta*	*la cassette*
la cinta	*la bande*
□	□
la cámara	*la caméra*

24 TECHNIQUES ET TECHNOLOGIES DE COMMUNICATION

B   ... DANS LEUR CONTEXTE

Establecer la conexión deseada.	Établir la liaison téléphonique souhaitée.
Buscar una dirección en las páginas amarillas.	Chercher une adresse dans les pages jaunes.
Presume del equipo de alta fidelidad que acaba de comprarse.	Il est fier de la chaîne hi-fi qu'il vient de s'acheter.
No sé lo que ocurre al tocadiscos, pero no funciona bien.	Je ne sais pas ce qui arrive au tourne-disque, mais il ne fonctionne pas bien.
Estos altavoces de agudos, de medios y de graves tienen hasta 80 vatios de potencia.	Ces haut-parleurs d'aigus, de médiums et de graves ont jusqu'à 80 watts de puissance.
Prepara para diciembre el lanzamiento de su próximo disco.	Il prépare pour décembre le lancement de son prochain disque.
Su nuevo elepé no saldrá hasta noviembre.	Son nouveau 33 tours ne sortira pas avant novembre.
Está grabando un single para todos los públicos.	Il est en train d'enregistrer un 45 tours pour tous les publics.
Rebobinar la casete.	Rembobiner la cassette.
Acabo de comprar dos casetes vírgenes.	Je viens d'acheter deux cassettes vierges.
¿ Me prestas la cinta de Ana Belén para que la escuche ?	Tu me prêtes la cassette d'Ana Belén pour que je l'écoute ?

C   EXPRESSIONS ET LOCUTIONS

Suena ocupado, está comunicando.	Ça sonne occupé, c'est occupé.
Ya está bien de hablar de tu novio, cambia de disco.	En voilà assez de parler de ton fiancé, change de disque.

355

A LES MOTS...

la videocámara*, la cámara de vídeo*	le caméscope
el vídeo	le magnétoscope
la película de vídeo	le film vidéo
grabar; la grabación	enregistrer; l'enregistrement
la cinta de vídeo, el video-cassette, el vídeo	la cassette vidéo
la cinta de película	la cassette de film
la funda, el estuche	le boîtier (de la cassette vidéo)
la videoteca	la vidéothèque
□	□
la foto*, la fotografía	la photo, la photographie
la imagen*; el cliché, el clisé*	l'image; le cliché
la instantánea*	l'instantané
sacar*, hacer fotos	prendre, faire des photos
retratar, fotografiar	photographier
la máquina (fotográfica), la cámara*(fotográfica)	l'appareil photo (graphique)
la cámara réflex	le reflex
la película* en color ≠ en blanco y negro	la pellicule couleur ≠ noir et blanc
el carrete*	le rouleau (de pellicule), la bobine
la diapositiva	la diapositive
el trípode	le trépied
el encuadre*; encuadrar	le cadrage; cadrer
el enfoque*; enfocar	la mise au point; mettre au point
pasar la foto*	armer (l'appareil)
apretar el disparador	appuyer sur le déclencheur
el revelado*; revelar	le développement; développer

La informática / L'informatique

informatizar; la informatización*	informatiser; l'informatisation
el ordenador*, la computadora	l'ordinateur
el ordenador portátil	l'ordinateur portable
el ordenador de mano	le notebook
el microordenador	le micro-ordinateur
el ordenador (la computadora) personal, el PC	l'ordinateur personnel, le PC
la estación de trabajo	la station de travail

Tengo que recargar (cargar) la batería de mi videocámara.	*Je dois recharger (charger) la batterie de mon caméscope.*
Esta cámara de vídeo es fácil de manejar.	*Ce caméscope est facile à manier.*
La foto está desencuadrada.	*La photo est mal cadrée.*
La foto sale torcida, sale movida.	*La photo a été prise de travers, est floue.*
En vez de salir tu familia en la foto, ha salido un perro que pasaba por allí.	*Au lieu de représenter ta famille, la photo représente un chien qui passait par là.*
¿Una foto, Pablo? Vamos, una sonrisa... que va a salir el pajarito.	*Une photographie, Pablo? Allez, un sourire... le petit oiseau va sortir.*
Unos descoloridos clisés reproducen la imagen de una anciana enlutada.	*Quelques clichés décolorés reproduisent l'image d'une vieille femme endeuillée.*
Conservo varias instantáneas captadas por el Polaroïd.	*Je conserve plusieurs instantanés pris avec mon Polaroïd.*
Se sacó la foto en Barcelona.	*Il s'est fait photographier à Barcelone.*
Esta cámara tiene un zoom incorporado que sale de 35 mm a 105 mm según se desee.	*Cet appareil photo a un zoom incorporé qui va de 35mm à 105 mm en fonction des besoins.*
Fue deslumbrado por los flashes[1] de las cámaras de los periodistas.	*Il a été ébloui par les flashes des appareils photo des journalistes.*
El carrete está terminado.	*La pellicule est terminée.*
Los tres secretos para hacer una buena foto son el encuadre, el enfoque y la luz.	*Les trois secrets pour faire une bonne photo sont le cadrage, la mise au point et la lumière.*
¿La has pasado?	*As-tu armé (l'appareil photo)?*
El precio de esta película no incluye el revelado.	*Le prix de cette pellicule n'inclut pas le développement.*
El proceso de informatización del hospital comenzó en 1977.	*Le processus d'informatisation de l'hôpital commença en 1977.*
Todo ordenador importado a España debe llevar la letra eñe en su teclado.	*Tout ordinateur importé en Espagne doit avoir la lettre Ñ sur son clavier.*

---

1. Prononcé « flases ».

A LES MOTS...

el miniordenador	*le mini-ordinateur*
el gran ordenador	*le gros ordinateur*
el ordenador compatible	*l'ordinateur compatible*
la terminal	*le terminal*
la consola	*la console*
□	□
el equipo, el hardware	*le matériel, le hardware*
el periférico	*le périphérique*
la pantalla*, el monitor	*l'écran, le moniteur*
el teclado*; la tecla	*le clavier; la touche*
el ratón*	*la souris*
la alfombrilla	*le tapis (de la souris)*
el cartucho	*la cartouche*
el disquete*	*la disquette*
la disquetera	*le lecteur de disquette*
el disco duro*	*le disque dur*
el (los) CD-ROM*	*le (les) CD-ROM*
la impresora	*l'imprimante*
la impresora matricial*, de agujas	*l'imprimante matricielle, à aiguilles*
la impresora de inyección de tinta	*l'imprimante à jet d'encre*
la impresora láser*	*l'imprimante laser*
el escáner (los escáneres)	*le scanner (les scanners)*
la cinta*	*le ruban (encreur), la bande (magnétique)*
el cartucho de tinta	*la cartouche d'encre*
la memoria*	*la mémoire*
la memoria RAM*	*la mémoire vive (RAM)*
la memoria ROM	*la mémoire morte (ROM)*
la tarjeta de expansión*	*la carte d'extension*
el procesador, el microprocesador*	*le processeur, le microprocesseur*
el componente* (electrónico)	*le composant (électronique)*
el circuito integrado, el micro chip	*le circuit intégré, la puce*
el byte (el octeto)	*l'octet*
el kilo-byte (el kiloocteto)	*le kilo-octet (Ko)*
el mega-byte (el megaocteto)	*le méga-octet (Mo)*
el giga-byte (el gigaocteto)	*le giga-octet (Go)*
el bit	*le bit*

La pantalla ideal por ahora es la plana de cristal líquido porque no tiene parpadeo.

L'écran idéal pour le moment est l'écran plat à cristaux liquides parce qu'il ne scintille pas.

Muchos usuarios utilizan más el teclado que el ratón.

Beaucoup d'utilisateurs se servent plus du clavier que de la souris.

Expulsar el disquete.

Éjecter la disquette.

La disquetera ya no funciona desde que se cayó de la mesa el ordenador.

Le lecteur de disquette ne fonctionne plus depuis que l'ordinateur est tombé de la table.

El disco duro es de 500 MB.

Le disque dur est de 500 Mo.

Un CD-ROM puede contener varios tomos de una enciclopedia.

Un CD-ROM peut contenir plusieurs tomes d'une encyclopédie.

Siete modelos componen la familia de impresoras matriciales de NEC.

Sept modèles composent la famille d'imprimantes matricielles de NEC.

Las impresoras láser son las más rápidas de las impresoras.

Les imprimantes laser sont les plus rapides des imprimantes.

La unidad de backup en cinta ofrece una capacidad de 4 a 6 GB.

L'unité de sauvegarde en bande offre une capacité de 4 à 6 Go.

Hoy en día la memoria se compra a precios muy baratos.

De nos jours la mémoire s'achète à très bon marché.

La memoria RAM base es de 16 MB, ampliable hasta 136 MB.

La mémoire RAM de base est de 16 Mo, extensible jusqu'à 136 Mo.

Este ordenador puede recibir cinco tarjetas de expansión.

Cet ordinateur peut recevoir cinq cartes d'extension.

El modelo incorpora un microprocesador a 20 MHz.

Le modèle contient un microprocesseur à 20 MHz.

En Francia se fabrican menos componentes que en Japón y Estados Unidos.

En France on fabrique moins de composants qu'au Japon et aux États-Unis.

24 TÉCNICAS Y TECNOLOGÍAS DE COMUNICACIÓN

A LES MOTS...

□	□
la aplicación, el software	le logiciel, le software
el sistema (operativo)*	le système (d'exploitation)
el programa, la programación	le programme, la programmation
el paquete de programas	le progiciel
la utilidad	l'utilitaire
la aplicación*	l'application
el tratamiento de texto, el procesador de texto*, el proceso de texto	le traitement de texte
la hoja de cálculo*	le tableur
la base de datos	la base de données
el lenguaje de programación*	le langage de programmation
el videojuego*	le jeu vidéo
formatear*	formater
el fichero*	le fichier
grabar ; salvar ; almacenar	enregistrer ; sauvegarder ; stocker
cargar	charger
el virus informático*	le virus informatique
□	□
los datos*	les données
el menú	le menu
la ventana*	la fenêtre
el icono	l'icône
el botón	le bouton
el clic ; hacer clic*	le clic ; cliquer
la fuente	la police de caractères
el cursor*	le curseur
la interfaz (gráfica)	l'interface (graphique)
□	□
el conector	le connecteur
el puerto	le port
el puerto de serie, el puerto paralelo	le port série, le port parallèle
la red*	le réseau
el módem (los módems)	le modem (les modems)
el servidor*	le serveur
los códigos de barras	les codes-barres

Unix es un sistema operativo.	*Unix est un système d'exploitation.*
Abrir una aplicación.	*Ouvrir une application.*
Un buen procesador de texto debe disponer de un diccionario ortográfico.	*Un bon traitement de texte doit disposer d'un dictionnaire orthographique.*
Las aplicaciones más utilizadas son los tratamientos de texto y las hojas de cálculo.	*Les applications les plus utilisées sont les traitements de texte et les tableurs.*
Está aprendiendo un nuevo lenguaje de programación.	*Il apprend un nouveau langage de programmation.*
Los niños entre 6 y 16 años de edad son la principal clientela de los videojuegos.	*Les enfants entre 6 et 16 ans constituent la principale clientèle des jeux vidéo.*
Hay que formatear los disquetes antes de utilizarlos por primera vez.	*Il faut formater les disquettes avant de les utiliser pour la première fois.*
Borré el fichero por inadvertencia cuando quería duplicarlo.	*J'ai effacé le fichier par mégarde en voulant le dupliquer.*
Los virus informáticos pueden borrar el contenido del disco duro.	*Les virus informatiques peuvent effacer le contenu du disque dur.*
A raíz de un apagón todos los datos en memoria se han perdido.	*À la suite d'une panne de courant toutes les données en mémoire ont été perdues.*
Las ventanas permiten ver varios documentos al mismo tiempo.	*Les fenêtres permettent de voir plusieurs documents en même temps.*
El cursor parpadea.	*Le curseur clignote.*
En la empresa acaban de instalar una red informática.	*Dans l'entreprise un réseau informatique vient d'être installé.*
Apple presentó durante la feria su nueva línea de servidores.	*Apple présenta pendant le salon sa nouvelle gamme de serveurs.*

C EXPRESSIONS ET LOCUTIONS

Hacer doble clic.	*Faire un double clic.*

Generalidades	Généralités
el ocio*, el tiempo libre	*les loisirs, le temps libre*
los ratos de ocio, de tiempo libre	*les heures de loisirs*
el tiempo libre, los ratos libres	*le temps libre*
la distracción*	*le loisir, l'activité loisirs*
la sociedad del ocio	*la société des loisirs*
la industria del ocio*	*l'industrie des loisirs*
☐	☐
el pasatiempo, el entretenimiento*	*le passe-temps*
el hobby, el entretenimiento	*le hobby, le dada*
la afición*	*le goût, le penchant*
la tranquilidad, la calma	*la détente*
descansar, relajarse, sosegarse	*se détendre, se relaxer*
el descanso*, el reposo	*le repos*
solazarse con, distraerse	*se distraire*
el sosiego	*le calme, la tranquillité*
descansar	*se reposer*
holgazanear, vaguear, hacer el vago*, ociosear *(am.)*	*paresser*
tumbarse a la bartola*	*ne pas s'en faire, se la couler douce*
el farniente, la ociosidad	*le farniente*
la inactividad	*l'inaction, l'inactivité*
la ociosidad*	*l'oisiveté*
☐	☐
la lectura*	*la lecture*
leer	*lire*
el bricolage, el bricolaje*, las chapuzas[1]	*le bricolage*
hacer chapuzas*, arreglos en la casa, pequeños trabajos	*bricoler*

1. Péjoratif.

Mis ratos de ocio los dedico a la pintura.	*Je consacre mes heures de loisir à la peinture.*
El andar es una distracción como otra cualquiera.	*La marche est un loisir comme un autre.*
La industria del ocio se desarrolla en los países industrializados.	*L'industrie des loisirs se développe dans les pays industrialisés.*
Ver la tele es su único entretenimiento, sin embargo, yo me entretengo leyendo.	*Son seul passe-temps, c'est de regarder la télévision, mais moi, je me distrais par la lecture (en lisant).*
Estos niños no tienen ninguna afición a la lectura.	*Ces enfants n'ont aucun goût pour la lecture.*
Necesito descanso.	*J'ai besoin de repos.*
¡No es más que un vago!	*Ce n'est qu'un fainéant!*
Anda siempre tumbado a la bartola.	*Il se la coule douce continuellement.*
Os aconsejo la lectura de este libro interesantísimo.	*Je vous recommande la lecture de ce livre fort intéressant.*
Se le da muy mal lo de hacer bricolaje; ¡es un negado!	*Il n'est pas du tout doué pour le bricolage; c'est un nul (un incapable)!*
Está haciendo chapuzas en la casa de campo.	*Il bricole dans sa maison de campagne.*

C EXPRESSIONS ET LOCUTIONS

La ociosidad es madre de todos los vicios.	*L'oisiveté est mère de tous les vices.*

el manitas, la persona mañosa, apañada	le bricoleur
hacer trabajos de carpintería	faire de la menuiserie
dedicarse a la fotografía	faire de la photo
coleccionar	collectionner
el coleccionista	le collectionneur
la colección*	la collection
el filatelista*	le philatéliste
bailar; el baile	danser; la danse
la discoteca	la discothèque
la asociación, el club[1]	l'association, le club
el copeo	la tournée des cafés
ir de copas, ir de vinos*	prendre des verres, faire la tournée des cafés
ir de marcha	faire la fête

Los juegos de sociedad, de salón

Les jeux de société

jugar*; el juego*	jouer; le jeu
el jugador	le joueur
el tahúr	le joueur invétéré (de cartes)
las reglas del juego	les règles du jeu
el tapete verde	le tapis vert
el estuche	l'étui, le coffret
□	□
la baraja*, el juego de naipes, de cartas*	le jeu de cartes
la carta, el naipe	la carte
la partida*	la partie
echar una partida de naipes*	faire une partie de cartes
el bridge	le bridge
el bacará, el bacarrá	le baccara
la brisca	la brisque, le mariage (jeu)
la canasta*	la canasta
el mus	le «mus» (jeu de cartes espagnol)

1. Prononcer «clou».

Los filatelistas se reúnen los domingos por la mañana en la Plaza Mayor.	*Les philatélistes se retrouvent le dimanche matin Plaza Mayor.*
El ir de vinos es una costumbre muy española.	*Faire la tournée des cafés est une coutume très espagnole.*
Los Juegos Olímpicos.	*Les jeux Olympiques.*
Vamos a jugar a la baraja.	*Nous allons jouer aux cartes.*
Poner, volver las cartas boca arriba.	*Étaler son jeu.*
Por el momento, llevamos ventaja en esta partida.	*Pour l'instant, nous gagnons la partie.*
Cada tarde, echaban una partida de naipes y así pasaban el rato.	*Tous les après-midi, ils faisaient une partie de cartes et ils passaient le temps ainsi.*
Se juega a la canasta con dos barajas.	*Il faut deux jeux de cartes pour jouer à la canasta.*

C EXPRESSIONS ET LOCUTIONS

Encontrarás, en la calle de Alcalá, tiendas con una colección impresionante de artículos de moda.	*Tu trouveras, rue d'Alcalá, des magasins bien approvisionnés en articles de mode, nombreux et variés.*
Tiene una colección (una retahíla) de hijos.	*Il a une ribambelle d'enfants.*
Jugar limpio ≠ sucio.	*Jouer franc jeu ≠ ne pas jouer franc jeu.*
Es capaz de jugarse hasta la camisa.	*Il est capable de jouer jusqu'à sa dernière chemise.*
Jugar a cartas vistas.	*Jouer cartes sur table.*
Siempre lleva zapatos y bolso a juego.	*Elle porte toujours des chaussures et un sac assortis.*
Cegarse en el juego.	*Se piquer au jeu.*
Jugar con dos barajas.	*Jouer double jeu, miser sur deux tableaux.*
Le jugó una mala partida.	*Il lui a joué un mauvais tour.*

el póquer, el póker	*le poker*
el tute*	*le jeu de mariage*
□	□
barajar* (las cartas)	*battre, mêler (les cartes)*
asistir	*fournir de la couleur jouée*
sacar*	*ouvrir*
cortar	*couper*
matar*	*monter*
pasar*	*passer son tour*
robar*	*piocher*
doblar	*contrer*
levantar	*monter*
dar*	*distribuer*
aceptar el envite	*tenir*
□	□
el triunfo* (carta que vence)	*l'atout*
la pinta ; pintar*	*l'atout (couleur choisie); jouer à, mettre du*
el palo	*la couleur*
la baza*	*le pli, la levée*
el comodín	*le joker*
el as*	*l'as*
los bastos[1]	*les gourdins*
las copas	*les coupes*
las espadas	*les épées*
los oros	*les pièces d'or*
el rey	*le roi*
el caballo	*le cavalier (carte correspondant à la dame du jeu français)*
la sota	*le valet*
las picas, los picos	*le pique*
el rombo	*le carreau*
el trébol*	*le trèfle*
el corazón (los palos de que se compone la baraja francesa)	*le cœur*
□	□

1. •Bastos•, •copas•, •espadas• et •oros• sont les couleurs du jeu de cartes espagnol.

- ¿A quién le toca barajar?	– C'est à qui de battre les cartes?
- A mí me toca.	– C'est mon tour.
Le toca sacar a Pedro.	C'est à Pedro d'ouvrir.
Paso.	Je passe mon tour.
Tienes que robar.	Tu dois piocher.
¿Quién da ahora?	Qui sert?
Tienes que dar tú.	C'est à toi de servir.
Sin triunfo.	Sans atout.
El triunfo mayor.	L'atout maître.
Pintar a trébol.	Jouer du trèfle.
Me han tocado todos los reyes.	J'ai eu tous les rois.

C EXPRESSIONS ET LOCUTIONS

Se dio un tute pero consiguió el trabajo.	Il s'est démené mais il a obtenu le travail.
Tener todos los triunfos en la mano.	Avoir tous les atouts en main.
Nunca le deja meter baza.	Il ne lui laisse jamais placer un mot.
Este chico tiene muchas bazas para conseguir lo que quiere.	Ce garçon a beaucoup d'atouts pour obtenir ce qu'il veut.
Hacer baza.	Faire son chemin.
Siempre tiene que meter baza en la conversación.	Il doit toujours mettre son grain de sel, se mêler à la conversation.
Es un as del balón.	C'est un as du ballon.

el ajedrez*	*le jeu d'échecs, les échecs*
el tablero	*l'échiquier*
el peón	*le pion*
jaque* y mate*	*échec et mat*
☐	☐
las damas*	*le jeu de dames*
el tablero	*le damier*
el dominó*	*le domino*
el billar	*le billard*
el taco de billar	*la queue*
la bola	*la boule*
el mingo*	*la boule rouge*
el videojuego*	*le jeu vidéo*
☐	☐
el casino*	*le casino*
el bingo	*lieu où l'on joue au loto*
el garito, la timba, la tahurería	*le tripot*
los juegos de azar	*les jeux de hasard*
la lotería*; el décimo de lotería	*la loterie; le billet*
la quiniela (fútbol)	*le loto sportif*
la lotería primitiva	*le loto*
la ruleta	*la roulette*
las máquinas tragaperras*	*les machines à sous*
la bolera	*le bowling*
los bolos	*les quilles*
los dados	*le jeu de dés*
el dado*	*le dé*
☐	☐
la trampa*, la fullería	*la tricherie, la triche*
tramposo(a)*	*tricheur(euse)*
el fullero, el tahúr	*le tricheur*
la tahurería	*le vice du jeu; la tricherie*
el timo	*le jeu de dupes, l'escroquerie*
la apuesta*	*le pari*
apostar*	*parier*
echar a cara o cruz	*jouer à pile ou face*

B ... DANS LEUR CONTEXTE

¿ Quieres que echemos una partida de ajedrez?	*Tu veux qu'on fasse une partie d'échecs?*
(Darle a alguien) jaque y mate.	*(Mettre qqn) échec et mat.*
Jaque al rey.	*Échec au roi.*
Le gustaba jugar a las damas.	*Il aimait jouer au jeu de dames.*
Hay que ser dos para jugar al dominó.	*Il faut être deux pour jouer au domino.*
Este niño no para con su videojuego.	*Cet enfant n'arrête pas de jouer avec son jeu vidéo.*
No vayas al casino que te vas a arruinar	*Ne va pas au casino car tu vas te ruiner.*
Caerle, tocarle a uno el gordo (en la lotería).	*Gagner le gros lot.*
En las cafeterías españolas hay muy a menudo máquinas tragaperras.	*Dans les cafés espagnols, il y a très souvent des machines à sous.*
Dado cargado, falso.	*Dé pipé, chargé.*
Siempre intenta hacer trampa(s).	*Il essaye toujours de tricher.*
¡ Eres un tramposo!	*Tu es un tricheur!*
¿ Cuánto te apuestas a que gana?	*Combien tu paries qu'il va gagner?*

C EXPRESSIONS ET LOCUTIONS

Siempre tiene que poner el mingo.	*Il doit toujours se faire remarquer.*
Cargar los dados.	*Piper les dés.*
Correr el dado.	*Avoir de la chance, être en veine.*
Apuestas mutuas.	*Pari mutuel.*

Los juegos de niños, infantiles	Les jeux d'enfants
las canicas*	*les billes*
la comba*, la cuerda	*la corde*
el columpio	*la balançoire*
columpiarse	*se balancer, faire de la balançoire*
la pelota*	*la balle*
los patines (de ruedas)	*les patins à roulettes*
el patín de cuchilla, de hielo	*le patin à glace*
el monopatín, el patinete	*le skateboard*
la bici*	*le vélo*
los soldaditos de plomo*	*les soldats de plomb*
el escondite*, el escondrijo	*la cachette*
el corro*	*la ronde*
las tabas*	*les osselets*
la teja, la tanga, la rayuela	*la marelle*
la goma	*l'élastique*
la gallina, la gallinita ciega	*colin-maillard*
jugar a policías y ladrones, jugar a pillar	*jouer aux gendarmes et aux voleurs*
saltar al potro, jugar a la pídola	*jouer à saute-mouton*
☐	☐
el parchís	*le jeu des petits chevaux*
el juego de la oca	*le jeu de l'oie*
el partido de futbolín	*la partie de baby-foot*
☐	☐
la pajarita*	*la cocotte en papier*
la muñeca*	*la poupée*
el muñeco	*le baigneur*
el rompecabezas*, el puzzle	*le casse-tête, le puzzle*
los títeres*, las marionetas	*les marionnettes*
el circo ; circense	*le cirque ; du cirque*
el malabarista	*le jongleur*
hacer juegos malabares	*jongler*

B   ... DANS LEUR CONTEXTE

Las canicas de colores.	*Les billes.*
A esta niña, le encanta saltar a la comba.	*Cette enfant adore sauter à la corde.*
¿Quieres ir a dar una vuelta en bici conmigo?	*Tu veux venir faire une promenade à vélo avec moi?*
Ya sabe montar en bici.	*Il sait déjà faire de la bicyclette.*
Todavía tiene los soldaditos de plomo de su infancia.	*Il conserve les soldats de plomb de son enfance.*
Jugar al escondite.	*Jouer à cache-cache.*
Los niños estaban bailando en corro.	*Les enfants faisaient la ronde.*
Tiene muchas muñecas.	*Elle a beaucoup de poupées.*
Es una muñeca que habla.	*C'est une poupée qui parle.*
No consigue hacer el rompecabezas.	*Il n'arrive pas à faire le puzzle.*
El teatro de títeres.	*Le théâtre de marionnettes, le guignol.*

C   EXPRESSIONS ET LOCUTIONS

Suele hacerle la pelota.	*Il a pour habitude de lui passer de la pommade.*
Lo dejó en pelota. *(fam.)*	*Il l'a plumé.*
Está jugando con él a la pelota.	*Il le fait tourner en bourrique.*
Rechazar, devolver la pelota.	*Renvoyer la balle.*
Es un tabas.	*C'est un radin.*
Una corbata de pajarita.	*Un nœud papillon.*
No queda títere con cabeza.	*Tout est saccagé.*

el mimo	*le mime*
el payaso*	*le clown*
las bromas*	*les plaisanteries, les blagues*
el disfraz	*le déguisement*
disfrazarse*	*se déguiser*
el baile de disfraces	*le bal costumé*

Se disfraza de princesa este año.	*Elle se déguise en princesse cette année.*

C EXPRESSIONS ET LOCUTIONS

¡Siempre está haciendo el payaso este niño!	*Cet enfant fait toujours le pitre!*
Se lo toma todo a broma.	*Il tourne toujours tout en dérision.*
No gastar bromas.	*Ne pas plaisanter.*

L. G. CARRANZA

Generalidades	Généralités
deportivo (a)*	*sportif(ve)*
hacer deporte, practicar los deportes	*faire du sport*
el (la) deportista	*le sportif, la sportive*
la figura	*la vedette*
la educación física*	*l'éducation physique*
el (la) profesional	*le (la) professionnel(le)*
el profesionalismo*	*le professionnalisme*
el aficionado, la aficionada	*l'amateur*
el deporte de alta competición	*le sport de haute compétition*
el deporte popular, de masas	*le sport de masses*
el deporte de invierno*	*le sport d'hiver*
□	□
la competición	*la compétition*
el colegiado*, el árbitro	*l'arbitre*
el estadio*	*le stade*
las gradas*	*les gradins*
el terreno,* el campo	*le terrain (football, rugby, etc.)*
la pista, la cancha*	*le terrain (tennis, basket, etc)*
el vestuario	*le vestiaire*
la camiseta*	*le maillot*
el pantalón (corto)	*le short*
la media	*la chaussette*
las zapatillas	*les chaussures de sport*
el chandal	*le survêtement*
la prueba	*l'épreuve*
la temporada*	*la saison*
el campeonato*	*le championnat*
la copa	*la coupe*
el trofeo	*le trophée*
el campeón*, la campeona	*le champion, la championne*
el subcampeón	*le vice-champion*
la puntuación	*le nombre de points*
la clasificación	*le classement*
clasificarse*	*se classer*
el torneo	*le tournoi*
el partido*	*le match*
el descanso	*la mi-temps*

Los lunes, El País publica un suplemento deportivo.	*Le lundi, El País publie un supplément sportif.*
La educación física forma parte de los programas escolares.	*L'éducation physique fait partie des programmes scolaires.*
En el deporte, el profesionalismo puede acarrear males tales como el doping o la corrupción.	*Dans le sport, le professionnalisme peut entraîner des maux tels que le dopage ou la corruption.*
Los españoles practican cada vez más los deportes de invierno.	*Les Espagnols pratiquent de plus en plus les sports d'hiver.*
El colegiado no ha hecho más que cumplir las consignas.	*L'arbitre n'a rien fait d'autre qu'appliquer les consignes.*
Las gradas estaban repletas de un público entusiasta.	*Les gradins étaient remplis d'un public enthousiaste.*
Las camisetas de los futbolistas se están convirtiendo en carteles publicitarios.	*Les maillots des footballeurs deviennent des panneaux publicitaires.*
Este equipo sigue entre los primeros clasificados en lo que va de temporada.	*Cette équipe reste dans les premières du classement depuis le début de la saison.*
No pudo celebrarse el partido por culpa del terreno inundado.	*Le match n'a pas pu avoir lieu à cause du terrain inondé.*

C   EXPRESSIONS ET LOCUTIONS

Abrir cancha. *(am.)*	*Se frayer un chemin.*
Estar en su cancha. *(am.)*	*Être dans son élément.*
Recibir una paliza de campeonato.	*Recevoir une raclée terrible.*
Hacerse el campeón de una causa.	*Se faire le champion d'une cause.*
El estadio está de bote en bote.	*Le stade est plein à craquer.*

el primer, segundo tiempo	*la première, deuxième mi-temps*
el partido amistoso*	*le match amical*
el mundial*	*le championnat du monde*
los Juegos Olímpicos*	*les jeux Olympiques*
la meta	*l'arrivée*
la plusmarca, la marca, el récord	*le record*
el, la plusmarquista	*le recordman, la recordwoman*
la medalla*	*la médaille*
batir un récord	*battre un record*
la victoria*	*la victoire*
vencer	*vaincre*
el vencedor	*le vainqueur*
la derrota	*la défaite*
derrotar al contrario	*vaincre l'adversaire*
perder	*perdre*
empatar*; el empate	*faire match nul; le match nul*
el vencido	*le perdant*
entrenarse	*s'entraîner*
el entrenamiento	*l'entraînement*
dopar, doparse	*doper, se doper*
el doping, el dopaje	*le dopage*
□	□
el club	*le club*
la asociación deportiva	*l'association sportive*
la federación	*la fédération*
el patrocinio	*le sponsoring*
patrocinar*	*sponsoriser*
el socio*	*le membre associé d'un club*
la peña*	*le club de supporters*
el hincha*	*le supporter*
El ajedrez*	*Les échecs*
la partida*	*la partie*
el tablero	*l'échiquier*
jaque* al rey*	*échec au roi*
hacer tablas	*faire match nul*
enroquar	*roquer*
el enroque*	*le roque*
el peón	*le pion*
el alfil	*le fou*
la torre	*la tour*
el caballo	*le cheval*

Se liaron a golpes aunque era un partido amistoso.

Ils se sont tapé dessus bien que ce soit un match amical.

España se juega contra Dinamarca estar en el Mundial de fútbol.

L'Espagne joue contre le Danemark sa participation au Championnat du Monde de football.

Los Juegos Olímpicos modificaron en profundidad el paisaje urbanístico de Barcelona.

Les jeux Olympiques ont modifié en profondeur le paysage urbain de Barcelone.

El atleta subió al podio para recibir su medalle de oro de las manos del presidente.

L'athlète a grimpé sur le podium pour recevoir sa médaille d'or des mains du président.

Los dos equipos empataron a cero.

Les deux équipes ont fait match nul zéro zéro.

La ONCE lleva varios años patrocinando uno de los mejores equipos ciclistas del mundo.

La ONCE sponsorise depuis plusieurs années une des meilleures équipes cyclistes du monde.

Las peñas invadieron las gradas con sendas banderas.

Les clubs de supporters ont envahi les gradins, chacun avec son drapeau.

Un movimiento de ajedrez consta de dos jugadas, una de las blancas y otra de las negras.

Un mouvement des échecs se compose de deux coups, un des blancs et l'autre des noirs.

C EXPRESSIONS ET LOCUTIONS

Una victoria pírrica.
Une victoire à la Pyrrhus.

Hacerse socio.
Devenir membre.

Tener hincha a alguien.
Avoir pris quelqu'un en grippe.

Echar una partida de ajedrez.
Faire une partie d'échecs.

Jaque y mate.
Échec et mat.

No temer rey ni roque.
Ne craindre ni Dieu ni diable.

la dama, la reina	*la reine*
el rey	*le roi*
El atletismo	***L'athlétisme***
el atleta*	*l'athlète*
correr	*courir*
saltar	*sauter*
lanzar	*lancer*
el sprint*	*le sprint*
el medio fondo*, la media dis-tancia	*le demi-fond*
el fondo	*la course de fond*
las vallas	*les haies*
el 3000 m. obstáculos*	*le 3 000 m steeple*
el salto de altura	*la hauteur*
el salto de longitud*	*la longueur*
el salto de pértiga	*la perche*
el triple salto	*le triple saut*
el lanzamiento de peso	*le lancer de poids*
el lanzamiento de disco*	*le lancer de disque*
el lanzamiento de martillo	*le lancer de marteau*
el lanzamiento de jabalina	*le lancer de javelot*
el relevo	*le relais*
el decatlón	*le décathlon*
el heptatlón	*l'heptathlon*
el maratón*	*le marathon*
el cross-country	*le cross-country*
la marcha	*la marche*
El automovilismo*	***Le sport automobile***
El bádminton	***Le badminton***
El baloncesto	***Le basket-ball***
el baloncestista	*le basketteur*
el anotador	*le marqueur*
la canasta	*le panier*
el triple*	*le panier à trois points*
el marcador*	*le tableau d'affichage*
el rebote*	*le rebond*
el lanzamiento	*le tir au panier*
la (falta) personal*	*la faute personnelle*
el tiro libre	*le lancer franc*
el tiro de media distancia	*le tir à mi-distance*
encestar	*marquer un panier*

El atleta no pudo superar el listón.	*L'athlète n'a pas pu franchir la barre.*
100 y 200 metros son las dos pruebas de sprint, o sea de velocidad pura.	*100 et 200 mètres sont les deux épreuves de sprint, c'est-à-dire de vitesse pure.*
En medio fondo, el ataque final suele producirse en los 200 últimos metros.	*En demi-fond, l'attaque finale se produit souvent dans les 200 derniers mètres.*
El 3000 metros obstáculos no se decantó antes de la recta final.	*L'issue du 3 000 mètres steeple est restée incertaine jusqu'à la dernière ligne droite.*
En el salto de longitud, la técnica puede a veces con la velocidad.	*Dans le saut en longueur, la technique prime parfois la vitesse.*
Cuanta más envergadura tiene uno, más lejos lanza el disco.	*Plus on a d'envergure, plus loin on lance le disque.*
En el maratón de París participaron miles de corredores, aficionados y profesionales.	*Des milliers de coureurs, amateurs et professionnels, ont participé au marathon de Paris.*
El final de la temporada de automovilismo fue marcado por la victoria de la escudería británica en Fórmula 1.	*La fin de la saison automobile a été marquée par la victoire de l'écurie britannique en Formule 1.*
El Real Madrid cosechó muchos éxitos internacionales en fútbol y en baloncesto.	*Le Real Madrid a récolté de nombreux succès internationaux en football et en basket-ball.*
Villacampa anotó 27 puntos y convirtió los tres triples que intentó.	*Villacampa a marqué 27 points et transformé les trois paniers à trois points qu'il a tentés.*
El Madrid colocó el marcador en 55-50 a falta de diez minutos.	*Le Real Madrid établit la marque à 55-50 dix minutes avant la fin.*
El partido se redujo a una lucha sin cuartel por el rebote.	*Le match s'est réduit à un combat sans quartier pour le rebond.*
El Joventut fue diezmado por las faltas personales.	*Le Joventut a été décimé par les fautes personnelles.*
Carlos Sainz, el piloto español, conquistó en 1992 su segundo título mundial de rallies.	*Carlos Sainz, le pilote espagnol, a conquis en 1992 son second titre mondial des rallyes.*

el base*	*le meneur de jeu*
el pivot*	*le pivot*
el alero	*l'ailier*
el aro	*le cercle*
el banquillo*	*le banc (des remplaçants)*
El balonmano*	**Le handball**
El béisbol*	**Le base-ball**
El boxeo	**La boxe**
el boxeador	*le boxeur*
los guantes	*les gants*
peso pesado	*poids lourd*
peso ligero	*poids léger*
peso semipesado	*poids mi-lourd*
El ciclismo	**Le cyclisme**
el ciclocros	*le cyclo-cross*
el ciclista	*le cycliste*
la bicicleta*	*le vélo*
la carrera	*la course*
la etapa	*l'étape*
la vuelta	*le tour d'Espagne*
el contrarreloj*	*le contre la montre*
el velódromo*	*le vélodrome*
la pista	*la piste*
la velocidad	*la vitesse*
la persecución*	*la poursuite*
La escalada	**L'escalade**
La esgrima	**L'escrime**
el florete*	*le fleuret*
la espada*	*l'épée*
el sable	*le sabre*
El esquí	**Le ski**
el esquí alpino*, de fondo	*le ski alpin, de fond*
esquiar	*skier*
el esquiador*	*le skieur*
el salto esquí	*le saut à ski*
el esquí náutico	*le ski nautique*
El fútbol*	**Le football**
el balompié	*le football*
el balón, el esférico	*le ballon*

Es un base que maneja muy bien el balón y también un gran especialista del contraataque.

C'est un meneur de jeu qui manie très bien le ballon et aussi un grand spécialiste de la contre-attaque.

Este pivot es el primero en mates y el tercero en tapones.

Ce pivot est le premier en nombre de smashes et le troisième en contres.

La clave de la victoria estuvo en la calidad del banquillo.

La clef de la victoire résida dans la qualité des remplaçants.

La selección de balonmano consiguió el quinto puesto imponiéndose a Hungría.

La sélection de hand-ball a obtenu la cinquième place en l'emportant sur la Hongrie.

El bate de béisbol suele ser de madera de fresno blanca.

La batte de base-ball est souvent en bois de frêne blanc.

Tuvo que cambiar de bicicleta porque se le rompió el desviador.

Il a dû changer de vélo parce que son dérailleur s'est cassé.

Miguel Induráin es un gran especialista del contrarreloj.

Miguel Induráin est un grand spécialiste du contre-la-montre.

La escapada decisiva se produjo poco antes de llegar a la meta, cerca del velódromo.

L'escapade décisive s'est produite peu avant l'arrivée, près du vélodrome.

La persecución por equipos se efectúa sobre una distancia de cuatro kilómetros.

La poursuite par équipes a lieu sur une distance de quatre kilomètres.

En el florete, sólo se puede tocar el tronco del adversario.

Au fleuret, on ne peut toucher que le tronc de l'adversaire.

El esquí alpino consta de las pruebas siguientes : descenso, super gigante, eslalón gigante, eslalón y combinado.

Le ski alpin se compose des épreuves suivantes : descente, super géant, slalom géant, slalom et combiné.

La esquiadora Blanca Ochoa obtuvo una medalla de bronce en eslalón.

La skieuse Blanca Ochoa a obtenu une médaille de bronze en slalom.

C EXPRESSIONS ET LOCUTIONS

Ser buena espada.	*Être une fine lame.*
Cruzar la espada con alguien.	*Croiser le fer avec quelqu'un.*
Estar entre la espada y la pared.	*Être entre le marteau et l'enclume.*

la portería	le but (la cible)
el futbolista ; el fútbol*	le footballeur; le football
la Liga*	le championnat d'Espagne
las quinielas*	les concours de pronostics
el gol, el tanto	le but (que l'on marque)
el goleador	le buteur
el pichichi	le meilleur marqueur du championnat d'Espagne
la goleada	le carton (beaucoup de buts)
golear*	marquer beaucoup de buts
el guardameta, el portero*	le gardien de but
el defensor	le défenseur
el líbero	le libero
el centrocampista*	le milieu de terrain
el delantero	l'attaquant
el extremo*	l'ailier
regatear	dribbler
disparar a puerta* ; el disparo, el tiro	tirer au but; le tir
rematar ; el remate	reprendre de volée ; la reprise
la vaselina*	le lob
el saque de banda*	la touche
el saque de esquina	le corner
el penalti*	le penalty
el golpe franco	le coup franc
la lesión	la blessure
lesionarse*	se blesser
la cartulina*, la tarjeta (roja, amarilla)	le carton (rouge, jaune)
amonestar*	avertir
La gimnasia*	*La gymnastique*
La gimnasia rítmica	*La gymnastique rythmique*
El golf	*Le golf*
La halterofilia	*L'haltérophilie*
La hípica	*L'hippisme*
El hockey (sobre) hierba*	*Le hockey sur herbe*
El hockey (sobre) hielo	*Le hockey sur glace*
El hockey (sobre) patines	*Le hockey sur patins*
La lucha libre, grecoromana	*La lutte libre, gréco-romaine*
El montañismo	*L'alpinisme*
El motociclismo	*Le motocyclisme*

B ... DANS LEUR CONTEXTE

Los estadounidenses llaman soccer a lo que nosotros llamamos fútbol.	*Les Américains appellent soccer ce que nous nous appelons football.*
Seis equipos luchan a codazos en la cabeza de la Liga.	*Six équipes luttent au coude à coude à la tête du Championnat d'Espagne.*
El boleto de la quiniela incluye quince partidos de primera y de segunda división y los acertantes se reparten el 55 % de la recaudación.	*Le bulletin du concours de pronostics comprend quinze matchs de première et de deuxième division et les gagnants se partagent 55 % de l'argent collecté.*
El Barcelona salió goleado del Bernabéu.	*L'Équipe de Barcelone a pris un carton au stade Bernabéu.*
Al portero le pareció un juego de niños atrapar todos los balones.	*Pour le gardien de but, ce fut un jeu d'enfant que d'atiraper tous les ballons.*
La pelota salió al segundo palo y el centrocampista marcó de un cabezazo.	*Le ballon a été envoyé au deuxième poteau et le milieu de terrain a marqué de la tête.*
El extremo se lesionó al disparar a puerta.	*L'ailier s'est blessé en tirant au but.*
Romario mandó una preciosa vaselina sobre el larguero.	*Romario a expédié un superbe lob sur la barre transversale.*
El árbitro amonestó a Michel y expulsó a Milla por dos cartulinas amarillas.	*L'arbitre a averti Michel et a expulsé Milla à cause de deux cartons jaunes.*
Las paralelas, las anillas, el caballo con arcos, la barra fija, el salto de potro y el suelo constituyen los diferentes ejercicios de la gimnasia masculina.	*Les barres parallèles, les anneaux, le cheval d'arçon, la barre fixe, le saut de cheval et le sol constituent les divers exercices de la gymnastique masculine.*
El césped artificial revolucionó la forma de jugar el hockey sobre hierba.	*Le gazon artificiel a révolutionné la façon de jouer au hockey sur gazon.*

C EXPRESSIONS ET LOCUTIONS

Jugar por la banda.	*Jouer par la bande.*
Quedarse en la banda.	*Rester sur la touche.*
Casarse de penalti.	*Se marier par obligation* (parce que la femme est enceinte).

La natación	*La natation*
el 100 m. libre	*le 100 m crawl, nage libre*
la braza*	*la brasse*
la mariposa*	*le papillon*
el 200 m. espalda*	*le 200 m dos*
el 400 m. estilos*	*Le 400 m quatre nages*
la piscina	*la piscine*
el salto	*le saut*
el trampolín	*le tremplin*
la natación sincronizada	*la nage synchronisée*
El patinaje artístico	*Le patinage artistique*
El patinaje de velocidad	*Le patinage de vitesse*
La pelota vasca*	*La pelote basque*
El pentatlón moderno	*Le penthatlon moderne*
El piragüismo	*Le canoë-kayak*
El remo	*L'aviron*
El rugby	*Le rugby*
El squash	*Le squash*
El tenis	*Le tennis*
el tenista*	*le joueur de tennis*
la raqueta*	*la raquette*
el individual	*le simple*
la final* de dobles*	*la finale de doubles*
la pareja	*la paire*
el remate	*le smash*
el saque, el servicio*	*le service*
el revés*	*le revers*
el drive	*le coup droit*
la volea*	*la volée*
El tenis de mesa	*Le tennis de table*
El tiro con arco*	*Le tir à l'arc*
El tiro olímpico	*Le tir olympique*
El triatlón	*Le triathlon*
La vela*	*La voile*
la regata*	*la régate*
la tripulación*	*l'équipage*
la navegación	*la navigation*
la tabla a vela	*la planche à voile*
El voleibol	*Le volley-ball*
El waterpolo	*Le water-polo*
El yudo	*Le judo*

En el 400 metros estilos el nadador tiene que dominar las cuatro especialidades : espalda, mariposa, braza y libre.

Dans le 400 m quatre nages le nageur doit maîtriser les quatre spécialités : dos, papillon, brasse et nage libre.

La pelota vasca representa a la vez un deporte y una afirmación de la identidad cultural vasca.

La pelote basque représente en même temps un sport et une affirmation de l'identité culturelle basque.

Las subidas a la red del tenista sueco fueron rápidas y seguras.

Les montées au filet du joueur suédois ont été rapides et sûres.

Aunque estrenó su nueva raqueta no pudo con el contrario.

Bien qu'il ait utilisé pour la première fois sa nouvelle raquette, il n'a pas pu venir à bout de son adversaire.

Carlos Costa se impuso ayer en la final del torneo de Buenos Aires.

Carlos Costa s'est imposé hier en finale du tournoi de Buenos Aires.

El doble francés perdió la tercera manga en la muerte súbita.

Le double français a perdu la troisième manche au jeu décisif.

Para ganar este partido, Conchita Martínez contó con el apoyo de un servicio potente.

Pour remporter ce match, Conchita Martínez a pu compter sur un service puissant.

Logró incluso reveses ganadores.

Il a même réussi des revers gagnants.

Remató el partido con una volea que puso en pie al público.

Il acheva le match avec une volée qui fit se lever le public.

El primer campeonato de tiro con arco se disputó a mediados del siglo XIX.

Le premier championnat de tir à l'arc s'est disputé au milieu du XIXe siècle.

El Rey de España es aficionado a la vela y ha participado en numerosas regatas.

Le roi d'Espagne est amateur de voile et a participé à de nombreuses régates.

Las tripulaciones cruzan los mares del sur, con vientos que superan a veces los 100 kilómetros por hora.

Les équipages traversent les mers du Sud, avec des vents qui dépassent parfois les 100 kilomètres-heure.

Inglaterra arrasó en el Cinco Naciones ganando la «Grand Slam» por segunda vez consecutiva.

L'Angleterre a dominé le Tournoi des Cinq Nations en remportant le Grand Chelem pour la deuxième fois de suite.

La pesca, la caza	La pêche, la chasse
pescar* en río, en mar	*pêcher en rivière, en mer*
pescar con caña	*pêcher à la ligne*
el pescador	*le pêcheur*
el pez*	*le poisson vivant*
el pescado*	*le poisson pêché*
la caña de pescar	*la canne à pêche*
la veleta, el flotador, el corcho	*le flotteur*
el anzuelo*	*l'hameçon*
el cebo	*l'appât*
el señuelo*	*le leurre*
la mosca*	*la mouche*
el retel	*le filet*
morder el anzuelo	*mordre à l'hameçon*
el permiso de pesca	*le permis de pêche*
□	□
la caza*, la cacería	*la chasse*
cazar*	*chasser*
el disparo, el tiro*	*le tir*
el cazador	*le chasseur*
la escopeta	*le fusil*
la canana	*la cartouchière*
el perdigón	*le plomb de chasse*
el zurrón, el morral*	*la gibecière*
la caza	*le gibier*
la caza mayor	*le gros gibier*
la caza menor	*le menu gibier*
la caza de pluma, de pelo	*le gibier à plume, à poil*
la montería	*la chasse à courre*
el coto* privado de caza	*la chasse gardée*
el perro* de caza	*le chien de chasse*
el perro corredor	*le chien courant*
el perro de muestra	*le chien d'arrêt*
el levantamiento de la veda	*l'ouverture de la chasse*
el permiso de caza	*le permis de chasse*
la caza furtiva	*le braconnage*
el cazador furtivo	*le braconnier*
el lazo	*le collet*
el guarda de caza, el guarda-monte	*le garde-chasse*

Pescar en río revuelto.	*Pêcher en eau trouble.*
Como cebas, así pescas.	*Comme on fait son lit on se couche.*
No sabe lo que se pesca.	*Il ne sait pas ce qui l'attend.*
Es difícil de pescar en historia.	*Il est difficile à coller en histoire.*
Por la boca muere el pez.	*Trop parler nuit.*
Día de pescado.	*Jour maigre.*
Picar en el anzuelo.	*Tomber dans le panneau.*
Caer en el señuelo.	*Tomber dans le piège.*
En boca cerrada no entran moscas.	*La parole est d'argent, le silence est d'or.*
Espantar moscas.	*Chasser les mouches.*
Ir a la caza del hombre.	*Faire la chasse à l'homme.*
Andar a la caza de gangas.	*Être à l'affût d'une bonne occasion.*
Levantar la caza.	*Lever le lièvre.*
Cazar en terreno vedado.	*Marcher sur les plates-bandes d'autrui.*
Cazar largo.	*Avoir du flair.*
Cazar moscas.	*Gober les mouches.*
Matar dos pájaros de un tiro.	*Faire d'une pierre deux coups.*
Le salió el tiro por la culata.	*Ça lui est retombé sur le nez.*
Sin pegar un tiro.	*Sans coup férir.*
Volver con el morral vacío.	*Revenir bredouille.*
Poner coto a algo.	*Mettre un terme à quelque chose.*
Echar perros a uno.	*Lâcher les chiens sur quelqu'un.*
Quien va a Sevilla pierde su silla.	*Qui va à la chasse perd sa place.*

Los toros	La corrida
la corrida*, la corrida de toros, los toros	*la corrida, la course de taureaux*
el toreo (arte de torear), la tauromaquia ; tauromáquico (a)	*la tauromachie ; tauromachique*
la novillada	*la course de jeunes taureaux*
la capea	*la course de jeunes taureaux (pour amateurs, sans mise à mort)*
la plaza de toros ; el ruedo*	*les arènes ; l'arène*
el terreno	*le terrain*
el burladero	*le refuge (écran en planche)*
las barreras	*les barrières*
el tendido de sol ≠ de sombra	*les gradins exposés au soleil ≠ à l'ombre (proche de l'arène)*
las gradas	*les gradins*
los tercios*	*les (trois) phases d'une corrida*
□	□
el toro* ; el torete, el torito	*le taureau ; le taurillon, le petit taureau*
el toro bravo	*le taureau de combat*
el novillo* ; el eral	*le jeune taureau ; le jeune taureau de moins de deux ans*
el hato*, la manada	*le troupeau*
el ganado bravo	*les taureaux de combat*
el ganadero ; la ganadería* de toros de lidia	*l'éleveur ; l'élevage de taureaux de combat*
el cabestro (buey que guía el toro)	*le sonnailler*
la dehesa	*le pâturage*
el toril	*le toril (endroit où l'on tient les taureaux enfermés avant le combat)*
el encierro	*l'emprisonnement des taureaux dans le toril*
□	□

Dio una corrida, el torero Espartaco, la semana pasada, en Madrid.

Le torero Espartaco a toréé, la semaine dernière, à Madrid.

El tercio de varas, de banderillas y de muerte.

La phase des piques, des banderilles et de la mise à mort.

El primer tercio de la lidia sirve para calibrar la bravura del toro ; el picador, montado en un caballo protegido, pica al toro con la garrocha ; así el toro queda con menos fuerza.

La première phase du combat sert à mesurer la bravoure du taureau ; le picador monte un cheval protégé et pique le taureau avec la lance ; ainsi le taureau est affaibli.

Durante el segundo tercio, el banderillero le clava tres pares de banderillas a cuerpo limpio.

Pendant la deuxième phase, le banderillero plante trois paires de banderilles à découvert (sans cape ni épée).

Me gustan los toros.

J'aime les corridas.

Una ganadería de toros de lidia, bravos.

Un élevage de taureaux de combat.

C EXPRESSIONS ET LOCUTIONS

Habla el ruso de corrida.

Il parle le russe couramment.

Echarse al ruedo.

Descendre dans l'arène.

Echarle, soltarle a alguien el toro.

Dire son fait à quelqu'un.

Está hecho un toro.

Il écume de colère.

He decidido coger el toro por los cuernos.

J'ai décidé de prendre le taureau par les cornes.

¡ Qué bien se ven los toros desde la barrera !

Qu'il est facile de se tenir loin du danger !

Hacer novillos.

Faire l'école buissonnière.

No es más que un hato de pícaros.

Ce n'est rien d'autre qu'une bande de voyous.

Andar con el hato a cuestas.

Rouler sa bosse.

el asta, el pitón, el cuerno*	la corne
astifino	aux cornes pointues
resoplar	s'ébrouer
cocear, dar coces	ruer
bravo ≠ manso	sauvage ≠ doux, calme
alegre	joyeux
noble	noble
cabizbajo	tête baissée
cojo	boiteux
trashumante	transhumant

El torero*   Le torero

el diestro, el espada	le torero
el traje de luces	l'habit de lumière (des toreros)
la torera* (la chaquetilla)	le boléro
la montera	la toque (des toreros)
las manoletinas	les chaussures (sorte de ballerines)
el picador	le picador (le cavalier qui fatigue l'animal avec une pique)
el peón	l'auxiliaire du matador
la puya	le fer (de la pique)
el puyazo	le coup de pique
el mozo de estoques	l'auxiliaire qui porte l'épée
el rejoneador	le torero à cheval
el banderillero	le banderillero (le torero qui pose les banderilles)
el matador*	le matador (le torero qui est chargé de la mise à mort)
el novillero	le torero (combattant de jeunes taureaux et n'ayant pas reçu l'« alternative »)

Este torero se atreve a torear los Miuras.	Ce torero se risque à toréer les « Miura ».
El Cordobés fue un torero que hizo época.	Le Cordobés fut un torero qui marqua son temps.
Hoy, en la corrida, toma la alternativa el torero nuevo.	Aujourd'hui, pendant la corrida, le jeune torero reçoit « l'alternative » (donnée par le torero consacré qui remet symboliquement sa « muleta » et son épée au jeune torero).
Sacar, salir en hombros (el torero).	Porter en triomphe (un torero), être porté en triomphe.
El matador muestra sus habilidades de dominio en diversos muletazos.	Le matador montre ses talents de maîtrise grâce à différentes passes de muleta.
En el tercer tercio el matador termina con la muerte del toro que se realiza a estoque.	Pendant la troisième phase le matador termine par la mise à mort du taureau qu'il effectue d'un coup d'épée porté avec la pointe.
No ha perdido su viejo tesón de matador de toros.	Il n'a pas perdu son ancienne opiniâtreté de matador.

C EXPRESSIONS ET LOCUTIONS

¡Cuidado! que estás en los cuernos del toro.	Attention, tu es dans la gueule du loup!
¡Vete al cuerno!	Va au diable!
Levantar, poner en los cuernos de la luna.	Porter aux nues.
Lo mandó al cuerno.	Il l'a envoyé promener, paître.
Este asunto huele, sabe a cuerno quemado.	Cette affaire sent le roussi.
Saltarse a la torera una prohibición.	Prendre une interdiction par-dessus la jambe.
Se salta las órdenes del jefe a la torera.	Il prend les ordres de son chef par-dessus la jambe.

391

el puntillero	*l'auxiliaire chargé de donner le coup de grâce au taureau*
el espontáneo*	*l'amateur qui saute dans l'arène au cours de la corrida*
□	□
torear*; rejonear	*toréer; combattre un taureau, toréer à cheval*
el rejoneo	*le combat à cheval*
lidiar*; la lidia*	*combattre (un taureau); le combat*
la faena*	*le travail, la «faena»*
la capa, el percal	*la cape*
capear*	*faire des passes avec la cape*
el capotazo	*la passe de cape*
la muleta*	*la «muleta» (pièce de flanelle rouge tendue sur un court bâton)*
el muletazo	*la passe de muleta*
el natural	*la naturelle (passe de la main gauche avec la «muleta», sans l'aide de l'épée)*
el derechazo*	*la passe de la main droite avec la «muleta»*
las banderillas*	*les banderilles*
la banderilla de fuego	*la banderille de feu*
el estoque; la estocada*	*l'épée, l'estoque; l'estocade*
el quite*	*le «quite» (action ayant pour objet de détourner l'attention du taureau)*
embestir* (el toro al matador)	*charger*
la cogida*, la cornada	*le coup de corne*
la tizona (la espada)	*l'épée (qui était le nom de l'épée du Cid)*
la verónica	*la véronique (passe de cape)*

El espontáneo fue herido de muerte durante la corrida.	*L'amateur fut blessé à mort au cours de la corrida.*
La corrida : ¿ Arte o lidia ?	*La corrida : Art ou combat ?*
Una faena lucida.	*Un beau travail.*
La faena de muleta.	*Le travail de la « muleta ».*
Cuando el espada extendió su muleta la bestia acometió con sonoro bufido.	*Quand le torero tendit sa « muleta » la bête chargea avec un mugissement sonore.*
¡ Vaya derechazo !	*Quelle belle passe de la main droite avec la « muleta » !*
Una estocada en lo alto.	*Une estocade bien portée.*
Dar estocadas.	*Porter des estocades.*
El banderillero salió al quite.	*Le banderillero écarta le taureau.*
El toro embistió al matador el cual fue víctima de un momento de despiste.	*Le taureau chargea le matador qui fut victime d'un moment de distraction.*
El torero triunfó pese a la espectacular cogida que sufrió.	*Le torero a triomphé malgré le coup de corne spectaculaire qu'il a reçu.*

C EXPRESSIONS ET LOCUTIONS

No suele dejarse torear por nadie.	*Il n'a l'habitude de se laisser faire par quiconque.*
Para torear y casarse, hay que arrimarse.	*Pour toréer et se marier, il faut supprimer les distances.*
Harto de lidiar.	*De guerre lasse.*
¡ A mí, no me capea, no me torea nadie !	*On ne me la fait pas !*
Siempre consigue capear las dificultades.	*Il parvient toujours à surmonter les difficultés.*
Clavar, plantar, poner banderillas a alguien.	*Lancer des piques à quelqu'un.*
Tirar tajos y estocadas.	*Frapper d'estoc et de taille.*
Siempre está al quite.	*Il est toujours prêt à donner un coup de main.*
Embestir a alguien.	*Foncer sur quelqu'un.*

el descabello	le « descabello » (coup porté entre les deux premières vertèbres cervicales du taureau après une estocade non décisive)
dar la puntilla*	achever (le taureau)
☐	☐
las ferias, las fiestas taurinas	les foires, les fêtes taurines
la temporada taurina	la saison taurine
la afición*, los aficionados	les amateurs, les « aficionados », les amateurs de corridas
las palmas	les battements de mains, les applaudissements
los pitos*	les sifflets
la ovación*	l'ovation
abuchear; el abucheo*, la bronca	huer, siffler; les huées
la petición de oreja	la demande collective du public pour accorder au torero une ou deux oreilles du taureau, en guise de trophée.
☐	☐
la cuadrilla	la « cuadrilla » (équipe qui accompagne le matador)
el alguacil	l'alguazil (donne les clés pour pouvoir ouvrir le toril)
el paseíllo	le défilé (de toreros)
las mulillas	les mules (chargées de tirer le taureau mort, hors de l'arène)
el arrastre*	l'action de traîner le taureau mort, dans l'arène
la vuelta al ruedo*	le tour d'honneur
brindar el toro	dédier le taureau à une personnalité (le président de la course, l'invité d'honneur, le public...)
el brindis	le « brindis » (hommage que le matador fait du taureau à une personnalité ou au public)

La afición quedó satisfecha con la corrida de hoy.	*Les amateurs ont été satisfaits de la corrida d'aujourd'hui.*
Los españoles tienen mucha afición a los toros.	*Les Espagnols s'intéressent beaucoup à la tauromachie.*
¡Olé! se oía en la plaza entre pitos y ovaciones.	*Olé! entendait-on dans l'arène au milieu des sifflets et des ovations.*
Se puede valorar la calidad de la labor del torero según la intensidad de la bronca, de los pitos, de los aplausos y de las ovaciones; en casos excepcionales se premia la labor del torero con dos orejas y el rabo.	*On peut mesurer la qualité du travail du torero à l'intensité des huées, des sifflets, des applaudissements et des ovations; dans des cas exceptionnels on récompense le travail du torero par deux oreilles et la queue.*
Ayer, el torero salió bajo un abucheo, hoy ha salido por la puerta grande.	*Hier, le torero sortit sous les huées, aujourd'hui, il est sorti triomphalement.*
Presenciamos la vuelta al ruedo.	*Nous avons assisté au tour d'honneur dans l'arène.*

C EXPRESSIONS ET LOCUTIONS

Dar la puntilla a alguien.	*Donner le coup de grâce à quelqu'un.*
Parece que estás para el arrastre.	*Tu as l'air épuisé, au bout du rouleau.*

cortar orejas, rabo	*couper les oreilles, la queue*
la presidencia	*la présidence*
el presidente	*le président (de la course)*
la banda	*la fanfare*
cortarse la coleta*	*abandonner l'arène, renoncer au métier de torero*

Tras la cogida el torero decidió cortarse la coleta.

Après le coup de corne le torero décida d'abandonner l'arène.

*Las vacaciones**	Les vacances
ir de vacaciones	*aller en vacances*
estar de vacaciones	*être en vacances*
pasar las vacaciones*	*passer ses vacances*
veranear*	*passer ses vacances d'été*
el veraneo	*les vacances d'été, les grandes vacances*
el veraneante	*l'estivant, le vacancier*
□	□
el turismo	*le tourisme*
la oficina de turismo	*le syndicat d'initiative*
el turismo de masa	*le tourisme de masse*
el turismo individual	*le tourisme individuel*
el turista*; turístico(a)	*le touriste; touristique*
el visitante*; el excursionista	*le visiteur; le randonneur*
la agencia de viajes*	*l'agence de voyage*
el operador turístico	*le tour operator*
la reserva; reservar	*la réservation; réserver*
la temporada (alta*, media, baja)	*la saison (la haute saison, la moyenne saison, la saison creuse)*

*El viaje**	Le voyage
el viaje organizado	*le voyage organisé*
el organizador	*l'organisateur*
el guía*	*le guide*
irse de viaje	*partir en voyage*
irse de excursión	*partir en excursion*
viajar*; visitar*	*voyager; visiter*
viajar en grupo	*voyager en groupe*
el viajero	*le voyageur*
el circuito	*le circuit*
el traslado	*le déplacement*
el crucero*	*la croisière*
el destino*	*la destination*
□	□
la aduana	*la douane*
la documentación*	*les papiers (d'identité)*
el pasaporte*	*le passeport*

Tiene tres semanas de vacaciones en agosto.	*Il a trois semaines de vacances en août.*
Pasan las vacaciones en el campo.	*Ils passent leurs vacances à la campagne.*
Suelen veranear en la Costa Azul.	*Habituellement ils passent leurs vacances d'été sur la Côte d'Azur.*
Miles de turistas norteamericanos visitan anualmente España.	*Des milliers de touristes américains visitent chaque année l'Espagne.*
Los visitantes de la Expo universal 92 procedían de todas las partes del mundo.	*Les visiteurs de l'Exposition universelle 92 provenaient de toutes les régions du monde.*
Solicita un folleto turístico en la agencia de viajes.	*Il demande une brochure touristique à l'agence de voyages.*
La agencia de viajes organiza un viaje a Cuba sin ánimo de lucro.	*L'agence de voyages organise un voyage à Cuba sans but lucratif.*
El hotel está abierto solamente en temporada alta.	*L'hôtel n'est ouvert qu'en haute saison.*
Está de viaje.	*Il est en voyage.*
El guía turístico dirige a unos japoneses por Madrid.	*Le guide touristique conduit des Japonais dans Madrid.*
Viajan por Grecia.	*Ils voyagent en Grèce.*
Merece la pena visitar este pueblo.	*Cela vaut la peine de visiter ce village.*
Hacen un crucero por el Mediterráneo.	*Ils font une croisière sur la Méditerranée.*
Roma es el destino de millones de fieles católicos.	*Rome est la destination de millions de fidèles catholiques.*
Su documentación no está en regla.	*Ses papiers ne sont pas en règle.*

C EXPRESSIONS ET LOCUTIONS

¡ Buen viaje !	*Bon voyage !*
Para este viaje no se necesitan alforjas.	*Nous voilà bien avancés !*
Dar pasaporte a alguien.	*Mettre quelqu'un à la porte.*

el carné, el carnet de identidad	*la carte d'identité*
el DNI (Documento Nacional de Identidad)	*la carte d'identité espagnole*
ir al extranjero	*aller à l'étranger*
viajar por el extranjero	*voyager à l'étranger*
el visado*	*le visa*
el control fronterizo	*le contrôle douanier*
el aduanero*	*le douanier*
declarar algo*	*déclarer qqch.*
despachar de aduana	*dédouaner*
la tienda libre de impuestos	*la boutique hors taxe*
sujeto(a) a derechos arancelarios	*soumis(e) à des droits de douane*
el contrabando; el contrabandista	*la contrebande; le contrebandier*
pasar algo de contrabando* □	*passer qqch. en fraude* □
el equipaje*	*les bagages*
el equipaje de mano, los bultos de mano	*les bagages à main*
la maleta*	*la valise*
el maletín*	*la mallette, la petite valise*
el maletón	*la grande valise*
el bulto*	*le paquet*
el bolso de viaje	*le sac de voyage*
la mochila*	*le sac à dos*

El hospedaje — L'hébergement

el alojamiento*	*le logement*
el albergue de juventud	*l'auberge de jeunesse*
el hotel*; el motel	*l'hôtel; le motel*
el hotel de una, dos, tres, cuatro, cinco estrellas	*l'hôtel une, deux, trois, quatre, cinq étoiles*
la cadena de hoteles	*la chaîne d'hôtels*
el hostal	*le petit hôtel*
el parador[1]	*le parador*
la pensión	*la pension*
la pensión completa; la media pensión	*la pension complète; la demi-pension*

1. Il est aménagé dans des demeures historiques et dépend du ministère du Tourisme.

Los franceses tienen que solicitar un visado para ir a Guatemala.	*Les Français doivent faire une demande de visa pour aller au Guatemala.*
La solicitud de visado.	*La demande de visa.*
El aduanero me registra las maletas.	*Le douanier fouille mes bagages.*
No tengo nada que declarar.	*Je n'ai rien à déclarer.*
Va a procurar pasar diez botellas de alcohol de contrabando.	*Il va essayer de passer dix bouteilles d'alcool en fraude.*
Por todo equipaje sólo lleva un hatillo.	*Pour tout bagage il ne porte qu'un baluchon.*
Está deshaciendo la maleta.	*Il est en train de défaire sa valise.*
Este maletín no pesa.	*Cette mallette n'est pas lourde.*
Están liando sus bultos.	*Ils font leurs paquets.*
Suele viajar cargada de bultos.	*Elle a l'habitude de voyager chargée de paquets.*
He recorrido el Perú con la mochila a cuestas.	*J'ai parcouru le Pérou avec mon sac à dos sur les épaules.*
El alojamiento no me cuesta caro.	*Le logement ne me coûte pas cher.*
Con motivo de la Exposición universal 92, los precios de los hoteles sevillanos se han disparado.	*À l'occasion de l'Exposition universelle 92, les prix des hôtels sévillans sont montés en flèche.*

C EXPRESSIONS ET LOCUTIONS

Hacer la maleta.	*Se faire la malle.*
Este torero es un maleta.	*Ce torero est un empoté.*

hospedarse*	*prendre pension, loger*
la habitación* sencilla*, individual*	*la chambre simple*
la habitación doble*, de matrimonio	*la chambre double*
la recepción	*la réception*
el recepcionista*	*le réceptionniste*
el botones	*le groom*
la camarera*	*la femme de chambre*
□	□
la tienda de campaña*	*la tente*
acampar*, ir de acampada	*camper*
el campista*	*le campeur*
el campismo, el camping* (los campings)	*le camping*
hacer camping	*faire du camping*
hacer caravaning	*faire du caravaning*
el terreno de camping	*le terrain de camping*
el saco de dormir	*le sac de couchage*
el colchón neumático*, el colchón de goma	*le matelas pneumatique*
la mesa plegable	*la table pliante*
la caravana	*la caravane*
el autocaravana	*le camping-car, le mobile-home*

La montaña*, el monte — La montagne

el montañero*, el alpinista	*l'alpiniste*
el montañismo*, el alpinismo, el andinismo	*l'alpinisme*
la larga caminata, la marcha larga	*la randonnée*
el senderismo ; el senderista*	*la randonnée pédestre ; le randonneur*
el refugio, el albergue	*le refuge*
el guía de montaña	*le guide de montagne*
la escalada	*l'escalade*

La playa — La plage

la sal	*le sel*
las conchas	*les coquillages*

Siempre que regreso a Tenerife me hospedo en la misma casa.	*Chaque fois que je reviens à Tenerife je loge dans la même maison.*
La habitación tiene aire acondicionado.	*La chambre a l'air conditionné.*
Pedir una habitación sencilla.	*Demander une chambre simple.*
He reservado una habitación individual con baño.	*J'ai réservé une chambre individuelle avec salle de bains.*
La habitación doble sale a 4 800 pesetas por noche.	*La chambre double est à 4 800 pesetas par nuit.*
El recepcionista me pide que rellene la ficha.	*Le réceptionniste me demande de remplir la fiche.*
La camarera está arreglando la habitación.	*La femme de chambre est en train de ranger la chambre.*
Acaban de desarmar la tienda de campaña.	*Ils viennent de démonter la tente.*
Los adolescentes han acampado en un prado, a la orilla de un lago.	*Les adolescents ont campé dans un pré, au bord d'un lac.*
Los campistas están buscando una parcela donde instalarse.	*Les campeurs cherchent un emplacement où s'installer.*
Más de 100.000 personas se hacinan en este camping cada verano.	*Plus de 100 000 personnes s'entassent dans ce camping chaque été.*
Estoy hinchando el colchón neumático.	*Je suis en train de gonfler le matelas pneumatique.*
Escalaron hasta la cumbre de la montaña.	*Ils ont grimpé jusqu'au sommet de la montagne.*
Hay quien prefiere la montaña al mar para veranear.	*Certains préfèrent la montagne à la mer pour passer leurs vacances d'été.*
La escuela de montañeros, de montañismo.	*L'école de haute montagne.*
El senderista se perdió.	*Le randonneur s'est perdu.*

C   EXPRESSIONS ET LOCUTIONS

Una habitación con vistas al mar.	*Une chambre avec vue sur la mer.*

el mar*	la mer
la estación balnearia, el balneario*	la station balnéaire
la playa*	la plage
playero(a)*	de plage
la arena*	le sable
la pala	la pelle
el rastrillo	le râteau
el cubo	le seau
el flotador	la bouée
□	□
los baños de mar*	les bains de mer
el sol*	le soleil
la canícula; el bochorno	la canicule; la chaleur lourde
bochornoso(a)	lourd(e), étouffant(e), orageux(se)
tomar el sol*	prendre un bain de soleil, s'exposer au soleil
broncear, ponerse moreno(a)*	bronzer, brunir
broncearse, tostarse	se faire bronzer, se faire brunir
coger una insolación	attraper une insolation
estar moreno(a), bronceado(a)	être bronzé(e)
la piel tostada	la peau bronzée
la quemadura de sol	le coup de soleil
estar quemado(a)	être brûlé(e)
pelar*	peler
pelado(a)	pelé(e)
exponerse	s'exposer
ponerse bronceador, crema solar	mettre de la crème solaire
el aceite	l'huile solaire
el índice de protección	l'indice de protection (solaire)
la protección solar	la protection solaire
los riesgos* del sol	les risques solaires
□	□
el bañador, el traje de baño	le maillot de bain
el bañador entero	le maillot une pièce
el bikini	le bikini, le maillot deux-pièces
las chancletas	les chaussures de plage, les savates
la sombrilla, el quitasol	le parasol
la toalla	la serviette

B ... DANS LEUR CONTEXTE

El mar está tranquilo ≠ revuelto, alborotado, picado, agitado.	*La mer est calme ≠ déchaînée, démontée, houleuse, agitée.*
Ir a un balneario cada año.	*Aller prendre les eaux tous les ans.*
Estar en la playa.	*Être sur la plage.*
Sandalias playeras.	*Des sandales de plage.*
Las arenas movedizas.	*Les sables mouvants.*
Los baños de mar le habían curtido la piel.	*Les bains de mer avaient tanné sa peau.*
Hoy aprieta tanto el sol que me quedaré a la orilla del mar para broncearme.	*Aujourd'hui, le soleil tape si fort que je vais rester au bord de la mer pour bronzer.*
¡ No tomes el sol demasiado !	*Ne t'expose pas trop au soleil !*
¡ Vaya día bochornoso !	*Quelle journée étouffante !*
¡ Qué moreno te has puesto !	*Que tu es bronzé !*
Me estoy pelando.	*Je commence à peler.*
Tomar el sol es beneficioso para el organismo pero tomado en exceso y sin precauciones, conlleva riesgos importantes, daños inmediatos y daños crónicos.	*S'exposer au soleil est bon pour l'organisme mais l'excès de soleil sans avoir pris de précautions entraîne, des risques importants, des lésions immédiates et des lésions chroniques.*

C EXPRESSIONS ET LOCUTIONS

Arar en el mar.	*Donner des coups d'épée dans l'eau.*
A orillas del mar.	*Au bord de la mer.*
Lo vimos irse, hacerse mar adentro.	*Nous l'avons vu gagner, prendre le large.*
Había la mar de gente.	*Il y avait un monde fou.*
Lo pasamos la mar de bien.	*Nous nous sommes drôlement amusés.*
Va a ser necesario echar pelillos a la mar.	*Il est nécessaire de passer l'éponge.*
Una de cal y otra de arena.	*Moitié moitié.*
Siempre se arrima al sol que más calienta.	*Il se met toujours du côté du plus fort.*
¡ Qué sol de niña !	*Quel amour d'enfant !*
A Pedro no lo deja ni a sol ni a sombra.	*Il est toujours sur le dos de Pedro.*

ponerse a la sombra ≠ al sol ☐	se mettre à l'ombre ≠ au soleil ☐
bañarse ; darse un baño*	se baigner; prendre un bain
el nadador, la nadadora	le nageur, la nageuse
nadar*	nager
bucear*	nager sous l'eau; plonger
el buceo	la plongée
el buceo (del nadador)	le plongeon
flotar ☐	flotter ☐
la marea*	la marée
el reflujo, la marea saliente	la marée descendante
el flujo, la marea entrante	la marée montante
la bajamar, la marea baja	la marée basse
la marea alta, la pleamar	la marée haute
la resaca, el reflujo	le reflux, le ressac
el oleaje	la houle
la ola*	la vague
el remolino	le tourbillon, le remous
la espuma	l'écume

Se dio un baño a las doce de la noche.	*Il a pris un bain à minuit.*
Nadar el crawl.	*Nager le crawl.*
Nadar a rana, a braza.	*Nager la brasse.*
Nadar de espalda.	*Nager sur le dos.*
Nadar a braza mariposa.	*Nager la brasse papillon.*
Le gusta bucear para ver la fauna del mar.	*Il aime plonger pour voir la faune de la mer.*
Rompen las olas (del mar).	*Les vagues (de la mer) déferlent.*

C EXPRESSIONS ET LOCUTIONS

Con él es mejor saber nadar y guardar la ropa.	*Avec lui, il est préférable de ménager la chèvre et le chou.*
Contra viento y marea.	*Contre vent et marée.*

Generalidades	**Généralités**
el globo terráqueo	*le globe terrestre*
el hemisferio	*l'hémisphère*
el continente	*le continent*
el mundo*	*le monde*
la vuelta* al mundo	*le tour du monde*
el universo	*l'univers*
la tierra*	*la terre*
el planeta	*la planète*
el meridiano	*le méridien*
el país*	*le pays*

*Los continentes**	**Les continents**
África*	*l'Afrique*
América*	*l'Amérique*
Asia*	*l'Asie*
Australia, Oceanía	*l'Australie, l'Océanie*
Europa*	*l'Europe*
la Antártida	*l'Antarctique*

*Mares y océanos**	**Mers et océans**
el mar*; el océano	*la mer; l'océan*
el Mediterráneo*	*la Méditerranée*
el mar Cantábrico	*le golfe de Gascogne*
el mar del Norte	*la mer du Nord*
el mar Egeo; Adriático; Báltico	*la mer Egée; Adriatique; Baltique*
el Atlántico	*l'(océan) Atlantique*
el Pacífico	*l'(océan) Pacifique*
el océano Índico	*l'océan Indien*
el mar Caribe	*la mer des Caraïbes*
el golfo de Méjico	*le golfe du Mexique*
el golfo Pérsico	*le golfe Persique*
el océano glacial Ártico	*l'océan glacial Arctique*
el océano glacial Antártico	*l'océan glacial Antarctique*
□	□
las cataratas*	*les chutes*

Recorrer el mundo entero.	*Parcourir le monde entier.*
El Viejo, Antiguo Mundo.	*L'Ancien Monde.*
El Nuevo Mundo.	*Le Nouveau Monde.*
La deuda exterior del Tercer Mundo.	*La dette extérieure du tiers monde.*
La Tierra de Promisión.	*La Terre promise.*
Los países del Tercer Mundo, tercermundistas.	*Les pays du tiers monde.*
Los países en vías de desarrollo; subdesarrollados ≠ desarrollados.	*Les pays en voie de développement; sous-développés ≠ développés.*
De los cinco continentes, África, América, Asia, Autralia y Europa, Asia es el más poblado.	*Des cinq continents, l'Afrique, l'Amérique, l'Asie, l'Australie et l'Europe, l'Asie est le plus peuplé.*
El mar Negro.	*La mer Noire.*
El mar Rojo.	*La mer Rouge.*
El mar Muerto.	*La mer Morte.*
Ver las cataratas del Iguazú.	*Voir les chutes d'Iguazu.*

C EXPRESSIONS ET LOCUTIONS

El mundo es de los audaces.	*La fortune sourit aux audacieux.*
Este coche vale un mundo.	*Cette voiture coûte les yeux de la tête.*
Le gusta ver mundo.	*Il aime voir du pays.*
No es nada del otro mundo.	*Ce n'est pas la mer à boire.*
Estar de vuelta.	*Être revenu de tout.*
Esta persona es la mar de salada.	*Cette personne est fort drôle.*
Un océano de amargura.	*Un océan d'amertume.*
Se imagina haber descubierto un Mediterráneo.	*Il lui semble avoir décroché la lune.*

el estrecho de Gibraltar	*le détroit de Gibraltar*
el peñón de Gibraltar*	*le rocher de Gibraltar*
el cabo	*le cap*

Los ríos

Les fleuves

el río*	*le fleuve, la rivière*
la desembocadura	*l'embouchure*
la fuente, el manantial	*la source*
el Tajo	*le Tage*
el Miño	*le Miño*
el Guadalquivir	*le Guadalquivir*
el Duero	*le Duero*
el Ebro*	*l'Ebre*
el río Nilo	*le Nil*
el (río) Misisipi	*le Mississippi*
el río Danubio	*le Danube*
el río Amazonas	*l'Amazone*
el río de la Plata	*le rio de la Plata*
el (río) Sena	*la Seine*
el Ródano	*le Rhône*
el Rin	*le Rhin*
el afluente	*l'affluent*
el pantano, la presa	*le barrage*
el embalse	*la retenue d'eau, le barrage*
el lago*	*le lac*
la laguna	*la lagune*
las rías gallegas	*les rias galiciennes (estuaire profond)*
la cuenca	*la vallée*

Las islas

Les îles

la isla	*l'île*
el islote	*l'îlot*
el archipiélago	*l'archipel*
la península ibérica	*la péninsule Ibérique*
las (islas) Baleares	*les Baléares*
las (islas) Canarias	*les Canaries*
las islas Azores	*les Açores*

El peñón de Gibraltar es británico desde 1713 ; en cambio, Ceuta y Melilla, en la costa marroquí, están bajo soberanía española, desde los siglos XVII y XVI, respectivamente.

Le rocher de Gibraltar est britannique depuis 1713 ; par contre, Ceuta et Melilla, sur la côte marocaine, sont sous la souveraineté de l'Espagne depuis le XVIIe et le XVIe siècle, respectivement.

Un río contaminado.
Un fleuve pollué.

Un río navegable.
Un fleuve navigable.

Un río muy caudaloso.
Un fleuve de grand débit.

Cada año, el río sale de madre, se desborda.
Chaque année, le fleuve déborde.

El río serpentea por entre los troncos.
Le fleuve serpente parmi les troncs.

La ribera de un río.
La rive, le rivage d'un fleuve.

Los, las márgenes del río.
Le bord, la rive du fleuve.

El Ebro nace en la Cordillera Cantábrica y desemboca (va a morir) al mar Mediterráneo.
L'Ebre prend sa source dans les monts Cantabriques et se jette dans la Méditerranée.

El lago Titicaca es el río navegable más alto del mundo.
Le lac Titicaca est le fleuve navigable le plus haut du monde.

Un lago de agua salada.
Un lac salé.

C EXPRESSIONS ET LOCUTIONS

Río abajo ≠ río arriba.
En aval ≠ en amont.

Se marchó río abajo, en barca.
Il partit en descendant la rivière, en barque.

Sobre este asunto se han escrito ríos de tinta.
Cette affaire a fait couler beaucoup d'encre.

A río revuelto ganancia de pescadores, pescar en río revuelto.
Pêcher en eau trouble.

Cuando el río suena, agua lleva.
Il n'y a pas de fumée sans feu.

Córcega*	*la Corse*
Cerdeña	*la Sardaigne*
Creta	*la Crète*
las Antillas	*les Antilles*
las islas Malvinas	*les îles Malouines (Falkland)*
la isla de Pascua	*l'île de Pâques*

Las montañas   ## Les montagnes

la montaña*, los montes*	*la montagne*
la sierra*, la cadena de montañas	*la chaîne de montagnes*
la meseta*	*le plateau*
el volcán*	*le volcan*
los Pirineos	*les Pyrénées*
la cordillera cantábrica	*les monts Cantabriques*
el sistema bético	*la cordillère Bétique*
(la) sierra Morena	*la Sierra Morena*
los Picos de Europa	*les pics d'Europe*
el macizo galaico	*le massif galicien*
las montañas Rocosas, Rocallosas	*les (montagnes) Rocheuses*
la cordillera de los Andes*	*la cordillère des Andes*
los Andes	*les Andes*
los Urales	*l'Oural*
los Alpes; alpino(a)	*les Alpes; alpin(e)*
los Apeninos	*les Apennins*

El año pasado veraneamos en Córcega.	*L'an passé, nous avons passé nos vacances d'été en Corse.*
La cumbre de la montaña está nevada.	*Le sommet de la montagne est enneigé.*
Me paso las vacaciones en la sierra.	*Je passe mes vacances à la montagne.*
La meseta de Castilla.	*Le plateau de Castille.*
El Teide (3718 m.) es un volcán de Canarias.	*Le Teide (3718 m) est un volcan des Canaries.*
La cordillera de los Andes ocupa la tercera parte del continente latinoamericano.	*La cordillère des Andes couvre le tiers du continent latino-américain.*
La cordillera alpina.	*La chaîne des Alpes.*

C EXPRESSIONS ET LOCUTIONS

Echarse, hacerse al monte.	*Prendre le maquis.*

Europa* ; europeo(a)*	*L'Europe ;*
	européen(ne)
Francia ; francés(esa)*, galo(a)	*la France ; français(e)*[1]
París* ; parisiense, parisino(a), parisién[2]	*Paris ; parisien(ne)*
España* ; español(a)*	*l'Espagne ; espagnol(e)*
Madrid* ; madrileño(a)*	*Madrid ; madrilène*
Portugal ; portugués(esa)	*le Portugal ; portugais(e)*
Lisboa ; lisboeta, lisbonense	*Lisbonne ; lisbonnais(e)*
Italia ; italiano(a)	*l'Italie ; italien(ne)*
Roma* ; romano(a)	*Rome ; romain(e)*
Grecia ; griego(a)*	*la Grèce ; grec, grecque*
Atenas ; ateniense	*Athènes ; athénien(ne)*
Gran Bretaña ; británico(a)	*la Grande-Bretagne ; britannique*
el Reino Unido	*le Royaume-Uni*
Inglaterra ; inglés(esa)	*l'Angleterre ; anglais(e)*
Londres ; londinense	*Londres ; londonien(ne)*
Escocia ; escocés(esa)	*l'Écosse ; écossais(e)*
Irlanda ; irlandés(esa)	*l'Irlande ; irlandais(e)*
Dublín	*Dublin*
Alemania ; alemán(ana)*	*l'Allemagne ; allemand(e)*
Berlín* ; berlinés(esa)	*Berlin ; berlinois(e)*
Austria ; austríaco(a)	*l'Autriche ; autrichien(ne)*
Viena ; vienés(esa)	*Vienne ; viennois(e)*
Suiza ; suizo(a)	*la Suisse ; suisse*
Berna ; bernés(esa)	*Berne ; bernois(e)*
Los Países Bajos ; neerlandés(esa)	*les Pays-Bas ; néerlandais(e)*
Holanda ; holandés(esa)	*la Hollande ; hollandais(e)*
Amsterdam	*Amsterdam*
Bélgica ; belga	*la Belgique ; belge*
Bruselas ; bruselense	*Bruxelles ; bruxellois(e)*
Luxemburgo ; luxemburgués(esa)	*le Luxembourg ; luxembourgeois(e)*
Dinamarca ; danés(esa)	*le Danemark ; danois(e)*
Copenhague	*Copenhague*
Suecia ; sueco(a)*	*la Suède ; suédois(e)*
Estocolmo	*Stockholm*

1. Prend une capitale initiale quand il est substantif.
2. ·Parisino(a)· et ·parisién· sont des gallicismes très employés.

Muchos norteños veranean en el sur de Europa.	*Beaucoup de gens du Nord passent leurs vacances d'été dans le sud de l'Europe.*
La ciudadanía europea.	*La citoyenneté européenne.*
Se nacionalizó francés.	*Il a pris la nationalité française.*
Se celebra una cumbre hispano-francesa en París.	*Un sommet hispano-français a lieu à Paris.*
París atrae a los veraneantes.	*Paris attire les vacanciers.*
El pasado verano estuve en España.	*L'été dernier je suis allé en Espagne.*
Hay más de trescientos millones de hispanohablantes en el mundo.	*Il y a plus de trois cents millions d'hispanophones dans le monde.*
Los españoles llaman peyorativamente a los franceses los «franchutes».	*Les Espagnols appellent péjorativement les Français les «franchutes».*
Mario Vargas Llosa ha adquirido la nacionalidad española.	*Mario Vargas Llosa a acquis la nationalité espagnole.*
El tema de la Natividad ha sido repetidamente representado en la pintura española.	*Le thème de la Nativité a été souvent représenté dans la peinture espagnole.*
San Isidro es el patrón de Madrid.	*Saint Isidore est le patron de Madrid.*
Los barceloneses van más al cine que los madrileños.	*Les Barcelonais vont plus au cinéma que les Madrilènes.*
Está estudiando el alemán para irse a Berlín este verano.	*Il étudie l'allemand pour aller à Berlin cet été.*
En 1989 se derrumbó el muro de Berlín.	*En 1989 le mur de Berlin est tombé.*

C EXPRESSIONS ET LOCUTIONS

José habla un francés macarrónico.	*José parle français comme une vache espagnole.*
Despedirse a la francesa.	*Filer à l'anglaise.*
Hablando del rey de Roma, por la puerta asoma.	*Quand on parle du loup, on en voit la queue.*
Todos los caminos llevan a Roma.	*Tous les chemins mènent à Rome.*
Eso es griego (o chino) para mí.	*C'est de l'hébreu pour moi.*
Hacerse el sueco.	*Faire la sourde oreille.*

415

Noruega ; noruego (a)	*la Norvège ; norvégien (ne)*
Oslo	*Oslo*
Rusia ; ruso (a)	*la Russie ; russe*
Moscú ; moscovita	*Moscou ; moscovite*
La República tcheca	*La République tchèque*
Eslovaquia ; eslovaco (a)	*la Slovaquie ; slovaque*
Praga*	*Prague*
Hungría ; húngaro (a)	*la Hongrie ; hongrois (e)*
Budapest	*Budapest*
Polonia ; polaco (a)	*la Pologne ; polonais (e)*
Varsovia	*Varsovie*
Rumania ; rumano (a)*	*la Roumanie ; roumain (e)*
Bucarest	*Bucarest*
Bulgaria ; búlgaro (a)	*la Bulgarie ; bulgare*
Sofía	*Sofia*
Yugoslavia* ; yugoslavo (a)	*la Yougoslavie ; yougoslave*
Belgrado	*Belgrade*
Serbia ; serbio (a)	*la Serbie ; serbe*
Bosnia ; bosnio (a)	*la Bosnie ; bosniaque*
Croacia ; croata	*la Croatie ; croate*

América del Sur*, Sudamérica	L'Amérique du Sud
sudamericano (a), suramericano (a)	*sud-américain (e)*
el sudaca *(fam.)*	*le latino (le sud-américain)*
Venezuela ; venezolano (a)	*le Venezuela ; vénézuélien (ne)*
Caracas ; caraqueño (a)	*Caracas ; de Caracas*
Colombia ; colombiano (a)	*la Colombie ; colombien (ne)*
Bogotá ; bogotano (a)	*Bogotá ; de Bogotá*
Ecuador ; ecuatoriano (a)	*Équateur ; équatorien (ne)*
Quito ; quiteño (a)	*Quito ; de Quito*
Perú* ; peruano (a)*	*le Pérou ; péruvien (ne)*
Lima* ; limeño (a)	*Lima ; de Lima*
Bolivia ; boliviano (a)	*la Bolivie ; bolivien (ne)*
La Paz* ; paceño (a)	*La Paz ; de La Paz*
Paraguay* ; paraguayo (a)*	*le Paraguay ; paraguayen (ne)*
Asunción ; asunceño (a)	*Asunción ; d'Asunción*
Uruguay* ; uruguayo (a)	*l'Uruguay ; uruguayen (ne)*
Montevideo ; montevideano (a)	*Montevideo ; de Montevideo*

Praga fue la patria chica de Franz Kafka.	*Prague fut la ville natale de Franz Kafka.*
Traducir del rumano al francés.	*Traduire du roumain en français.*
El conflicto en la antigua Yugoslavia corre riesgo de generalizarse a su alrededor.	*Le conflit dans l'ex-Yougoslavie risque de se généraliser aux alentours.*
Nunca he estado en América del Sur.	*Je ne suis jamais allé en Amérique du Sud.*
El Perú es el mayor productor del mundo de coca.	*Le Pérou est le premier producteur mondial de coca.*
El gobierno peruano lucha contra el Sendero Luminoso y el Movimiento Revolucionario Tupac Amaru (MRTA).	*Le gouvernement péruvien lutte contre le Sentier Lumineux et le Mouvement Révolutionnaire Tupac Amaru (MRTA).*
Lima es una ciudad superpoblada donde más del 50 por ciento de la población vive en barriadas miserables.	*Lima est une ville surpeuplée où plus de 50 pour cent de la population vit dans des quartiers misérables.*
La Paz está al pie del macizo montañoso Illimani.	*La Paz se trouve au pied du massif montagneux Illimani.*
El 3 de febrero de 1989 el general Andrés Rodríguez capitaneó el golpe de estado que destronó al dictador paraguayo Alfredo Stroessner.	*Le 3 février 1989 le général Andrés Rodríguez dirigea le coup d'État qui détrôna le dictateur paraguayen Alfredo Stroessner.*
El conjunto de los cuatro países más australes de América del Sur (Argentina, Chile, Paraguay y Uruguay) constituye el Cono Sur.	*L'ensemble des quatre pays les plus australs de l'Amérique du Sud (l'Argentine, le Chili, le Paraguay et l'Uruguay) constitue le Cône Sud.*

C EXPRESSIONS ET LOCUTIONS

Vale un Perú.	*Ça vaut de l'or.*

Argentina ; argentino (a)	*l'Argentine ; argentin (e)*
Buenos Aires ; bonaerense, porteño (a)	*Buenos Aires ; de Buenos Aires*
Chile* ; chileno (a)	*le Chili ; chilien (ne)*
Santiago ; santiaguino (a)	*Santiago ; de Santiago*
Brasil* ; brasileño (a)	*Brésil ; brésilien (ne)*
Brasilia	*Brasilia*

América Central, *Centroamérica*	**L'Amérique centrale**
centroamericano (a)	*de l'Amérique centrale*
Méjico ; mejicano (a),*	*le Mexique ; mexicain (e)*
Méjico ; mejicano (a)	*Mexico ; de Mexico*
Méjico D.F.*	*la ville de Mexico (District Fédéral)*
Guatemala* ; guatemalteco (a)*	*le Guatemala ; guatemaltèque*
Guatemala capital	*Guatemala*
Belice*	*le Belize*
Honduras* ; hondureño (a)	*le Honduras ; hondurien (ne)*
Tegucigalpa	*Tegucigalpa*
El Salvador ; salvadoreño (a)*	*le Salvador ; salvadorien (ne)*
San Salvador	*San Salvador*
Nicaragua ; nicaragüense*	*le Nicaragua ; nicaraguayen (ne)*
Managua ; managüense	*Managua ; de Managua*
Costa Rica ; costarricense*	*le Costa Rica ; costaricien (ne)*
San José	*San José*
Panamá ; panameño (a)	*le Panamá ; panaméen (ne)*
Panamá	*Panamá*
□	□
Cuba* ; cubano (a)	*Cuba ; cubain (e)*
La Habana ; habanero (a)	*La Havane ; havanais (e)*
La República Dominicana ; dominicano (a)	*la République Dominicaine ; dominicain (e)*
Santo Domingo	*Saint-Domingue*
Haití* ; haitiano (a)	*Haïti ; haïtien (ne)*
Puerto Rico* ; borinqueño (a), puertorriqueño (a), portorriqueño (a)	*Porto Rico ; portoricain (e)*
San Juan	*San Juan*

En Chile, los militares tomaron el poder en septiembre de 1973.

Au Chili, les militaires prirent le pouvoir en septembre 1973.

La lengua oficial de Brasil es el portugués.

Au Brésil la langue officielle est le portugais.

Los mejicanos sufren una fuerte discriminación en Estados Unidos.

Les Mexicains subissent une forte discrimination aux États-Unis.

La ciudad de Méjico es la más poblada del mundo con 19 millones de habitantes.

Mexico est la ville la plus peuplée du monde avec 19 millions d'habitants.

El Premio Nobel de la Paz 1992 fue atribuido a la guatemalteca Rigoberta Menchú.

Le Prix Nobel de la Paix 1992 a été attribué à la Guatémaltèque Rigoberta Menchú.

Belice es el único país de América Central donde se habla inglés.

Le Belize est le seul pays d'Amérique centrale où l'on parle anglais.

Copán es el parque arqueológico más importante de Honduras.

Copán est le site archéologique le plus important du Honduras.

No soy salvadoreña sino nicaragüense.

Je ne suis pas salvadorienne mais nicaraguayenne.

Mi amigo costarricense tiene un nivel de vida alto.

Mon ami costaricien a un niveau de vie élevé.

Ha salido para Cuba.

Il est parti pour Cuba.

En Haití la lengua oficial es el francés pero el 90 por ciento habla la lengua criolla.

À Haïti la langue officielle est le français mais 90 pour cent de la population parle créole.

En 1917 el congreso de Estados Unidos concedió la ciudadanía norteamericana a todos los nacidos en Puerto Rico.

En 1917 le congrès des États-Unis a accordé la citoyenneté américaine à toutes les personnes nées à Porto Rico.

C EXPRESSIONS ET LOCUTIONS

Salir de Guatemala y meterse en Guatepeor.

Tomber de Charybde en Scylla.

América del Norte, Norteamérica	**L'Amérique du Nord**
EE.UU., los Estados Unidos; estadounidense, norteamericano(a)	*les U.S.A., les États-Unis; des U.S.A., américain(e)*
Washington	*Washington*
Canadá*; canadiense	*le Canada; canadien(ne)*
Ottawa	*Ottawa*
anglosajón(ona)	*anglo-saxon(ne)*
África*	**L'Afrique**
africano(a)*	*africain(e)*
Marruecos*; marroquí	*le Maroc; marocain(e)*
Rabat	*Rabat*
Argelia; argelino(a)	*l'Algérie; algérien(ne)*
Árgel	*Alger*
Túnez; tunecí, tunecino(a)	*la Tunisie; tunisien(ne), Tunis; tunisois(e)*
Libia; libio(a)	*la Libye; libyen(ne)*
Trípoli	*Tripoli*
Egipto; egipcio(a)	*l'Égypte; égyptien(ne)*
El Cairo; cairota	*Le Caire; du Caire, cairote*
Senegal; senegalés(esa)	*le Sénégal; sénégalais(e)*
Dakar	*Dakar*
La Costa de Marfil; de la Costa de Marfil	*la Côte-d'Ivoire; ivoirien(ne)*
La República Sudafricana, Sudáfrica; sudafricano(a)	*la République d'Afrique du Sud, l'Afrique du Sud; sudafricain(e)*
Asia y Oceanía	**L'Asie et l'Océanie**
asiático(a)	*asiatique*
el cercano oriente; el Oriente Medio	*le Proche-Orient; le Moyen-Orient*
Turquía; turco(a)*	*la Turquie; turc, turque*
Israel; israelí	*Israël; israélien(ne)*
Arabia Saudí; saudí	*l'Arabie Saoudite; saoudien(ne)*
Kuwait; kuwaití	*Koweït; koweïtien(ne)*
la India*; indio(a)*	*l'Inde; indien(ne)*
China; chino(a)*	*la Chine; chinois(e)*
El Japón*; japonés(esa)*, nipón(ona)	*le Japon; japonais(e), nippon(e)*

En Canadá el bloque quebequés es un partido que reivindica la independencia de la provincia francófona de Quebec.	Au Canada le bloc québécois est un parti qui revendique l'indépendance de la province francophone de Québec.
África cuenta con la fecundidad más alta del planeta.	L'Afrique a la fécondité la plus élevée de la planète.
Guinea ecuatorial es uno de los países del África Tropical amenazados por la deforestación.	La Guinée équatoriale est un des pays d'Afrique tropicale menacés par le déboisement.
El sida se expande en el África negra.	Le sida se propage en Afrique noire.
Somalia es un país africano del tercer mundo.	La Somalie est un pays africain du tiers monde.
Se estableció en Marruecos en 1993.	Il s'est établi au Maroc en 1993.
La India es un país en vías de desarrollo.	L'Inde est un pays en voie de développement.
El Japón es el Imperio del Sol Naciente.	Le Japon est l'Empire du Soleil Levant.
Nintendo y Sega, dos empresas japonesas, dominan el mercado mundial de los videojuegos.	Nintendo et Sega, deux entreprises japonaises, dominent le marché mondial des jeux vidéo.

C EXPRESSIONS ET LOCUTIONS

Una cabeza de turco.	Une tête de Turc.
Hablar como los indios.	Parler petit-nègre.
Vamos en fila india para no perdernos.	Nous marchons en file indienne pour ne pas nous perdre.
Hacer el indio.	Faire le zouave.
Trabajar como un chino.	Travailler comme un nègre.
Engañar a alguien como a un chino.	Faire avaler des couleuvres à quelqu'un.

Australia ; australiano (a)	l'Australie; australien (ne)
Nueva Zelanda ; neocelandés (esa)	la Nouvelle-Zélande; néo-zélandais (e)
Malasia ; malayo (a)	la Malaisie; malais (e)

Ciudades / Villes

Amberes ; Brujas	Anvers; Bruges
Ginebra	Genève
Nueva York* ; neoyorquino (a)	New York; new yorkais (e)
Potosí* ; Ushuaia*	Potosí; Ushuaia
□	□
Niza	Nice
Marsella	Marseille
Aviñón*	Avignon
Perpiñán	Perpignan
Roncesvalles	Roncevaux
Carcasona	Carcassonne
Tolosa	Toulouse
Bayona	Bayonne
Burdeos*	Bordeaux
Angulema*	Angoulême
La Rochela	La Rochelle
Ruán*	Rouen
Versalles	Versailles
Estrasburgo	Strasbourg
□	□
Cádiz*	Cadix
Córdoba*	Cordoue
Gerona*	Gérone
Granada*	Grenade
Pamplona*	Pampelune
San Sebastián*	Saint-Sébastien
Santiago* de Compostela*	Saint-Jacques-de-Compostelle
Sevilla* ; Zamora*	Séville ; Zamora

El gentilicio / Le nom des habitants d'une ville

abulense	d'Avila
burgalés (esa)	de Burgos
cacereño (a)	de Cáceres
ceutí*	de Ceuta

En Nueva York está la sede de la ONU.	*Le siège de l'O.N.U se trouve à New York.*
Ushuaia es la ciudad más austral del mundo.	*Ushuaia est la ville la plus australe du monde.*
Vamos al festival de Aviñón.	*Nous allons au festival d'Avignon.*
La región de Burdeos es famosa por sus vinos finos.	*La région de Bordeaux est réputée pour ses grands crus.*
Angulema organiza en enero el festival del cómic.	*Angoulême organise en janvier le festival de la bande dessinée.*
Los ingleses quemaron a Juana de Arco en la ciudad de Ruán.	*Les Anglais brûlèrent Jeanne d'Arc dans la ville de Rouen.*
La ciudad de Cádiz fue llamada Gades por los romanos.	*La ville de Cadix fut appelée Gades par les Romains.*
Es vecino de Córdoba.	*Il habite à Cordoue.*
Gerona se encuentra a una hora escasa de Barcelona por autopista.	*Gérone se trouve à une petite heure de Barcelone par l'autoroute.*
Soy de Granada.	*Je suis de Grenade.*
Pamplona es la capital de Navarra.	*Pampelune est la capitale de la Navarre.*
San Sebastián no sobrepasa el medio millón de habitantes.	*Saint-Sébastien ne dépasse pas le demi-million d'habitants.*
Adentrarse en la comarca de Compostela.	*Pénétrer dans la région de Compostelle.*
Zamora es una ciudad mediana.	*Zamora est une ville moyenne.*
Antonio es un ceutí de 31 años.	*Antonio est un habitant de Ceuta de 31 ans.*

C EXPRESSIONS ET LOCUTIONS

Este caballo vale un Potosí.	*Ce cheval vaut son pesant d'or.*
Remover Roma con Santiago.	*Remuer ciel et terre.*
Quien fue a Sevilla perdió la silla (y quien fue a León perdió el sillón).	*Qui va à la chasse perd sa place.*
No se ganó Zamora en una hora.	*Paris ne s'est pas fait en un jour.*

complutense	d'Alcalá de Henares
donostiarra*	de Saint-Sébastien
gaditano(a)	gaditain(e) (de Cadix)
gerundense	de Girona
jiennense	de Jaén
oscense	de Huesca
pacense	de Badajoz
palmense*	de Palma de Majorque
pamplonés(esa)*, pamplonica	de Pampelune
salmantino(a)*	de Salamanque
sevillano(a)*, hispalense[1]	sévillan(e)
toledano(a)*	tolédan(e)
vallisoletano(a)*	de Valladolid
□	□
hafnio(a)	de Copenhague
arcinoíta	de Suez (Égypte)
solimitano(a)	de Jérusalem
bagdadí	de Bagdad
madecaciano(a)*	malgache
chalaco(a)	de El Callao (Pérou)
agramita	de Zagreb (ex-Yougoslavie)
tiburtino(a)	de Tivoli (Italie)

---

1. •Hispalense• viene de l'ancien nom de Séville, Hispalis.

B ... DANS LEUR CONTEXTE

Este donostiarra está asentado en Cádiz desde hace catorce años.	*Cet habitant de Saint-Sébastien s'est établi à Cadix depuis quatorze ans.*
Los palmenses se benefician del turismo.	*Les habitants de Palma de Majorque profitent du tourisme.*
Mi prima es pamplonesa.	*Ma cousine est de Pampelune.*
La universidad salmantina acoge a muchos estudiantes extranjeros en verano.	*L'université de Salamanque accueille de nombreux étudiants étrangers l'été.*
La sevillana es a la vez una danza y una música de Sevilla.	*La sévillane est à la fois une danse et une musique de Séville.*
El escritor Miguel Delibes es vallisoletano.	*L'écrivain Miguel Delibes est de Valladolid.*
Los madecacianos proclamaron su independencia en 1960.	*Les Malgaches ont proclamé leur indépendance en 1960.*

C EXPRESSIONS ET LOCUTIONS

Hemos pasado una noche toledana.	*Nous avons passé une nuit blanche.*

☐	☐
Bilbo	Bilbao (en basque)
Bizcaia	Biscaye (en basque)
Donosti	Saint-Sébastien (en basque)
donostiarra	habitant de Saint-Sébastien
Euskadi	le Pays basque (entité politique)
Euskal Herría	Pays basque
Gazteiz	Vitoria (en basque)
Gipuzkoa	Guipúzcoa (en basque)
Iruñea	Pampelune (en basque)
Nafarroa	Navarre (en basque)
el euskera*, el vascuence	la langue basque
el bilingüismo	le bilinguisme
la ikastola	l'école basque
la ikurriña	le drapeau basque
la senyera	le drapeau catalan
la ertzaintza ; el ertzaina	la police basque; le policier basque

☐	☐
la ETA (Euskadi Ta Askatasuna) (Euskadi libre)	l'ETA (Pays basque et sa liberté)
el etarra*	le membre de l'ETA
abertzale	indépendantiste basque
el abertzalismo	l'indépendantisme basque
independentista	indépendantiste
regionalista	régionaliste
el lehendakari	le chef du gouvernement basque
la Generalitat*	le gouvernement catalan

☐	☐
los fueros*	les droits et privilèges locaux
el estatuto de autonomía	le statut d'autonomie
la competencia	la compétence
las Comunidades Autónomas* (C.C.A.A.)	les Communautés autonomes
la autonomía*	l'autonomie

La lengua vasca o euskera, de origen inseguro, es la única lengua hablada en España que no procede del latín.	*La langue basque ou euskera, d'origine incertaine, est la seule langue parlée en Espagne qui ne vienne pas du latin.*
Un ex etarra.	*Un ex-membre de l'ETA.*
La Generalitat –gobierno autónomo de Cataluña– es el nombre que corresponde a una antigua institución catalana existente en la Edad Media.	*La Generalitat – gouvernement autonome de Catalogne – est le nom d'une ancienne institution catalane du Moyen Âge.*
Cada Comunidad Autónoma puede promulgar leyes siempre que su campo de aplicación se limite a su ámbito territorial.	*Chaque Communauté autonome peut promulguer des lois à condition que leur champ d'application se limite à son cadre territorial.*
En el marco de la Constitución, los estatutos de las 17 Comunidades Autónomas determinan las formas de autogobierno y las competencias.	*Dans le cadre de la Constitution, les statuts des 17 Communautés autonomes déterminent les formes du gouvernement autonome et les compétences.*
Cada Comunidad Autónoma tiene su parlamento y su gobierno, aunque no todas utilicen del mismo modo sus prerrogativas.	*Chaque Communauté autonome a son parlement et son gouvernement même si toutes n'utilisent pas de la même façon leurs prérogatives.*
El Estado de las Autonomías corresponde a una realidad histórica y cultural.	*L'État des Autonomies correspond à une réalité historique et culturelle.*

C EXPRESSIONS ET LOCUTIONS

Irse por los fueros.	*Sortir de ses gonds.*
No es tanto por el huevo como por el fuero.	*C'est une question de principe.*
A fuero.	*Selon la coutume.*

427

la España de las Autonomías*	*l'Espagne des Communautés autonomes*
el marco autonómico	*le cadre des autonomies*
el proceso autonómico	*le processus des autonomies*
asumir competencias	*assumer des compétences*
el control estatal	*le contrôle de l'État*
el delegado del gobierno*	*le délégué du gouvernement (équivalent du préfet de région)*
el consejo de gobierno	*le conseil de gouvernement*
la diputación provincial	*le conseil général*
el fondo de compensación interterritorial	*le fonds de compensation interterritorial (organisme chargé de redistribuer les ressources entre les diverses communautés)*
gozar de autonomía financiera*	*jouir de l'autonomie financière*
el gobierno autonómico, el autogobierno	*le gouvernement autonome*
el parlamento autonómico	*le parlement de la communauté autonome*
la financiación de las autonomías*	*le financement des autonomies*
el presupuesto de la comunidad	*le budget de la communauté autonome*
participar en los ingresos del Estado	*toucher sa part des revenus de l'État*
el cupo	*la quote-part*
la cesión de los tributos	*la cession des impôts*
la ampliación de las competencias	*l'élargissement des compétences*
mediante ley orgánica	*au moyen d'une loi organique*
las nacionalidades	*les nationalités*
la indisoluble unidad de la nación española	*l'indissoluble unité de la nation espagnole*
la autodeterminación	*l'autodétermination*
la organización territorial del Estado	*l'organisation territoriale de l'État*

Cataluña, Galicia y el País Vasco se consideran comunidades de nacionalidad histórica por haber conseguido un estatuto de autonomía durante la II República (1931-1936) pero la guerra civil impidió el desarrollo de estos estatutos.	*La Catalogne, la Galice et le Pays basque sont considérés comme des communautés historiques car elles obtinrent un statut d'autonomie pendant la IIe République (espagnole) mais la guerre civile empêcha le développement de ces statuts.*
El delegado del gobierno es nombrado por el gobierno y dirige la administración del Estado en el territorio de la Comunidad Autónoma y la coordina, cuando procede, con la administración propia de la misma.	*Le délégué du gouvernement est nommé par le gouvernement et dirige l'administration de l'État sur le territoire de la Communauté autonome et la coordonne, si besoin est, avec l'administration propre de celle-ci.*
La Comunidad Autónoma goza de autonomía financiera para el desarrollo y ejecución de sus competencias.	*La Communauté autonome bénéficie de l'autonomie financière pour le développement et l'exécution de ses compétences.*
El sistema de financiación autonómica está funcionando bien en líneas generales, permitiendo una descentralización inédita en la historia de España, pero está aquejado de algunos defectos.	*Le système de financement des autonomies fonctionne bien dans les grandes lignes, ce qui permet une décentralisation inédite dans l'histoire de l'Espagne, mais il souffre de certains défauts.*

La contaminación del medio ambiente	La pollution de l'environnement
el medio ambiente*, el entorno medioambiental*	*l'environnement environnemental(e), de l'environnement*
contaminar el aire*, el agua	*polluer l'air, polluer, contaminer l'eau*
la contaminación* (del aire, del agua)	*la pollution (de l'air, de l'eau)*
destruir el entorno, el medio ambiente	*détruire l'environnement*
nocivo(a) para el entorno*	*nuisible à l'environnement*
contaminante; nocivo(a), dañino(a)	*polluant; nocif(ive), toxique*
los daños*, las molestias, los perjuicios	*les nuisances*
los gases de escape*	*les gaz d'échappement*
despedir (un olor)*	*dégager, répandre (une odeur)*
□	
el dióxido de carbono*	*le dioxyde de carbone*
la lluvia ácida	*les pluies acides*
el efecto (de) invernadero*	*l'effet de serre*
el calentamiento de la temperatura global del planeta	*le réchauffement de la terre*
los clorofluorcarbonos	*les chlorofluorocarbones, les CFC*
la capa de ozono*	*la couche d'ozone*
el ozono estratosférico	*l'ozone stratosphérique*
el agujero en la capa de ozono*	*le trou dans la couche d'ozone*
provocar*, causar algo	*provoquer, causer qqch.*
acarrear, ocasionar, producir, causar algo	*entraîner, occasionner qqch.*
la irradiación	*l'irradiation*
la radioactividad, la radiactividad	*la radioactivité*
radioactivo(a), radiactivo(a)	*radioactif(ive)*
la contaminación	*la pollution, la contamination*
contaminar algo	*polluer, contaminer qqch.*

Es un defensor del medio ambiente.	*C'est un défenseur de l'environnement.*
Hay que fijar el límite de nocividad al medio ambiente.	*Il faut fixer le seuil de nuisance.*
Realizar estudios medioambientales en la zona amazónica.	*Réaliser des études de l'environnement en Amazonie.*
Temas medioambientales.	*Des sujets sur l'environnement.*
La fábrica de productos químicos está contaminando el aire de la ciudad.	*L'usine de produits chimiques pollue l'air de la ville.*
La contaminación del ambiente.	*La pollution atmosphérique.*
El ruido de las motos es nocivo para el entorno.	*Le bruit des motos est nuisible à l'environnement.*
Es necesaria una protección contra los daños al medio ambiente.	*Une protection contre les nuisances s'avère nécessaire.*
Desde que vive en el campo no soporta los gases de escape.	*Depuis qu'il habite à la campagne il ne supporte plus les gaz d'échappement.*
Esta fábrica despide un olor insoportable.	*Cette usine dégage une odeur insupportable.*
La meta de muchos ecologistas es luchar contra el efecto invernadero y acabar con el dióxido de carbono.	*Le but de beaucoup d'écologistes est de lutter contre l'effet de serre et de résorber le problème du dioxyde de carbone.*
Los ecologistas nos han puesto sobre aviso en amenazas como la destrucción de la capa de ozono.	*Les écologistes nous ont mis en garde contre des menaces telles que la destruction de la couche d'ozone.*
La misión consiste en averiguarlo todo sobre el alcance y la evolución futura de los agujeros en la capa de ozono.	*La mission consiste à vérifier, en totalité, la portée et l'évolution du trou de la couche d'ozone.*
Aquella guerra provocó un desastre ecológico en todo el continente.	*Cette guerre provoqua un désastre écologique dans tout le continent.*

el ruido; hacer, meter ruido*	*le bruit; faire du bruit*
el ruido ambiental	*les nuisances sonores*
la recogida de basura*	*le ramassage des ordures*
los restos, los residuos, las sobras	*les ordures, les déchets*
la basura*	*les ordures ménagères*
los contenedores para separar la basura	*les bennes à ordures pour «trier» les ordures*
los residuos atómicos	*les déchets atomiques*
los residuos radioactivos	*les déchets radioactifs*
los residuos tóxicos	*les déchets toxiques*
el veneno*, el tóxico	*le poison*
el producto tóxico	*le produit toxique*
el almacenamiento*; almacenar	*le stockage; stocker*
el vertedero, el basurero*	*la décharge publique*
verter, traer la basura	*déverser des ordures*
la exportación de los residuos tóxicos	*l'exportation des déchets toxiques*
limpiar fondos (los buques petroleros)	*dégazer, verser des résidus de pétrole en mer*
la marea negra*	*la marée noire*

La protección medioambiental, la protección del medio ambiente	**La protection de l'environnement**
la ecología*; el ecologismo	*l'écologie; l'écologisme*
el ecologista*	*l'écologiste*
los ecolos	*les écolos*
ecológico(a)*	*écologique*
el movimiento ecologista*	*le mouvement écologique*
los Verdes*	*les verts*
el partido de los Verdes	*le parti des verts*
la defensa del planeta, de la naturaleza*	*la défense de la planète, de la nature*
proteger el entorno, el medio ambiente	*protéger l'environnement*

Esta familia mete mucho ruido por la noche.

Cette famille fait beaucoup de bruit la nuit.

La recogida de la basura tiene lugar los lunes, los miércoles, los viernes y los sábados.

Le ramassage des ordures a lieu le lundi, le mercredi, le vendredi et le samedi.

No tiren la basura el domingo antes de las nueve de la noche.

Ne jetez pas les ordures ménagères le dimanche avant neuf heures du soir.

Este producto es un verdadero veneno.

Ce produit est un véritable poison.

El almacenamiento de residuos radioactivos.

Le stockage des déchets radioactifs.

Fue a tirar esta máquina de lavar vieja al basurero.

Il est allé jeter cette vieille machine à laver dans la décharge publique.

Los pescadores temen otra marea negra.

Les pêcheurs craignent une autre marée noire.

La ecología es una preocupación política importante.

L'écologie est une préoccupation politique importante.

Los ecologistas luchan para evitar la deforestación de la selva amazónica.

Les écologistes luttent pour éviter le déboisement de la forêt amazonienne.

Hay que salvar a la tierra del desastre ecológico que se avecina.

Il faut sauver la Terre du désastre écologique qui s'approche.

El movimiento ecologista forzó el cierre de la central nuclear.

Le mouvement écologique a imposé la fermeture de la centrale nucléaire.

Votar a los Verdes.

Voter pour les verts.

Cousteau lucha desde hace años por la defensa de la naturaleza en todo el planeta.

Cousteau se bat depuis des années pour la défense de la nature dans toute la planète.

la preservación de las especies en vías de extinción	*la préservation des espèces en voie d'extinction*
la conservación	*la sauvegarde*
la política ambiental*	*la politique d'environnement*
el ministerio del Medio Ambiente	*le ministère de l'Environnement*
el ICONA (Instituto para la Conservación de la Naturaleza)	*l'Institut pour la sauvegarde de la nature (en Espagne)*
☐	☐
la eliminación de los desechos	*l'élimination des déchets*
eliminar los desechos	*éliminer les déchets*
el tratamiento de los desechos*	*le traitement des déchets*
la planta incineradora, la incineradora	*l'usine d'incinération des ordures*
la descontaminación	*la dépollution, la décontamination*
descontaminar	*dépolluer, décontaminer*
la estación depuradora, la estación de depuración, la depuradora*, la potabilizadora	*la station d'épuration*
depurar	*épurer*
potabilizar el agua	*transformer en eau potable*
el aerosol*	*l'aérosol*
la gasolina sin plomo (≠ con plomo)*	*l'essence sans plomb (≠ avec plomb)*
el catalizador	*le pot catalytique*
el coche con catalizador	*la voiture à pot catalytique*
el muro antirruido, el muro aislante antirruido, el aislante de ruido*	*le mur antibruit*
las energías renovables	*les énergies renouvelables*
☐	☐
el reciclado, el reciclaje	*le recyclage*
reciclar el vidrio, el papel	*recycler le verre, le papier*
el papel reciclado*	*le papier recyclé*
la recogida, la recuperación	*la récupération*
recoger, recuperar	*récupérer*
el contenedor*	*le conteneur*

El gobierno está llevando a cabo una política ambiental ambiciosa.

Le gouvernement mène à bien une politique d'environnement ambitieuse.

El tratamiento de los desechos es una de las preocupaciones mayores de esta fábrica.

Le traitement des déchets est une des préoccupations majeures de cette usine.

Esta ciudad dispone de una depuradora de aguas residuales.

Cette ville dispose d'une station d'épuration des eaux résiduelles.

No compre aerosoles (lacas, desodorantes) con clorofluorcarbonos (CFC) : destruyen la capa de ozono.

N'achetez pas d'aérosols (laques, désodorisants) contenant des chlorofluorocarbones (CFC) : ils détruisent la couche d'ozono.

La gasolina sin plomo es más barata y ecológica que la gasolina con plomo.

L'essence sans plomb est meilleur marché et plus écologique que l'essence avec plomb.

Acaban de construir un aislante de ruido al borde de la autopista.

On vient de construire un mur antibruit au bord de l'autoroute.

Ya es fácil comprar papel reciclado en muchas papelerías.

Il est désormais facile d'acheter du papier recyclé dans de nombreuses papeteries.

Papelera Peninsular es una empresa madrileña que fabrica papel reciclado cien por cien.

Papelera Peninsular est une entreprise madrilène qui fabrique du papier recyclé à cent pour cent.

Impreso en papel cien por cien reciclado.

Imprimé sur du papier recyclé à cent pour cent.

Tire las botellas y frascos de vidrio en un contenedor.

Jetez les bouteilles et les flacons de verre dans un conteneur.

Se han propuesto forestar todo el sur del país en estos próximos diez años.

Ils se sont proposé de reboiser tout le Sud du pays au cours de ces dix prochaines années.

□	□
forestar*	reboiser
la repoblación forestal*, la reforestación	le reboisement
la agricultura biológica	l'agriculture biologique
la biodiversidad	la biodiversité
las industrias limpias	les industries propres
la energía eólica	l'énergie éolienne
el aerogenerador	l'éolienne
la energía solar	l'énergie solaire
la geotermia	la géothermie
la energía geotérmica	l'énergie géothermique
la industria maremotriz	l'industrie marémotrice
la central de mareas	la centrale marémotrice
la energía hidráulica	l'énergie hydraulique
la central hidroeléctrica	la centrale hydro-électrique
el parque natural	le parc naturel
la especie protegida	l'espèce protégée
el peligro de extinción	le danger d'extinction
la legislación ambiental	la législation de l'environnement

Es un acérrimo defensor de la repoblación forestal de zonas afectadas por incendios.

C'est un défenseur acharné du reboisement des zones affectées par des incendies.

El campo*	La campagne
la población rural, campesina	*la population rurale*
el pueblo*, la aldea*	*le village*
rural	*rural(e)*
agrícola ; agrario(a)*	*agricole; agraire*
el aldeano	*le villageois*
el labrador	*le cultivateur*
el campesino, el labriego, el hombre del campo	*le paysan, le cultivateur*
el obrero agrícola, el peón	*l'ouvrier agricole*
el campesinado	*le monde paysan*
□	□
el minifundio* ; el minifundismo	*la micropropriété, la petite propriété; le microfundium*
el latifundio* ; el latifundismo	*le latifundium ; le latifundisme*
la finca, la alquería, la granja	*la ferme*
el cortijo	*la ferme, la métairie (en Andalousie)*
la masía	*la ferme (catalane)*
la hacienda	*la ferme (en Amérique Latine)*
el granjero, el cortijero	*le fermier (exploitant)*
la finca en aparcería	*la métairie*
el aparcero	*le métayer*
la explotación agrícola	*l'exploitation agricole*
la cooperativa	*la coopérative*
el terrateniente	*le grand propriétaire terrien*
el jornalero*	*le journalier (paysan embauché pour une journée ou une semaine, autrefois)*
el trabajador de temporada	*le saisonnier*
□	□
la política agrícola	*la politique agricole*
el sindicato agrícola	*le syndicat agricole*
la subvención	*la subvention*
subvencionar	*subventionner*
los excedentes agrícolas*	*les excédents agricoles*
el éxodo rural	*l'exode rural*
la concentración parcelaria	*le remembrement*

Siempre veranean en la casa de campo que tienen en Andalucía.	Ils passent toujours leurs vacances dans leur maison de campagne d'Andalousie.
Los pueblos se están quedando sin gente.	Les villages se vident.
Viven en una aldea muy retirada desde hace años.	Ils habitent un village très retiré, depuis longtemps.
La reforma agraria.	La réforme agraire.
La tierra está muy parcelada en Castilla y León y en el norte de España : son los minifundios.	La terre est divisée en petites parcelles dans la région de Castille et Léon ainsi qu'au nord de l'Espagne : c'est la micropropriété.
Los latifundios, las fincas de gran extensión, dominan en Andalucía, en Extremadura y también en la Mancha.	Le latifundium, grande propriété agricole, domine en Andalousie, en Estrémadure et également dans la Manche.
Los jornaleros andaluces no ganaban un buen jornal trabajando de sol a sol.	Les journaliers andalous n'avaient pas un bon salaire en travaillant du lever au coucher du soleil.
La modernización de la agricultura ha acarreado excedentes agrícolas.	La modernisation de l'agriculture a provoqué des excédents agricoles.

C EXPRESSIONS ET LOCUTIONS

Tuvieron que dormir a campo raso.	Ils furent obligés de dormir à la belle étoile.
El campo raso.	La rase campagne.
Retirarse al campo.	Se retirer à la campagne, aller planter ses choux.
Hacer campo.	Faire de la place, écarter la foule.
Es un pueblo de mala muerte, un pueblacho perdido.	C'est un trou perdu.

la irrigación	*l'irrigation*
irrigar, regar	*irriguer*
□	□
el vino*	*le vin*
el viticultor[1], el vinicultor[2]	*le viticulteur*
la vendimia	*la vendange*
el viñedo	*le vignoble*
la vid	*la vigne (plante)*
la viña	*la vigne, le vignoble*
la cepa	*le cep*
la parra*, el emparrado	*la treille*
la uva*	*le raisin*
la cerveza	*la bière*
el lúpulo	*le houblon*

*Los cultivos**   Les cultures

los cultivos de secano	*les cultures sèches, non irriguées*
los cultivos de regadío	*les cultures irriguées*
los cultivos forzados en invernaderos	*les cultures forcées, sous serres*
el campo*	*le champ*
el campo de cultivo	*le champ cultivé*
la tierra de cultivo	*le terrain de culture*
la tierra cultivable*	*la terre cultivable*
el sembrado*	*la terre cultivée*
las huertas	*la huerta, les plaines irriguées*
en barbecho	*en jachère*
el suelo*	*le sol*
el arado*	*la charrue*
arar, labrar	*labourer*
el terrón ; destripar terrones	*la motte de terre ; émotter*
el surco	*le sillon*
cavar	*bêcher*
la laya	*la bêche*
la grada, el rastro	*la herse*
gradar, rastrillar	*herser*

1. Il cultive la vigne.
2. Il élabore le vin.

Prefiero el clarete al vino tinto.	*Je préfère le rosé au vin rouge.*
El Moscatel es un vino de postre, dulce.	*Le muscat est un vin doux.*
Un racimo de uva.	*Une grappe de raisins.*
Uvas pasas.	*Des raisins secs.*
Este año iremos a tomar las uvas (de la suerte), a la Puerta del Sol[1].	*Cette année, nous irons à la Puerta del Sol manger les douze grains de raisin.*
El cultivo extensivo ≠ intensivo.	*La culture extensive ≠ intensive.*
El cultivo de hortalizas.	*La culture maraîchère.*
El cultivo frutícola.	*La culture fruitière.*
El cultivo en bancales, de terrazas.	*La culture en terrasse.*
El tabaco es el cultivo más importante de Extremadura.	*Le tabac est la culture la plus importante d'Estrémadure.*
Los trabajos, las faenas del campo.	*Les travaux des champs.*
Las doríforas causan daños en los campos de patata.	*Les doryphores causent des dégâts dans les champs de pommes de terre.*
Ha heredado un puñado de tierra cultivable.	*Il a hérité d'un lopin de terre cultivable.*
La lluvia beneficia mucho los sembrados.	*La pluie fait beaucoup de bien aux terres cultivées.*
Es un suelo poco fértil.	*C'est un sol peu fertile.*
Dos bueyes tiran del arado.	*Deux bœufs tirent la charrue.*

C   EXPRESSIONS ET LOCUTIONS

Subirse a la parra.	*Monter sur ses grands chevaux.*
Hoy, está de mala uva.	*Aujourd'hui, il est de mauvais poil.*
Un caldo de cultivo.	*Un bouillon de culture.*
A campo traviesa.	*À travers champs.*

1. Les Espagnols ont coutume de manger douze grains de raisin lorsque sonnent les douze coups de minuit, le soir de la Saint-Sylvestre.

la simiente, la semilla*	*la semence*
la siembra	*les semailles*
sembrar*	*semer, ensemencer*
el sembrador	*le semeur*
la sembradera	*le semoir*
□	□
la cosecha*; cosechar, recoger*	*la récolte; récolter, ramasser*
la mala ≠ la buena cosecha	*la mauvaise ≠ la bonne récolte*
el rendimiento	*le rendement*
las cuotas agrícolas	*les quotas agricoles*
el heno; la paja*	*le foin; la paille*
el almiar	*la meule*
los aperos de labranza	*les outils agricoles*
la maquinaria agrícola	*les machines agricoles*
la motocultivadora, el motocultor	*le motoculteur*
el tractor*; el tractorista	*le tracteur; le conducteur de tracteur*
la mecanización	*la mécanisation*
segar; la guadaña*	*faucher; la faux*
trillar	*battre*
la siega del heno	*la fenaison*
la segadora trilladora	*la moissonneuse-batteuse*
la siega	*la moisson*
□	□
el abono*; abonar	*l'engrais; fumer*
el estiércol*	*le fumier*
la fertilización; fertilizar	*la fertilisation; fertiliser*
el fosfato	*le phosphate*
el nitrógeno	*l'azote*
la potasa	*la potasse*
el nitrato	*le nitrate*
el plaguicida; el insecticida	*le pesticide; l'insecticide*

La cría del ganado — L'élevage du bétail

el ganadero, el criador*	*l'éleveur*
criar*	*élever*

Este año ha habido buena cosecha de naranjas.	*Cette année il y a eu une bonne récolte d'oranges.*
De toda Andalucía llegan temporeros a Huelva para recoger fresas.	*De toute l'Andalousie arrivent à Huelva des travailleurs saisonniers pour ramasser des fraises.*
La paja sirve de pienso para los animales.	*La paille sert d'aliment aux animaux.*
El tractor está averiado.	*Le tracteur est en panne.*
Está cortando la hierba con una guadaña.	*Il fauche l'herbe.*
Puso abono en su campo.	*Il a mis de l'engrais sur son champ.*
Huele a estiércol.	*Ça sent le fumier.*
Mi abuelo era criador de caballos.	*Mon grand-père était éleveur de chevaux.*
Crían tórtolas en un palomar.	*Ils élèvent des tourterelles dans un pigeonnier.*

C EXPRESSIONS ET LOCUTIONS

Echar la semilla de la discordia.	*Semer la discorde.*
Quien siembra recoge.	*Il faut semer pour récolter.*
Quien siembra vientos recoge tempestades.	*Qui sème le vent récolte la tempête.*
Echaron a la paja más larga para ver quién subiría al manzano y le tocó a Pablo.	*Ils ont tiré à la courte paille pour savoir qui monterait sur le pommier et Pablo a été désigné.*
Se enfada por un quítame allá esas pajas.	*Il se fâche pour un oui ou pour un non.*
No críes motivos para que te castiguen.	*Ne cherche pas des raisons de te faire punir.*

el rebaño[1], la manada[2*]	le troupeau
la piara	le troupeau de porcs
la vacada	le troupeau de bœufs ou de vaches
la res	la bête, la tête de bétail
pastar*	paître
el pasto, la dehesa*	le pâturage
el pastor*	le berger
el tratante en ganado	le marchand de bestiaux
el tratante de caballos	le maquignon
ordeñar	traire (une vache)
el establo ; la cuadra	l'étable; l'écurie
□	□
los bovinos, el ganado vacuno	les bovins
la vaca* ; el buey*	la vache; le bœuf
el ternero, el becerro*	le veau
los ovinos, el ganado ovino	les ovins
el ganado merino	les mérinos
la oveja* ; el carnero	la brebis; le mouton
el cordero[3*], el borrego[4]	l'agneau
la cabra* ; el macho cabrío*	la chèvre; le bouc
el cabrito*, el chivo*	le chevreau
los porcinos, el ganado porcino	les porcins
el cerdo*, el puerco	le porc, le cochon
□	□
las aves de corral	la volaille
el corral ; el gallinero	la basse-cour; le poulailler
la gallina* (ponedora)	la poule (pondeuse)
poner* ; empollar*	pondre; couver
el gallo	le coq
el pollo	le poulet
el pollito	le poussin
el pato ; la pata*	le canard; la cane
el ganso*, la oca	l'oie
el pavo*, la pava*	le dindon, la dinde

1. Troupeau d'ovins.
2. Troupeau d'animaux non ovins.
3. Jusqu'à un an.
4. D'un à deux ans.

El pastor lleva las vacas a pastar.	*Le berger emmène paître ses vaches.*
La vaca lechera.	*La vache laitière.*
La oveja amamanta su cría.	*La brebis allaite son petit.*
Las cabras trepan por rocas muy abruptas.	*Les chèvres grimpent sur des rochers très abruptes.*
El macho cabrío puede embestir contra los intrusos.	*Le bouc peut se ruer contre les intrus.*
El cabrito está mamando.	*Le chevreau est en train de téter.*
Los cerdos se recogen en la pocilga.	*Les cochons rentrent dans la porcherie.*
La gallina está empollando cuatro huevos.	*La poule couve quatre œufs.*
La pata ha puesto (un huevo) hoy.	*La cane a pondu (un œuf) aujourd'hui.*
En esta granja ceban los gansos.	*Dans cette ferme on gave les oies.*

C EXPRESSIONS ET LOCUTIONS

Cuando encontré a Juan venía con el pelo de la dehesa.	*Quand j'ai rencontré Jean c'était un croquant.*
Las vacas flacas ≠ gordas.	*Les vaches maigres ≠ grasses.*
El buey suelto bien se lame.	*Rien ne vaut la liberté.*
El becerro de oro.	*Le veau d'or.*
Es la oveja negra de la familia.	*C'est la brebis galeuse de la famille.*
Hacer volver al redil una oveja descarriada.	*Ramener au bercail une brebis égarée.*
Manso como un cordero.	*Doux comme un agneau.*
Ahí está la madre del cordero.	*Voilà le nœud de l'affaire.*
¡ Estás como una cabra !	*Tu es complètement timbré !*
El chivo expiatorio.	*Le bouc émissaire.*
Se me pone la carne de gallina.	*J'ai la chair de poule.*
Ese muchacho es un gallina.	*Ce garçon est une poule mouillée.*
Acostarse como las gallinas.	*Se coucher avec les poules.*
Subírsele a uno el pavo.	*Devenir rouge comme une tomate.*
Es una pava.	*C'est une oie blanche.*

la pintada	*la pintade*
□	*□*
la apicultura	*l'apiculture*
el apicultor, el colmenero	*l'apiculteur*
la abeja*	*l'abeille*
la colmena	*la ruche*
el conejo*	*le lapin*
el conejal	*le clapier*

Le ha picado una abeja.	*Une abeille l'a piqué.*
Las abejas van a constituir un nuevo enjambre.	*Les abeilles vont constituer un nouvel essaim.*
El cazador furtivo ha matado dos conejos.	*Le braconnier a tué deux lapins.*

LAURA

447

El reino animal

la fauna
el animal* ; animal
el bicho* (fam.)
la bestia
el ganado
el ganado caballar, lanar, de cerda
la sociedad protectora de animales

Le règne animal

la faune
l'animal ; animal(e)
la bête ; le taureau
la bête ; l'animal
l'espèce (animale)
l'espèce chevaline, ovine, porcine
la société protectrice des animaux, la SPA

Los animales domésticos

el perro*
ladrar*
el pastor alemán
el perro alano
el perro de presa, el dogo, el buldog
el perro pachón, el perro tranvía (fam.), el perro salchicha (fam.)
el San Bernardo
el galgo, el lebrel
el (perro) podenco
el perro dálmata
el perro de aguas, de lanas
el perro de caza ; el perro de guardia, guardián
el perro de casta
el cachorro
los ladridos
las patas*
el hocico*
el bozal
la cadena del perro, la traílla

Les animaux domestiques

le chien
aboyer
le berger allemand
le dogue
le bouledogue

le teckel, le basset

le saint-bernard
le lévrier
l'épagneul
le dalmatien
le caniche
le chien de chasse ; de garde

le chien de race
le chiot
les aboiements
les pattes
le museau
la muselière
la laisse

Este animal es sumamente manso ; medroso ; reacio ; brioso ; veloz ; voraz.	*Cet animal est extrêmement doux; craintif; rétif; fougueux; rapide; vorace.*
¡ Cuidado con el perro !	*Attention, chien méchant !*
Prohibido llevar el perro suelto.	*Prière de tenir les chiens en laisse.*
El perro callejero.	*Le chien errant.*
El perro sin dueño.	*Le chien perdu, errant.*

C. EXPRESSIONS ET LOCUTIONS

Bicho malo nunca muere.	*Mauvaise herbe croît toujours.*
El perro sarnoso.	*La brebis galeuse.*
¡ Qué vida tan perra !	*Quelle chienne de vie!*
Llevar una vida de perros.	*Mener une vie de chien.*
Se llevan como el perro y el gato.	*Ils s'entendent comme chien et chat.*
Perro ladrador poco mordedor.	*Chien qui aboie ne mord pas.*
Un frío de perros.	*Un froid de canard.*
Ser un perro faldero.	*Être dans les jupes de sa mère.*
Hoy está que ladra.	*Aujourd'hui il est d'une humeur de chien.*
Siempre tiene que meter la pata.	*Il faut toujours qu'il mette les pieds dans le plat.*
Enseñar la pata.	*Montrer le bout de l'oreille.*
¡ Qué mala pata !	*Quelle malchance!, quelle poisse !*
Estiró la pata *(fam.)*.	*Il a cassé sa pipe, il a claqué.*
Le dio con la puerta en los hocicos.	*Il lui a fermé la porte au nez.*
No metas el hocico en todo.	*Ne fourre pas ton nez partout.*

□ □

el gato*	le chat
el morrongo	le matou
el gato montés	le chat sauvage
el gato callejero	le chat de gouttière
el gato siamés	le chat siamois
el gato persa	le chat persan
el gato angora	le chat angora
maullar	miauler

□ □

el caballo*, la jaca	le cheval
relinchar*	hennir
dar relinchos	pousser des hennissements
desbocarse	s'emballer, s'emporter
montar a caballo*; galopar	monter à cheval; galoper
a galope tendido	au triple, au grand galop
a horcajadas; a caballo	à califourchon; à cheval
a mujeriegas	à l'écuyère, en amazone
la cuadra	l'écurie
el semental; la yegua	l'étalon; la jument
el caballo de carrera	le cheval de course
el potro; la potra	le poulain; la pouliche
el asno, el burro*, el borriquillo, el borrico, el jumento	l'âne
el rucio	le baudet, le grison
la jaca	le bidet, le petit cheval

□ □

la crin	la crinière
el pelaje	la robe
los flancos	les flancs
el lomo*	la cambrure, les flancs
los cascos*	les sabots
la herradura	le fer à cheval
el bocado	le mors
los arneses	les harnais
la monta	la monte
las riendas*	les rênes

El gato arquea el lomo.	*Le chat fait le gros dos.*
De susto, el caballo se puso a relinchar.	*De peur, le cheval se mit à hennir.*
El caballo de tiro.	*Le cheval de trait.*
Montar a caballo de maravilla.	*Monter à cheval à merveille.*
El burro de carga.	*Le cheval de labour.*

C EXPRESSIONS ET LOCUTIONS

Hay gato encerrado.	*Il y a anguille sous roche.*
Gato escaldado, del agua fría huye.	*Chat échaudé craint l'eau froide.*
Allí estaba hasta el gato.	*Il était là avec toute la clique.*
Buscarle tres pies al gato.	*Chercher midi à quatorze heures.*
Dar gato por liebre.	*Rouler (qqn), faire prendre des vessies pour des lanternes.*
Eso lo sabe hasta el gato.	*Tout le monde le sait.*
De noche, todos los gatos son pardos.	*La nuit tous les chats sont gris.*
A mata caballo.	*À bride abattue, ventre à terre.*
Ser muy burro.	*Être vraiment un âne.*
Ha caído del burro.	*Les écailles lui sont tombées des yeux (il a reconnu son erreur).*
Hinchar el lomo.	*Se mettre en boule, être sur la défensive.*
Le sacudió el lomo.	*Il lui a secoué les puces, il lui a passé un savon.*
Sentar los cascos.	*Se mettre du plomb dans la tête, se poser.*
Está aflojando la rienda desde la semana pasada.	*Il lâche la bride depuis la semaine dernière.*
A rienda suelta.	*À bride abattue.*
Dar rienda suelta a su pasión.	*Donner libre cours à sa passion.*

el jinete	*le cavalier*
la amazona*	*l'amazone, l'écuyère*
los estribos*	*les étriers*
el palafrenero, el mozo de caballo	*le palefrenier*
almohazar	*étriller*

Los animales salvajes

Les animaux sauvages

la caza	*le gibier*
la liebre*	*le lièvre*
el conejo*de campo, de monte	*le lapin de garenne*
el corzo ; el ciervo	*le chevreuil; le cerf*
la gamuza	*le chamois*
el zorro	*le renard*
el lobo*	*le loup*
la ardilla*	*l'écureuil*
la tortuga*	*la tortue*
el caparazón*	*la carapace*
el roedor	*le rongeur*
el hámster	*le hamster*
el ratón*	*la souris*
el murciélago	*la chauve-souris*
la rata	*le rat*
la musaraña*	*la musaraigne*
el erizo	*le hérisson*
el lirón*	*le loir*
la comadreja	*la belette*
la mangosta	*la mangouste*
el topo	*la taupe*
el visón	*le vison*
□	
el felino	*le félin*
el león*	*le lion*
rugir	*rugir*
el tigre	*le tigre*
el leopardo	*le léopard*
la pantera*; el puma	*la panthère; le puma*
el jaguar, el yaguar *(am.)*	*le jaguar*

Montar en amazonas (a la amazona).	*Monter en amazone (à l'écuyère).*
El lobo apresó el cordero.	*Le loup saisit l'agneau.*
El niño se puso a llorar cuando le hablaron del lobo feroz.	*L'enfant se mit à pleurer lorsqu'on lui parla du grand méchant loup.*
Hay muchas ardillas en este parque.	*Il y a beaucoup d'écureuils dans ce parc.*
Una pantera negra.	*Une panthère noire.*
La pantera rosa.	*La panthère rose.*

C   EXPRESSIONS ET LOCUTIONS

Perder los estribos.	*Perdre les pédales, la tête.*
Donde menos se piensa, salta la liebre.	*Ça arrive toujours au moment où l'on s'y attend le moins.*
Levantar la liebre.	*Lever le lièvre (révéler un secret trop tôt).*
Una risa de conejo.	*Un rire jaune.*
Le vio las orejas al lobo.	*Il l'a échappé belle.*
Meter el lobo en el redil.	*Enfermer le loup dans la bergerie.*
Quien con lobos anda a aullar se enseña.	*On apprend à hurler avec les loups.*
Caminaba a paso de lobo.	*Il marchait à pas de loup.*
Andar a paso de tortuga.	*Marcher comme une tortue.*
Meterse en el caparazón.	*Rentrer dans sa coquille.*
Más vale ser cabeza de ratón que cola de león.	*Il vaut mieux être le premier dans son village que le second à Rome.*
Mirar a las musarañas.	*Bayer aux corneilles.*
Dormir como un lirón.	*Dormir comme un loir.*
Siempre está desquijarando leones.	*Il fait toujours le fanfaron.*
No ser tan fiero el león como lo pintan.	*Ne pas être si méchant que cela.*

el coyote	*le coyote*
el lince*	*le lynx*
la hiena	*la hyène*
el mono*; la mona*	*le singe; la guenon*
el gorila	*le gorille*
el chimpancé	*le chimpanzé*
el zambo	*le babouin*
el elefante*	*l'éléphant*
la trompa	*la trompe*
los colmillos*	*les défenses*
el marfil*	*l'ivoire*
el búfalo	*le buffle*
el bisonte	*le bison*
la jirafa	*la girafe*
el antílope	*l'antilope*
el jabalí	*le sanglier*
el hipopótamo	*l'hippopotame*
el rinoceronte	*le rhinocéros*
el oso*	*l'ours*
el oso blanco, polar	*l'ours blanc, polaire*
el (oso) panda	*le panda*
□	□
los cuernos, las astas	*la ramure, les bois*
la madriguera	*le terrier, la tanière*
la guarida	*le repaire, la tanière*
el redil	*le bercail*
las garras, las uñas, las zarpas*	*les griffes*

Los pájaros · Les oiseaux

el pájaro*	*l'oiseau (petites espèces)*
el ave*	*l'oiseau (grandes espèces)*
el rapaz	*le rapace*
volar	*voler*
echar(se) a volar, emprender el vuelo, tomar el vuelo*	*s'envoler, prendre son envol*
anidar	*faire son nid, nicher*
el nido*	*le nid*
cernerse	*planer*

Tiene ojos (una vista) de lince.	Il a des yeux de lynx.
Fue al parque zoológico para ver a los elefantes.	Il est allé au zoo pour voir les éléphants.
Pájaro, ave de mal agüero.	Oiseau de mauvais augure, oiseau de malheur.
Un ave de rapiña.	Un oiseau de proie.
El graznido de las aves.	Le croassement des oiseaux.
El cóndor es un ave que habita en los Andes.	Le condor est un oiseau qui habite dans les Andes.

C EXPRESSIONS ET LOCUTIONS

Ser un lince.	Être un génie.
En su casa es el último mono.	Chez lui, il est la cinquième roue du carrosse.
Se quedó más corrida que una mona.	Elle resta muette comme une carpe, honteuse et penaude.
Dormir la mona.	Cuver son vin.
Tener el colmillo retorcido.	Être un vieux renard, avoir beaucoup d'expérience.
La torre de marfil.	La tour d'ivoire.
Negro de marfil.	Noir d'ivoire.
¡Deja de hacer el oso (el ganso)!	Cesse de faire le zouave (l'imbécile)!
Echar la zarpa a algo.	Faire main basse sur qqch.
¡Vaya pájaro!	Drôle d'oiseau!
Más vale pájaro en mano que ciento volando.	Un tiens vaut mieux que deux tu l'auras.
Matar dos pájaros de un tiro.	Faire d'une pierre deux coups.
Tomar el vuelo.	Prendre son essor.
Un nido de víboras.	Un panier de crabes.
Parece haberse caído del nido.	Il semble être tombé de la dernière pluie.
En los nidos de antaño, no hay pájaros hogaño.	Mais où sont les neiges d'antan?

gorgear*, trinar	*gazouiller*
los gorjeos	*les gazouillis*
el canto*; cantar	*le chant; chanter*
el mirlo*; el tordo	*le merle; la grive*
el pinzón	*le pinson*
el petirrojo	*le rouge-gorge*
la golondrina*	*l'hirondelle*
el ruiseñor*	*le rossignol*
el paro	*la mésange*
el alionín	*la mésange bleue*
la alondra	*l'alouette*
la calandria	*la calandre*
el gorrión*, el pardal	*le moineau*
la paloma*	*la colombe, le pigeon*
el jilguero	*le chardonneret*
el vencejo	*le martinet*
el cuco, el cuclillo	*le coucou*
la curruca	*la fauvette*
el mochuelo*; la lechuza	*le hibou; la chouette*
el cuervo*	*le corbeau*
el buitre	*le vautour*
el buho real	*le grand duc*
el águila*; el halcón	*l'aigle; le faucon*
el cóndor	*le condor*
el cernícalo	*la buse*
la corneja	*la corneille*
el pájaro carpintero	*le pic, le pivert*
el picaflores	*l'oiseau-mouche, le colibri*
el loro*, el papagayo	*le perroquet*
la cotorra*, el periquito	*la perruche*
el turpial *(am.)*; el quetzal	*le troupiale; le quetzal*
la urraca, la picaza, la pega	*la pie*
la tórtola	*la tourterelle*
la cigüeña	*la cigogne*
la avestruz*	*l'autruche*
la codorniz	*la caille*
la perdiz*	*la perdrix*
el flamenco	*le flamant rose*

Gorjean los pájaros.	*Les oiseaux gazouillent.*
El canto del cisne.	*Le chant du cygne.*
Las golondrinas anuncian la primavera.	*Les hirondelles annoncent le printemps.*
Canta como un ruiseñor.	*Il chante comme un rossignol.*
La paloma es el símbolo de la paz.	*La colombe est le symbole de la paix.*
El águila imperial.	*L'aigle impérial.*
El águila real.	*L'aigle royal.*
Habla más que una cotorra.	*Elle est bavarde comme une pie.*
¡ Qué cotorra !	*Quelle bavarde !*

C EXPRESSIONS ET LOCUTIONS

Ser un mirlo blanco.	*Être un oiseau rare.*
Está buscando un mirlo blanco.	*Il cherche un mouton à cinq pattes.*
¡ Menudo gorrión !	*Drôle d'oiseau, de loustic !*
Cargar con el mochuelo.	*Endosser toute la responsabilité.*
Largar a alguien el mochuelo.	*Passer le bébé à quelqu'un.*
Cría cuervos y te sacarán los ojos.	*On est toujours payé d'ingratitude.*
Tener una mirada, una vista de águila.	*Avoir un regard, des yeux d'aigle.*
Es un águila para los negocios.	*C'est un as en affaires.*
Estar al loro.	*Être dans le vent, au courant.*
Ser un loro.	*Être laid comme un pou, à faire peur.*
Ser más viejo que un loro.	*Être vieux comme Hérode.*
La política del avestruz.	*La politique de l'autruche.*
Y vivieron felices, comieron perdices y me dieron con los huesos en las narices (y a mí no me dieron).	*Ils se marièrent, ils furent heureux et ils eurent beaucoup d'enfants.*

el pavo real*	le paon
□	□
los palmípedos	les palmipèdes
el albatros	l'albatros
el pato* salvaje, silvestre	le canard sauvage
el cisne*	le cygne
el ganso, la oca	l'oie
la gaviota*	la mouette
el pingüino	le pingouin

*Peces
  y animales marinos*

*Poissons
  et animaux marins*

el pez*; el pescado	le poisson; le poisson une fois pêché
el pez de río	le poisson de rivière
nadar	nager
la pesca* (con caña; con red)	la pêche (à la ligne; au filet)
pescar*	pêcher
la anguila	l'anguille
la pescadilla*	le merlan
la carpa*	la carpe
el salmón	le saumon
el besugo*	la daurade, le rousseau
la trucha*	la truite
el salmonete	le rouget
el lucio	le brochet
los peces, pececitos de colores	les poissons rouges
el arenque	le hareng
la morralla	le fretin
el bonito, el atún*	le thon
el tiburón*	le requin
la ballena	la baleine
la foca	le phoque
el delfín	le dauphin
el lobo marino	le loup de mer
□	□
la aleta	la nageoire
la espina*, la raspa	l'arête

Los cisnes como los albatros emprenden difícilmente el vuelo.	Les cygnes tout comme les albatros prennent leur envol difficilement.
El aleteo de las gaviotas.	Le battement d'ailes des mouettes.
Ir de pesca.	Aller à la pêche.
Me encantan las truchas asalmonadas.	J'adore les truites saumonées.
Atún en aceite de oliva.	Thon à l'huile d'olive.
Le dan miedo los tiburones.	Il a peur des requins.
Este pescado tiene muchas espinas.	Ce poisson a énormément d'arêtes.

C EXPRESSIONS ET LOCUTIONS

Hincharse como un pavo real.	Prendre des grands airs, faire la roue.
El patito feo.	Le canard boiteux.
Siempre es él el que paga el pato.	C'est toujours lui qui paie les pots cassés.
Cayó el pez.	L'affaire est dans le sac.
Estaba allí como pez en el agua.	Il se trouvait là-bas comme un poisson dans l'eau.
Por la boca muere el pez.	Trop parler nuit.
Estar pez en inglés.	Être nul, ignare en anglais.
La policía terminó por pescarlo.	La police a fini par le pincer.
Pescar en río revuelto.	Pêcher en eau trouble.
Lo que me cuentas no es más que la pescadilla mordiéndose la cola.	Ce que tu me racontes c'est l'histoire du poisson qui se mord la queue.
Un salto en carpa.	Un saut de carpe.
Una conversación de besugos.	Un dialogue de sourds.

las escamas	les écailles
las agallas*	l'ouïe
□	□
el molusco*	le mollusque
los mariscos	les coquillages
la langosta*	la langouste
el cangrejo* de río	l'écrevisse
el bogavante	le homard
el cangrejo de mar; la gamba, el camarón, la quisquilla	le crabe; la crevette
la ostra*	l'huître
el erizo de mar	l'oursin
la medusa	la méduse
el caracol*	l'escargot
el percebe	le pousse-pied
la almeja	la clovisse

Los insectos   Les insectes

el insecto, el bicho	l'insecte
picar*	piquer
el coleóptero, el escarabajo	le coléoptère, le scarabée
la mariquita	la coccinelle
el abejorro, el jicote (am.)	le hanneton, le bourdon
el saltamontes	la sauterelle verte
la hormiga*	la fourmi
la araña*	l'araignée
la mosca*; el mosquito	la mouche; le moustique
la abeja	l'abeille
la avispa*	la guêpe
zumbar*	bourdonner
la mariposa*	le papillon
la polilla	la mite
la chinche (también se usa «el»)	la punaise
la alimaña	la vermine
la pulga*	la puce
el piojo*; la liendre	le pou; la lente
la cucaracha	le cafard
□	□

Vimos el molusco que salía de su concha.	*Nous vîmes le mollusque sortir de sa coquille.*
Me ha picado una avispa.	*Une guêpe m'a piqué.*
Esta noche nos ha picado un mosquito.	*Cette nuit nous avons été piqués par un moustique.*
Una araña de mar.	*Une araignée de mer.*
Colecciona mariposas desde hace años.	*Il fait la collection de papillons depuis longtemps.*

C EXPRESSIONS ET LOCUTIONS

Tener agallas.	*Ne pas avoir froid aux yeux, avoir du cran.*
Una nube de langostas.	*Une nuée de sauterelles.*
Andar como los cangrejos	*Marcher à reculons.*
Me he aburrido como una ostra.	*Je me suis ennuyé(e) comme un rat mort (à mourir).*
Hacer caracoles.	*Caracoler.*
Una escalera de caracol.	*Un escalier en colimaçon.*
Ser una hormiga.	*Être économe, laborieux comme une fourmi.*
Por si las moscas...	*Au cas où...*
Estar con la mosca en la oreja, detrás de la oreja.	*Avoir la puce à l'oreille.*
No se oye ni una mosca.	*On entend les mouches voler.*
Estar con la mosca.	*Se méfier.*
Me zumban los oídos.	*Mes oreilles bourdonnent.*
Tiene malas pulgas.	*Il a mauvais caractère.*
El hombre iba andando con cara de malas pulgas.	*L'homme marchait d'un air furieux.*
Íbamos en el autobús como piojos en costura.	*Nous étions serrés comme des sardines dans cet autobus.*
¡Vaya piojo pegadizo!	*Quel crampon!*
El piojo resucitado.	*Le parvenu.*

461

el hormiguero	*la fourmilière*
el enjambre*	*l'essaim*
la colmena*	*la ruche*
la telaraña*	*la toile d'araignée*

Serpientes y reptiles — Serpents et reptiles

la serpiente	*le serpent*
reptar	*ramper*
la serpiente venenosa	*le serpent venimeux*
la anaconda	*l'anaconda* (masc.)
la víbora	*la vipère*
la culebra*	*la couleuvre*
la serpiente de cascabel	*le serpent à sonnettes*
la boa	*le boa*
□	□
el reptil	*le reptile*
el lagarto*, la lagartija	*le lézard*
el cocodrilo	*le crocodile*
el camaleón	*le caméléon*
la rana*	*la grenouille*
el sapo*	*le crapaud*
el renacuajo	*le têtard*
la salamandra	*la salamandre*
□	□
el gusano	*le ver de terre*
la luciérnaga	*le ver luisant, la luciole*

Un enjambre de abejas.	*Un essaim d'abeilles.*
El lagarto de Indias.	*Le caïman.*
Las ancas de rana.	*Les cuisses de grenouilles.*

C   EXPRESSIONS ET LOCUTIONS

Aquel sitio era una colmena humana.	*Ce lieu était une fourmilière humaine.*
Parece que tiene telarañas en los ojos.	*Il semble avoir un bandeau devant les yeux, être aveugle.*
Sabe más que las culebras.	*Il est malin comme un singe.*
Salir rana.	*Rater.*
Cuando las ranas críen, tengan pelos.	*Quand les poules auront des dents, à la Trinité.*
Tragar sapos y culebras.	*Avaler des couleuvres.*

LAURA

La planta*; la jardinería	La plante; le jardinage
la vegetación	*la végétation*
las especies vegetales	*les espèces végétales*
la flora	*la flore*
la planta vivaz, perenne ≠ la planta anual*	*la plante vivace ≠ la plante annuelle*
el tallo*	*la tige*
la hoja*; la hojarasca	*la feuille; les feuilles mortes*
las raíces	*les racines*
el brote	*le bourgeon*
el capullo*	*le bouton, le bouton de rose*
la flor*	*la fleur*
los pétalos	*les pétales*
la corola	*la corolle*
los sépalos	*les sépales*
los estambres	*les étamines*
el pistilo	*le pistil*
el polen	*le pollen*
las espinas	*les épines*
florecer*; la floración	*fleurir; la floraison*
marchitarse, ajarse	*se faner, se flétrir*
marchito (a)	*fané(e)*
☐	☐
la jardinería; el jardín*	*le jardinage; le jardin*
el jardinero	*le jardinier (cultivant des fleurs)*
el hortelano	*le jardinier (cultivant des légumes)*
practicar la jardinería, dedicarse a la jardinería	*jardiner*
el huerto*	*le jardin potager*
el jardín botánico*	*le jardin des plantes*
sembrar*	*semer*
la semilla	*la graine*
germinar	*germer*
crecer; brotar	*pousser; pousser, bourgeonner*
plantar*	*planter*
regar*; el riego*	*arroser; l'arrosage*
la regadera	*l'arrosoir*

¿ Te puedo traer las plantas para que me las cuides y las riegues?

Puis-je t'apporter mes plantes pour que tu les soignes et que tu les arroses?

Muchas plantas de interior se pueden multiplicar rápidamente por esqueje.

Beaucoup de plantes d'intérieur peuvent être multipliées rapidement par bouture.

Las plantas anuales se suelen sembrar a principios de primavera.

On sème généralement les plantes annuelles au début du printemps.

Cortar los tallos.

Couper les tiges.

Un trébol de cuatro hojas.

Un trèfle à quatre feuilles.

Las hojas secas, las hojas muertas.

Les feuilles mortes.

Me ha regalado veinte capullos.

Il m'a offert vingt boutons de rose.

Existen plantas vivaces que pueden florecer durante el primer año de vida.

Il existe des plantes vivaces qui peuvent fleurir dès leur première année de vie.

Las malas hierbas están creciendo en mi jardín.

Les mauvaises herbes poussent dans mon jardin.

El huerto está sembrado de tomates y lechugas.

Le jardin potager est semé de tomates et de laitues.

En el jardín botánico se encuentran las más variadas especies botánicas existentes en el mundo.

Au jardin des plantes on trouve les espèces botaniques les plus variées qui existent au monde.

Ya es tiempo de sembrar las flores de verano.

Il est temps de semer les fleurs d'été.

Muchas plantas vivaces se plantan en abril.

De nombreuses plantes vivaces se plantent en avril.

No hay que regar a diario las plantas carnosas.

Il ne faut pas arroser tous les jours les plantes grasses.

El cítiso necesita un riego regular.

Le cytise a besoin d'un arrosage régulier.

C   EXPRESSIONS ET LOCUTIONS

La flor y nata.

La fine fleur, le fin du fin.

Quien siembra recoge.

Il faut semer pour récolter.

layar, labrar con laya	*bêcher*
binar	*biner*
el invernadero*	*la serre*
coger*	*cueillir*
□	□
ofrecer*, regalar flores	*offrir des fleurs*
el florista*	*le fleuriste*
la planta verde	*la plante verte*
las flores silvestres	*les fleurs sauvages*
las flores secas*	*les fleurs séchées*
las flores artificiales*	*les fleurs artificielles*
el ramo de flores	*le bouquet de fleurs*
la maceta, el tiesto	*le pot de fleurs*
el florero	*le vase*

*Las flores**	**Les fleurs**
la rosa*; el rosal*	*la rose; le rosier*
el clavel*	*l' œillet*
el tulipán*	*la tulipe*
el geranio*	*le géranium*
el gladíolo*	*le glaïeul*
el lirio	*l'iris*
la dalia	*le dahlia*
la azucena	*le lis*
el aro*, el yaro, el alcatraz	*l'arum*
la orquídea	*l'orchidée*
la camelia	*le camélia*
la anémona	*l'anémone*
el pensamiento	*la pensée*
la begonia	*le bégonia*
la petunia*	*le pétunia*
la maravilla, la caléndula	*le souci*
la miosota, la raspilla	*le myosotis*
la capuchina	*la capucine*
el jacinto*	*la jacinthe*
la lila*	*le lilas*
la peonía*, el saltaojos	*la pivoine*
el muguete, el lirio de los valles	*le muguet*
el alhelí	*la giroflée*

Los melones en invernadero se cultivan muy bien.	*Les melons en serre se cultivent très bien.*
Vamos a coger setas en otoño.	*Nous allons cueillir des champignons en automne.*
El 14 de febrero, mi novio me ofrece flores.	*Le 14 février, mon fiancé m'offre des fleurs.*
El florista me vendió un ramo de gladíolos.	*Le fleuriste m'a vendu une gerbe de glaïeuls.*
No me gustan las flores secas.	*Je n'aime pas les fleurs séchées.*
La tumba está adornada de flores artificiales.	*La tombe est ornée de fleurs artificielles.*
Demasiado sol agosta las flores.	*Trop de soleil dessèche les fleurs.*
Ya han roto los capullos del rosal.	*Les boutons du rosier se sont déjà ouverts.*
Lleva un clavel en el ojal.	*Il porte un œillet à la boutonnière.*
Se abren los tulipanes.	*Les tulipes s'ouvrent.*
Cultiva geranios en el balcón.	*Elle cultive des géraniums sur le balcon.*
Los gladíolos se secan.	*Les glaïeuls dépérissent.*
El aro tiene flores blancas que se dan de junio a septiembre.	*L'arum a des fleurs blanches qui s'épanouissent de juin à septembre.*
He comprado un sobre con simiente de petunias.	*J'ai acheté un sachet de graines de pétunias.*
El jacinto huele bien.	*La jacinthe sent bon.*
La lila se marchita.	*Le lilas se fane.*
La peonía da en la primavera flores grandes de color rosado.	*La pivoine donne au printemps de grandes fleurs de couleur rose.*

C EXPRESSIONS ET LOCUTIONS

No hay rosa sin espinas.	*Il n'y a pas de roses sans épines.*
Quedar como las propias rosas.	*Être aux anges.*

el junquillo	*la jonquille*
el narciso*	*le narcisse*
la primavera	*la primevère*
la violeta*	*la violette*
el crocus, el croco, el azafrán	*le crocus*
el narciso de las nieves*	*le perce-neige*
la margarita*	*la marguerite*
la margarita de los prados, la maya	*la pâquerette*
la amapola*	*le coquelicot*
la adormidera*	*le pavot*
el botón de oro*, el ranúnculo, la francesilla	*le bouton-d'or*
el aciano*	*le bleuet*
el espliego*, la lavanda	*la lavande*
el brezo	*la bruyère*
la adelfa*	*le laurier-rose*
la mimosa	*le mimosa*
el jazmín	*le jasmin*
el azahar*	*la fleur d'oranger*
la jara	*le ciste*
el mirto, el arrayán	*le myrte*
la azalea*	*l'azalée*
la hortensia	*l'hortensia*
el crisantemo*	*le chrysanthème*
la siempreviva	*l'immortelle*
la fucsia	*le fuchsia*
el guisante de olor	*le pois de senteur*
la vinca, la vincapervinca, la hierba doncella	*la pervenche*
el cólquico	*le colchique*

Otras plantas

Autres plantes

las plantas trepadoras	*les plantes grimpantes*
la pasionaria, la pasiflora	*la passiflore*
la buganvilla, la bugambilia	*la bougainvillée*
la clemátide*	*la clématite*
la enredadera	*le liseron*
la glicina*	*la glycine*

Su cuadro representa un ramo de narcisos.	*Son tableau représente un bouquet de narcisses.*
El narciso de las nieves es una flor temprana.	*Le perce-neige est une fleur précoce.*
Abundan las amapolas en primavera.	*Les coquelicots abondent au printemps.*
Se extrae el opio de la adormidera.	*On extrait l'opium du pavot.*
El botón de oro es una planta vivaz silvestre.	*Le bouton-d'or est une plante vivace sauvage.*
Los jóvenes cogen acianos en los trigales.	*Les jeunes gens cueillent des bleuets dans les champs de blé.*
Se cultiva el espliego para fabricar perfume.	*On cultive de la lavande pour fabriquer du parfum.*
La adelfa se cría en los jardines andaluces del Generalife.	*On fait pousser du laurier-rose dans les jardins andalous du Généralife.*
El día de su boda las novias solían llevar un ramo de azahar como símbolo de pureza.	*Le jour de leur noce les jeunes mariées avaient coutume de porter un bouquet de fleur d'oranger comme symbole de pureté.*
La mejor época para plantar las azaleas es el mes de marzo.	*La meilleure époque pour planter les azalées est le mois de mars.*
Ha adornado la tumba de su madre con crisantemos.	*Il a orné de chrysanthèmes la tombe de sa mère.*
La clemátide tiene flores blancas olorosas.	*La clématite a des fleurs blanches parfumées.*
Se me ha muerto la glicina.	*Ma glycine est morte.*

C EXPRESSIONS ET LOCUTIONS

Es un erudita a la violeta.	*C'est un faux érudit.*
Deshojar la margarita.	*Effeuiller la marguerite.*

la hiedra*, la yedra	*le lierre*
la madreselva	*le chèvrefeuille*
la viña loca	*la vigne vierge*
☐	
los arbustos*	*les arbustes*
el acebo*	*le houx*
la alheña*	*le troène*
la retama*	*le genêt*
la magnolia	*le magnolia*
el rododendro	*le rhododendron*
el boj*	*le buis*
el espino blanco, el majuelo	*l'aubépine*
el saúco	*le sureau*
la tuya*	*le thuya*
☐	
el muérdago*	*le gui*
el helecho*	*la fougère*
el musgo*	*la mousse*
el liquen	*le lichen*
el alga*	*l'algue*
☐	
la caña	*le roseau*
el nenúfar, la azucena de agua	*le nénuphar*
el junco*	*le jonc*
☐	
la agave, el maguey*, la pita	*l'agave*
el cacto, el cactus*	*le cactus*
la yuca	*le yucca*
☐	
los hongos*	*les champignons*
la seta*	*le champignon, le cèpe*
el boleto	*le bolet*
el mízcalo	*la girolle*
la cagarria, la morilla, la colme-nilla	*la morille*
la trufa*	*la truffe*
la amanita*	*l'amanite*

La hiedra cubre el muro de su casa.	Le lierre recouvre le mur de sa maison.
Ha plantado arbustos para aislarse de sus vecinos.	Il a planté des arbustes pour s'isoler de ses voisins.
En Navidad decora la casa con acebo.	À Noël il décore la maison avec du houx.
La alheña ha crecido mucho.	Le troène a beaucoup poussé.
La retama es una planta silvestre con flores amarillas.	Le genêt est une plante sauvage à fleurs jaunes.
Un seto de boj separa los dos jardines.	Une haie de buis sépare les deux jardins.
En Marruecos la tuya se utiliza para fabricar muebles.	Au Maroc on utilise le thuya pour fabriquer des meubles.
El muérdago es un arbusto parásito que vive sobre los árboles.	Le gui est un arbuste parasite qui vit sur les arbres.
El helecho crece en los lugares sombreados y húmedos.	La fougère pousse dans les lieux ombragés et humides.
La roca está cubierta por musgo.	La roche est recouverte de mousse.
Bucea para estudiar las algas.	Il plonge pour étudier les algues.
El junco crece a la orilla del río.	Le jonc pousse au bord de la rivière.
La tequila se hace con maguey.	La téquila se fait avec de l'agave.
He colocado un cactus sobre el alféizar de la ventana.	J'ai posé un cactus sur le rebord de la fenêtre.
Las setas de París.	Les champignons de Paris.
Los cerdos y los perros pueden descubrir y desenterrar las trufas.	Les porcs et les chiens peuvent découvrir et déterrer les truffes.
Ciertas variedades de amanitas son venenosas.	Certaines variétés d'amanites sont vénéneuses.

C EXPRESSIONS ET LOCUTIONS

Crecer como hongos.	Pousser comme des champignons.

Las verduras, las hortalizas*	Les légumes
las legumbres*	*les légumes*
la patata*, la papa* *(am.)*	*la pomme de terre*
el tomate*	*la tomate*
el pepino	*le concombre*
la zanahoria*	*la carotte*
el puerro*	*le poireau*
la col*	*le chou*
la col de Bruselas	*le chou de Bruxelles*
la coliflor	*le chou-fleur*
el calabacín	*la courgette*
la berenjena	*l'aubergine*
la espinaca*	*l'épinard*
la judía, la alubia*, la habichuela	*le haricot*
las judías verdes	*les haricots verts*
las judías	*les haricots en grain*
los guisantes	*les petits pois*
los garbanzos	*les pois chiches*
las lentejas*	*les lentilles*
las habas*	*les fèves*
el rábano*	*le radis*
el nabo	*le navet*
la remolacha*	*la betterave rouge*
el salsifí	*le salsifis*
la endibia	*l'endive*
la acelga, el bledo*	*la bette, la blette*
el espárrago*	*l'asperge*
la alcachofa	*l'artichaut*
el apio	*le céleri*
el pimiento morrón	*le poivron*
la calabaza	*la citrouille, le potiron*
□	□
las ensaladas	*les salades*
la lechuga*	*la laitue*
la escarola	*la scarole*
la lechuga romana	*la romaine*
la achicoria	*la chicorée*

Las verduras son buenas para la salud.	*Les légumes verts sont bons pour la santé.*
Las verduras, las hortalizas tempranas.	*Les primeurs.*
Entre las legumbres secas prefiero los garbanzos.	*Parmi les légumes secs je préfère les pois chiches.*
La salsa de tomate.	*La sauce tomate.*
El entremés se compone de zanahorias ralladas con aceitunas.	*Le hors-d'œuvre se compose de carottes râpées avec des olives.*
Ha subido el precio de los puerros.	*Le prix des poireaux a augmenté.*
Está preparando una tortilla de espinacas.	*Il est en train de préparer une omelette aux épinards.*
«Chícharo» es el nombre que se le da a la alubia en el sur de España.	*«Chícharo» est le nom que l'on donne au haricot dans le sud de l'Espagne.*
He puesto las lentejas a remojo la víspera.	*J'ai fait tremper les lentilles la veille.*
Se extrae azúcar de la raíz de la remolacha.	*On extrait du sucre de la racine de la betterave rouge.*
Un manojo de espárragos.	*Une botte d'asperges.*
Un bancal de lechugas.	*Un carré de laitues.*

C   EXPRESSIONS ET LOCUTIONS

La patata caliente.	*Le dossier urgent.*
No entiende ni papa *(argot)*.	*Il ne pige rien.*
Entre col y col, lechuga.	*L'ennui naquit un jour de l'uniformité.*
Son habas contadas.	*Ça ne fait pas l'ombre d'un doute.*
Tomar el rábano por las hojas.	*Interpréter tout de travers.*
Me importa un bledo la opinión de tu madre sobre mí.	*Je me moque comme de l'an quarante de l'opinion de ta mère sur moi.*
¡ Vete a freír espárragos !	*Va te faire cuire un œuf !*

la milamores	*la mâche*
el berro	*le cresson*
□	□
los cereales	*les céréales*
el trigo* ; el trigal	*le blé; le champ de blé*
el centeno*	*le seigle*
la cebada*	*l'orge*
la avena	*l'avoine*
el maís* ; el maizal*	*le maïs; le champ de maïs*
el arroz ; el arrozal	*le riz; la rizière*
□	□
las plantas oleaginosas	*les plantes oléagineuses*
el cacahuete, el cacahué, el maní	*l'arachide, la cacahouète*
la colza	*le colza*
el girasol, el tornasol, el mirasol	*le tournesol*

Las frutas*
y los árboles frutales

Les fruits
et les arbres fruitiers

los frutales	*les arbres fruitiers*
la manzana* ; el manzano	*la pomme; le pommier*
la pera* ; el peral	*la poire; le poirier*
la naranja* ; el naranjo*	*l'orange; l'oranger*
el limón* ; el limonero	*le citron; le citronnier*
el pomelo	*le pamplemousse*
la mandarina ; la clementina	*la mandarine; la clémentine*
el melocotón* ; el melocotonero	*la pêche; le pêcher*
el griñón ; la nectarina	*le brugnon; la nectarine*
el albaricoque* ; el albaricoquero	*l'abricot; l'abricotier*
la cereza ; el cerezo*	*la cerise; le cerisier*
la ciruela* ; el ciruelo*	*la prune; le prunier*
la fresa*	*la fraise; le fraisier*
la frambuesa ; el frambueso	*la framboise; le framboisier*
la grosella ; el grosellero	*la groseille; le groseillier*
el arándano, el mirtillo	*la myrtille*
el casis	*le cassis*
la mora ; el moral	*la mûre; le mûrier*
el melón	*le melon*
la sandía	*la pastèque*
la piña	*l'ananas*

Aquí se da bien el trigo.	*Ici le blé pousse bien.*
Se hace pan de centeno.	*On fait du pain de seigle.*
Una espiga de cebada.	*Un épi d'orge.*
Entre otras cosas los europeos trajeron del nuevo mundo patatas, maíz, tabaco, chocolate, tomates, chicle, pavos, judías, caucho, cacahuetes, pita y tapioca.	*Entre autres choses les Européens apportèrent du Nouveau Monde des pommes de terre, du maïs, du tabac, du chocolat, des tomates, de la gomme à mâcher, des dindons, des haricots, du caoutchouc, des cacahouètes, de l'agave et du tapioca.*
Verdean los maizales.	*Les champs de maïs verdoient.*
El granizo ha estropeado la fruta.	*La grêle a abîmé les fruits.*
Pelar una manzana reineta.	*Peler une pomme reinette.*
Mondar una naranja.	*Éplucher une orange.*
Ya están en flor los naranjos.	*Les orangers sont déjà en fleur.*
Exprimir, estrujar un limón.	*Presser un citron.*
No me gusta comer la piel del melocotón.	*Je n'aime pas manger la peau de la pêche.*
No están maduros los albaricoques.	*Les abricots ne sont pas mûrs.*
Ya empieza a brotar el cerezo.	*Le cerisier commence déjà à bourgeonner.*
Las ciruelas pasas.	*Les pruneaux.*
El ciruelo no ha echado fruto este año.	*Le prunier n'a pas donné de fruits cette année.*
Ahora se dedica a exportar fresas.	*Maintenant il se consacre à l'exportation de fraises.*

C EXPRESSIONS ET LOCUTIONS

Clara está a partir peras con Francisca.	*Claire et Françoise s'entendent comme larrons en foire.*
Todavía no ha encontrado su media naranja.	*Il n'a pas encore trouvé l'âme sœur.*

la uva*; la vid	le raisin; la vigne
el plátano	la banane; le bananier
la castaña*; el castaño*	la châtaigne; le châtaignier
la granada; el granado	la grenade; le grenadier
la nuez*; el nogal	la noix; le noyer
la avellana*; el avellano*	la noisette; le noisetier
la almendra; el almendro	l'amande; l'amandier
el pistacho, el afóncigo	la pistache
el coco; el cocotero	la noix de coco; le cocotier
la aceituna*, la oliva; el olivo*, el aceituno*	l'olive; l'olivier
el olivar	l'oliveraie
el aguacate	l'avocat; l'avocatier
el dátil; la datilera	la datte; le dattier
el higo*; la higuera	la figue; le figuier
el higo chumbo; la chumbera, el nopal	la figue de Barbarie; le figuier de Barbarie
el membrillo; el membrillo, el membrillero	le coing; le cognassier
el kiwi	le kiwi
el mango*	la mangue; le manguier
la papaya; el papayo	la papaye; le papayer
el madroño	l'arbouse; l'arbousier
la algarroba; el algarrobo	la caroube; le caroubier
la guayaba; el guayabo	la goyave; le goyavier

Los árboles*   Les arbres

el árbol	l'arbre
la raíz	la racine
el tronco*	le tronc
la corteza	l'écorce
la rama*	la branche
la hoja	la feuille
el arbolado*	le bois
el bosque	le bois, la forêt
la selva*	la forêt
el claro	la clairière
los árboles frondosos	les arbres feuillus
las coníferas	les conifères

Un racimo de uvas.	*Une grappe de raisin.*
El castaño es un árbol de hojas caducas.	*Le châtaignier est un arbre à feuilles caduques.*
Cascar nueces.	*Casser des noix.*
El avellano produce muchas avellanas.	*Le noisetier donne beaucoup de noisettes.*
Tiran las aceitunas de los árboles vareándolos.	*Ils font tomber les olives des arbres en les gaulant.*
El viejo olivo tiene un tronco retorcido.	*Le vieil olivier a un tronc tordu.*
El mango es una fruta tropical.	*La mangue est un fruit tropical.*
Los leñadores empezaron a talar árboles.	*Les bûcherons commencèrent à couper des arbres.*
La casa se sitúa en un arbolado de pinos y chopos.	*La maison est située dans un bois de pins et de peupliers noirs.*

C EXPRESSIONS ET LOCUTIONS

El ladrón fue por uvas y estuvo a punto de ser detenido.	*Le voleur a risqué le coup et a failli être arrêté.*
Querer costal y castañas.	*Vouloir tous les avantages.*
Tu hermano está acostumbrado a que le saques siempre las castañas del fuego.	*Ton frère est habitué à ce que tu lui tires les marrons du feu.*
Mucho ruido y pocas nueces.	*Beaucoup de bruit pour rien.*
Olivo y aceituno todo es uno.	*C'est bonnet blanc et blanc bonnet.*
Nos vemos de higos a brevas.	*Nous nous voyons tous les trente-six du mois.*
Dormir como un tronco.	*Dormir comme une souche.*
Andarse por las ramas.	*Tourner autour du pot.*
La selva virgen.	*La forêt vierge.*
La Selva Negra.	*La Forêt-Noire.*
La ley de la selva.	*La loi de la jungle.*

□	□
el roble* ; el robledal	le chêne ; la chênaie
la encina ; el alcornoque	le chêne vert ; le chêne-liège
la bellota	le gland
el haya	le hêtre
el arce*	l'érable
el plátano	le platane
el fresno	le frêne
el tilo*	le tilleul
el abedul ; el abedular	le bouleau ; le bois de bouleaux
el castaño de Indias*	le marronnier
el olmo*	l'orme
el carpe, el ojaranzo	le charme
la acacia	l'acacia
el álamo*	le peuplier
□	□
el chopo	le peuplier noir
el aliso	l'aulne
el sauce*	le saule
□	□
el pino* ; el pinar	le pin ; la pinède
el abeto*	le sapin
el tejo	l'if
la picea, el abeto del Norte	l'épicéa
el ciprés*	le cyprès
el cedro*	le cèdre
el alerce*	le mélèze
□	□
el ceibo	le flamboyant
la caoba*	l'acajou
el ébano	l'ébénier ; l'ébène

Antes de ir a la cama, bebamos té de tilo.	*Avant d'aller au lit, buvons du tilleul.*
Los niños juegan alrededor de un castaño de Indias muy frondoso.	*Les enfants jouent autour d'un marronnier très feuillu.*
El viento agita las hojas de los álamos.	*Le vent agite les feuilles des peupliers.*
El sauce llorón tiene raíces que profundizan mucho.	*Le saule pleureur a des racines très profondes.*
Un hongo ha atacado al pino que va perdiendo cada vez más agujas.	*Un champignon a attaqué le pin qui perd de plus en plus d'aiguilles.*
El pino es un árbol de hojas persistentes.	*Le pin est un arbre à feuilles persistantes.*
El esquiador tropezó contra el abeto.	*Le skieur a heurté un sapin.*
Han plantado cipreses a lo largo del camino.	*On a planté des cyprès le long du chemin.*
El cedro es el emblema del Líbano y el arce es el del Canadá.	*Le cèdre est l'emblème du Liban et l'érable est celui du Canada.*
El incendio destruyó el bosque de alerces.	*L'incendie a détruit le bois de mélèzes.*
Le ofrecieron una mesa redonda de caoba.	*On lui a offert une table ronde en acajou.*

C EXPRESSIONS ET LOCUTIONS

Ser más fuerte que un roble.	*Être fort comme un Turc.*
No se puede pedir peras al olmo.	*On ne peut pas demander la lune.*
Viven en el quinto pino.	*Ils habitent au diable.*

*El arte**	L'art
el arte figurativo ≠ abstracto	*l'art figuratif ≠ abstrait*
el artista ; artístico (a)*	*l'artiste ; artistique*
el acervo cultural	*le patrimoine culturel*
la obra de arte	*l'œuvre d'art*
el genio	*le génie*
□	□
la obra*	*l'œuvre*
la obra maestra*	*le chef-d'œuvre*
la vanguardia ; vanguardista	*l'avant-garde ; d'avant-garde*
la corriente* ; el movimiento*	*le courant ; le mouvement*
la tónica general	*la tendance générale*
el género	*le genre*
el estilo	*le style*
estilizado (a)	*stylisé (e)*
el buen gusto ≠ el mal gusto	*le bon goût ≠ le mauvais goût*
estético (a)	*esthétique*
kitsch ; cursi	*kitsch ; chichiteux (euse)*
relamido (a) ; pulido (a)	*léché (e), affecté (e) ; poli (e), raffiné (e)*
degenerado (a)	*dégénéré (e)*
□	□
la exposición*, la muestra	*l'exposition (d'art)*
la inauguración*, la apertura	*le vernissage*
la galería de arte	*la galerie d'art*
exponer	*exposer*
el conocedor, el entendido	*le connaisseur*
el aficionado al arte	*l'amateur d'art*
el crítico de arte	*le critique d'art*
el prófano ; el neófito	*le profane ; le néophyte*
el coleccionista* (de arte)	*le collectionneur (d'art)*
la colección de arte	*la collection d'art*
el museo*	*le musée*
el marchante de arte	*le marchand d'art*
el mecenas*	*le mécène*
el mecenazgo	*le mécénat*
el patrocinador, el esponsor	*le sponsor*
patrocinar* ; el patrocinio	*sponsoriser ; le sponsoring*

La feria internacional de arte contemporáneo Arco tiene lugar en Madrid.	*La foire internationale d'art contemporain Arco a lieu à Madrid.*
Este hombre entiende mucho de arte.	*Cet homme s'y connaît en matière d'art.*
Tiene dotes artísticas excepcionales.	*Elle a des dons artistiques exceptionnels.*
Los estudiosos atribuyen la obra a Goya.	*Les spécialistes attribuent l'œuvre à Goya.*
La Gioconda es una de las obras maestras de Leonardo da Vinci.	La Joconde *est un des chefs-d'œuvre de Léonard de Vinci.*
Las corrientes modernistas.	*Les courants modernistes.*
El movimiento surrealista.	*Le mouvement surréaliste.*
La exposición estará abierta al público hasta el primero de febrero.	*L'exposition sera ouverte au public jusqu'au premier février.*
Mucha gente está invitada a la inauguración de la exposición.	*Beaucoup de gens sont invités au vernissage de l'exposition.*
El gran coleccionista ruso Marosov encargó obras a Henri Matisse.	*Le grand collectionneur russe Marosov commanda des œuvres à Henri Matisse.*
Trasladaron el *Guernica* de Picasso del Casón del buen Retiro al museo de la Reina Sofía (al «Sofidú»).	*On a transféré le* Guernica *de Picasso du Casón del Buen Retiro au musée de la Reine Sophie.*
El Museo de Arte Moderno de Nueva York ha consagrado una retrospectiva a Henri Matisse.	*Le Musée d'Art Moderne de New York a consacré une rétrospective à Henri Matisse.*
Felipe II fue uno de los mayores mecenas del Siglo de Oro.	*Philippe II fut l'un des grands mécènes du Siècle d'Or.*
Actualmente los bancos españoles patrocinan algunas manifestaciones culturales.	*Actuellement les banques espagnoles sponsorisent certaines manifestations culturelles.*

C EXPRESSIONS ET LOCUTIONS

En cuanto a arte soy lego en la materia.	*Pour ce qui de l'art, je suis profane en la matière.*

Pintura y dibujo	Peinture et dessin
las artes gráficas	*les arts graphiques*
la pintura*	*la peinture*
el pintor* (la pintora)*	*le peintre (la femme peintre)*
el pintor de cuadros; el paisajista	*l'artiste peintre; le paysagiste*
pintar*	*peindre*
el dibujo*	*le dessin*
el (la) dibujante	*le dessinateur (la dessinatrice)*
dibujar	*dessiner*
dibujar a pulso, del natural	*dessiner à main levée, d'après nature*
la creación pictórica	*la création picturale*
el maestro; el discípulo	*le maître; le disciple*
los garabatos infantiles	*les gribouillages d'enfants*
☐	☐
el lápiz	*le crayon de papier*
el lápiz de color	*le crayon de couleur*
el carboncillo	*le fusain*
el pastel	*le pastel*
la sanguina	*la sanguine*
la tinta china	*l'encre de Chine*
la acuarela*; el acuarelista	*l'aquarelle; l'aquarelliste*
la aguada*	*la gouache*
la pintura acrílica	*la peinture acrylique*
pintar con acrílicos	*peindre à l'acrylique*
la pintura al óleo*	*la peinture à l'huile*
el óleo*	*l'huile (le tableau)*
el pincel	*le pinceau*
la trementina	*la térébenthine*
el aguarrás	*l'essence de térébenthine*
la caja de pinturas*, de lápices, de acuarelas	*la boîte de peinture, de crayons, d'aquarelles*
la paleta	*la palette*
el caballete	*le chevalet*
☐	☐
el taller, el estudio	*l'atelier (de peinture)*
el modelo, la modelo* al natural	*le modèle vivant*
el maniquí	*le mannequin*

Rubens y la escuela flamenca plasmaron en sus pinturas la imagen de mujeres entradas en carnes.

Rubens et l'école flamande ont représenté dans leurs peintures des femmes bien en chair.

Van Gogh no vio reconocido su talento en vida y hoy es considerado uno de los mayores pintores de todos los tiempos.

Sa vie durant, Van Gogh n'a pas vu son talent reconnu et aujourd'hui il est considéré comme l'un des plus grands peintres de tous les temps.

La obra de esta pintora está dispersa a través del mundo.

L'œuvre de cette femme peintre est dispersée à travers le monde.

El Greco pintaba figuras alargadas.

Le Greco peignait des figures allongées.

El dibujo de su hija está colgado en el comedor.

Le dessin de sa fille est accroché dans la salle à manger.

Suele pintar a la acuarela o a la aguada.

Il peint généralement à l'aquarelle ou à la gouache.

Se inventó la pintura al óleo en el siglo catorce.

La peinture à l'huile a été inventée au XIVᵉ siècle.

Están contemplando un óleo mironiano sin fechar.

Ils sont en train de contempler une huile de Miró non datée.

Sus padres le regalaron la primera caja de pinturas cuando tenía cuatro años.

Ses parents lui ont offert sa première boîte de peinture quand il avait quatre ans.

La modelo aparenta más de veinte años y posa en la postura de una mujer dormida.

Le modèle semble avoir plus de vingt ans et pose dans l'attitude d'une femme endormie.

C EXPRESSIONS ET LOCUTIONS

No puedo verlo ni en pintura.

Je ne peux pas le voir en peinture.

No pintamos nada en esta sala de fiestas.

Nous ne sommes pas à notre place dans cette salle des fêtes.

Para toda clase de trabajos de costura María se las pinta sola.

Pour toutes sortes de travaux de couture Marie n'a pas sa pareille.

posar	poser
□	□
el lienzo, la tela	la toile
el bastidor	le châssis (de la toile)
el marco ; enmarcar	le cadre ; encadrer
el cuadro*	le tableau
el fresco*	la fresque
el mural*	la peinture murale
el grabado	la gravure
el aguafuerte*	l'eau-forte
la litografía	la lithographie
el cartón (para tapiz)	le carton (pour tapisserie)
□	□
el color*	la couleur
colorear, colorar	colorer, colorier
el camafeo	le camaïeu
el matiz	la nuance
chillón (ona)	criard(e)
violeta	mauve
morado (a)*	violet (te)
añil	indigo
azul	bleu(e)
azul marino	bleu marine
azul turquesa	bleu turquoise
azul celeste	bleu ciel
azul ultramar	bleu outremer
verde*	vert(e)
verde claro	vert clair
verde botella	vert bouteille
verde esmeralda	vert émeraude
amarillo (a), gualdo (a)	jaune
naranja ; anaranjado (a)	orange ; orangé(e)
ámbar	ambre
rojo (a)*	rouge
rojo carmín	rouge carmin
rojo bermellón	rouge vermillon
blanco (a)	blanc (he)
negro (a)*	noir(e)
gris*	gris(e)

Se exponen cuadros de artistas ya consagrados.	*Des tableaux d'artistes déjà reconnus sont exposés.*
Este cuadro fue expuesto en el museo del Prado.	*Ce tableau fut exposé au musée du Prado.*
La obra maestra de Velázquez, *Las Meninas*, es un ejemplo de cuadro dentro del cuadro.	*Le chef-d'œuvre de Vélasquez, Les Ménines, est un exemple de tableau dans le tableau.*
Diego Rivera, José Clemente Orozco y David Siqueiros reinventaron el arte del fresco.	*Diego Rivera, José Clemente Orozco et David Siqueiros ont réinventé l'art de la fresque.*
La ermita de San Antonio de la Florida de Madrid es famosa por sus frescos de Francisco de Goya.	*L'ermitage de Saint-Antoine-de-la-Florida de Madrid est célèbre pour ses fresques de Francisco de Goya.*
El mural está sin terminar.	*La peinture murale n'est pas terminée.*
Este retrato fue grabado al aguafuerte por Picasso.	*Ce portrait fut gravé à l'eau-forte par Picasso.*
Los colores predilectos de este pintor son el negro y el gris.	*Les couleurs préférées de ce peintre sont le noir et le gris.*

C EXPRESSIONS ET LOCUTIONS

Cuando le preguntan si tiene novio, le sacan los colores a la cara.	*Quand on lui demande si elle a un fiancé, on la fait rougir.*
Pasarlas moradas.	*En voir des vertes et des pas mûres.*
Le dio la luz verde para publicar su artículo.	*Il lui a donné le feu vert pour publier son article.*
Quizás llegue a ser un buen pintor, pero ahora está verde todavía.	*Il deviendra peut-être un bon peintre, mais pour le moment il en est encore au b.a.-ba.*
El descontento está al rojo vivo.	*Le mécontentement est à son paroxysme.*
Se ha puesto negro.	*Il est devenu fou furieux.*
Se veía negro para mantener a su familia.	*Il avait un mal fou à nourrir sa famille.*

beige (prononcé beis)	beige
marrón	marron
rosa*; rosa carne	rose; rose chair
malva	mauve clair
□	□
la técnica	la technique
ejecutar*; la ejecución*	exécuter; l'exécution
el trazo	le trait
la pincelada*	le coup de pinceau, la touche
el retoque; retocar*	la retouche; retoucher
la mancha	la tache
esfumar	estomper
borrar	effacer, gommer
borroso(a)*	flou(e)
el esbozo, el bosquejo*	l'ébauche
el apunte, el boceto	l'esquisse
el croquis, el diseño	le croquis
el contorno	le contour
la perspectiva	la perspective
el color liso	l'aplat
la composición*	la composition
el primer plano*, el primer término	le premier plan
el segundo plano, el segundo término	l'arrière-plan
el fondo	le fond
el contraste*	le contraste
el claroscuro	le clair-obscur
destacarse*	se détacher
la representación*, la imagen	la représentation, l'image
representar, reproducir	représenter, reproduire
estilizar	styliser
perfilar, definir	parfaire
el bodegón*, la naturaleza muerta	la nature morte
el paisaje*	le paysage
la marina	la marine
el desnudo (femenino, masculino)	le nu (féminin, masculin)
el retrato*; el autorretrato*	le portrait; l'autoportrait

La Masía fue ejecutada por Joan Miró entre 1921 y 1922.

La ejecución es audaz.

El artista comenzó esta obra en su juventud y la retocó en parte en su vejez.

El personaje pintado resalta sobre un fondo borroso.

Algunos dibujos han quedado en bosquejo.

El centro de la composición se recorta sobre un cielo oscuro.

En el primer plano está representado un caballo.

En este cuadro hay un contraste entre el color del cielo y el color del mar.

Se destaca el niño Jesús en el centro de la composición.

En este lienzo, la representación de la ciudad es muy realista.

Dibujó un bodegón a tamaño natural.

El paisaje fue terminado en septiembre.

Un retrato de media figura ≠ de cuerpo entero.

Este autorretrato suele fecharse en 1648.

La Ferme fut exécutée par Joan Miró entre 1921 et 1922.

L'exécution est audacieuse.

L'artiste a commencé cette œuvre dans sa jeunesse et l'a retouchée en partie dans sa vieillesse.

Le personnage peint se détache sur un fond flou.

Quelques dessins sont restés à l'état d'ébauche.

Le centre de la composition se détache sur un ciel sombre.

Au premier plan est représenté un cheval.

Dans ce tableau il y a un contraste entre la couleur du ciel et la couleur de la mer.

L'enfant Jésus se détache au centre de la composition.

Dans cette toile, la représentation de la ville est très réaliste.

Il a dessiné une nature morte grandeur nature.

Le paysage fut achevé en septembre.

Un portrait en buste ≠ en pied.

On date généralement cet autoportrait de 1648.

C   EXPRESSIONS ET LOCUTIONS

Todo lo ve color de rosa.
Dar la última pincelada.

Il voit la vie en rose.
Mettre la dernière main.

retratar*; el retratista*	faire le portrait de; le portraitiste
la caricatura	la caricature
el cómic (los cómics)	la bande dessinée
☐	☐
el impresionismo	l'impressionisme
el fauvismo	le fauvisme
el puntillismo	le pointillisme
el arte negro	l'art nègre
el cubismo*	le cubisme
el cartelismo*	l'art de l'affiche
el hiperrealismo	l'hyperréalisme
☐	☐
el marchante de cuadros*, el marchante de pinturas	le marchand de tableaux
el original ≠ la copia	l'original ≠ la copie
imitar	imiter
el remedo	le pastiche
original	original(e) (qui a de l'originalité)
la firma; firmar*	la signature; signer
la donación; donar*	la donation; faire don de

La escultura*   La sculpture (art, œuvre)

el escultor*; el tallista	le sculpteur; le sculpteur sur bois
escultural*	sculptural(e)
plástico	plastique
☐	☐
el buril*	le burin
esculpir*	sculpter
cincelar	ciseler
el martillo; el mazo*	le marteau; le maillet
la escayola*, el estuco	le stuc
el mármol*; la arcilla	le marbre; l'argile
la piedra; el yeso	la pierre; le plâtre
el molde	le moule
moldear	mouler, prendre un moulage
modelar*	former, modeler
sacar de puntos	reproduire exactement (un modèle de plâtre ou d'argile)
la reproducción	le moulage

El Greco retrató al cardenal Niño de Guevara.	*Le Greco fit le portrait du cardinal Niño de Guevara.*
Francisco Goya fue el retratista de la familia de Carlos IV.	*Francisco Goya fut le portraitiste de la famille de Charles IV.*
Se inspira en el cubismo.	*Il s'inspire du cubisme.*
Toulouse-Lautrec inventó el cartelismo.	*Toulouse-Lautrec a inventé l'art de l'affiche.*
El pintor recibió un encargo del marchante de cuadros.	*Le peintre a reçu une commande du marchand de tableaux.*
Velázquez era remiso en firmar sus obras.	*Vélasquez n'aimait guère signer ses œuvres.*
Pablo Picasso donó su cuadro *Guernica* al estado español.	*Pablo Picasso a fait don de son tableau Guernica à l'Etat espagnol.*
La escultura policromada.	*La sculpture polychrome.*
El grabado con buril.	*La gravure au burin.*
Esculpe en mármol.	*Il sculpte sur marbre.*
Es difícil esculpir el granito.	*Il est difficile de sculpter le granit.*
Modelar en arcilla.	*Modeler l'argile.*

C EXPRESSIONS ET LOCUTIONS

Es un escultor de tres al cuarto.	*C'est un sculpteur à la gomme.*
Es una belleza escultural.	*C'est une beauté parfaite.*
A Dios rogando y con el mazo dando.	*Aide-toi, le ciel t'aidera.*
Ves menos que un gato de escayola.	*Tu es vraiment myope.*
Se lo dijeron y se quedó de mármol.	*Il resta de marbre lorsqu'ils le lui dirent.*

vaciar (una estatua)	*couler*
la estatua*; el bronce	*la statue; le bronze*
la estatuilla, la figura	*la statuette*
el torso; el busto*	*le torse; le buste*
el relieve; carente de relieve	*le relief; sans relief*
expresivo(a)* ≠ inexpresivo(a)	*expressif(ive)* ≠ *inexpressif (ive)*
fiel al modelo; natural	*fidèle au modèle; naturel(le)*
hierático*	*sans expression, figé*
actitud, postura sedente; yacente (de una estatua)	*attitude assise; gisant(e)*
suave, redondeado ≠ anguloso	*rond ≠ anguleux*
□	□
la madera	*le bois*
el marfil*	*l'ivoire*
tallar*	*sculpter (bois)*
la talla de madera	*la sculpture sur bois*
la gubia, el escoplo	*la gouge*
el formón	*le ciseau à bois*
el grabado en madera*	*la gravure sur bois*
el grabado en cobre	*la gravure sur cuivre*
la policromía	*la polychromie*
el grabado al agua fuerte	*la gravure à l'eau-forte*

La arquitectura	L'architecture
el arquitecto*	*l'architecte*
arquitectural*, arquitectónico(a)	*architectural(e)*
construir*; edificar	*construire; bâtir*
levantar*	*élever, ériger*
la construcción*; el edificio*	*la construction; l'édifice, le bâtiment*
sencillo(a); sobrio(a)*	*simple; sobre*
escueto(a)	*dépouillé(e)*
decorar, adornar	*décorer*
recargado(a)	*surchargé(e)*
□	□
el plano	*le plan*
la fachada	*la façade*
el ala	*l'aile*
el aguilón	*le pignon*
el frontón	*le fronton*

En aquel taller del artista yacían miles de estatuas.

Des milliers de statues se trouvaient dans cet atelier de l'artiste.

Un busto de bronce.

Un buste en bronze.

Un rostro expresivo.

Un visage expressif.

Una estatua con expresión hierática.

Une statue à l'expression figée.

Está prohibido matar los elefantes para recuperar el marfil.

Il est interdit de tuer les éléphants pour récupérer l'ivoire.

El artista talló un busto de mujer en mármol.

L'artiste sculpta un buste de femme sur marbre.

Acaba de adquirir un grabado en madera.

Elle vient d'acquérir une gravure sur bois.

Este arquitecto realizó las obras de remodelación del viejo palacio.

Cet architecte a réalisé les travaux de rénovation du vieux palais.

Con la Sagrada Familia Antoni Gaudí alcanzó el apogeo de su obra arquitectural.

Avec la Sagrada Familia Antoni Gaudí a atteint l'apogée de son œuvre architecturale.

Un caballero de la Orden de Santiago mandó construir la casa de las Conchas en Salamanca.

Un chevalier de l'Ordre de Saint-Jacques fit construire la maison des Coquilles à Salamanque.

El monumento del Valle de los Caídos fue levantado por presos políticos durante el franquismo.

Le monument du Valle de los Caídos fut érigé par des prisonniers politiques durant le franquisme.

La construcción del edificio ha durado un año.

La construction de l'édifice a duré un an.

El monasterio del Escorial se caracteriza por su aspecto sobrio y austero.

Le monastère de l'Escurial se caractérise par son aspect sobre et austère.

el remate ; rematar*	le couronnement, la pointe ; surmonter, couronner
□	□
el estilo románico	le style roman
el estilo gótico*	le style gothique
el gótico flamígero	le gothique flamboyant
el estilo barroco* ; abarro-cado(a)	le style baroque ; baroqui-sant(e)
el estilo churrigueresco[1]*	le style churrigueresque
el estilo plateresco[2]*	le style plateresque
el estilo mudéjar[3]*	le style mudéjar
□	□
el monumento histórico	le monument historique
las murallas ; amurallado(a)	les remparts ; fortifié(e)
la fortaleza ; la alcazaba	la forteresse ; la forteresse arabe
el alcázar[4]*	l'alcazar
el palacio* ; el palacete	le palais, le château ; le petit palais
el castillo*	le château, le château fort
la barbacana	la barbacane
el puente*	le pont
el puente levadizo	le pont-levis
el adarve, el camino de ronda	le chemin de ronde
la torre del homenaje	le donjon
la torre ; el torreón*	la tour ; la grosse tour
el matacán	le mâchicoulis
la tronera	la meurtrière
la almena	le créneau
la atalaya	l'échauguette
□	□
el artesonado*	le plafond à caissons
el ajimez	la fenêtre à meneaux
el parteluz	le meneau

1. Style baroque outré propagé par José de Churriguera (1665-1723), trouvant sa pleine expression en Amérique latine.
2. Style qui apparaît sous les Rois Catholiques et perdure jusqu'au règne de Philippe II. Il rappelle l'art de l'orfèvre, le *platero*, d'où son nom.
3. Style qui s'est développé du XIIe au XVIe siècle, caractérisé par l'influence de l'art de l'islam et l'utilisation de la brique, de la céramique, du bois et du plâtre.
4. Palais fortifié arabe, agrandi ou reconstruit par les chrétiens.

La Giralda remata la catedral de Sevilla.

La Giralda couronne la cathédrale de Séville.

El estilo gótico se caracteriza sobre todo por el empleo de la ojiva.

Le style gothique se caractérise essentiellement par l'emploi de l'ogive.

El estilo barroco se desarrolló primero en Italia.

Le style baroque s'est développé d'abord en Italie.

Lo cargado del Sagrario Metropolitano de la ciudad de Méjico es típico del estilo churrigueresco.

L'aspect surchargé du Sagrario Métropolitain de la ville de Mexico est typique du style churrigueresque.

La casa salmantina de las Muertes es una obra maestra del plateresco.

La maison salmantine des Morts est un chef-d'œuvre du plateresque.

Los Reales Alcázares de Sevilla constituyen el ejemplo perfecto de la arquitectura mudéjar.

L'Alcazar de Séville constitue l'exemple parfait de l'architecture mudéjar.

El alcázar de Segovia se alza como un mascarón de proa en lo alto de un promontorio.

L'alcazar de Ségovie se dresse comme une figure de proue au sommet d'un promontoire.

El palacio de Versalles fue construido por el Rey Sol.

Le château de Versailles fut construit par le Roi-Soleil.

Los castillos del Loira.

Les châteaux de la Loire.

Los siete nuevos puentes de Sevilla destacan por su atrevido diseño.

Les sept nouveaux ponts de Séville se distinguent par leur conception audacieuse.

El puente de la Barqueta comunica a la ciudad de Sevilla con la isla de la Cartuja.

Le pont de la Barqueta relie la ville de Séville à l'île de la Chartreuse.

Desde el torreón los soldados vigilan el campo.

De la grosse tour les soldats surveillent la campagne.

Los artesonados adornan los palacios granadinos de la Alhambra.

Les plafonds à caissons ornent les palais grenadins de l'Alhambra.

C EXPRESSIONS ET LOCUTIONS

Su esperanza se ha derrumbado como un castillo de naipes.

Son espoir s'est effondré comme un château de cartes.

Levantar castillos en el aire.

Bâtir des châteaux en Espagne.

☐	☐
la iglesia*	l'église
la mezquita*	la mosquée
el alminar*	le minaret
la catedral	la cathédrale
la basílica*	la basilique
☐	
el campanario*	le clocher
la espadaña	le campanile, le clocher à jour
la aguja	la flèche
la gárgola*	la gargouille
el arbotante	l'arc-boutant
el contrafuerte	le contrefort
el claustro*	le cloître
☐	☐
la nave*	la nef
la nave lateral*	le bas-côté
el crucero	le transept
el coro	le chœur
el trascoro	la partie extérieure entourant le chœur (dans l'église)
el altar ; el altar mayor	l'autel ; le maître-autel
la capilla mayor	la chapelle principale de l'église
el ábside	l'abside
las capillas*	les chapelles
la sacristía*	la sacristie
la sala capitular	la salle capitulaire
el bautisterio	le baptistère
el sagrario ; la custodia	le tabernacle ; l'ostensoir
la cripta*	la crypte
☐	☐
el pilar ; la columna	le pilier ; la colonne
el capitel*	le chapiteau
la bóveda ; la cúpula	la voûte ; la coupole
la vidriera* ; el rosetón*	le vitrail ; la rosace
la sillería*	les stalles
la reja*	la grille
el púlpito*	la chaire
☐	☐

La mezquita de Córdoba es una de las mayores del mundo después de la de La Meca.	La mosquée de Cordoue est l'une des plus grandes du monde après celle de La Mecque.
Desde el alminar el muezzin llama a los fieles para rezar.	Depuis le minaret le muezzin appelle les fidèles pour prier.
La basílica de Lurdes es un sitio de peregrinación importante.	La basilique de Lourdes est un lieu de pèlerinage important.
Los dos campanarios de la catedral de Burgos miden 84 metros de alto.	Les deux clochers de la cathédrale de Burgos mesurent 84 mètres de haut.
El campanario da las once.	Le clocher sonne onze heures.
Las gárgolas están talladas en forma de grifos.	Les gargouilles sont sculptées en forme de griffons.
El claustro es un lugar de calma y de reposo.	Le cloître est un lieu de calme et de repos.
Una fila de arcadas separa la nave principal (o mayor) de la nave lateral.	Une rangée d'arcades sépare la nef centrale du bas-côté.
Suelo recogerme en la capilla dedicada a Santa Catalina.	J'ai coutume de me recueillir dans la chapelle dédiée à sainte Catherine.
La sacristía está derruida.	La sacristie est en ruine.
En la cripta está enterrada la pareja real.	Dans la crypte est enterré le couple royal.
Un capitel dórico.	Un chapiteau dorique.
Las vidrieras de la catedral de Chartres son famosas.	Les vitraux de la cathédrale de Chartres sont réputés.
Dos rosetones adornan las extremidades del crucero en Nuestra Señora de París.	Deux rosaces ornent les extrémités du transept dans Notre-Dame de Paris.
El coro de la catedral toledana contiene una sillería de madera escultada del siglo XVI.	Le chœur de la cathédrale tolédane contient des stalles en bois sculpté du XVIe siècle.
El púlpito es de madera preciosa.	La chaire est en bois précieux.

C EXPRESSIONS ET LOCUTIONS

Llevar a la Iglesia a una mujer.	Conduire une femme à l'autel.
Un nacionalista de campanario.	Un nationaliste borné.
Entre rejas *(fam.)*.	Sous les verrous.

los almocárabes, los lazos	*les entrelacs*
el azulejo*	*l'« azulejo », le carreau de faïence émaillée*
alicatado(a)	*orné(e) d'« azulejos »*
el adobe	*la brique crue (d'argile ou de torchis)*
la pizarra ; pizarroso(a)	*l'ardoise; d'ardoise*
los soportales*	*les arcades (d'une rue)*
el patio*	*la cour, le patio*
el arca*	*l'arche*
el camarín	*la niche (pour les statues)*

Fuimos al restaurante de la casa de los azulejos en la ciudad de Méjico.

Nous sommes allés au restaurant de la maison des «azulejos» à Mexico.

Nos citamos debajo de los soportales de la plaza mayor.

Nous nous sommes donné rendez-vous sous les arcades de la grand-place.

Voy a visitar el patio de los leones en la Alhambra.

Je vais visiter la cour des lions de l'Alhambra.

El Arca de la Défense.

L'Arche de la Défense.

Bodegón

La música*	La musique
la música de cámara	*la musique de chambre*
el preludio	*le prélude*
la fuga	*la fugue*
la suite	*la suite*
la sonata	*la sonate*
el concierto*	*le concerto*
la música pop*, rock	*la musique pop, rock*
☐	☐
el músico*	*le musicien*
el (la) melómano(a)	*le (la) mélomane*
el conservatorio*	*le conservatoire*
el lutier, el fabricante de instrumentos de cuerda	*le luthier*
el atril	*le pupitre*
la batuta* (del director)	*la baguette (du chef d'orchestre)*
la partitura	*la partition*
☐	☐
el coro*	*le chœur*
la coral	*la chorale*
el corista	*le choriste*
el maestro concertador	*le chef de chœur*
el concierto*	*le concert*
la ópera	*l'opéra*
la ópera cómica, bufa	*l'opéra comique, bouffe*
la opereta	*l'opérette*
la zarzuela	*la « zarzuela », l'opérette espagnole*
☐	☐
el metrónomo	*le métronome*
el diapasón	*le diapason*
el tono*	*le ton*
la nota	*la note*
la gama, la escala	*la gamme*
la clave de sol, de fa, de ut	*la clé de sol, de fa, d'ut*

La música instrumental.
La musique instrumentale.

Me conmueve la música vocal.
La musique vocale m'émeut.

Me encanta el *Concierto de Aranjuez* de Rodrigo.
J'adore le Concerto d'Aranjuez *de Rodrigo.*

Vamos a presenciar un concierto de música pop.
Nous allons assister à un concert de musique pop.

Este músico toca el violín desde niño.
Ce musicien joue du violon depuis l'enfance.

Al fin consiguió matricularse en el conservatorio.
Elle a enfin réussi à s'inscrire au conservatoire.

En verano, hay a menudo conciertos al aire libre.
En été, il y a souvent des concerts en plein air.

Fuimos a escuchar un concierto de piano.
Nous sommes allés écouter un concert pour piano.

C EXPRESSIONS ET LOCUTIONS

Esta música se me ha pegado al oído.
Cette musique me trotte dans la tête.

Se fue con la música a otra parte.
Il plia bagage.

No me vengas con músicas.
Ne me raconte pas d'histoires.

¡ Todo eso es música celestial !
Tout ça, c'est du vent, des paroles en l'air !

Música y letra.
Paroles et musique.

Llevar la batuta.
Mener la danse.

Cantar a coro.
Chanter en chœur.

Estar a tono.
Être, rester dans la note.

Dijo en todos los tonos que era el jefe.
Il répéta sur tous les tons qu'il était le chef.

Tuvo que ponerse a tono.
Il dut se mettre au diapason.

Dio con el tono adecuado la noche pasada.
Il a trouvé le ton qu'il fallait la nuit passée.

el pentagrama	*la portée*
el compás*	*la mesure*
el sostenido*, la diesi	*le dièse*
el bemol	*le bémol*
el becuadro	*le bécarre*
el modo menor, mayor	*le mode mineur, majeur*
la semibreve, la redonda	*la ronde*
la mínima, la blanca*	*la blanche*
la negra*	*la noire*
la corchea	*la croche*
la semicorchea, la doble corchea*	*la double croche*
la fusa	*la triple croche*
la semifusa	*la quadruple croche*
el calderón	*le point d'orgue*
el trino	*le trille*
□	□
el instrumento* (de música)	*l'instrument (de musique)*
el sonido*, el tañido, el timbre	*le son, le timbre (d'un instrument)*
tocar* un instrumento, tañer un instrumento	*jouer d'un instrument*
el instrumento de cuerda	*l'instrument à cordes*
el violín*; el violonista*	*le violon; le violoniste*
el primer violín	*le premier violon*
el arco	*l'archet*
la clavija	*la cheville*
el puente	*le chevalet (d'un violon)*
la viola*	*l'alto*
el violoncelo, el violonchelo, el chelo	*le violoncelle*
el violoncelista, el violonchelista	*le violoncelliste*
el violón*, el contrabajo	*la contrebasse*
el contrabajo	*le contrebassiste*
la balalaica	*la balalaïka*
el banjo	*le banjo*
la mandolina	*la mandoline*
la guitarra*; el guitarrista*	*la guitare; le guitariste*

El compás binario.	*La mesure binaire.*
El compás de tres por cuatro.	*La mesure à trois temps.*
Un doble sostenido.	*Un double dièse.*
Una blanca equivale a dos negras.	*Une blanche vaut deux noires.*
No me sale esta doble corchea.	*Je n'arrive pas à faire cette double croche.*
Colecciona instrumentos de música.	*Il collectionne des instruments de musique.*
Este instrumento tiene un buen sonido.	*Cet instrument a un joli son.*
No tocas al compás.	*Tu ne joues pas en mesure.*
Toca el violín tres horas al día.	*Il joue du violon trois heures par jour.*
Es una gran violonista oriunda de Viena.	*C'est une grande violoniste originaire de Vienne.*
Jordí Savall, gran concertista catalán, toca viola de gamba maravillosamente.	*Jordi Savall, grand concertiste catalan, joue merveilleusement de la viole de gambe.*
No viaja nunca sin la guitarra.	*Il ne voyage jamais sans sa guitare.*
El guitarrista rasca la guitarra.	*Le guitariste gratte sa guitare.*

C EXPRESSIONS ET LOCUTIONS

Llevar el compás.	*Battre la mesure.*
Guardar el compás.	*Garder la mesure.*
Tocar a rebato.	*Sonner le tocsin.*
Embolsar el violín. *(am.)*	*Revenir bredouille.*
Tocar el violón.	*Parler, agir à tort et à travers.*
Tener bien, tener mal templada la guitarra.	*Être de bonne, de mauvaise humeur.*

rasguear*	*plaquer des accords ou des arpèges sur un instrument*
el rasgueado	*arpèges sur une guitare*
trastear	*pincer les cordes*
el traste	*la touche, la touchette (d'une guitare ou d'une mandoline)*
la púa, el plectro	*le médiator, le plectre*
el harpa, el arpa	*la harpe*
el harpista, el arpista	*le harpiste*
el laúd*	*le luth*
el piano*; el pianista*	*le piano; le pianiste*
el piano de cola*	*le piano à queue*
el piano vertical	*le piano droit*
los teclados	*le piano électrique*
teclear*	*pianoter*
la tecla*	*la touche*
el teclado	*le clavier*
el clave, el clavicordio; el tocador de clavicordio	*le clavecin; le claveciniste*
el órgano*; el organista	*l'orgue; l'organiste*
el órgano de manubrio	*l'orgue de Barbarie*
el organillo*; el organillero	*l'orgue de Barbarie, le piano mécanique; le joueur d'orgue de Barbarie*
la caja de música*	*la boîte à musique*
los cobres, los instrumentos de metal*	*les cuivres*
el instrumento de viento	*l'instrument à vent*
soplar	*souffler*
la boquilla*	*le bec*
la embocadura; embocar	*l'embouchure; emboucher un instrument*
la llave	*la clé (d'un instrument à vent)*
la trompeta; el trompeta*	*la trompette; le trompettiste*
el trombón, el alto	*l'alto*
el trombón (de varas)	*le trombone (à coulisses)*
la trompa*	*le cor*
el clarinete*; el clarinetista	*la clarinette; le clarinettiste*
el oboe	*le hautbois; le hautboïste*

Se le oye rasguear a la otra punta de la casa.

On l'entend plaquer des accords à l'autre bout de la maison.

El tañedor de laúd.

Le joueur de luth.

Está aprendiendo piano.

Elle apprend le piano.

Aplaudieron al pianista frenéticamente.

Ils applaudirent le pianiste à tout rompre.

Acaba de realizar un sueño : ha comprado un piano de cola.

Elle vient de réaliser son rêve : elle a acheté un piano à queue.

El organillo le recuerda su juventud.

L'orgue de Barbarie lui rappelle sa jeunesse.

Le han regalado una caja de música.

On lui a offert une boîte à musique.

No es muy aficionada a los instrumentos de metal, prefiere con mucho los instrumentos de viento.

Elle n'aime pas beaucoup les cuivres, elle préfère de beaucoup les instruments à vent.

El trompeta tocaba una pieza famosa.

Le trompettiste jouait un morceau connu.

Una trompa de caza.

Un cor de chasse.

Se le da bien el clarinete.

Il se débrouille bien à la clarinette.

C   EXPRESSIONS ET LOCUTIONS

Está tecleando un asunto.

Il étudie une affaire.

Diste en la tecla.

Tu es tombé juste, tu as fait mouche.

Tocar la tecla sensible.

Faire vibrer la corde sensible.

Entonar el órgano.

Souffler l'orgue.

Hicieron una promesa de boquilla.

Ils firent une promesse en l'air.

el bajo	*la basse*
el bajón ; el bajista	*le basson ; le bassoniste*
la flauta* ; el flautista	*la flûte ; le flûtiste*
la flauta travesera	*la flûte traversière*
el pífano	*le fifre*
el clarín	*le clairon*
la tuba	*le tuba*
el saxofón, el saxófono	*le saxophone*

Los instrumentos españoles   *Les instruments espagnols*

la gaita*	*la musette*
la gaita gallega ; el gaitero	*la cornemuse ; le joueur de cornemuse*
la bandurria	*la mandoline espagnole*
la vihuela	*sorte de guitare espagnole*
la zambomba*	*sorte de petit tambour (utilisé à Noël)*
las castañuelas*	*les castagnettes*
la pandereta*	*le tambourin, tambour de basque*

□   □

el instrumento de percusión	*l'instrument à percussion*
el cascabel*	*le grelot*
el tambor*	*le tambour*
el tamboril	*le tambourin*
el tamborilero	*le tambourinaire*
tamborilear	*tambouriner*
el bombo*, la tambora	*la grosse caisse*
los címbalos, los platillos	*les cymbales*
el timbal, el atabal	*la timbale*
el atabalero	*le timbalier*
atabalear	*tambouriner*
el redoble*	*le battement, le roulement (de tambour)*
redoblar*	*battre le tambour*
el parche	*la peau du tambour*
la batería	*la batterie*
el sintetizador	*le synthétiseur*
la armónica	*l'harmonica*
el xilófono	*le xylophone*
el acordeón	*l'accordéon*

Los niños quisieron comprar zambombas para Navidad.

Les enfants voulurent acheter des petits tambours pour Noël.

Se pusieron a cantar y a tocar pandereta.

Ils se sont mis à chanter et à jouer du tambourin.

Tocar el tambor.

Battre le tambour, du tambour.

Sólo se oía el bombo en aquella orquesta.

On n'entendait que la grosse caisse dans cet orchestre.

C   EXPRESSIONS ET LOCUTIONS

Y sonó la flauta por casualidad.

Et ce fut un coup de chance.

Cuando pitos, flautas, cuando flautas, pitos.

Lorsqu'on veut blanc, c'est noir, lorsqu'on veut noir, c'est blanc.

Templar gaitas.

Arrondir les angles.

A mí no me vengas con gaitas.

Ne m'ennuie pas.

Con gaita y tambor.

Joyeusement.

Es más alegre que una gaita.

Elle est gaie comme un pinson.

Es una gaita tener que ir a un sitio sin ganas.

Quelle corvée que de devoir aller quelque part quand on n'en a pas envie !

Alegre como unas castañuelas.

Gai comme un pinson.

La España de pandereta.

L'Espagne d'opérette.

Zumbar la pandereta.

Flanquer une raclée.

Poner el cascabel al gato.

Attacher le grelot.

Este chico es un cascabel.

Ce garçon est étourdi, une tête en l'air.

A, con tambor batiente, al redoble del tambor.

Tambour battant.

Hacer redoble.

Surcontrer (bridge).

Redoblar sus gritos.

Crier de plus belle.

Instrumentos de América Latina	Instruments d'Amérique latine
la zampoña	*la flûte de Pan*
la quena*	*la flûte indienne (droite, à 5 trous, utilisée surtout par les Indiens du Pérou et de Bolivie)*
el charango*	*petite guitare faite avec la carapace d'un tatou*
la marimba	*sorte de xylophone*
el bandoneón*	*le bandonéon*
las maracas, la maracá	*les maracas*

☐   ☐

el compositor(a)	*le compositeur(trice)*
componer	*composer*
poner música a*	*mettre en musique*
la orquesta	*l'orchestre*
el director de orquesta	*le chef d'orchestre*
la banda, la charanga	*la fanfare*
la tuna	*l'orchestre d'étudiants, en Espagne*

☐   ☐

la canción*, el cantar*	*la chanson*
la canción de variedad	*la chanson de variété*
el éxito del momento*	*le tube*
la lista de éxitos	*le hit-parade*
el cantautor	*l'auteur-compositeur-interprète*
el (la) cantante*	*le (la) chanteur(euse)*
el cantador(a), la cantaor(a)	*le (la) chanteur(euse) de flamenco*
la cantatriz	*la cantatrice*
cantar*	*chanter*
canturrear, canturriar	*chantonner, fredonner*
desafinar	*chanter faux, jouer faux*

En esta música andina, se oyen el charango y la quena.	*Dans cette musique andine l'on entend le charango et la flûte indienne.*
En aquel tango se oía el bandoneón.	*Dans ce tango on entendait le bandonéon.*
Le puso música a la letra.	*Il a mis les paroles en musique.*
Poner música a un poema.	*Mettre un poème en musique.*
Esta canción está en los 40 principales.	*Cette chanson figure au Top 50.*
El cantar de gesta.	*La chanson de geste.*
Se oye el éxito del momento en todas las radios.	*On entend le même tube sur toutes les radios.*
El cantante está de gira por España.	*Le chanteur est en tournée en Espagne.*
La actuación del cantante catalán Joan Manuel Serrat fue un éxito.	*Le concert du chanteur catalan Joan Manuel Serrat fut un succès.*
La madre le cantaba a su hija una nana para que se durmiera.	*La mère chantait une berceuse à sa fille pour qu'elle s'endorme.*
Canta a las mil maravillas.	*Elle chante à merveille.*

C   EXPRESSIONS ET LOCUTIONS

Una canción báquica.	*Une chanson à boire.*
Contigo siempre es la misma canción.	*Avec toi c'est toujours la même chanson.*
El Cantar de los cantares.	*Le Cantique des cantiques.*
Eso es otro cantar.	*C'est une autre musique, histoire.*
Al cantar el gallo.	*Au chant du coq.*
Cantar entonado.	*Chanter juste.*

la canción de Tuna	*la chanson traditionnelle des étudiants espagnols*
los villancicos	*les chants de Noël*
la nana*, la canción de cuna	*la berceuse*
el cante flamenco, hondo, jondo	*le flamenco*
la copla, el cuplé	*le couplet*
el estribillo	*le refrain*
la letra	*les paroles (d'une chanson)*
el bajo ; el tenor ; el contralto ; el soprano, el triple	*la basse ; le ténor ; l'alto ; le (la) soprano*
□	□
afinar	*accorder*
estar desafinado, desacordado, desentonado, destemplado	*être désaccordé*
de oído*	*d'oreille*
un gallo*, una nota falsa	*un canard, une fausse note*

Las letras	**Les lettres**
la literatura*	*la littérature*
literario*	*littéraire*
la obra*	*l'œuvre, l'ouvrage*
la obra maestra*	*le chef-d'œuvre*
crear	*créer*
escribir*	*écrire*
la escritura	*l'écriture*
el escrito*	*l'écrit*
el escritor, el literato*	*l'écrivain, l'homme de lettres*
la escritora	*la femme de lettres*
el autor	*l'auteur*
componer	*composer*
la influencia, el influjo, la inspiración	*l'influence*
clásico	*classique*
moderno ; vanguardista	*moderne ; d'avant-garde*
romántico	*romantique*
épico	*épique*
picaresco*	*picaresque*
lírico	*lyrique*

La literatura cortesana del siglo XV.	*La littérature courtoise du XVᵉ siècle.*
La crítica literaria.	*La critique littéraire.*
El mundillo literario.	*Le monde des Lettres.*
Dadas las obras, el galardón se presenta reñido.	*Étant donné les œuvres, le prix sera disputé.*
La Celestina es una de las obras maestras del Teatro español.	La Célestine *est un des chefs-d'œuvre du Théâtre espagnol.*
Seis literatos para un premio.	*Six écrivains pour un prix.*
La novela picaresca de Mateo Alemán, el *Guzmán de Alfarache*, revela una amarga visión del mundo.	*Le roman picaresque de Mateo Alemán, le* Guzmán d'Alfarache*, révèle une vision amère du monde.*

C   EXPRESSIONS ET LOCUTIONS

Es más viejo que la nana.	*Il est vieux comme Mathusalem.*
Tener (buen) oído ≠ mal oído.	*Avoir une bonne oreille, avoir l'oreille musicale ≠ ne pas avoir d'oreille.*
Tocar de oído.	*Jouer d'oreille.*
Machacar los oídos.	*Rebattre les oreilles.*
Tener oído.	*Avoir de l'oreille.*
Soltar un gallo.	*Faire un canard.*
Escribir cuatro, unas letras.	*Écrire un mot.*
Escribir a vuela pluma, al correr de la pluma.	*Écrire au fil, au courant, de la plume.*
Lo escrito, escrito está.	*Ce qui est écrit est écrit.*

surrealista*	*surréaliste*
realista	*réaliste*
pintoresco	*pittoresque*
□	□
el libro*	*le livre*
el canto*	*la tranche*
el lomo	*le dos (d'un livre)*
la pasta*, las pastas	*la reliure, la couverture cartonnée*
la encuadernación*	*la reliure*
el diccionario	*le dictionnaire*
el epistolario	*le recueil de lettres*
el incunable	*l'incunable*
las bellas letras	*les belles-lettres*
□	□
la prosa	*la prose*
la novela*	*le roman*
el novelista	*l'auteur de roman, le romancier*
novelesco*	*romanesque*
sobrecogedor, desgarrador	*poignant*
el diario	*le journal intime*
la epístola	*l'épître*
el sainete, el entremés*	*l'intermède*
popular	*populaire*
la novela policiaca	*le roman policier, le polar*
el relato, la narración; relatar, contar, narrar	*le récit; raconter*
la novela corta*, el cuento	*la nouvelle*
la historia, el cuento*	*l'histoire*
la oda	*l'ode*
la copla*; la saeta	*la strophe courte de chanson populaire; le chant religieux*
el romancero	*le romancero (recueil de «romances» espagnoles)*
la leyenda	*la légende*
la epopeya	*l'épopée*
el cuento*	*le conte*

Una obra de influencia surrealista. / Une œuvre d'inspiration surréaliste.

Las tapas de un libro. / La couverture d'un livre.

Forrar los libros. / Couvrir les livres.

Ir pasando las páginas de un libro. / Tourner les pages d'un livre.

Tengo que ir a comprar un libro de texto. / Je dois partir acheter un manuel, un livre de classe.

Un libro en rústica. / Un livre broché.

Un libro de canto dorado. / Un livre doré sur tranche.

Un libro en pasta. / Un livre relié.

El cuero reseco de la encuadernación de un libro. / Le cuir racorni de la reliure d'un livre.

Es una aficionada a la novela rosa. / Elle lit avec passion des romans à l'eau de rose.

Una novela titulada..., que se titula... / Un roman intitulé..., qui s'intitule...

Una bella ficción novelesca. / Une belle fiction romanesque.

Los modelos de los entremeses fueron los *Pasos* de Lope de Rueda. / Les modèles des intermèdes furent les Pasos de Lope de Rueda.

Esta novela corta plantea el problema de la muerte. / Cette nouvelle pose le problème de la mort.

C EXPRESSIONS ET LOCUTIONS

Habla como un libro. / Il parle comme un livre.

Meterse en libros de caballerías. / Se mêler de ce qui ne nous regarde pas.

En junio ahorcó los libros. / En juin il a jeté ses livres au feu, il a abandonné ses études.

Cuento chino, cuento tártaro, coplas de Calaínos. / Histoires à dormir debout.

Eso es el cuento de nunca acabar. / C'est une histoire à n'en plus finir.

Y colorín, colorado, este cuento se ha acabado. / Et ils eurent beaucoup d'enfants... (à la fin d'un conte).

Tiene mucho cuento. / C'est un bluffeur.

el cuento de hadas*	le conte de fées
□	□
la poesía*	la poésie
el poeta, la poetisa	le poète, la poétesse
la musa*	la muse
poético*	poétique
el poema*	le poème, la poésie
recitar*	réciter, dire (un poème)
declamar*	déclamer
componer versos*	faire de la poésie, composer
el verso*	le vers
el trisílabo	le vers de trois pieds
el tetrasílabo	le tétrasyllabe
el pentasílabo	le pentasyllabe
el hexasílabo	l'hexasyllabe
el heptasílabo	l'heptasyllabe
el octosílabo*	l'octosyllabe
el eneasílabo	l'ennéasyllabe
el decasílabo	le décasyllabe
el endecasílabo	l'endécasyllabe
el dodecasílabo	le vers de douze pieds
el tredecasílabo	le vers de treize pieds
el alejandrino[1]	l'alexandrin
rimar	rimer
la rima	la rime
la estrofa	la strophe
la cuaderna vía*	le quatrain d'alexandrins mono-rimes
la cuarteta	le quatrain
la redondilla[2]	le quatrain
la octava	le huitain
el título	le titre
los trozos escogidos, selectos, la miscelánea	les morceaux choisis, les miscellanées

1. L'alexandrin espagnol compte 14 pieds, l'alexandrin français, 12.
2. La *redondilla* se compose de quatre octosyllabes à rimes embrassées.

Cada noche, le lee un cuento de hadas.

Il lui lit, chaque soir, un conte de fées.

El « modernismo » –movimiento poético hispanoamericano– fue introducido en España por Rubén Darío ; dicho movimiento renovó la poesía española.

Le « modernismo »– mouvement poétique hispano-américain – fut introduit en Espagne par Rubén Darío ; ce mouvement renouvela la poésie espagnole.

Clio es la musa de la Historia.

Clio est la muse de l'Histoire.

La prosa poética.

La prose poétique.

Un poema conceptuoso.

Un poème de style précieux.

Se sabe el poema al dedillo.

Elle connaît le poème sur le bout des doigts.

Empezaba a recitar con voz cantarina.

Elle commençait à réciter d'une voix chantante.

Este niño compone versos.

Cet enfant fait de la poésie.

El romance es una composición poética que consta de versos octosílabos con asonancia en los pares.

Le romance est une composition poétique formée d'octosyllabes dont les vers pairs sont assonancés.

En el mester de clerecía, la métrica utilizada por los clérigos, en el siglo XIII, la cuaderna vía, es mucho más regular que la métrica juglaresca.

Dans la poésie savante, la métrique utilisée par les clercs, au XIIIe siècle, le quatrain d'alexandrins monorimes, est beaucoup plus régulière que la métrique épique (des jongleurs qui se font les interprètes de la poésie épique).

C EXPRESSIONS ET LOCUTIONS

¡ Es un poema !

C'est tout un poème !

Declamar versos.

Déclamer des vers.

Hacer versos.

Faire des vers.

el texto	le texte
el asunto, el tema*; el fondo	le sujet; le contenu
el procedimiento*	le procédé
la forma; el estilo	la forme; le style
el fondo	le fond
redactar algo*	rédiger qqch.
la concepción	la conception
concebir algo	concevoir qqch.
la descripción*	la description
describir	décrire
el cuadro	le tableau
pintar algo	dépeindre qqch.
el tópico*, el lugar común	le lieu commun
el numen	la verve, l'esprit
la vena poética	la veine poétique
el humor*; humorístico	l'humour; humoristique
el hilo	l'idée directrice, le fil conducteur
leer*	lire
el lector*; la lectura*	le lecteur; la lecture
ser ilustrado, letrado	avoir des lettres, être cultivé, lettré
el ratón de biblioteca*	le rat de bibliothèque
leer(le) algo en voz alta a alguien	lire qqch. à qqn
reconstituir algo	reconstituer qqch.
la reconstitución	la reconstitution
titular	intituler
resumir*, compendiar	résumer
el resumen, el compendio	le résumé
interpretar	interpréter
la interpretación*	l'interprétation
sugerir*	suggérer
comentar*	commenter
el comentario	le commentaire
celebrar, glorificar	célébrer, glorifier
la celebración	la célébration

Estoy leyendo un libro cuyo tema es apasionante.	*Je suis en train de lire un livre dont le sujet est passionnant.*
Los procedimientos retóricos.	*Les procédés rhétoriques.*
Una descripción con los más sugestivos colores.	*Une description très colorée.*
El novelista se valió de un sinnúmero de tópicos.	*Le romancier a utilisé une infinité de lieux communs.*
Ayer, por la noche, leí este libro divertido de un tirón.	*Hier soir, j'ai lu ce livre amusant d'un trait.*
Le gusta leer a Federico García Lorca.	*Il aime lire du Federico García Lorca.*
Leemos el italiano pero aún no lo hablamos.	*Nous lisons et comprenons l'italien mais nous ne le parlons pas encore.*
El novelista se dirige a su lector en las primeras páginas.	*Le romancier s'adresse à ses lecteurs dans les premières pages.*
Mi avidez de lectura no descansaba de día ni de noche.	*Mon avidité de lecture ne cessait ni le jour ni la nuit.*
Con su tesis se ha vuelto un ratón de biblioteca.	*Avec sa thèse il est devenu un rat de bibliothèque.*
Tienes que resumir este texto en unas veinte líneas.	*Tu dois résumer ce texte en une vingtaine de lignes.*
Es una interpretación muy personal de la novela.	*C'est une interprétation très personnelle du roman.*
¿Qué te sugiere esta palabra?	*Que te suggère ce mot?*
No es fácil comentar estos versos.	*Ce n'est pas facile de commenter ces vers.*

C EXPRESSIONS ET LOCUTIONS

Cada loco con su tema.	*À chacun sa marotte.*
Redactar algo de su puño y letra.	*Rédiger quelque chose de sa propre main.*
Remover los humores.	*Agiter les esprits.*

subrayar, recalcar	*souligner*
llamar la atención sobre algo*	*attirer l'attention sur qqch.*
hacer notar	*faire sentir*
enfocar el relato sobre...	*orienter le récit sur...*
□	□
componerse de, constar de*	*comprendre, se composer de*
en sentido figurado*; propio	*au sens figuré; propre*
una descripción muy gráfica, plástica	*une description très imagée*
□	□
el discurso*	*le discours*
la oratoria	*l'art oratoire*
el orador	*l'orateur*
oratorio; declamatorio	*oratoire; déclamatoire*
exagerado, hiperbólico; solemne	*exagéré, hyperbolique; solennel*
amanerado*; ampuloso	*maniéré; ampoulé*
dirigirse a alguien*	*s'adresser à qqn*
□	□
el escritorio*	*le bureau*
el pisapapeles	*le presse-papiers*

Lo que me llamó la atención fue la descripción tan lograda del mar.	*Ce qui attira mon attention, ce fut la description si réussie de la mer.*
Este poema consta de cuatro estrofas.	*Ce poème comprend quatre strophes.*
Hay que tomar la palabra en sentido figurado.	*Il faut prendre le mot au sens figuré.*
Cuesta leer la novela por el estilo un tanto amanerado.	*Le roman est difficile à lire pour son style quelque peu maniéré.*
El poeta se dirige al lector tuteándole.	*Le poète s'adresse au lecteur en le tutoyant.*
Su escritorio siempre está lleno de papeles.	*Son bureau est toujours couvert de papiers.*

C EXPRESSIONS ET LOCUTIONS

El Discurso del Método.	*Le Discours de la Méthode.*

*El teatro**	Le théâtre
teatral*	*théâtral(e)*
el escenario*, la escena	*la scène*
escénico(a)	*scénique*
el telón*; el telón de boca	*le rideau; le rideau de scène*
los bastidores*	*les coulisses*
el tramoyista; la tramoya	*le machiniste; la machinerie*
el camarín*	*la loge (des acteurs)*
las candilejas	*les feux de la rampe*
la sala	*la salle (de spectacle)*
la butaca	*le fauteuil*
la butaca de patio	*le fauteuil d'orchestre*
el palco	*la loge*
el palco principal	*la loge de première*
el palco de proscenio	*la loge d'avant-scène*
la platea, el patio de butacas	*l'orchestre, le parterre*
el piso principal	*le balcon*
el anfiteatro*, el paraíso, el ga-llinero, la cazuela	*le poulailler, le paradis*
la delantera*	*la place de premier rang*
□	□
la localidad*, la entrada	*la place, le billet*
la contaduría*	*le bureau de réservation*
la reserva	*la réservation*
el descanso*	*la relâche*
cancelar un espectáculo	*annuler un spectacle*
en preparación	*prochainement (au théâtre)*
la temporada teatral	*la saison théâtrale*
la velada de teatro	*la soirée théâtrale*
el guardarropa	*le vestiaire*
el entreacto, el intermedio	*l'entracte*
□	□
la obra*, la pieza, la función*, la comedia	*la pièce*
la representación, la función*	*la représentation*
representar (una obra)	*représenter (une pièce)*
el drama*; el dramaturgo*	*le drame; le dramaturge*

Este actor se ha dedicado al teatro clásico desde siempre.	*Cet acteur a consacré sa vie au théâtre classique.*
Durante diez años su producción teatral disminuyó considerablemente.	*Durant dix ans sa production théâtrale a diminué considérablement.*
Cinco proyectores iluminaban el escenario.	*Cinq projecteurs éclairaient la scène.*
Al alzarse el telón se oye un nocturno de Chopin.	*Au lever du rideau on entend un nocturne de Chopin.*
Cae el telón y rompen los aplausos.	*Le rideau tombe et les applaudissements retentissent.*
Muchos admiradores esperaban al artista delante de su camarín.	*De nombreux admirateurs attendaient l'artiste devant sa loge.*
He sacado dos delanteras de anfiteatro.	*J'ai pris deux places de premier rang au poulailler.*
Ya no quedan localidades.	*Le théâtre affiche « complet ».*
Se despachan localidades en contaduría.	*On vend des billets au bureau de réservation.*
Hace de campesino en esta obra.	*Il joue le rôle d'un paysan dans cette pièce.*
Ella no actúa en esta función.	*Elle ne joue pas dans cette pièce.*
Hoy no hay función : es día de descanso.	*Aujourd'hui il n'y a pas de représentation : c'est relâche.*
Este drama está dividido en tres actos.	*Ce drame est divisé en trois actes.*
Este dramaturgo prescinde de la regla de las tres unidades de acción, tiempo y lugar.	*Ce dramaturge ne tient pas compte de la règle des trois unités d'action, de temps et de lieu.*

C EXPRESSIONS ET LOCUTIONS

Tiene mucho teatro.	*Il est très comédien.*
No sabes lo que ocurre entre bastidores.	*Tu ignores ce qui se passe en coulisses.*

el estreno ≠ la despedida	*la première ≠ la dernière*
la tragedia ≠ la comedia*	*la tragédie ≠ la comédie*
la tragicomedia	*la tragi-comédie*
la comedia de enredo	*la comédie d'intrigue*
la comedia de capa y espada	*la comédie de cape et d'épée*
el entremés	*l'intermède*
el teatro de títeres*	*le théâtre de marionnettes*
el café teatro*	*le café-théâtre*
□	□
pasar*, ocurrir, acontecer, acaecer, suceder	*se passer, se dérouler, avoir lieu*
el imprevisto*	*le coup de théâtre*
el desenlace trágico* ≠ cómico	*le dénouement tragique ≠ comique*
el acto*, la jornada[1]	*l'acte*
la escena*	*la scène (découpage de l'acte)*
la acotación escénica	*l'indication scénique*
la dirección escénica, la puesta en escena*, la escenografía, el aparato escénico	*la mise en scène*
dirigir (una obra), poner en escena (una obra)	*mettre en scène*
el escenógrafo, el director*	*le metteur en scène*
□	□
el decorado*	*le décor*
la iluminación	*l'éclairage*
el vestuario	*les costumes*
la máscara* ; enmascarado(a)	*le masque ; masqué(e)*
el antifaz	*le masque, le loup*
embozado(a)	*qui a le bas du visage caché*
rebozado(a)	*qui a le visage couvert d'un manteau ou d'une cape*
□	□
el elenco	*la troupe, la distribution*
el reparto	*la distribution*
la compañía	*la troupe, la compagnie*
el comediante* (la comedianta)	*le (la) comédien(ne)*
el actor* (la actriz)*	*l'acteur (l'actrice)*
el cómico	*le comédien, le comique*

---

1. Division usitée dans les pièces du théâtre classique espagnol.

A los adultos les gusta tanto el teatro de títeres como a los niños.

Les adultes aiment autant le théâtre de marionnettes que les enfants.

Este actor debutó la carrera artística en el café teatro.

Cet acteur a débuté sa carrière artistique au café-théâtre.

En *Don Juan Tenorio* la acción pasa en Sevilla, sobre 1545.

Dans Don Juan Tenorio l'action se passe à Séville, vers 1545.

El imprevisto consistió en la llegada de la mujer a casa de la amante de su marido.

Le coup de théâtre a consisté en l'arrivée de la femme chez la maîtresse de son mari.

La muerte del novio y de Leonardo constituye el desenlace trágico de *Bodas de sangre*.

La mort du jeune marié et de Léonard constitue le dénouement tragique de Noces de sang.

La pieza consta de un solo acto en el que el único actor encarna a varios personajes.

La pièce contient un seul acte pendant lequel l'unique acteur incarne plusieurs personnages.

La escena del encuentro entre los dos personajes es muy corta.

La scène de la rencontre entre les deux personnages est très courte.

La puesta en escena subraya el aspecto cómico de la obra.

La mise en scène souligne l'aspect comique de la pièce.

Federico García Lorca fue el creador y el director de la compañía teatral « La barraca ».

Federico García Lorca fut le créateur et le metteur en scène de la troupe théâtrale « La barraca ».

El decorado sugiere una calle de Madrid.

Le décor suggère une rue de Madrid.

El actor no se sabe su parte.

L'acteur ne connaît pas son rôle.

Esta actriz desempeña el papel principal.

Cette actrice joue le premier rôle.

C   EXPRESSIONS ET LOCUTIONS

¡ Eso es pura comedia !

C'est de la comédie !, c'est du chiqué !

Se ha quitado la máscara.

Il a posé le masque.

Este comediante tiene tablas.

Ce comédien a beaucoup de présence.

el cómico de la legua	*le comédien ambulant*
el (la) figurante, el (la) comparsa	*le (la) figurant(e)*
el galán¹ ; la dama*	*le jeune premier ; la jeune première*
el barba*	*le barbon, le père noble*
el gracioso*	*le bouffon*
debutar	*débuter*
el ensayo general	*la répétition générale*
ensayar*	*répéter*
la farándula	*les planches*
pisar las tablas, subir a las tablas	*monter sur les planches*
la representación, la actuación, el juego escénico	*le jeu (des acteurs)*
representar*, actuar, salir de*	*jouer*
el apuntador ; apuntar*	*le souffleur ; souffler*
la concha del apuntador	*le trou du souffleur*
salir (a escena)* ; la salida (a escena)	*entrer en scène ; l'entrée en scène*
irse (de escena)*	*sortir de scène*
□	□
el público*	*le public*
el espectador, la espectadora	*le spectateur, la spectatrice*
aplaudir*	*applaudir*
palmotear, palmear, dar palmas	*battre des mains, applaudir*
vitorear	*acclamer*
la clac, la claque, los alabarderos	*la claque*
llamar a escena	*rappeler qqn*
abuchear	*huer*
pitar*, silbar*, patear	*siffler*
el éxito* ≠ el fracaso	*le succès ≠ l'échec*

El cine, *el cinematógrafo*

Le cinéma, le cinématographe

cinéfilo(a) ; cinematográfico(a)	*cinéphile ; cinématographique*
el séptimo arte	*le septième art*

---

1. Le «galán», la «dama», le «barba» et le «gracioso» sont des personnages du théâtre classique espagnol.

Se encuentra en escena la dama.	*La jeune première est sur scène.*
Sale Don Diego Tenorio, de barba.	*Entre en scène Don Diègue Tenorio, père noble.*
Los chistes del gracioso divierten al público.	*Les bons mots du bouffon amusent le public.*
Los actores están ensayando la primera jornada de *El Burlador de Sevilla*, de Tirso de Molina.	*Les acteurs sont en train de répéter le premier acte de* L'Abuseur de Séville, *de Tirso de Molina.*
Los artistas representan *La vida es sueño*.	*Les artistes jouent* La vie est un songe.
Ella salía de Doña Leonor.	*Elle jouait Doña Léonore.*
Su oficio consiste en apuntar a los actores.	*Son métier consiste à souffler aux acteurs.*
Nada más levantarse el telón salió a escena el galán, de caza.	*Au lever du rideau le jeune premier entra sur scène, en tenue de chasse.*
La criada se va rápidamente de escena, llorosa.	*La domestique en pleurs sort rapidement de scène.*
El público aplaudió esta obra del repertorio clásico.	*Le public a applaudi cette pièce du répertoire classique.*
Esta función la pitaron el día del estreno.	*Cette pièce a été sifflée lors de la première.*
¡Qué fracaso! Han silbado la obra estrenada esta tarde.	*Un four complet! La première a été sifflée cet après-midi.*
La dama boba, de Lope, se estrenó con mucho éxito en 1613.	La dama boba, *de Lope, fut représentée pour la première fois en 1613, avec beaucoup de succès.*
La crisis del cine acarrea el cierre de locales.	*La crise du cinéma entraîne la fermeture des salles.*

C EXPRESSIONS ET LOCUTIONS

¿Quién ha sido el gracioso que ha abierto esta puerta?	*Quel est le rigolo qui a ouvert cette porte?*
¡Era de cine!	*C'était génial!*
Hacer cola en el cine.	*Faire la queue au cinéma.*
Estar loco por el cine.	*Être fou de cinéma.*

la historia cinematográfica, la filmografía	*la filmographie*
la película*, el film* (los films), el filme (los filmes)	*le film*
la sala*	*la salle*
la sala de exhibición, de proyección	*la salle de projection*
el aforo	*le nombre de places, la capacité d'une salle*
el cine al aire libre, el cine de verano	*le cinéma en plein air*
☐	☐
el cartel*	*l'affiche*
la cartelera*	*la rubrique cinéma d'un journal*
la guía del ocio*	*le journal des spectacles*
el día del espectador (el miércoles)	*la journée à tarif réduit (le mercredi)*
las novedades	*les nouveaux films*
estrenarse* (una película)	*sortir (en parlant d'un film)*
los estrenos; el estreno	*les films en première exclusivité; la première*
los reestrenos, las reposiciones	*les reprises*
☐	☐
la sesión* de cine	*la séance de cinéma*
el cine de sesión continua	*le cinéma permanent*
sesiones numeradas, independientes	*cinéma non permanent*
pases* : 4.15, 6.25, 8.35	*séances : 16h15, 18h25, 20h35*
poner*, echar, dar una película	*passer un film*
☐	☐
la pantalla	*l'écran*
el cine mudo	*le cinéma muet*
el cine sonoro	*le cinéma parlant*
el cine de arte y ensayo	*le cinéma d'art et d'essai*
la película en blanco y negro*	*le film en noir et blanc*
la película en color	*le film en couleurs*
el corto, el cortometraje	*le court métrage*
el mediometraje	*le moyen métrage*
el largometraje	*le long métrage*

B ... DANS LEUR CONTEXTE

No dejes de ver esta película.	*Ne manque pas ce film.*
Vimos una película ambientada en la Guerra Civil española.	*Nous avons vu un film qui se passe pendant la Guerre Civile espagnole.*
Es una película infantil para grabar.	*C'est un film pour enfants à enregistrer.*
Coloque la etiqueta de la película en el lomo de la cinta de vídeo.	*Placez l'étiquette du film au dos de la cassette vidéo.*
Fue notable la colaboración del cantante famoso en el film.	*La participation du célèbre chanteur dans le film fut remarquable.*
Aquel día, la sala estaba vacía.	*Ce jour-là, la salle était vide.*
Este film sigue en cartel.	*Ce film est toujours à l'affiche.*
Esta película de ciencia ficción está en cartel hasta el jueves.	*Ce film de science-fiction est à l'affiche jusqu'à jeudi.*
Consultar la cartelera para conocer los horarios.	*Consulter la rubrique cinéma du journal pour connaître les horaires.*
Voy a comprar la guía del ocio para saber dónde se pone esta película.	*Je vais acheter le journal des spectacles pour savoir où passe ce film.*
La película se estrena en el Palacio de la Música de Madrid.	*Le film sort au Palais de la musique de Madrid.*
Hoy no hay sesión a las doce de la noche.	*Aujourd'hui il n'y a pas de séance à minuit.*
¿Cuándo empieza el pase?	*Quand commence la séance?*
Ponen una película graciosísima en el cine Gran Vía.	*Un film très amusant passe au cinéma Gran Vía.*
Hoy en día se ruedan todavía películas en blanco y negro.	*De nos jours on tourne encore des films en noir et blanc.*

C EXPRESSIONS ET LOCUTIONS

¡Qué rollo!, ¡qué tostón de película!	*Quel navet!*
La película está clasificada X.	*Le film est classé X.*
Una película verde.	*Un film osé.*
Ha sido la película más taquillera del año.	*C'est le film qui a fait le plus d'entrées cette année.*

la ópera prima (de un director de cine)*	la première œuvre (d'un réalisateur de cinéma)
el trailer	le film-annonce, la bande-annonce
el documental*	le documentaire
el nodo (Noticiero Documental)	les actualités (sous le franquisme)
la superproducción	la superproduction, le péplum
los dibujos animados*	les dessins animés
la comedia	la comédie
el musical*	la comédie musicale
la película del oeste*, el western	le western
la película de acción	le film d'action
la película bélica*	le film de guerre
la película de espionaje	le film d'espionnage
la película policíaca	le film policier
la película de suspense*	le film de suspense
la película de intriga	le film d'intrigue
la película de terror	le film d'épouvante, d'horreur
la película erótica	le film érotique
el porno, la película porno(gráfica)	le film porno(graphique)
el drama	le drame
el melodrama*, el dramón	le mélodrame
□	□
el productor (la productora)	le producteur (la productrice)
la productora	la maison de production
la distribuidora	la maison de distribution
el cineasta*	le cinéaste
el director* (la directora), el realizador (la realizadora)	le réalisateur (la réalisatrice), le metteur en scène
la dirección, la realización	la réalisation, la mise en scène
dirigir*, realizar* una película	réaliser un film
la filmación	le filmage
el rodaje*	le tournage
la secretaria de rodaje	la script-girl
rodar una película*	tourner un film
la cámara*	la caméra
la cinta cinematográfica	la pellicule cinématographique
el estudio*	le studio
el plató	le plateau
la toma de vistas	la prise de vues

La ópera prima de Luis Buñuel es *Un perro andaluz*.

La première œuvre de Luis Buñuel est Un chien andalou.

Vimos un documental muy interesante sobre las ballenas.

Nous avons vu un documentaire très intéressant sur les baleines.

A los niños les encanta la abeja Maya de los dibujos animados.

Les enfants raffolent de l'abeille Maya des dessins animés.

Leonard Bernstein compuso la música del famoso musical *West Side Story*.

Leonard Bernstein a composé la musique de la célèbre comédie musicale West Side Story.

La película del oeste fue rodada en México.

Le western fut tourné au Mexique.

Esta película bélica evoca la tragedia de la ocupación de Francia.

Ce film de guerre évoque la tragédie de l'occupation de la France.

Hitchcock es uno de los grandes directores de películas de suspense.

Hitchcock est un des grands réalisateurs de films de suspens.

Lo que el viento se llevó es un melodrama.

Autant en emporte le vent *est un mélodrame.*

El cineasta Miguel Hermoso obtuvo con *Truhanes* su más sonado éxito cinematográfico.

Le cinéaste Miguel Hermoso a obtenu avec Truhanes *son plus fameux succès cinématographique.*

La novela *Nazarín* ha sido llevada al cine por el director Luis Buñuel.

Le roman Nazarín *a été adapté au cinéma par le réalisateur Luis Buñuel.*

Bienvenido, Míster Marshall fue dirigida por Luis García Berlanga en 1952.

Bienvenue, Monsieur Marshall *fut réalisé par Luis García Berlanga en 1952.*

Luis Buñuel realizó *Tristana* en 1970.

Luis Buñuel réalisa Tristana *en 1970.*

El rodaje tuvo lugar en Roma.

Le tournage eut lieu à Rome.

Sueña con rodar una película con Catherine Deneuve.

Il rêve de tourner un film avec Catherine Deneuve.

La cámara oculta.

La caméra cachée.

En Hollywood se encuentran los estudios más grandes del mundo.

À Hollywood se trouvent les plus grands studios du monde.

la toma de sonido	*la prise de son*
la banda sonora	*la bande sonore*
el doblaje	*le doublage*
el montaje	*le montage*
llevar a la pantalla	*porter à l'écran*
las letras, los créditos*	*le générique*
el sinopsis	*le synopsis*
el guión*	*le scénario*
el guionista	*le scénariste*
la versión subtitulada, la versión con subtítulos	*la version sous-titrée*
la versión original*, la V.O.	*la version originale, la V.O.*
la versión doblada	*la version doublée*
□	□
el desglose	*le découpage*
el plano	*le plan*
el primer plano	*le gros plan*
el plano de conjunto*	*le plan d'ensemble*
el picado ; el contrapicado	*la plongée ; la contre-plongée*
el campo ; el contracampo	*le champ ; le contre-champ*
el travelling*	*le travelling*
la panorámica	*le panoramique*
el fundido encadenado* ; el fundido en negro	*le fondu enchaîné ; le fondu au noir*
la vuelta atrás*, el flash-back	*le flash-back*
el trucaje	*le trucage*
la cámara lenta, el ralentí	*le ralenti*
el fotograma	*le photogramme*
□	□
el casting	*le casting*
el reparto*	*la distribution*
el actor* ; la actriz*	*l'acteur ; l'actrice*
el intérprete (la intérprete)	*l'interprète*
el (la) protagonista	*l'acteur (l'actrice) principal(e)*
la primera actriz, la actriz principal	*la vedette*
el galán de cine	*le jeune premier*
la estrella	*la vedette, la star*
el extra*	*le figurant*

La música de los créditos permite captar la atención del espectador.

La musique du générique permet de capter l'attention du spectacteur.

El guión fue escrito por Carlos Saura.

Le scénario fut écrit par Carlos Saura.

Suelo ver películas en versión original para mejorar mis conocimientos en inglés.

Je vais généralement voir des films en version originale pour améliorer mes connaissances en anglais.

En plano de conjunto aparece el bandido amenazando a su víctima.

En plan d'ensemble apparaît le bandit menaçant sa victime.

El travelling da una impresión de movimiento.

Le travelling donne une impression de mouvement.

El fundido encadenado separa dos secuencias fílmicas.

Le fondu enchaîné sépare deux séquences (de film).

Una vuelta atrás recuerda la infancia del protagonista.

Un flash-back rappelle l'enfance du personnage principal.

En esta película se reúne un reparto veterano.

Ce film réunit une distribution brillante.

Carmen Maura y Miguel Bosé encabezan un buen reparto.

Carmen Maura et Miguel Bosé sont à la tête d'une belle distribution.

Sobresaliente reparto, sobresaliente interpretación.

Excellente distribution, excellente interprétation.

El actor fue lanzado al estrellato el verano pasado.

L'acteur a été promu au rang de star l'été dernier.

Logró la estatuilla al mejor actor secundario.

Il a obtenu la statuette du meilleur second rôle.

Esta actriz encarna a una mujer divorciada.

Cette actrice incarne une femme divorcée.

Un extra con papel.

Un figurant avec un rôle.

Un extra que hace bulto.

Un figurant sans rôle.

C EXPRESSIONS ET LOCUTIONS

Un actor de primera, de segunda.

Un acteur de premier plan, de second plan.

el doble	*la doublure*
el especialista	*le cascadeur*
el papel*	*le rôle*
el papel principal	*le premier rôle*
el papel secundario	*le second rôle*
actuar*, interpretar, protagonizar*, hacer de*	*jouer*
la actuación, la interpretación	*le jeu (d'un acteur)*
□	□
el festival*	*le festival*
premiar una película	*récompenser un film*
el galardón*	*la récompense*
nominar; ser nominado(a)*	*nominer; être nominé(e)*
la nominación para los Oscars	*la nomination aux Oscars*
el Oscar*	*l'Oscar*
□	□
apta, película apta	*film tout public*
película no apta para menores	*film interdit aux mineurs*
película no recomendable para menores de 13 (o 18) años	*film déconseillé aux moins de 13 (ou 18) ans*
la taquilla	*le guichet*
sacar una entrada*; la entrada*	*prendre un billet; l'entrée*
sacar un abono para diez sesiones	*prendre un carnet de dix entrées*
el acomodador*	*l'ouvreuse*

Interpretar el papel de criado, interpretar a un criado.	*Interpréter le rôle du domestique, interpréter un domestique.*
Imanol Arias actúa genial, fenomenal.	*Imanol Arias joue merveilleusement bien.*
Gérard Depardieu protagoniza la película de forma magistral.	*Gérard Depardieu joue dans ce film de façon magistrale.*
El filme protagonizado por Victoria Abril es un éxito.	*Le film dans lequel joue Victoria Abril est un succès.*
Antonio Banderas hace de policía en este film.	*Antonio Banderas joue un policier dans ce film.*
El Festival de cine de San Sebastián se celebrará entre los días 16 y 21 de septiembre.	*Le Festival du cinéma de Saint-Sébastien aura lieu du 16 au 21 septembre.*
Viridiana obtuvo en el Festival de Cannes la Palma de Oro en 1961.	Viridiana *a obtenu la Palme d'Or au Festival de Cannes en 1961.*
La película obtuvo cinco galardones el año pasado.	*Le film a obtenu cinq récompenses l'an dernier.*
Fue dos veces nominado como mejor actor principal.	*Il fut deux fois nominé meilleur premier rôle.*
El discreto encanto de la burguesía obtuvo el Oscar al Mejor Film Extranjero en 1972.	Le Charme discret de la bourgeoisie *obtint l'Oscar du Meilleur Film Étranger en 1972.*
¿Quién se encarga de sacar las entradas?	*Qui se charge de prendre les billets?*
Queda prohibida la entrada a los menores de 18 años.	*L'entrée est interdite aux moins de 18 ans.*
He dado una propina al acomodador.	*J'ai donné un pourboire à l'ouvreuse.*

C EXPRESSIONS ET LOCUTIONS

Estar encasillado(a) en los mismos papeles.	*Être cantonné(e) dans les mêmes rôles.*

Generalidades	**Généralités**
la historia*	*l'histoire*
el historiador*	*l'historien*
histórico(a)	*historique*
el tiempo*	*le temps*
la época*, el tiempo*	*l'époque*
la era, la época	*l'ère*
la fecha	*la date*
los hechos	*les faits*
los datos	*les données*
el acontecimiento*	*l'événement*
producirse, pasar, suceder, ser, ocurrir	*se produire, arriver*
la arqueología	*l'archéologie*
el arqueólogo	*l'archéologue*
las excavaciones*	*les fouilles*
sacar, descubrir, desenterrar algo	*déterrer, exhumer qqch.*
el hallazgo	*la découverte (objet)*

La Prehistoria	**La Préhistoire**
el primer hombre	*le premier homme*
el hombre prehistórico, de la prehistoria	*l'homme préhistorique*
la Edad de la Piedra	*l'âge de pierre*
el período paleolítico	*le paléolithique*
la cueva	*la caverne*
el hombre de las cuevas	*l'homme des cavernes*
el hombre de Neanderthal	*l'homme de Neandertal*

La Antigüedad	**L'Antiquité**
la civilización egipcia	*la civilisation égyptienne*
la democracia ateniense	*la démocratie athénienne*
griego(a)	*grec(que)*
romano(a)*	*romain(e)*
la esclavitud*	*l'esclavage*
el esclavo*	*l'esclave*
el liberto	*l'affranchi*
esclavizar	*réduire en esclavage*
abolir	*supprimer, abolir*

No se trata de la pequeña historia sino de la Historia con H mayúscula.
Il ne s'agit pas de la petite histoire mais de l'Histoire avec un grand H.

Los grandes retos de la Historia.
Les grands défis de l'Histoire.

Los pormenores de la Historia.
Les à-côtés de l'Histoire.

La guerra fría EEUU / URSS ha pasado a la historia.
La guerre froide USA / URSS est désormais de l'histoire ancienne, du passé.

Este historiador se interesa por la Edad Media.
Cet historien s'intéresse au Moyen Âge.

En la época de Felipe IV.
À l'époque de Philippe IV.

En tiempo de Carlos V.
Au temps, à l'époque de Charles Quint.

Un acontecimiento notable.
Un événement remarquable, considérable.

Se pasó la vida en Egipto haciendo excavaciones.
Elle a passé sa vie à faire des fouilles, en Égypte.

La prehistoria es el período de la humanidad durante el cual los documentos escritos aún no existen.
La préhistoire est la période de l'humanité pendant laquelle les documents écrits n'existent pas encore.

La Antigüedad acaba en el siglo V –en 476– con la caída del Imperio romano en Europa occidental.
L'Antiquité s'achève au Vᵉ siècle – en 476 – avec la chute de l'Empire romain en Europe occidentale.

El Imperio romano.
L'Empire romain.

No cayó en la esclavitud.
Il ne tomba pas en esclavage.

El esclavo cimarrón.
L'esclave marron.

C EXPRESSIONS ET LOCUTIONS

A mí, no me vengas con historias.
Ne me raconte pas d'histoire.

Dejarse de historias.
Aller droit au fait.

Hacer época.
Faire date.

Es la tienda de antigüedades más concurrida de la ciudad.
C'est le magasin d'antiquités le plus fréquenté de la ville.

el ibero (a)	*l'Ibère*
ibérico (a)	*ibérique*
Iberia	*l'Ibérie*
el galo	*le Gaulois*
galo (a)	*gaulois (e)*
Galia	*la Gaule*
la tribu	*la tribu*

La Edad Media

Le Moyen Âge

la Edad Media, el medievo, el medioevo	*le Moyen Âge*
medieval, medioeval	*médiéval (e)*
los visigodos*	*les Wisigoths*
▢	▢
la ocupación musulmana	*l'occupation musulmane*
la Reconquista* (718-1492)	*la Reconquête (718-1492)*
el moro*	*le Maure*
el emirato*	*l'émirat*
el califato*	*le califat*
el califa	*le calife*
los reinos de taifas[1]	*les royaumes de «taifas»*
los almorávides	*les Almoravides*
los almohades	*les Almohades*
el mozárabe[2]	*le Mozarabe*
la algarabía[3]	*la langue arabe*
la dinastía nazarí* (o nazarita)[4]	*la dynastie des Nasrides*
los fueros[5]	*les statuts de chaque village chrétien reconquis*
▢	▢
la España cristiana	*l'Espagne chrétienne*
los Reyes Católicos* (1474-1516)	*les Rois Catholiques (1474-1516)*

1. De l'arabe *tawa'if* = faction. Petits royaumes de l'Espagne arabe après la dislocation du califat de Cordoue en 1031.
2. Chrétien qui réside dans des régions soumises à la domination musulmane.
3. Nom que donnaient les chrétiens à la langue arabe pendant la Reconquête.
4. Relatif à la famille musulmane qui régna à Grenade du XIIIe au XVe siècle.
5. Franchises accordées à une ville, au fur et à mesure qu'avançait la Reconquête, pour faciliter son peuplement. Les rois offraient aux habitants un certain nombre d'avantages et de garanties.

A finales del siglo VI los visigodos establecieron en la mayor parte de la península una poderosa monarquía.

À la fin du VIe siècle, les Wisigoths établirent dans la majeure partie de la Péninsule une puissante monarchie.

En 718 la resistencia de don Pelayo en Covadonga marcó el principio de la Reconquista, lucha de siete siglos entre cristianos y moros.

En 718 la résistance de Pélage à Covadonga marqua le début de la Reconquête, lutte de sept siècles entre chrétiens et Maures.

La España musulmana estaba formada por emiratos que dependían del califato de Damasco.

L'Espagne musulmane était formée d'émirats dépendant du califat de Damas.

Abd-el-Rahman I fundó en Córdoba un emirato independiente.

Abd-el-Rahman Ier fonda à Cordoue un émirat indépendant.

En 929, Abd-el-Rahman III erigió el emirato en califato.

En 929, Abd-el-Rahman III érigea l'émirat en califat.

Boabdil, último emir del reino nazarí, entregó Granada a los Reyes Católicos.

Boabdil, dernier émir du royaume des Nasrides, livra Grenade aux Rois Catholiques.

En enero de 1492 los Reyes Católicos tomaron Granada, último baluarte musulmán en España.

En janvier 1492 les Rois Catholiques prirent Grenade, dernier bastion musulman en Espagne.

El Papa Alejandro VI concedió a la pareja real la denominación de Reyes Católicos "por su política religiosa".

Le pape Alexandre VI concéda au couple royal la dénomination de Rois Catholiques "pour leur politique religieuse".

C EXPRESSIONS ET LOCUTIONS

¡Hay moros en la costa!

Ayons l'œil!

Por este traje de luces le han ofrecido el oro y el moro.

Pour cet habit de lumières on lui a offert monts et merveilles.

Isabel I de Castilla y Fernando II de Aragón*	*Isabelle Ire de Castille et Ferdinand II d'Aragon*
la Inquisición*	*l'Inquisition*
el Gran Inquisidor*	*le Grand Inquisiteur*
el sambenito	*la casaque des condamnés de l'Inquisition*
el auto de fe	*l'autodafé*
la toma de Granada	*la prise de Grenade*
el mudéjar¹	*le Mudéjar*
el morisco²*	*le Morisque*
el converso, el cristiano nuevo	*le converti*
el marrano³	*le Marrane*
expulsar*; la expulsión de los judíos*	*expulser*; l'expulsion des juifs*
la limpieza de sangre	*la pureté de sang*
□	□
el rey*	*le roi*
la reina	*la reine*
real	*royal(e)*
reinar*	*régner*
el soberano*	*le souverain*
la soberanía	*la souveraineté*
abdicar	*abdiquer*
hereditario(a)	*héréditaire*
suceder a alguien	*succéder à qqn*
subir al trono*	*monter sur le trône*
la corona*	*la couronne*
el cortesano	*le courtisan*
la nobleza	*la noblesse*
el noble	*le noble*
el conde (la condesa)	*le comte (la comtesse)*
el condado	*le comté*
el príncipe* (la princesa)	*le prince (la princesse)*
el infante* (la infanta)	*l'infant(e)*
el duque* (la duquesa)	*le duc (la duchesse)*

---

1. Musulman résidant dans des régions soumises à la domination chrétienne.
2. Musulman converti de force au catholicisme au XVIe siècle, mais inassimilé.
3. Juif baptisé, mais demeuré fidèle au judaïsme.

B ... DANS LEUR CONTEXTE

Isabel se casó con Fernando, príncipe heredero de Aragón, el 18 de octubre de 1469.	Isabelle épousa Ferdinand, prince héritier d'Aragon, le 18 octobre 1469.
La Inquisición española duró tres siglos y medio (1479-1834).	L'Inquisition espagnole a duré trois siècles et demi (1479-1834).
Tomás de Torquemada fue nombrado Gran Inquisidor en 1483.	Tomás de Torquemada fut nommé Grand Inquisiteur en 1483.
Los moriscos fueron expulsados de España en 1609.	Les Morisques furent expulsés d'Espagne en 1609.
El 31 de marzo de 1492 los Reyes Católicos decretaron la expulsión de los judíos que no querían bautizarse.	Le 31 mars 1492 les Rois Catholiques décrétèrent l'expulsion des juifs qui ne voulaient pas se faire baptiser.
Isabel la Católica reinó hasta su muerte en 1504.	Isabelle la Catholique régna jusqu'à sa mort en 1504.
El soberano le ha concedido un título nobiliario.	Le souverain lui a conféré un titre nobiliaire.
Cuando murió Fernando de Aragón en 1516 su nieto subió al trono de España con el nombre de Carlos I.	Quand mourut Ferdinand d'Aragon en 1516 son petit-fils monta sur le trône sous le nom de Charles Ier.
Heredar la corona.	Hériter de la couronne.
Un séquito acompaña al infante.	Un cortège accompagne l'infant.
El duque le reta a batirse en duelo con él.	Le duc le provoque en duel.

C EXPRESSIONS ET LOCUTIONS

Tanto monta, monta tanto, Isabel como Fernando[1].	Ont des pouvoirs équivalents, Isabelle et Ferdinand.
A rey muerto, rey puesto.	Le roi est mort, vive le roi.
Vive a cuerpo de rey.	Il vit comme un prince.
El soberano reinante.	Le souverain régnant.
Espera al príncipe azul.	Elle attend le prince charmant.

1. Devise des Rois Catholiques.

el hidalgo[1]*	le gentilhomme
el caballero	le chevalier
la caballería	la chevalerie
el caballero andante*	le chevalier errant
caballeresco(a)	chevaleresque
ser armado caballero*	être armé chevalier
el castellano	le châtelain
el señor ; el señor feudal	le seigneur ; le suzerain
el vasallo	le vassal
el siervo	le serf
la feudalidad ; el feudalismo	la féodalité ; le féodalisme
☐	
el descubrimiento de América*	la découverte de l'Amérique
el nuevo mundo*	le Nouveau Monde
Cristóbal Colón*	Christophe Colomb
el navegante	le navigateur
el conquistador*	le conquistador
los indios*	les Indiens
el abalorio*	la verroterie
la metrópoli	la métropole
la colonia ; el colono	la colonie ; le colon
la expansión colonial	l'expansion coloniale
el virrey	le vice-roi
el Consejo de Indias	le Conseil des Indes
la cruzada ; el cruzado	la croisade ; le croisé
el esclavismo	l'esclavagisme
esclavizar	réduire en esclavage
el negrero	le négrier
la trata de los negros	la traite des Noirs

El apogeo y la decadencia	L'apogée et la décadence
el Renacimiento	la Renaissance
el humanismo ; humanista	l'humanisme ; humaniste
el Siglo de oro (el siglo XVI)	le Siècle d'or (le XVIᵉ siècle)
la casa de Austria (1516-1700)	la maison d'Autriche (1516-1700)

1. Privilégié qui n'acquittait pas l'impôt direct.

En la Edad Media los hidalgos no trabajaban y vivían de sus propiedades.	*Au Moyen Âge les gentils-hommes ne travaillaient pas et vivaient de leurs proprié-tés.*
Don Quijote se hizo caballero andante para buscar las aventuras y deshacer los agravios.	*Don Quichotte devint chevalier errant pour chercher les aventures et redresser les torts.*
Vela las armas antes de ser armado caballero.	*Il fait la veillée d'armes avant d'être armé chevalier.*
El mismo año en que se terminó la Reconquista tuvo lugar el descubrimiento de América.	*L'année même où se termina la Reconquête eut lieu la découverte de l'Amérique.*
El tratado de Tordesillas consagró el reparto del Nuevo Mundo entre España y Portugal.	*Le traité de Tordesillas consacra le partage du Nouveau Monde entre l'Espagne et le Portugal.*
En vez de descubrir un nuevo camino para llegar a Asia, Colón descubrió un nuevo continente.	*Au lieu de découvrir un nouveau chemin pour arriver en Asie, Colomb découvrit un nouveau continent.*
Los conquistadores más notables[1] eran oriundos de Extremadura.	*Les conquistadores les plus remarquables étaient origi-naires d'Estrémadure.*
Muchos indios fueron exterminados por los españoles.	*De nombreux Indiens furent exterminés par les Espagnols.*
Dar oro y plata a cambio de abalorio.	*Donner de l'or et de l'argent en échange de verroterie.*

C   EXPRESSIONS ET LOCUTIONS

A Castilla y a León, Nuevo Mundo dio Colón.	*Colomb a donné le Nouveau Monde à la Castille et au Léon.*

---

1. Comme Cortés, Pizarro, Orellana, Nuñez de Balboa et Pedro de Valdivia.

el apogeo :
Carlos I (1516-1556)
Felipe II (1556-1598)*
el emperador*; Carlos Quinto*
la revuelta de los comuneros*
la revuelta de las germanías*
la Reforma
la Contrarreforma
la victoria de Lepanto*
la Armada Invencible*
□

la decadencia :
Felipe III (1598-1621)
Felipe IV (1621-1665)
Carlos II (1665-1700)
la guerra de Sucesión de España* (1701-1714)

El siglo de las Luces
la Ilustración
los ilustrados
la España de los Borbones :
Felipe V* (1714-1746)
Fernando VI (1746-1758)
Carlos III* (1759-1788)
Carlos IV (1788-1808)

El siglo XIX
la invasión napoleónica* (1808-1813)
los afrancesados
la guerra de Independencia
el reinado de Fernando VII (1814-1833)
la pérdida de las colonias americanas
la independencia ; independizarse

el reinado de Isabel II (1833-1868)

l'apogée :
Charles Ier (1516-1556)
Philippe II (1556-1598)
l'empereur; Charles Quint
la révolte des « comuneros »
la révolte des « germanías »
la Réforme
la Contre-Réforme
la victoire de Lépante
l'Invincible Armada
□

la décadence :
Philippe III (1598-1621)
Philippe IV (1621-1665)
Charles II (1665-1700)
la guerre de Succession d'Espagne (1701-1714)

Le siècle des Lumières
les Lumières
les philosophes des Lumières
l'Espagne des Bourbons :
Philippe V (1714-1746)
Ferdinand VI (1746-1758)
Charles III (1759-1788)
Charles IV (1788-1808)

Le XIXe siècle
l'invasion napoléonienne (1808-1813)
les partisans de Napoléon
la guerre d'Indépendance
le règne de Ferdinand VII (1814-1833)
la perte des colonies américaines
l'indépendance; s'émanciper

le règne d'Isabelle II (1833-1868)

Juana la Loca, hija de los Reyes Católicos, se casó con Felipe el Hermoso, hijo del emperador Maximiliano de Austria.

En 1519 Carlos I fue elegido emperador del Sacro Imperio Romano Germánico, bajo el nombre de Carlos Quinto.

Carlos Quinto aplastó la revuelta de los comuneros y luego la de las germanías en Valencia y Mallorca.

En 1571 Felipe II consiguió la victoria de Lepanto sobre los Turcos.

En 1588 la Armada Invencible fue derrotada por una tempestad.

Durante la guerra de Sucesión de España, la flota inglesa se apoderó por sorpresa de Gibraltar (1704).

Felipe V instauró en España la ley sálica que excluía del trono a las mujeres.

El reinado de Carlos III se identifica con el «despotismo ilustrado».

Durante la invasión napoleónica, en cada región se organizaron juntas para dirigir la resistencia contra los franceses.

Jeanne la Folle, fille des Rois Catholiques, épousa Philippe le Beau, fils de l'empereur Maximilien d'Autriche.

En 1519 Charles Ier fut élu empereur du Saint Empire romain germanique, sous le nom de Charles Quint.

Charles Quint écrasa la révolte des «comuneros», puis celle des «germanías» à Valence et à Majorque.

En 1571 Philippe II a remporté la victoire de Lépante sur les Turcs.

En 1588 l'Invincible Armada fut détruite par une tempête.

Durant la guerre de Succession d'Espagne, la flotte anglaise s'empara par surprise de Gibraltar (1704).

Philippe V instaura en Espagne la loi salique qui excluait du trône les femmes.

Le règne de Charles III s'identifie avec le «despotisme éclairé».

Durant l'invasion napoléonienne, dans chaque région s'organisèrent des juntes pour diriger la résistance contre les Français.

C EXPRESSIONS ET LOCUTIONS

En el imperio de Felipe II nunca se ponía el sol.

Sur l'empire de Philippe II le soleil ne se couchait jamais.

las guerras carlistas*
la primera República española
   (1873)

☐

la restauración de los Borbones
el reinado de Alfonso XII
   (1874-1885)
la regencia de María Cristina de
   Austria
   (1885-1902)
las últimas colonias*
la guerra de Cuba
la independencia de Cuba*
   (1898)

El siglo XX

el reinado de Alfonso XIII*
   (1902-1931)
la dictadura del General Miguel
   Primo de Rivera (1923-1930)

la segunda República española
   (1931-1936)

Absolutismo, revolución, conflictos y guerras

el monarca*
la monarquía (absoluta)*
la corte*
el heredero*
el súbdito
el valido*, el privado
poderoso(a) ; el poder
impotente
dependiente
(estar bajo) la dependencia (de)
someter a alguien
la sumisión
oprimir a alguien ; reprimir*
   algo
la opresión* ; la represión
la ascensión (al trono, al ponti-
   ficado)*

---

les guerres carlistes
la première République espagnole (1873)

☐

la restauration des Bourbons
le règne d'Alphonse XII
   (1874-1885)
la régence de Marie-Christine
   d'Autriche
   (1885-1902)
les dernières colonies
la guerre de Cuba
l'indépendance de Cuba
   (1898)

Le xxᵉ siècle

le règne d'Alphonse XIII
   (1902-1931)
la dictature du général Miguel
   Primo de Rivera
   (1923-1930)
la seconde République espagnole (1931-1936)

Absolutisme, révolution, conflits et guerres

le monarque
la monarchie (absolue)
la cour
l'héritier
le sujet
le favori
puissant(e) ; le pouvoir
impuissant(e), sans pouvoir
dépendant(e)
(être sous) la dépendance (de)
soumettre qqn
la soumission
opprimer qqn ; réprimer qqch.

l'oppression ; la répression
l'accession (au trône, au pon-
   tificat)

Las guerras carlistas oponían los partidarios de Isabel II (hija de Fernando VII) a los de Don Carlos (hermano de Fernando VII).

Les guerres carlistes opposaient les partisans d'Isabelle II (fille de Ferdinand VII) à ceux de Don Carlos (frère de Ferdinand VII).

En 1898, tras una corta guerra con Estados Unidos, España perdió sus últimas colonias de ultramar (Cuba, Filipinas y Puerto Rico).

En 1898, après une courte guerre avec les Etats-Unis, l'Espagne perdit ses dernières colonies d'outre-mer (Cuba, les Philippines et Porto Rico).

José Martí fue el héroe de la independencia de Cuba.

José Martí fut le héros de l'indépendance de Cuba.

En 1923 Alfonso XIII confió el poder al dictador Primo de Rivera.

En 1923 Alphonse XIII confia le pouvoir au dictateur Primo de Rivera.

A raíz de la victoria de los republicanos en las elecciones municipales de 1931, el rey Alfonso XIII salió exiliado.

À la suite de la victoire des républicains aux élections municipales de 1931, le roi Alphonse XIII s'exila.

Este monarca es un déspota.

Ce monarque est un despote.

La monarquía absoluta es un régimen político en el que el monarca pretende gobernar sin límites.

La monarchie absolue est un régime politique dans lequel le monarque prétend gouverner sans limite.

La corte de Moctezuma, el último emperador azteca.

La cour de Moctezuma, le dernier empereur aztèque.

El heredero de la Corona.

L'héritier de la Couronne.

El valido de Felipe III era el duque de Lerma y el de Felipe IV era el Conde Duque de Olivares.

Le favori de Philippe III était le duc de Lerma et celui de Philippe IV était Olivares, le comte-duc.

Reprimir un levantamiento.

Réprimer un soulèvement.

La opresión de un pueblo entero.

L'oppression de tout un peuple.

El rey presidió los brillantes actos del cuarenta aniversario de su ascensión al trono.

Le roi présida les somptueuses cérémonies du quarantième anniversaire de son accession au trône.

la expansión	*l'expansion*
venirse abajo, hundirse, decaer, debilitarse	*sombrer, décliner*
la decadencia*, el ocaso*	*le déclin, la décadence*
caer, hundirse, derrumbarse (un imperio)	*s'effondrer (un empire)*
la caída*, el hundimiento, el derrumbamiento	*l'effondrement*
abdicar*	*abdiquer*
la comitiva, el séquito	*la suite, le cortège*
la escolta	*l'escorte*
la restauración*	*la restauration*
□	□
la revolución*	*la révolution*
el revolucionario ; revolucionario(a)	*le révolutionnaire; révolutionnaire*
el cambio*	*le changement, le bouleversement*
profundo(a)	*profond(e)*
radical	*radical(e)*
decisivo(a)	*décisif(ive)*
cambiar	*changer*
transformar	*transformer*
el golpe de estado*, el pronunciamiento	*le coup d'État, le «pronunciamento» (déclenché par un chef militaire, courant au XIXe siècle)*
suprimir ; eliminar	*supprimer; éliminer*
la supresión ; la eliminación	*la suppression; l'élimination*
la abolición*	*l'abolition*
el privilegio*	*le privilège*
el derecho*	*le droit*
conceder, otorgar algo a alguien	*accorder qqch. à qqn*
la igualdad	*l'égalité*
la igualdad de los derechos	*l'égalité des droits*
la república	*la république*
proclamar algo	*proclamer qqch.*
la constitución	*la constitution*
□	□
sublevarse, alzarse*	*se soulever*
la sublevación, el alzamiento*	*le soulèvement*

La decadencia del Imperio romano.	*Le déclin de l'Empire romain.*
El ocaso de Occidente.	*Le déclin de l'Occident.*
La caída del Imperio Azteca.	*L'effondrement de l'Empire aztèque.*
Carlos V tuvo que abdicar el poder en su hijo heredero.	*Charles Quint dut abdiquer en faveur de son fils.*
Con la Restauración vuelven al trono los Borbones.	*La Restauration ramena les Bourbons sur le trône.*
La Revolución francesa cambió completamente las estructuras de la sociedad.	*La Révolution française bouleversa les structures de la société.*
Un cambio rotundo.	*Un changement radical.*
Tras el golpe de Estado hubo un cambio tajante.	*Après le coup d'État, il y eut un changement brutal.*
El golpe de Estado del Teniente Coronel Tejero del 23 F fracasó.	*Le coup d'État du lieutenant-colonel Tejero du 23 février 1981 échoua.*
Un golpe de Estado suele conducir a que se instale un régimen autoritario pero no siempre es el caso.	*En général un coup d'État conduit à la mise en place d'un régime autoritaire mais ce n'est pas toujours le cas.*
La abolición de los privilegios fue decidida durante la noche del 4 de agosto.	*L'abolition des privilèges fut décidée pendant la nuit du 4 août.*
Los derechos humanos.	*Les droits de l'homme.*
Se alzó el pueblo.	*Le peuple se souleva.*
Un alzamiento popular.	*Un soulèvement populaire.*

C   EXPRESSIONS ET LOCUTIONS

La revolución industrial.	*La révolution industrielle.*

la insurrección*	*l'insurrection*
el rebelde*, el insurrecto, el sublevado	*le rebelle, l'insurgé*
el complot*, la conspiración	*le complot*
rebelde, insurreccional	*rebelle, insurrectionnel (le)*
la rebelión ; rebelarse	*la rébellion ; se rebeller*
sublevarse, rebelarse contra algo	*se révolter contre qqch.*
la rebelión, la revuelta	*la révolte*
amotinarse	*se mutiner*
el motín	*la mutinerie*
la asonada, el motín, la sedición	*l'émeute, la sédition*
el amotinador	*l'émeutier*
sedicioso(a)	*séditieux (euse)*
el agitador	*l'agitateur*
el cabecilla	*le chef de file, le meneur*
prepararse en silencio*	*couver*
atisar, avivar algo	*attiser qqch.*
fomentar*	*fomenter qqch.*
□	□
la guerra*	*la guerre*
la guerrilla*	*la guérilla*
la contienda	*la guerre, le conflit*
estallar, empezar	*éclater, commencer*
el enemigo	*l'ennemi*
el adversario	*l'adversaire*
hostil ; adverso(a), contrario(a)	*hostile ; adverse*
el aliado	*l'allié*
la alianza*	*l'alliance*
atacar a alguien, algo, acometer*	*attaquer qqn, qqch.*
el ataque*, la acometida	*l'attaque*
agredir a alguien	*agresser qqn, attaquer qqn*
la agresión	*l'agression*
agresor(a)*	*assaillant(e)*
defender*	*défendre*
la defensa*	*la défense*
el combate*	*le combat*
luchar* contra alguien, algo, combatir	*combattre qqn, qqch.*
la batalla*	*la bataille*

Los opositores avivaron el fuego de la insurrección.	Les opposants ont attisé le feu de l'insurrection.
Los rebeldes están tramando un complot.	Les rebelles trament (ourdissent) un complot.
Se prepara en silencio el complot.	Le complot couve.
Fomentar rebeliones.	Fomenter des séditions.
La guerrilla llevada a cabo por voluntarios que luchan por una causa política o social es diferente de una guerra clásica.	La guérilla menée par des volontaires qui se battent pour une cause politique ou sociale est différente d'une guerre classique.
Se firmó el pacto de alianza.	Le pacte d'alliance a été signé.
Acometer al enemigo.	Attaquer l'ennemi.
Iniciaron un ataque la noche anterior.	Une attaque a été déclenchée la nuit passée.
El ejército agresor.	L'armée assaillante.
Defender la patria.	Défendre sa patrie.
La defensa de una ciudad.	La défense d'une ville.
Empeñar el combate.	Engager le combat.
Decidieron luchar contra el enemigo.	Ils décidèrent de combattre l'ennemi.
Una batalla campal.	Une bataille rangée.
Miguel de Cervantes Saavedra perdió la mano izquierda durante la batalla de Lepanto.	Miguel de Cervantes Saavedra perdit la main gauche à la bataille de Lépante.

C   EXPRESSIONS ET LOCUTIONS

La guerra boba.	La drôle de guerre.
Dar mucha guerra.	Donner beaucoup de mal, donner du fil à retordre.
Para andar por casa, lleva un vestido de batalla.	Chez elle, elle porte une robe de tous les jours.
Quedar sobre el campo de batalla.	Rester sur le carreau.

el frente*	*le front*
la trinchera	*la tranchée*
los escombros	*les décombres*
conquistar algo*	*conquérir qqch.*
la conquista	*la conquête*
aniquilar*	*anéantir qqch.*
el aniquilamiento, la destrucción	*l'anéantissement*
el ejército	*l'armée*
el soldado*	*le soldat*
capitular, rendirse*	*capituler*
la capitulación, la rendición*	*la capitulation*
el armisticio	*l'armistice*
la victoria (aplastante, rotunda)	*la victoire (écrasante, éclatante)*
vencer a alguien, algo	*vaincre qqn, qqch.*
el exilio*, el destierro	*l'exil*
el exiliado, el desterrado	*l'exilé*
exiliar, exilar	*exiler*
desterrarse	*s'exiler, s'expatrier*
triunfar sobre alguien, algo	*triompher de qqn, qqch.*
la derrota*	*la défaite, la déroute*

*La guerra civil española** | ## La guerre civile espagnole

El Frente Popular*	*Le Front Populaire*
la guerra fratricida	*la guerre fratricide*
las luchas intestinas	*les luttes intestines*
el Movimiento[1]	*le Mouvement*
los sublevados, los nacionales, los nacionalistas	*les nationalistes*
los «fachas»	*les «fachos»*
los republicanos*	*les républicains*
los «rojos»	*les «rouges»*
la zona nacionalista, nacional	*la zone nationaliste*
la zona republicana	*la zone républicaine*
el bando* nacionalista	*le camp nationaliste*
el bando republicano	*le camp républicain*
□	□

---

1. Il s'agit de l'appellation pour désigner le «Mouvement» lancé par quelques chefs militaires contre le gouvernement républicain, le 18 juillet 1936. C'est également le parti unique créé dans le camp nationaliste par le décret d'unification du 19 avril 1937.

Conquistar un reino.	*Conquérir un royaume.*
Fue aniquilado el ejército.	*L'armée fut anéantie.*
El soldado voluntario.	*L'engagé volontaire.*
Se rindieron las tropas.	*Les troupes se sont rendues.*
Enviar al exilio.	*Envoyer en exil.*
Sufrir una derrota.	*Essuyer une défaite, subir une déroute.*

El 18 de julio de 1936 estalla la guerra civil española y, dos meses más tarde, los generales reunidos en Salamanca eligen a Franco como Generalísimo.

Le 18 juillet 1936 éclate la guerre civile espagnole et, deux mois plus tard, les généraux réunis à Salamanque élisent Franco comme Généralissime.

El Frente Popular se constituye el 20 de octubre de 1935 y difunde su programa en enero de 1936 el cual aparece moderado tal como lo es su líder Manuel Azaña.

Le Front Populaire constitué le 20 octobre 1935 diffuse son programme en janvier 1936 et celui-ci apparaît modéré à l'image de son leader Manuel Azaña.

El Frente Popular es la reunión de todos los partidos de izquierda.

Le Front Populaire est le rassemblement de tous les partis de gauche.

«No pasarán» fue el grito que simbolizó al espíritu de resistencia de los republicanos madrileños.

«Ils ne passeront pas» fut le cri qui symbolisa l'esprit de résistance des républicains madrilènes.

Los dos bandos contendientes.

Les deux camps adverses, opposés.

C EXPRESSIONS ET LOCUTIONS

Hacer frente.	*Faire front, tenir tête.*
Conquistar laureles.	*Cueillir des lauriers.*
La rendición de Breda fue famosa.	*La reddition de Breda fut célèbre.*

los aliados	*les alliés*
las Brigadas internacionales[1]	*les Brigades internationales*
el tercio	*la légion étrangère*
el batallón*	*le bataillon*
el Batallón de « Acero »*	*le bataillon « d'Acier »*
el africano*	*l'Africain*
☐	☐
la bandera	*le drapeau*
el Congreso Internacional de Escritores Antifascistas[2]	*le Congrès International des Écrivains Antifascistes*
el anarcosindicalismo (movimiento anarquista)	*le mouvement anarcho-syndicaliste*
los milicianos ; las milicias	*les miliciens ; les milices*
la no intervención	*la non-intervention*
los leales*	*les loyalistes*
El Ejército « rojo »[3]	*l'Armée républicaine*
la « Pasionaria »[4] (Dolores Ibárruri)	*la « Pasionaria »*
la Falange Española*	*la Phalange Espagnole*
el generalísimo*	*le généralissime*
el caudillo	*le chef militaire, le guide, le caudillo*
el Ministerio de la Gobernación	*le ministère de l'Intérieur et de l'Ordre public*
la Legión Cóndor*	*la Légion condor*
la Guardia Civil	*la garde civile*
☐	☐
la CEDA, Confederación Española de Derechas Autónomas	*les droites autonomes*
las JONS, Juntas de ofensiva nacional-sindicalista	*les juntes d'offensive national-syndicaliste*
la FAI, federación anarquista ibérica	*la fédération anarchiste ibérique*
el POUM, partido obrero de unificación marxista	*le parti ouvrier unifié marxiste*

1. Les Brigades Internationales étaient constituées de volontaires étrangers.
2. Ce congrès se tint à Valence, Madrid et Barcelone en juillet 1937.
3. Nom donné par les nationalistes à l'armée républicaine.
4. Femme député communiste, symbole de la résistance.

El batallón fue la unidad táctica propia de la Infantería, integrada por unos quinientos hombres.

El batallón de « Acero » fue una unidad de milicianos voluntarios, afectos a la causa republicana.

Durante la guerra civil, se llamó « africanos » a los militares que se habían formado profesionalmente en las campañas de Marruecos.

Los « leales » es el término empleado por muchos historiadores para designar aquellos que permanecieron fieles al gobierno republicano, durante la guerra civil.

Falange Española, organización política de carácter antiliberal y tendencias fascistas y totalitarias, fue fundada en 1933 por José Antonio Primo de Rivera.

El Generalísimo es el general que ejerce el mando supremo de los ejércitos de una nación.

La Legión Cóndor, fuerza aérea alemana, bombardeó la ciudad de Guernica el 26 de abril de 1937.

Le bataillon fut l'unité de combat appartenant à l'Infanterie, composée d'environ cinq cents hommes.

Le bataillon « d'Acier » fut une unité de miliciens volontaires affectés à la cause républicaine.

Pendant la guerre civile, on appela « Africains » les militaires formés lors des campagnes militaires du Maroc.

Les « loyalistes » est le terme employé par beaucoup d'historiens pour désigner ceux qui demeurèrent fidèles au gouvernement républicain, pendant la guerre civile.

La Phalange espagnole, organisation politique à caractère anti-libéral et à tendances fascistes et totalitaires, fut fondée en 1933 par José Antonio Primo de Rivera.

Le Généralissime est le commandant en chef des armées d'une nation.

La Légion Condor, force aérienne allemande, bombarda la ville de Guernica le 26 avril 1937.

C EXPRESSIONS ET LOCUTIONS

Más vale morir de pie que vivir de rodillas (Dolores Ibárruri).

Mieux vaut mourir debout que vivre à genoux (Dolores Ibárruri).

☐
el «Año de la Victoria»
el «Cara al Sol»*

☐
«l'Année de la Victoire»
le «Cara al Sol»

La dictadura del general Franco*

La dictature du général Franco

la posguerra (civil)*
la España franquista*
el franquismo*
franquista
el dictador*
el bloqueo internacional

l'après-guerre (civile)
l'Espagne franquiste
le franquisme
franquiste
le dictateur
le blocus international, l'embargo

las represalias
los presos políticos
los perdedores de la guerra
los maquis
los opositores
los seguidores, las huestes (de Franco)
los carcas
las cartillas de racionamiento
el estraperlo*
la masonería*
la logia masónica
el Nodo* (Noticiario Documental)
la censura*; el censor

les représailles
les prisonniers politiques
les perdants de la guerre
les maquisards
les opposants
les partisans (de Franco)

les réacs
les cartes de rationnement
le marché noir
la franc-maçonnerie
la loge maçonnique
les actualités (sous le franquisme)
la censure; le censeur

El posfranquismo

Le post-franquisme

el proceso democrático*
la transición*
el mercado común
la CEE (Comunidad Económica Europea)
la liberalización
la apertura
el cambio generacional
el desencanto
el postmodernismo
el pasotismo

le processus démocratique
la transition
le marché commun
la CEE (Communauté Economique Européenne)
la libéralisation
l'ouverture
le changement des générations
le désenchantement
le post-modernisme
le je-m'en-foutisme

El «Cara al Sol», himno de Falange Española de las JONS, se convierte en un himno oficial.

El General Franco estableció una dictadura y gobernó con el apoyo de la Iglesia, del Ejército y de la oligarquía.

Durante la posguerra, España vivió en autarquía, aislada política y económicamente.

En 1955 la España franquista ingresó en la ONU.

Durante el franquismo existía una clasificación moral de los espectáculos[1].

El franquismo prohibió partidos y sindicatos.

En 1969 el dictador designó a Don Juan Carlos de Borbón para sucesor.

Vendía barras de pan de estraperlo.

El régimen franquista persiguió a los miembros de la masonería.

Trabajaba para el Nodo.

La película *Viridiana* sufrió la censura del régimen franquista.

El proceso democrático se llevó a cabo sin violencia.

El presidente del gobierno, Adolfo Suárez, fue uno de los personajes importantes de la transición.

Le «Cara al Sol», hymne phalangiste des JONS, devient un hymne officiel.

Le général Franco a établi une dictature et a gouverné avec l'appui de l'Eglise, de l'Armée et de l'oligarchie.

Durant l'après-guerre, l'Espagne vécut en autarcie, isolée politiquement et économiquement.

En 1955 l'Espagne franquiste entra à l'ONU.

Durant le franquisme il existait une classification morale des spectacles.

Le franquisme interdit partis et syndicats.

En 1969 le dictateur désigna Don Juan Carlos de Bourbon comme successeur.

Elle vendait des baguettes de pain au marché noir.

Le régime franquiste persécuta les membres de la franc-maçonnerie.

Il travaillait pour le Nodo.

Le film Viridiana a subi la censure du régime franquiste.

Le processus démocratique s'est effectué sans violence.

Le président du gouvernement, Adolfo Suárez, fut l'un des personnages importants de la transition.

---

1. Les films étaient classés : 1 (autorisé pour tout public, même les enfants), 1-R (avec des réserves pour les enfants), 2 (autorisé pour les adolescents), 3 (uniquement pour les adultes), 3-R (avec des réserves pour les adultes), 4 (extrêmement dangereux), S.C. (sans qualification).

pasar de*	*se moquer de, n'être nullement intéressé(e) par*
el pasota*	*le je-m'en-foutiste*
la movida*	*la «movida»* (révolution culturelle particulièrement exubérante à Madrid)
el destape*	*l'ouverture, la libéralisation*
la democracia; democrático(a)*	*la démocratie; démocratique*

LAURA G. CARRANZA

Muchos jóvenes pasan de política.

De nombreux jeunes ne s'intéressent pas du tout à la politique.

Este chico es un pasota.

Ce garçon est un je-m'en-foutiste.

Las películas de Pedro Almodóvar reflejan la movida madrileña.

Les films de Pedro Almodóvar reflètent la « movida » madrilène.

Las películas y revistas pornográficas invadieron los cines y los quioscos con el destape.

Les films et les revues pornographiques ont envahi les cinémas et les kiosques avec la libéralisation des mœurs.

Tras la aprobación por referéndum de la nueva Constitución de diciembre de 1978, España se convierte en un país democrático con una monarquía parlamentaria en la que el rey reina pero no gobierna.

Après l'approbation par référendum de la nouvelle Constitution de décembre 1978, l'Espagne devient un pays démocratique avec une monarchie parlementaire dans laquelle le roi règne mais ne gouverne pas.

La división del tiempo	*La division du temps*
la fecha*	*la date*
el calendario	*le calendrier*
el tiempo*	*le temps*
temporal	*temporel(le), temporaire*
temporario(a)	*temporaire*
estacional*	*saisonnier(ère)*
a tiempo ≠ a destiempo	*à temps ≠ à contretemps, mal à propos*
actual	*actuel(le)*
en la actualidad	*à l'heure actuelle, actuellement*
a estas alturas	*au moment présent*
anacrónico(a)	*anachronique*
la época	*l'époque*
la era	*l'ère*
contemporáneo(a), coetáneo(a)	*contemporain(e)*
transcurrir, pasar	*s'écouler, passer*
el pasado	*le passé*
el presente	*le présent*
el futuro, el porvenir	*le futur, l'avenir*
al principio ≠ al final	*au début ≠ à la fin*
□	□
provisional, provisorio(a) *(am.)*	*provisoire*
pasarse el tiempo*	*passer son temps à*
el instante	*l'instant*
el rato*, el momento	*le moment*
el lapso (de tiempo)	*le laps de temps*
en un periquete *(fam.)*	*en un clin d'œil*
a la larga	*à la longue*
ahora, ahora mismo, de momento	*en ce moment*
la duración	*la durée*
durar	*durer*
tardar (en)*	*mettre (un certain temps), être long à (faire qqch.), en avoir pour (un certain temps)*
duradero(a), durable	*durable*
aún, todavía	*encore*
la eternidad	*l'éternité*

Suele recibir regalos en fechas señaladas.	*En général il reçoit des cadeaux à des dates particulières.*
En tiempos remotos.	*À une époque lointaine.*
Nuestros tiempos tienen un sabor finisecular.	*Notre temps a une saveur de fin de siècle.*
En mis tiempos se vivía mejor.	*De mon temps, on vivait mieux.*
Su origen se remonta a tiempos pretéritos.	*Son origine remonte à des temps lointains.*
¡Cuánto tiempo sin vernos!	*Que de temps sans nous voir!*
Tenemos tiempo de sobra.	*Nous avons beaucoup de temps.*
Le falta tiempo para leer.	*Il n'a pas le temps de lire.*
No me da tiempo para nada.	*Je n'ai le temps de rien faire.*
Tener tiempo para viajar.	*Avoir du temps pour voyager.*
Hace mucho tiempo.	*Il y a longtemps.*
Desde hace mucho tiempo.	*Depuis longtemps.*
Con el paso (con el transcurso) del tiempo iba cambiando de carácter.	*Avec le temps, son caractère changeait.*
El trabajo estacional.	*Le travail saisonnier.*
Se pasa el tiempo durmiendo.	*Il passe son temps à dormir.*
Iré a verte un rato esta tarde.	*Je passerai te voir un moment cet après-midi.*
Tardar dos horas en leer el periódico.	*Mettre deux heures pour lire le journal.*
Tardará cinco minutos.	*Il en aura pour cinq minutes.*
¡Cuánto tardas en arreglarte!	*Comme tu es long à te préparer!*

C EXPRESSIONS ET LOCUTIONS

Hasta la fecha.	*Jusqu'à présent.*
El tiempo pasa volando, el tiempo pasa que vuela.	*Le temps passe vite.*
Perder, malgastar el tiempo.	*Perdre son temps.*
Recuperar el tiempo perdido.	*Rattraper le temps perdu.*
Andar con el tiempo justo.	*Être pressé(e).*
El tiempo es oro.	*Le temps c'est de l'argent.*
Cual el tiempo tal el tiento.	*À la guerre comme à la guerre.*
Dar tiempo al tiempo.	*Laisser faire le temps.*
Tener cuerda para rato.	*En avoir encore pour longtemps.*

eterno(a)	éternel(le)
perenne*, perenal	permanent(e), perpétuel(le), éternel(le)
□	□
temprano*	tôt
tempranito	de très bonne heure
precoz	précoce
tarde*	tard
tardío(a)	tardif(ive)
antes*	avant
antaño, otrora	autrefois
ahora*	maintenant
pronto*	bientôt
en breve	prochainement
últimamente*, recientemente, hace poco	récemment
mucho tiempo, largo tiempo	longtemps
la mayoría de las veces*, las más de las veces	la plupart du temps
a menudo, muchas veces	souvent
a veces	parfois
de vez en cuando	de temps en temps
unas veces..., otras veces...*	tantôt..., tantôt...
en seguida*, enseguida	tout de suite
luego	ensuite
después*	après
entonces	alors
en aquel entonces	en ce temps-là
cuando*	quand
en cuanto*, tan pronto como	dès que
llegar con antelación	être, arriver en avance
llegar con retraso, estar atrasado(a)*, retrasarse, demorarse	être, arriver en retard
deprisa*, de prisa	vite
tener prisa, andar con prisa	être pressé(e)
darse prisa*, apresurarse	se dépêcher, se presser
urgirle a uno algo*	avoir hâte de (faire) qqch.
el plazo	le délai

Dejará una huella perenne.	*Il laissera une empreinte éternelle.*
Antes de salir tienes que comerte el bocadillo.	*Avant de sortir tu dois manger ton sandwich.*
Pronto viajaré a África.	*Je partirai bientôt en voyage pour l'Afrique.*
Últimamente está deprimido.	*Il est déprimé depuis quelque temps.*
La mayoría de las veces se acuesta a las ocho de la noche.	*La plupart du temps il se couche à huit heures du soir.*
Unas veces se pone contento cuando me ve, otras veces se pone furioso.	*Tantôt il est content de me voir, tantôt il devient furieux.*
En seguida le atiendo.	*Je m'occupe de vous tout de suite, je suis à vous tout de suite.*
Después de desayunar, me marcho.	*Après avoir déjeuné, je pars.*
En cuanto salga del trabajo, te llamaré.	*Dès que je sortirai du travail, je t'appellerai.*
Este chico está atrasado en los estudios.	*Ce garçon est en retard dans ses études.*
Prefiere hacer sus deberes deprisa e irse a jugar.	*Il préfère faire vite ses devoirs et aller jouer.*
Date prisa que se va el tren sin nosotros.	*Dépêche-toi car le train part sans nous.*
Me urge verte.	*J'ai hâte de te voir.*

C EXPRESSIONS ET LOCUTIONS

Tarde o temprano.	*Tôt ou tard.*
De ahora en adelante me portaré bien.	*Dorénavant je me conduirai bien.*
Cuando las ranas críen pelos.	*Quand les poules auront des dents.*

☐

el día*

(vivir) al día

es de día ≠ es de noche

a los tres días

diario(a)*, cotidiano(a)

el amanecer; el sol*

la salida del sol; salir* (el sol)

la puesta del sol; ponerse* (el sol)

la víspera*

antes de ayer, anteayer

ayer

anoche; desde anoche

hoy

hoy día, hoy en día

hoy por hoy

mañana

mañana por la mañana

pasado mañana

el día siguiente, al día siguiente

☐

el alba*, la madrugada

la aurora

la mañana*, por la mañana

despertarse; despertar

levantarse

madrugar

mediodía

la tarde, por la tarde

el atardecer

el crepúsculo, el ocaso

la noche*, por la noche, de noche

nocturno(a) ≠ diurno(a)

el anochecer

medianoche

trasnochar

☐

le jour

(vivre) au jour le jour

il fait jour ≠ il fait nuit

trois jours plus tard

quotidien(ne)

le lever du jour; le soleil

le lever du soleil; se lever (le soleil)

le coucher du soleil; se coucher (le soleil)

la veille

avant-hier

hier

hier soir; depuis hier soir

aujourd'hui

de nos jours

au jour d'aujourd'hui

demain

demain matin

après-demain

le lendemain

☐

l'aube

l'aurore

le matin

se réveiller, s'éveiller; réveiller

se lever

se lever de bonne heure

midi

l'après-midi

la tombée du jour

le crépuscule

la nuit

nocturne ≠ diurne

la tombée de la nuit

minuit

se coucher tard, passer une nuit blanche

Los siete días de la semana son el lunes, el martes, el miércoles, el jueves, el viernes, el sábado, el domingo.	*Les sept jours de la semaine sont le lundi, le mardi, le mercredi, le jeudi, le vendredi, le samedi, le dimanche.*
El pasado martes.	*Mardi dernier.*
El jueves que viene, el próximo jueves.	*Jeudi prochain.*
Del sábado en ocho días.	*Samedi en huit.*
Me entreno los viernes.	*J'ai entraînement le vendredi.*
De día (≠ de noche), salgo con mis amigos.	*Le jour (≠ la nuit), je sors avec mes amis.*
Cada dos días.	*Tous les deux jours.*
Ganar cinco mil pesetas al día.	*Gagner cinq mille pesetas par jour.*
De día en día, día tras día.	*De jour en jour.*
A lo largo del día.	*Tout au long de la journée.*
Conforme pasan los días, se vuelve más amable.	*De jour en jour, il devient plus aimable.*
La tienda queda abierta siete días.	*La boutique est ouverte 7 jours sur 7.*
Sale el sol ≠ se pone el sol.	*Le soleil se lève ≠ le soleil se couche.*
En vísperas de Navidad.	*À la veille de Noël.*

C EXPRESSIONS ET LOCUTIONS

Un día es un día.	*Une fois n'est pas coutume.*
Estar al día.	*Être à la page.*
Se queja de su trabajo todo el santo día.	*Il se plaint de son travail toute la sainte journée (à longueur de journée).*
Me gusta viajar los días de diario.	*J'aime voyager en semaine.*
No es nada (cosa) del otro jueves.	*Ça n'a rien d'extraordinaire.*
Trabajar de sol a sol.	*Travailler du lever au coucher du soleil.*
Al rayar el alba, al romper el alba.	*Au point du jour.*
De la noche a la mañana.	*Du jour au lendemain.*
La noche ha cerrado.	*Il fait nuit noire.*
La noche en claro, en vela.	*La nuit blanche.*
Mi hijo me ha dado la noche.	*Mon fils m'a gâché la nuit.*
A boca de noche.	*Entre chien et loup.*

el sueño*	le sommeil, le rêve
soñar con*	rêver de
la pesadilla	le cauchemar
dormir ; dormirse	dormir; s'endormir
dormir, echarse la siesta	faire la sieste
el insomnio, el desvelo	l'insomnie
insomne	insomniaque
desvelar*	empêcher de dormir, tenir éveillé(e)
dormilón(ona)	grand dormeur
□	□
la semana* ; semanal	la semaine; hebdomadaire
el fin de semana	le week-end
el día laborable ≠ el día festivo	le jour ouvrable ≠ le jour férié
la jornada (de ocho horas)	la journée de travail (de huit heures)
□	□
el mes* ; mensual	le mois; mensuel(le)
la estación	la saison
la primavera* ; primaveral*	le printemps; printanier(ère), du printemps
el verano, el estío ; veraniego(a)	l'été; estival(e)
el otoño ; otoñal*	l'automne; automnal(e)
el invierno ; invernal, invernizo(a)	l'hiver; hivernal(e)
□	□
el año* ; anual	l'année, l'an; annuel(le)
quinceañero(a) ; veinteañero(a) ; treintañero(a)	de quinze ans; de vingt ans; de trente ans
el año bisiesto	l'année bissextile
el semestre ; semestral	le semestre; semestriel(le)
el trimestre ; trimestral	le trimestre; trimestriel(le)
el decenio	la décennie
la década	la décade
el siglo*, la centuria	le siècle, la centurie
el centenario	le centenaire
el bicentenario	le bicentenaire
el milenio ; milenario(a)	le millénaire; millénaire

Le era difícil conciliar el sueño.	*Il avait du mal à trouver le sommeil.*
Le venció el sueño.	*Il s'est endormi.*
El té me desvela.	*Le thé m'empêche de dormir.*
A fines de semana, de mes.	*À la fin de la semaine, du mois.*
Los doce meses del año son : enero, febrero, marzo, abril, mayo, junio, julio, agosto, septiembre, octubre, noviembre, diciembre.	*Les douze mois de l'année sont : janvier, février, mars, avril, mai, juin, juillet, août, septembre, octobre, novembre, décembre.*
Estamos a ocho de enero de 1993.	*Nous sommes le huit janvier 1993.*
A principios del mes de julio.	*Au début du mois de juillet.*
A mediados del mes de mayo.	*Vers le milieu de mai.*
En primavera.	*Au printemps.*
Abril es el mes primaveral.	*Avril est le mois du printemps.*
En estos días otoñales es necesario llevar alguna prenda de abrigo.	*En ces jours d'automne il est nécessaire de porter des vêtements chauds.*
Llevo un año sin verte.	*Je ne t'ai pas vu depuis un an.*
En el transcurso de los años.	*Au cours des ans.*
Al final del año.	*À la fin de l'année.*
A finales del siglo, en las postrimerías del siglo.	*À la fin du siècle.*
Los siglos venideros.	*Les siècles à venir.*

C EXPRESSIONS ET LOCUTIONS

Soñar con los angelitos.	*Faire de beaux rêves.*
Hacer su agosto.	*Faire son beurre.*
Abril, aguas mil (hasta el cuarenta de mayo no te quites el sayo).	*En avril ne te découvre pas d'un fil.*
El nuevo colega nos vino como agua en mayo.	*Le nouveau collègue est arrivé à point nommé.*

La hora*	L'heure
las horas extraordinarias, las horas extras	*les heures supplémentaires, les heures sup.*
el reloj*	*la montre, l'horloge*
la carrera contrarreloj	*la course contre la montre*
el reloj de pulsera	*la montre-bracelet*
el reloj de cuarzo	*la montre à quartz*
el reloj sumergible	*la montre de plongée*
el reloj de pesas	*l'horloge à balancier, la grosse horloge*
el reloj de sobremesa	*la pendule*
el reloj de arena	*le sablier*
el reloj de cuco	*le coucou*
el cronómetro	*le chronomètre*
el despertador*	*le réveil*
señalar la hora	*indiquer l'heure*
dar (la hora)*	*sonner, donner l'heure (l'horloge)*
citar a alguien; la cita*	*donner rendez-vous à qqn; le rendez-vous*
darse cita, citarse	*se donner, se fixer un rendez-vous*
estar citado(a) con alguien	*avoir rendez-vous avec qqn*
el minuto; el segundo	*la minute; la seconde*
la manecilla*	*l'aiguille*
el segundero	*la trotteuse*
el mecanismo	*le mécanisme*
marchar*, andar*, funcionar	*fonctionner, marcher*
darle cuerda al reloj	*remonter la montre*
adelantar ≠ atrasar(se), retrasar(se)	*avancer ≠ retarder*
poner en hora	*mettre à l'heure, régler (une montre)*
estar parado (el reloj)	*être arrêtée (une montre)*
pararse	*s'arrêter*
la pila	*la pile*
sonar	*sonner (montre, réveil)*
hacer tictac	*faire tic-tac*

¡A esas horas llegas! | C'est à cette heure-là que tu arrives (rentres)!
A última hora se rajó. | Au dernier moment il s'est dégonflé.
La hora insular. | L'heure des îles Canaries.
La hora libre. | L'heure creuse.
Una hora escasa ≠ una hora larga. | Une petite heure ≠ une bonne heure.
¿Qué hora es? | Quelle heure est-il?
Es la una. | Il est une heure.
Son las dos en punto; y cinco; y cuarto; y media; menos veinticinco; menos cuarto. | Il est deux heures juste; cinq; et quart; et demie; moins vingt-cinq; moins le quart.
Es mediodía. | Il est midi.
Son las doce de la noche. | Il est minuit.
A mediodía ≠ a medianoche. | À midi ≠ à minuit.
Hacia las diez, a eso de las diez. | Vers dix heures.
Son cerca de las seis. | Il est bientôt six heures.
Se me ha parado el reloj. | Ma montre s'est arrêtée.
El reloj atrasa diez minutos. | La montre retarde de dix minutes.
Se me atrasa el reloj. | Ma montre retarde.
El despertador se atrasa. | Le réveil retarde.
Dan las dos en el reloj del salón. | L'horloge du salon sonne deux heures.
Tenía cita con Pepe pero éste me dejó plantado. | J'avais rendez-vous avec Pepe, mais il m'a posé un lapin.
La manecilla que señala los minutos es el minutero y la que señala las horas es el horario. | L'aiguille qui indique les minutes est la grande aiguille et celle qui indique les heures est la petite aiguille.
El reloj marcha adelantado. | La montre avance.
No me anda bien el reloj. | Ma montre ne marche pas bien.

C   EXPRESSIONS ET LOCUTIONS

Dar hora. | Fixer une heure, un rendez-vous.

*La edad**	L'âge
nacer*	*naître*
el niño de pecho	*le nourrisson*
el bebé, el nene (la nena), el crío*	*le bébé*
infantil	*enfantin(e)*
pueril	*puéril(e)*
joven	*jeune*
cumplir años	*avoir un an de plus*
cumplir cinco años	*avoir, fêter ses cinq ans*
□	□
el niño* (la niña)	*l'enfant (la fillette)*
el chico (la chica), el muchacho (la muchacha), el chaval (la chavala)	*le garçon (la fille)*
el (la) adolescente	*l'adolescent(e)*
el hombre ; la mujer	*l'homme ; la femme*
crecer*	*grandir*
la juventud ; juvenil	*la jeunesse ; juvénil(e)*
el (la) joven*	*le (la) jeune, le jeune homme (la jeune femme)*
el adulto	*l'adulte*
cuarentón(ona); cincuentón (ona); sesentón(ona); setentón(ona)	*quadragénaire; quinquagénaire; sexagénaire; septuagénaire*
los mayores	*les grandes personnes*
ser menor de edad*	*être mineur(e)*
ser mayor de edad	*être majeur(e)*
la mayoría de edad*	*la majorité*
□	□
la señora mayor*	*la dame âgée*
la vejez*	*la vieillesse*
la senectud	*la sénilité, la vieillesse*
viejo(a)	*vieux (vieille)*
añoso(a)	*âgé(e)*
entrado(a) en años*, tener mucha edad	*d'un âge avancé*
los viejos*, los ancianos*	*les vieilles personnes, les personnes âgées*
el (la) viejecito(a)	*le petit vieux (la petite vieille)*
la tercera edad*	*le troisième âge*
estar joven	*être bien conservé(e)*
envejecer*, hacerse viejo*	*vieillir, se faire vieux*

¿Qué edad tienes? ¿Cuántos años tienes?	Quel âge as-tu?
¿Qué tiempo tiene esta nena?	Quel âge a ce bébé?
Aparentaba más edad.	Il faisait plus vieux que son âge.
Una mujer de mediana edad.	Une femme d'âge moyen.
Nací el 9 de febrero de 1962.	Je suis né le 9 février 1962.
Este crío es un trasto.	Ce bébé est très agité.
De niño era muy salado.	Enfant il était très mignon.
Desde niño es muy bueno.	Depuis qu'il est petit il est très sage.
¡Cuánto has crecido en unos meses!	Comme tu as grandi en quelques mois!
Los jóvenes de hoy.	Les jeunes d'aujourd'hui.
Aún es menor de edad.	Il est encore mineur.
Alcanzar la mayoría de edad.	Atteindre la majorité.
Ayudó a la señora mayor a cruzar la calle.	Il a aidé la vieille dame à traverser la rue.
Le da miedo la vejez.	Il a peur de la vieillesse.
El vecino es un hombre entrado en años.	Le voisin est un homme d'un âge avancé.
Los viejos del pueblo charlaban sentados en los bancos de la plaza.	Les vieilles personnes du village bavardaient assises sur les bancs de la place.
Un anciano muy ágil ≠ impotente.	Un vieillard très alerte ≠ impotent.
La agencia de viaje ofrece excursiones a las personas de la tercera edad a precio regalado.	L'agence de voyages offre des excursions aux personnes du troisième âge à un prix défiant toute concurrence.
Se está haciendo muy viejo.	Il commence à se faire très vieux.

C   EXPRESSIONS ET LOCUTIONS

La edad del pavo.	L'âge ingrat.
Envejecer de golpe.	Prendre un coup de vieux.

los achaques de la vejez	*les infirmités de l'âge*
chochear*	*devenir gâteux (euse)*
el viejo chocho	*le vieux gâteux*
jubilarse ; el jubilado	*prendre sa retraite ; le retraité*
la jubilación, el retiro	*la retraite*
la pensión* ; el pensionista	*la retraite (argent) ; le retraité (qui touche une pension)*
la residencia (de la tercera edad)	*la maison de retraite*
morir, morirse	*mourir*
la expectativa de vida*	*l'espérance de vie*
el índice, la tasa de natalidad* ≠ de mortalidad*	*le taux de natalité ≠ de mortalité*

No se da cuenta de que está chocheando.	*Il ne se rend pas compte qu'il devient gâteux.*
Piden una pensión digna para todos.	*Ils demandent une retraite digne pour tous.*
El varón español tiene una expectativa de vida de 72,5 años y la mujer alcanza los 78,6.	*L'homme espagnol a une espérance de vie de 72,5 ans et la femme atteint les 78,6 ans.*
Un alto índice de natalidad.	*Un taux de natalité élevé.*
Decrece, disminuye ≠ crece, aumenta el índice de mortalidad.	*Le taux de mortalité baisse ≠ augmente.*

41 NÚMEROS, MEDIDAS Y PESOS
A LES MOTS...

Los números		Les nombres	
cero*	0	cuarenta*	40
uno*	1	cincuenta	50
dos*, un par*	2	sesenta*	60
tres*	3	setenta*	70
cuatro*	4	ochenta	80
cinco*	5	noventa	90
seis	6	ciento*, cien*	100
siete	7	ciento uno	101
ocho	8	ciento dos	102
nueve	9	doscientos(as)	200
diez	10	trescientos(as)	300
once*	11	cuatrocientos(as)	400
doce	12	quinientos(as)	500
trece	13	seiscientos(as)	600
catorce*	14	setecientos(as)	700
quince	15	ochocientos(as)	800
dieciséis	16	novecientos(as)*	900
diecisiete	17	mil*	1000
dieciocho*	18	dos mil	2000
diecinueve	19	cien mil	100 000
veinte	20	un millón	1 000 000
veintiuno	21	mil millones	un milliard
veintidós	22	millares, miles	des milliers
veintitrés	23	el billón	le billion
veinticuatro	24	un sinnúmero de	une infinité de
veinticinco	25		
veintiséis	26		
veintisiete	27		
veintiocho	28		
veintinueve	29		
treinta*	30		
treinta y uno	31		
treinta y dos	32		

☐		☐	
el primero*		le premier	
el segundo*		le deuxième	
el tercero		le troisième	
el cuarto		le quatrième	
el quinto*		le cinquième	
el sexto		le sixième	

Es once años mayor que su amigo.	*Il a onze ans de plus que son ami.*
Luis XIV (catorce)[1].	*Louis XIV.*
Estará en (por) los treinta.	*Il doit avoir la trentaine.*
Andar por los cuarenta.	*Friser la quarantaine.*
Tiene sesenta años y pico.	*Il a 60 ans et quelques.*
Sobrepasan los 70 años.	*Ils ont plus de 70 ans.*
Eran ciento, eran cien alumnos.	*Ils étaient cent, ils étaient cent élèves.*
Este período abarca desde mil novecientos cinco a mil novecientos dieciocho.	*Cette période s'étend de mille neuf cent cinq à mille neuf cent dix-huit.*
Felipe II (segundo).	*Philippe II.*
En 1992 se celebró el quinto centenario del descubrimiento de América por Cristóbal Colón.	*En 1992 on a fêté le cinquième centenaire de la découverte de l'Amérique par Christophe Colomb.*
Carlos I (primero) de Alemania y V (quinto) de España.	*Charles Ier d'Allemagne et Charles Quint d'Espagne.*

C EXPRESSIONS ET LOCUTIONS

En matemáticas soy un cero a la izquierda.	*En mathématiques je suis archinul.*
Se encuentra más solo que la una.	*Il se retrouve seul comme un chien.*
Una de dos : o te quedas o te vas.	*De deux choses l'une : ou tu restes ou tu pars.*
Cada dos por tres viene a molestarme.	*Il vient me déranger pour un oui ou pour un non.*
En un dos por tres hizo su trabajo.	*Il a fait son travail en moins de deux.*
Nunca dos sin tres.	*Jamais deux sans trois.*
Se comieron un par de huevos cada uno.	*Ils ont mangé deux œufs chacun.*
Ponerse en fila de dos en dos o de cuatro en cuatro.	*Se mettre en rang par deux ou par quatre.*
Allí vas a estar a las mil maravillas.	*Là-bas tu seras merveilleusement bien.*

1. En espagnol, pour parler des rois, on emploie l'adjectif numéral ordinal jusqu'au 10e, puis l'adjectif numéral cardinal.

el séptimo*	le septième
el octavo	le huitième
el noveno	le neuvième
el décimo*	le dixième
el undécimo	le onzième
el duodécimo	le douzième
el decimotercio, el decimotercero	le treizième
el decimocuarto	le quatorzième
el decimoquinto	le quinzième
el decimosexto	le seizième
el decimoséptimo	le dix-septième
el decimoctavo	le dix-huitième
el decimonono, el decimonoveno	le dix-neuvième
el vigésimo	le vingtième
el vigésimo primero	le vingt et unième
el trigésimo	le trentième
el cuadragésimo	le quarantième
el quincuagésimo	le cinquantième
el sexagésimo	le soixantième
el septuagésimo	le soixante-dixième
el octogésimo	le quatre-vingtième
el nonagésimo	le quatre-vingt-dixième
□	□
la decena, unos diez	la dizaine, une dizaine
la docena*, unos doce	la douzaine, une douzaine
la quincena*, unos quince	la quinzaine, une quinzaine
la veintena, unos veinte	la vingtaine, une vingtaine
la treintena, unos treinta	la trentaine, une trentaine
la cuarentena*, unos cuarenta	la quarantaine, une quarantaine
la cincuentena, unos cincuenta	la cinquantaine, une cinquantaine
...	
el centenar, la centena*	la centaine
□	□
en primer lugar*, primero	premièrement
en segundo lugar*, segundo	deuxièmement
en tercer lugar	troisièmement
en cuarto lugar...	quatrièmement...
una vez*, dos veces, tres veces*...	une fois, deux fois, trois fois...
□	□
la fracción, el quebrado	la fraction
la mitad*	la moitié
medio(a)*	demi(e)
la cuarta parte, el cuarto	le quart
la tercera parte, el tercio	le tiers

En el capítulo séptimo.	*Au chapitre sept.*
Alfonso X (décimo, diez).	*Alphonse X.*
Comprar un décimo de lotería[1].	*Acheter un billet de loterie.*
Tengo que comprar una docena de huevos.	*Je dois acheter une douzaine d'œufs.*
Por docenas.	*A la douzaine.*
Ir de vacaciones una quincena de días.	*Aller en vacances une quinzaine de jours.*
Nos reunimos unos veinte en su casa.	*Nous étions une vingtaine chez lui.*
Rozar la cuarentena.	*Friser la quarantaine.*
El precio de remate de estos cuadros puede superar la centena de millones de dólares.	*Le prix d'adjudication de ces tableaux peut dépasser la centaine de millions de dollars.*
En primer lugar vamos a hacer un análisis de la situación.	*Premièrement, nous allons faire une analyse de la situation.*
En segundo lugar trataremos de proponer soluciones.	*Deuxièmement, nous essayerons de proposer des solutions.*
Tres veces llamé a la puerta y no me abrió nadie.	*J'ai sonné trois fois à la porte et personne ne m'a ouvert.*
Sólo me queda la mitad del dinero que me diste.	*Il ne me reste que la moitié de l'argent que tu m'as donné.*

C EXPRESSIONS ET LOCUTIONS

Poner a alguien en cuarentena.	*Mettre quelqu'un en quarantaine.*
Érase una vez.	*Il était une fois.*
Por primera vez.	*Pour la première fois.*
Medias verdades y medias tintas.	*Des demi-vérités.*

---

1. Le billet correspond à un dixième du carnet.

la quinta parte ; la sexta parte ; la séptima parte ; la octava parte ; la novena parte ; la décima parte	*1/5 ; 1/6 ; 1/7 ; 1/8 ; 1/9 ; 1/10*
los dos tercios, las dos terceras partes	*(les) deux tiers*
tres medias partes ; tres cuartas partes ; tres quintas partes	*trois demis; trois quarts; trois cinquièmes*
uno(a) de cada dos*	*un sur deux*
uno(a) de cada tres..., cinco*	*un sur trois..., cinq*
doble ; triple ; cuádruple	*double; triple; quadruple*

El cálculo, las cuentas   Le calcul

contar* ; la cuenta*	*compter; le compte, le calcul*
la suma*, la adición	*l'addition*
sumar*, adicionar	*additionner*
la resta, la sustracción	*la soustraction*
restar*, sustraer	*soustraire*
quitar	*enlever*
la multiplicación	*la multiplication*
multiplicar*	*multiplier*
la división*	*la division*
dividir*	*diviser*
calcular	*calculer*
la calculadora*	*la calculatrice, la calculette*
la raíz cuadrada*	*la racine carrée*
el cubo*	*le cube*
el cuadrado*	*le carré*
☐	☐
el resultado*	*le résultat*
la media	*la moyenne*
medio(a); un promedio de	*moyen(ne); en moyenne*
el porcentaje	*le pourcentage*
el veinte por ciento*	*20 %*
el denominador	*le dénominateur*
el numerador	*le numérateur*

Uno de cada dos hombres...	*Un homme sur deux...*
Uno de cada cinco españoles en condiciones de trabajar no encuentra trabajo.	*Un Espagnol sur cinq de la population active ne trouve pas de travail.*
Contar de uno a (hasta) diez.	*Compter de un à dix.*
Hay que hacer la suma.	*Il faut faire l'addition.*
Tienes que aprender a sumar.	*Tu dois apprendre à faire les additions.*
Uno más cinco son (igual a) seis.	*1 + 5 = 6, un et cinq font six.*
Restar dos de cuatro.	*Soustraire, ôter deux de quatre.*
De cinco a siete van dos.	*7 − 5 = 2.*
La tabla de multiplicar.	*La table de multiplication.*
Tres por cuatro (son) doce.	*3 × 4 = 12.*
El niño no consigue hacer la división.	*L'enfant ne réussit pas à faire la division.*
Me llevo tres.	*Je retiens trois.*
20 dividido por (entre) 5 son 4.	*20 : 5 = 4.*
Tráigame la calculadora que está en el despacho.	*Apportez-moi la calculatrice qui se trouve dans mon bureau.*
Sacar la raíz cuadrada de 25.	*Extraire la racine carrée de 25.*
2 al cuadrado.	*2 au carré.*
2 al cubo.	*2 au cube.*
No me parece exacto el resultado.	*Le résultat ne me paraît pas exact.*
Un quince por ciento de la población activa está en paro.	*15 % de la population active est au chômage.*

C EXPRESSIONS ET LOCUTIONS

Tiene los días contados.	*Ses jours sont comptés.*
Las cuentas claras y el chocolate espeso.	*Les bons comptes font les bons amis.*
Borrón y cuenta nueva.	*Tournons la page, passons l'éponge.*

Medidas,
    unidades de medida
	Mesures,
	    unités de mesure

la medida	*la mesure*
medir*	*mesurer*
la estimación ; la valoración	*l'estimation ; l'évaluation*
estimar*	*estimer*
aproximadamente*	*approximativement*
la comparación	*la comparaison*
comparar con*	*comparer à*
☐	☐
el tamaño ; grande	*la grandeur ; grand(e)*
la altura ; alto(a)	*la hauteur ; haut(e)*
la longitud ; largo(a)	*la longueur ; long(ue)*
la anchura ; ancho(a)	*la largeur ; large*
el espesor* ; espeso(a)	*l'épaisseur ; épais(se)*
la profundidad ; profundo(a), hondo(a)	*la profondeur ; profond(e)*
☐	☐
la micra	*le micron*
el milímetro*	*le millimètre*
el centímetro	*le centimètre*
el metro*	*le mètre*
el kilómetro*	*le kilomètre*
el perímetro	*le périmètre*
el radio	*le rayon*
el diámetro	*le diamètre*
el año (de) luz	*l'année-lumière*
la distancia*	*la distance*
la escala* (de un mapa)	*l'échelle (d'une carte)*
lejos* ; lejano(a), alejado(a)*	*loin ; lointain(e), éloigné(e)*
cerca ; cercano(a)	*près ; proche*
☐	☐
la superficie	*la surface, la superficie*
el metro*, el kilómetro cuadrado	*le mètre, le kilomètre carré*
la hectárea	*l'hectare*
☐	☐
el volumen, la capacidad, la dosis	*le volume, la capacité, la dose*
el centilitro	*le centilitre*
el litro*	*le litre*
el metro cúbico	*le mètre cube*
lleno(a)* ≠ vacío(a)	*plein(e) ≠ vide*

Medir por metros.
Mesurer en mètres.

Este cuarto mide cuatro metros de largo.
Cette pièce mesure quatre mètres de long.

Estimó que la habitación medía unos cuatro metros de largo.
Il estima que la pièce mesurait environ quatre mètres de long.

El café está a quinientos metros aproximadamente de aquí.
Le café se trouve approximativement à cinq cents mètres d'ici.

Tienes que comparar estas cifras con las mías.
Tu dois comparer ces chiffres aux miens.

El espesor de la pared es sorprendente.
L'épaisseur de ce mur est surprenante.

Sobran tres milímetros.
Il y a trois millimètres de trop.

Faltan dos milímetros.
Il manque deux millimètres.

Tengo que comprar cuatro metros de tela.
Je dois acheter quatre mètres de tissu.

Vive a cinco kilómetros de mi casa.
Il vit à cinq kilomètres de chez moi.

La distancia entre las dos casas es de dos kilómetros.
La distance entre les deux maisons est de deux kilomètres.

La escala del mapa es de una millonésima parte.
L'échelle de la carte est à un millionième.

Su casa queda alejada de la ciudad.
Sa maison est éloignée de la ville.

El metro cuadrado está por las nubes.
Le mètre carré est hors de prix.

Suele beberse un litro de vino tinto al día.
Il a pour habitude de boire un litre de vin rouge par jour.

No has bebido nada : la botella está llena.
Tu n'as rien bu : la bouteille est pleine.

C EXPRESSIONS ET LOCUTIONS

A lo lejos divisamos la Sierra de Gredos.
Au loin nous apercevons la Sierra de Gredos.

llenar* ≠ vaciar*	remplir ≠ vider
caber*	tenir, contenir
□	□
la temperatura*	la température
el grado*	le degré
el centígrado	le centigrade
el termómetro	le thermomètre
la presión atmosférica	la pression atmosphérique
el milibar	le millibar
el barómetro	le baromètre
subir*	monter
bajar, bajar de golpe	descendre, chuter
□	□
el amperio	l'ampère
el voltio	le volt
el vatio*	le watt
el decibelio, el decibel	le décibel
la caloría*\	la calorie

El peso / Le poids

las pesas (de una balanza)	les poids (d'une balance)
el peso bruto*	le poids brut
el peso neto	le poids net
pesar*	peser
la balanza	la balance (pèse-personne)
el pesacartas	le pèse-lettre
el peso de cocina	la balance de cuisine
el platillo	le plateau (de la balance)
pesado(a)* ≠ ligero(a)*	lourd(e) ≠ léger(ère)
el quilate*	le carat
el kilogramo, el kilo*	le kilogramme, le kilo
la libra*	la livre
el medioquintal	le demi-quintal
el quintal	le quintal
la tonelada*	la tonne

B ...DANS LEUR CONTEXTE

La botella está a medio llenar.	*La bouteille est à demi pleine.*
Vaciar el cubo en el lavabo.	*Vider le seau dans le lavabo.*
En este coche caben cinco personas.	*Dans cette voiture tiennent cinq personnes.*
Hace una buena temperatura.	*Il fait une bonne température.*
En verano, en Andalucía, hace a veces más de cuarenta grados (de temperatura).	*L'été, en Andalousie, il fait parfois plus de quarante degrés.*
Ha subido la temperatura de diez grados.	*La température est montée de dix degrés.*
240 vatios.	*240 watts.*
El aguacate es rico en calorías.	*L'avocat est riche en calories.*
En la lata no viene indicado el peso bruto.	*Sur la conserve le poids brut n'est pas indiqué.*
Pesa setenta kilos.	*Il pèse 70 kg.*
¿Aceptas llevar este paquete ligero?	*Tu veux bien porter ce paquet léger?*
Oro de 18 quilates.	*De l'or à 18 carats.*
Quisiera un kilo de tomates.	*Je voudrais un kilo de tomates.*
Me ha ofrecido una libra de espárragos.	*Il m'a offert une livre d'asperges.*
¡Esto pesa una tonelada!	*Cela pèse une tonne!*

C EXPRESSIONS ET LOCUTIONS

¡Qué pesado te estás poniendo!	*Comme tu deviens pénible!*

Hispanoamérica	L'Amérique hispanique
apurarse[1]	se dépêcher
el boleto	le billet (de transport, de théâtre)
la boletería	la billetterie
el cachupín[2] (fam.)	l'Espingouin
el carro[3]	la voiture
la cartera	le sac à main
la cobija	la couverture
coger (vulg.)	baiser
la concha (vulg.)	le sexe féminin
el copetín	l'apéritif
la cuadra	le pâté de maisons
el chacarero	le fermier
la chacra	la ferme
el chance	la chance, l'opportunité
el chancho	le cochon, le porc
la chicha	la boisson alcoolisée à base de maïs fermenté
la chichería	le café où l'on sert de la «chicha»
el cholo (la chola)	le métis (la métisse), l'Indien (l'Indienne)
chúcaro (a)	farouche (en parlant des chevaux et des bovins)
el damasco[4]	l'abricot (nom générique)
el elevador	l'ascenseur
la estampilla	le timbre-poste
el frijol	le haricot
el licuado	le milk-shake
¡macanudo!; macanudo(a)	formidable!; magnifique
manejar	conduire (une voiture)
el mango (fam.)	le rond (l'argent)
el maní (los manís)	la cacahuète
la media	la chaussette
la papa	la pomme de terre

1. En Espagne, ce verbe, dans ce sens, ne s'emploie pas à la forme pronominale.
2. Dénomination méprisante et injurieuse donnée à la personne originaire d'Espagne.
3. Au Paraguay et en Uruguay «voiture» se dit «auto» ou «coche», comme en Espagne.
4. En Espagne «el damasco» est une variété d'abricot.

(estar) parado(a) ; pararse	*(être) debout ; se mettre debout*
la plata	*l'argent (monnaie)*
la pollera ; la pollerería	*la jupe ; la boutique où l'on vend les «polleras»*
el potrero	*l'enclos (pour le bétail)*
la reclame[1], el aviso	*la publicité*
el saco	*la veste*
el salar	*la saline*
el suéter	*le pull*
el tomador	*le buveur*
vararse	*tomber en panne (un véhicule)*

América Meridional — L'Amérique méridionale

el aguayo	*l'étoffe solide, résistante*
la arracacha	*le panais (plante comestible)*
conchabar	*engager, embaucher (surtout des domestiques)*
el curí	*l'araucaria (arbre)*
el cuy (los cuyes)	*le cochon d'Inde*
el choclo	*l'épi tendre de maïs*
el chuño	*la pomme de terre déshydratée*
el esferográfico	*le stylo-bille*
la frutilla	*la fraise (fruit)*
la palta	*l'avocat (fruit)*
el pucho *(fam.)*	*le mégot*
la puna	*la vaste étendue de terre plate et désertique*
el quirquincho[2]	*le tatou*
el soroche	*le mal des montagnes*
la totora[3]	*le roseau*
la vereda	*le trottoir*
el zapallo	*la citrouille*

---

1. En Argentine et en Uruguay ce mot est masculin.
2. Sa carapace est utilisée pour fabriquer le charango.
3. «La balsa de totora» est la fameuse barque en roseaux du lac Titicaca.

42 LOS AMERICANISMOS

Grupos de países	Groupes de pays

Abréviations employées ci-dessous :

Am. centr.	*Amérique centrale*
Arg.	*Argentine*
Bol.	*Bolivie*
Col.	*Colombie*
C. Rica	*Costa Rica*
Le Salv.	*Le Salvador*
Équ.	*Équateur*
Guat.	*Guatemala*
Hond.	*Honduras*
Mex.	*Mexique*
Nicar.	*Nicaragua*
Pan.	*Panamá*
Par.	*Paraguay*
Pér.	*Pérou*
P. Rico	*Porto Rico*
R. de la Plata	*Rio de la Plata*
St. Dom.	*Saint-Domingue*
Urug.	*Uruguay*
Venez.	*Venezuela*

acullicar	*mâcher des feuilles de coca* (Bol. et Pér.)
el ajiaco[1]	*la soupe typique* (Col., Cuba, Chili, Mex. et Pér.)
al tiro	*sur-le-champ, immédiatement* (Col., C. Rica, Chili, Équ. et Pér.)
el andén	*le trottoir* (Col., Guat. et Hond.)
los anticuchos	*les brochettes de viande* (Bol. et Pér.)
el api	*la boisson chaude à base de farine de maïs* (Arg. et Bol.)
las arvejas	*les petits pois* (Arg., Col., Chili et Équ.)
la banana	*la banane (nom générique)* (Arg., Bol., Par. et Urug.)
el banano	*la banane (variété)* (Col., Équ., Guat., Nicar. et Pan.)

1. Soupe composée de viande, de pommes de terre, d'oignon et de piment. Les ingrédients varient d'un pays à l'autre.

el bife	*le bifteck* (Arg., Chili et Urug.)
el boliche	*le snack-bar* (Arg., Par. et Urug.)
la buseta	*le petit bus* (Col. et Équ.)
el cabro *(fam.)*	*le gosse* (Bol., Chili et Équ.)
la cana; estar encanado(a) *(argot)*	*la taule; être en taule* (Col., Chili, Pér. et Urug.)
la cantina	*le café, le bistrot* (Arg., Mex., Par., Pér. et Urug.)
las caravanas	*les boucles d'oreille* (Arg., Bol., Chili et Urug.)
el colectivo	*l'autobus* (Arg., Bol., Par. et Pér.)
el colectivero	*le chauffeur de «colectivo»* (Arg. et Pér.)
el comisariato	*le supermarché* (Col., Nicar., Pan. et Équ.)
coquear	*mâcher des feuilles de coca* (Arg. et Bol.)
chino(a)	*d'aspect indien* (Arg., Chili, Par., Urug. et Venez.)
la chomba	*le pull-over* (Arg. et Chili)
la chompa	*le pull-over* (Bol., Col., Équ., Par., Pér. et Urug.)
el diariero	*le vendeur de journaux (quotidiens)* (Arg., Chili, Guat. et Urug.)
el durazno[1]	*la pêche (nom générique)* (Arg., Col., Chili et Équ.)
encuerar(se)	*(se) déshabiller* (Col., Cuba, Mex., Pér. et St. Dom.)
la guagua	*le bébé* (Arg., Bol., Col., Chili, Équ. et Pér.)
la guagua	*l'autobus* (Cuba, P. Rico et St. Dom.)
el guineo	*la banane (variété)* (Am. centr., Antilles et Équ.)
la lapicera	*le stylo* (Arg., Par. et Urug.)
la laucha	*la souris* (Arg., Chili et Par.)
la macana	*la sottise* (Arg., Pér., Par. et Urug.)

1. En Espagne «pêche» (nom générique) se dit «melocotón» et «durazno» correspond à une variété de pêche (plus petite).

macanear	*dire une sottise* (Arg., Bol., Chili, Par. et Urug.)
el mate	*le maté (infusion)* (Bol. et R. de la Plata)
el micro	*l'autobus* (Bol., Chili et Par.)
la ñapa	*le rab, le supplément (dans les magasins d'alimentation)* (Col., C. Rica, Cuba, Équ., El Salv., Guat., Hond., Nicar., Pan., Pér., P. Rico, St. Dom., Urug. et Venez.)
la palomilla	*la bande de délinquants* (Chili, Hond., Mex. et Pan.)
el papalote	*le cerf-volant* (Cuba et Mex.)
la pava	*la bouilloire* (Arg., Bol., Chili, Par. et Urug.)
petizo(a)	*petit(e)* (Arg., Bol., Chili, Par. Pér. et Urug.)
la pileta	*l'évier* (Arg., Par. et Urug.)
pituco(a)	*prétentieux(euse), snob* (Arg., Chili, Par., Pér. et Urug.)
el poto *(fam.)*	*le derrière, le cul* (Arg., Chili et Pér.)
la pulseada	*le bras de fer* (Arg., Par., Pér. et Urug.)
el tacho	*la poubelle* (Arg., Équ., Pér. et Urug.)
el tapado	*le manteau* (Arg., Chili, Pér. et Urug.)
el tique	*le billet (de transport, de théâtre)* (Am. centr., Col., Pér., St. Dom. et Venez.)
el tiquete	*le billet (de transport, de théâtre)* (Am. centr. et Col.)
la torta	*la tarte, le gros gâteau* (Arg., Chili, Pér. et Urug.)
la tusa	*le cœur de l'épi de maïs* (Col., Équ., P. Rico et Venez.)
los yungas	*les vallées chaudes et profondes* (Bol. et Pér.)

Méjico	**Le Mexique**
cuate(a)	*le frère jumeau; l'ami intime*
el chafirete, la chafireta *(fam.)*	*le chauffard*
el chamaco, la chamaca	*l'enfant*
el chilpayate	*le petit enfant*
el escuincle, la escuincla *(fam.)*	*l'enfant*
el evangelista	*l'écrivain public*
el guajolote	*le dindon*
güero(a)	*blond(e)*
la petaca	*la valise*

Cuba	**Cuba**
el guajiro, la guajira	*le paysan, la paysanne*
lijoso(a)	*vaniteux(euse)*

Venezuela	**Le Venezuela**
el cambur[1]; el plátano[2]	*la banane; la banane plantain*
la fuente de soda	*le bar*
el rancho	*le bidonville*

Colombia	**La Colombie**
la caneca	*la poubelle; la petite bouteille plate d'eau-de-vie*
los comerciales	*la publicité (télévision et cinéma)*
el curí	*le cochon d'Inde*
el chandoso *(fam.)*	*le clebs*
el chino, la china *(argot de Bogotá)*	*le gosse (jusqu'à 10 ans)*
echar dedo	*faire de l'auto-stop*
el esfero	*le stylo-bille*
el gamín (los gamines)	*le gamin de la rue*
la papa criolla[3]	*la petite pomme de terre jaune*
usted[4]	*tu (tutoiement)*

---

1. En Espagne, «el cambur» est une variété de banane.
2. En Espagne «plátano» est le nom générique pour désigner la banane.
3. On la cultive dans les régions froides du pays, sur le haut plateau.
4. On emploie «usted» comme tutoiement, uniquement dans certaines régions de l'intérieur du pays.

El Perú

la barriada, el pueblo joven	*le bidonville*
la cancha	*le maïs grillé*
el pisco	*l'eau-de-vie (fabriquée à l'origine à Pisco)*

Le Pérou

Bolivia

el aguayo	*l'étoffe colorée que les Indiennes portent sur le dos pour transporter des objets ou un bébé*
el chuflay	*la boisson alcoolisée préparée avec de l'eau-de-vie de raisin (le Singani), du Ginger ale et une tranche de citron*
el llamero	*le gardien de lamas*
la peña	*le cabaret où l'on assiste à des spectacles de musique andine*
la salteña	*le friand typique*
la salteñería	*le snack-bar où l'on sert des «salteñas»*
el trimate	*le maté aux trois parfums (coca, anís et camomille)*
el trufi	*le taxi collectif*

La Bolivie

Río de la Plata

el alcaucil [1]	*l'artichaut (nom générique)*
la birome *(fam.)*	*le stylo*
boludo(a) *(vulg.)*	*con(ne)*
la chaucha	*le haricot vert*
el gurí (los gurises) *(fam.)*	*le gosse*
¡qué macana!; es una macana	*quel dommage!; c'est dommage*
matear	*boire du maté*

Le Rio de la Plata

Argentina

el boliche	*le bistrot*
la mina *(vulg.)*	*la femme, la prostituée*
la papusa *(arg.)*	*la môme, la gosse*

L'Argentine

---

1. En Espagne, «l'artichaut» se dit «la alcachofa» et un «alcaucil» est un artichaut sauvage.

el pebete, la pebeta	*l'enfant*
el pibe, la piba	*le gamin, la gamine*
el subte	*le métro*
vos[1]	*tu (tutoiement)*

Uruguay — L'Uruguay

el boniato	*la patate douce*
el buzo	*le pull*
el cantegril	*le bidonville*
el refuerzo	*le sandwich*

Chile — Le Chili

la callampa	*le champignon*
la población callampa	*le bidonville*
la cura *(fam.)*	*la cuite*
la gamba	*la somme de cent pesos*
la guata *(fam.)*	*le ventre*
guatón(ona) *(fam.)*	*ventru(e)*
la luca	*la somme de mille pesos*
la pana	*le foie (viande)*
pololear	*flirter*
el pololo	*le fiancé*
el roto	*le clochard*

1. Ce tutoiement s'appelle le «voseo».

Références bibliographiques

Dictionnaires

REAL ACADEMIA ESPAÑOLA : *Diccionario de la Lengua Española*. 21ᵉ édition, Madrid, Editorial Espasa Calpe, S.A., 1992, 2 133 p.

LEÓN, Víctor : *Diccionario de argot español y lenguaje popular*, 5ᵉ édition, Madrid, Alianza Editorial, S.A., 1986, 157 p.

N. NEVES, Alfredo : *Diccionario de americanismos*, Argentina, Editorial Sopena.

MEJÍA PRIETO, Jorge : *Así habla el mejicano, diccionario básico de mejicanismos*, 5ᵉ édition, Méjico, D.F., Panomara Editorial, S.A., 1991, 142 p.

FERNÁNDEZ NARANJO, Nicolás : *Diccionario de Bolivianismos*, 4ᵉ édition, La Paz – Cochabamba, Editorial « Los Amigos del Libro », 1980, 247 p.

Revues

Cambio 16, revue hebdomadaire.
El País semanal.
La guía del ocio (journal hebdomadaire des spectacles).
Macworld, la revista para los usuarios del Macintosh.
Tu salud al día, la revista del bienestar.
Defensa, revista internacional de ejércitos, armamento y tecnología.

Composition réalisée par COMPOFAC - PARIS

IMPRIMÉ EN FRANCE PAR BRODARD ET TAUPIN
La Flèche (Sarthe).
Nº d'imprimeur : 677 – Dépôt légal Édit. 686-02/2000
LIBRAIRIE GÉNÉRALE FRANÇAISE - 43, quai de Grenelle - 75015 Paris.
ISBN : 2 - 253 - 08556 - 1

L'ESPAGNOL DANS LE LIVRE DE POCHE

La pratique courante de l'espagnol

par Justino Gracia Barrón
et María Jiménez

Vous avez de réelles connaissances en espagnol, mais vous avez du mal à trouver vos mots et vous ne comprenez pas toujours ce qu'on vous dit : La Pratique courante de l'espagnol a été conçue à votre intention.

Les *trente conversations* qui la composent apporteront à votre espagnol ce petit rien de naturel qui lui fait encore défaut.

Au-delà d'une révision systématique, active et stimulante, du vocabulaire de base et de la grammaire, vous découvrirez les secrets très simples d'une véritable compréhension de l'espagnol oral.

Avec *plus de deux cents exercices*, La Pratique courante de l'espagnol vous offre le moyen de faire de réels progrès.

2 cassettes de 90 minutes accompagnent le livre. Elles contiennent en plus des leçons de nombreux exercices destinés à perfectionner votre pratique de la langue parlée.

Grammaire active de l'espagnol

par Enrique Pastor et Gisèle Prost

De conception nouvelle, cette *Grammaire active* est bien plus qu'un simple inventaire des principales difficultés grammaticales de l'espagnol.

Divisée en 81 chapitres, elle tient particulièrement compte des problèmes spécifiques des francophones et donne des explications en termes *simples* et *accessibles à tous* : collégiens, lycéens, adultes autodidactes et étudiants.

De par sa présentation originale, la *Grammaire active de l'espagnol* permet au lecteur d'appliquer immédiatement les connaissances acquises dans les exercices qu'il trouve en regard de chaque chapitre.

Le vocabulaire et les tournures de phrases actuels constituent un complément indispensable à l'apprentissage de la langue espagnole.

Un corrigé de *tous* les exercices est proposé en fin de volume.

L'espagnol d'aujourd'hui en 90 leçons

par María Jiménez et Justino Gracia Barrón

L'espagnol, accessible à tous, débutants, étudiants, employés, techniciens, cadres, hommes d'affaires...

Originale, progressive et concrète, cette méthode met l'accent sur les centres d'intérêt et les préoccupations modernes, sans négliger les situations de la vie pratique.

La méthode 90 est indispensable pour bien comprendre, parler, lire, écrire, la langue pratiquée en Espagne et dans les pays latino-américains.

Nouvelle version.

L'espagnol des affaires

par Eduardo Jiménez, Enrique Pastor et Iñaki Tapia

En 40 leçons de 6 pages chacune, l'essentiel de ce qu'il faut savoir pour maîtriser la langue espagnole commerciale d'aujourd'hui.

Tout à la fois **initiation au monde hispanique des affaires et méthode pratique de langue**, le présent ouvrage a été conçu pour les stagiaires de la formation permanente, pour les élèves de B.T.S. et du baccalauréat technique, ainsi que pour les étudiants des écoles commerciales, des I.U.T. et des facultés. Il tient compte également des niveaux définis pour les concours et examens des Chambres de Commerce.

Sous forme de *dialogues* et de *textes courts*, abondamment annotés mais *non traduits* (pour laisser place au travail actif), **L'espagnol des affaires** présente les principaux aspects de la vie de l'entreprise : import/export, relations financières, bureautique, relations du travail, etc.

De très nombreux exercices permettent à chacun de contrôler l'acquisition de ses connaissances.

L'enregistrement sur cassettes (3 heures d'écoute) comporte en outre des exercices particuliers de compréhension auditive.

Dictionnaire de poche

Espagnol – Français
Francés – Español

Ce dictionnaire **bilingue** a pour vocation d'offrir une information fiable, directe, complète et actuelle à des utilisateurs **francophones** ou **hispanophones**. Il contient :

- plus de **30 000 entrées** en espagnol et en français accompagnées de leurs diverses acceptions
- plus de **30 000 expressions** et **exemples d'emplois** en contexte
- un vocabulaire délibérément contemporain
- l'essentiel du registre plus classique
- un rappel des variantes latino-américaines
- un ensemble d'annexes et de tableaux en espagnol et en français :
  précis grammatical / conjugaison des verbes réguliers et irréguliers / noms de pays et de leurs habitants / proverbes et locutions / sigles / autonomies de l'Espagne.

Guía práctica de conversación
FRANCÉS

para todos los que viajan

- 600 frases cortas para expresarse en cualquier circunstancia.
- 6 000 palabras y expresiones.
- Una transcripción fonética simplificada, accesible a todos.
- Cincuenta capítulos, en orden alfabético, que cubren la mayoría de las situaciones que pueden presentarse durante un viaje.
- Un léxico de 2 000 palabras.

Este **Guía práctica de conversación** está destinado a los turistas, a los hombres de negocio y a los estudiantes que no poseen una práctica suficiente del idioma.

Lire en espagnol

Collection dirigée par Henri Yvinec

Cette collection s'adresse à *tous ceux qui désirent découvrir ou redécouvrir le plaisir de lire directement dans la langue d'origine* des œuvres choisies pour leurs qualités littéraires autant que pour leur intérêt linguistique.

L'abondance des notes, rédigées en langue étrangère et placées en regard du texte, dispense d'un recours fastidieux au dictionnaire.

En fin de volume, *un lexique de plus de 1 000 mots*, extraits des nouvelles elles-mêmes, permet au lecteur d'enrichir son vocabulaire.

CUENTOS DE AMÉRICA : DESTINOS

présentés par Christine Michel et Manuel Casas

Le destin réserve bien des surprises à ceux qui se croient à l'abri...

Doña Merceditas, aux confins du désert péruvien, Juvencio Navas, le paysan mexicain, les Argentins du très comme-il-faut Club Sportif, l'ancien champion de base-ball nicaraguayen, don Manuel Fornero, José Domingo, le chanteur paraguayen itinérant, le sénateur colombien Onésimo Sanchez...

Voici quelques-uns des personnages qui composent un tableau contrasté du monde hispano-américain où, plus que partout ailleurs, rien n'est jamais acquis.

CUENTOS DEL MUNDO HISPÁNICO

présentés par Josette Allavena et Josette Hervé

Les barrières du temps et de l'espace sont abolies... Les dieux aztèques existent encore et sur les eaux des rivières amazoniennes vogue un bateau fabuleux tiré par des dauphins. Quant au Messie, il est arrivé récemment dans une île des Antilles.

Dans la vieille ville castillane de Soria, la femme idéale se métamorphose en rayon de lune.

Bien contemporains, en revanche, les temps de dictature : les murs d'Argentine ou du Chili exhibent des dessins abstraits porteurs de messages et les étudiants catalans des années 50 font un pied de nez à la police franquiste de Barcelone.

CAMILO JOSÉ CELA

LA FAMILIA DE PASCUAL DUARTE

présenté par Manuel Casas et Christine Michel

Prix Nobel de Littérature 1989, Camilo José Cela est l'auteur de cette œuvre forte et rare qui plonge le lecteur dans les obscures profondeurs d'un être humain capable de la plus grande tendresse comme de la plus impitoyable des violences.

Pascual Duarte est le héros de ce drame du XXe siècle qui puise ses sources dans la tragédie antique où l'homme se retrouve seul face à un destin cruel.

LOS CUENTOS VAGABUNDOS
Y OTROS DE ESPAÑA

Nouvelles de Camilo José Cela, Juan Benet, Ana María Matute, Carmen Martin

présentées par Marie-Christine Baro-Vanelly

Un policier obstiné et un curieux voyageur... L'amitié d'un loup et d'un chevreau rebelle... Les réactions d'un enfant loin de Madrid en 36... Une drôle de petite promenade... Un élève troublant et un professeur troublé... Des contes vagabonds...

JULIO CORTÁZAR

LA NOCHE BOCA ARRIBA Y OTROS RELATOS

présenté par Elisabeth Bezault et Annie Chambaut

Le sacrifice rituel d'un motocycliste à Mexico, une île où se fondent rêve et réalité, un post mortem *anticipé, la dure réalité de la dictature en Argentine, l'absurde, le monstrueux, la vie, en somme, en perpétuelle mutation...*

LOS CHICOS Y OTROS RELATOS

présenté par Marc Zuili et Mercedes Blanc

Le véritable héros de ce recueil, c'est l'enfance, avec sa poésie, ses rêves mais aussi sa violence : les batailles rangées entre bandes rivales, les enfants qui voudraient bien trouver des parapluies à leur taille, ceux qui franchissent les portes de l'aventure ou du mystère en compagnie d'un torero, de quelques extraterrestres, voire d'un homme préhistorique. Et surtout, ceux qui attendent vainement que les adultes leur répondent.

Bilingue

Série espagnole dirigée par Fernando Teruel

Les ouvrages de la collection **Les Langues Modernes /
Bilingue** vous proposent sous une forme très claire :

▷ des textes d'écrivains étrangers de réputation internationale,

▷ une traduction fidèle et précise, sans être étroitement lit-
térale,

▷ une introduction critique permettant d'approfondir le sens
des textes,

▷ de nombreuses notes de caractère culturel qui prolongent
cette introduction dans le détail, et des précisions linguis-
tiques éclairant certains tours de traduction,

▷ l'enregistrement sur cassette de passages significatifs quant
à la phonétique.

La collection **Les Langues Modernes/Bilingue** entend permet-
tre ainsi au plus grand nombre une authentique compréhension des littératures et par conséquent des cultures étrangères.

HISTORIAS MARAVILLOSAS

Traduction par A. Morvan, P. de Place et E. Jiménez
Choix, présentation et notes par M. Rojas Mix et E. Jiménez

La littérature latino-américaine est caractérisée par la permanence du fantastique jusque dans le roman réaliste contemporain. Attesté déjà dans la tradition précolombienne *(Popol Vuh)* le récit fantastique est également présent dans les chroniques des *conquistadores*. Ce recueil de contes d'époques et d'origines diverses présente donc des variétés de merveilleux où, de Quiroga à Borges, Cortázar, Moyano ou Galeano, l'humour et la poésie magnifient un univers parfois implacable.

CUENTOS DE MIEDO

Traduction, présentation et notes par Isabel Girardot

« Une nuit de Toussaint, à une heure que je ne saurais préciser, je fus réveillé par le glas... »

Ainsi commence « La Montagne hantée », l'une des nouvelles de ce recueil. Ici, le fil conducteur, c'est la peur devant la mort, une mort entourée de mystère et qui suscite la terreur, l'épouvante.

Quatre auteurs choisis parmi les meilleurs représentants d'un genre vivace dans toute la littérature espagnole : Alarcón et Bécquer pour le XIXᵉ siècle, Valle Inclán et Montalbán pour le XXᵉ.

ITINERARIOS ESPAÑOLES

Choix, présentation et notes
par Marie-Claude Dana et Enrique Pastor

Ni guide touristique, ni recueil de cartes postales, ces *Itiné-
raires espagnols* sont à la fois une excursion dans les paysages
naturels et dans la littérature d'Espagne au travers de textes
extraits de journaux de voyage, mémoires, poèmes, nouvelles,
romans, de Cervantes à Alberti, Machado, Unamuno, C. J. Cela
et Goytisolo.